© Verlag KOMPLETT-MEDIA GmbH
2015, München/Grünwald
www.der-wissens-verlag.de
ISBN: 978-3-8312-0425-0

Der Titel ist auch als ebook (ISBN 978-3-8312-5759-1) erschienen.

Design Cover: Pinsker Druck und Medien, Mainburg
Satz: Mediaservice Werner Huemer, Eggersdorf bei Graz
Druck und Bindung: CPI Books, Ulm
Foto Titelseite: shutterstock
Printed in Germany

Dieses Werk sowie alle darin enthaltenen einzelnen Beiträge und Abbildungen sind urheberrechtlich geschützt. Jede Verwertung, die nicht ausdrücklich vom Urheberrechtsgesetz zugelassen ist, bedarf der vorherigen schriftlichen Zustimmung des Verlages. Das gilt insbesondere für Vervielfältigungen, Bearbeitungen, Übersetzungen, Mikroverfilmungen und die Einspeicherung und Verarbeitung in elektronischen Systemen sowie für das Recht der öffentlichen Zugänglichmachung.

Unsterblich?!

Gute Gründe für ein Leben nach dem Tod

– Werner Huemer –

Inhaltsverzeichnis

Kapitel 1: Sind alle Lebewesen Sterbewesen?
45 menschliche Köpfe pro Behälter 13
Die Pille gegen das Altern 16
Von der Schönheit der Jahreszeiten 21
Universum versus Schöpfung 23
Peinliche Befragung der Natur 24
Töten und opfern, um den Tod zu besiegen 26
Die ewige Angst vor dem Tod 28
Leben erhalten um jeden Preis 34
Neues Leben oder neues Sterben? 38
Rückgewinnung des „Weltvertrauens" 49
Die Angst vor dem „Untoten" 50
Rätselhafte Phänomene in Todesnähe 52
Die hohe Kunst des Sterbens 56
Erlebnisse in der „Aus-Zeit" 65
Steht unser Menschenbild in Frage? 67

Kapitel 2: Seele – was ist das eigentlich?
Der Mensch – ein philosophischer Streitfall 69
Leben muss nicht sterblich sein 70
Was ist die Natur des Menschen? 71
Materialismus versus Idealismus 72
Platon, der „Vater der Seele" 73
Descartes, der „Vater des Rationalismus" 74
Hobbes, der „Vater" des Materialismus 75
Leibniz, der „Vater der neuen Seele" 80
Compte, der „Vater des Positivismus" 81
Und wer wird morgen Vater sein? 82
Die drei großen materialistischen Klötze 86
Seele – was ist das eigentlich? 89
Das Leib-Seele-Problem 91
Schuster, bleib bei Deinen Leisten! 95
Wie aufgeklärt sind wir wirklich 98
Weltbilder zum Wohlfühlen 101
Platon und Mephisto im Duett 106

Inhaltsverzeichnis

Kapitel 3: Gibt es überirdische Dimensionen?
Wie funktioniert die Welt? ... 108
Das Verblassen des Überirdischen ... 110
Die griechische Analyse ... 111
Die Physik als Stütze des Materialismus ... 117
Die wundersame Natur des Lichts ... 121
„Materie besteht nicht aus Materie" ... 124
Schüsse durch den Doppelspalt ... 127
Wenn Raum und Zeit „verschwimmen" ... 130
Was also bleibt dem Materialismus? ... 132
Ein „Unsinn", der in neue Dimensionen führt ... 134
Aber was ist schon Mathematik? ... 136
Unsterblich in der sechsdimensionalen Welt ... 138
„Als Geistwesen bleiben wir immer bestehen" ... 144
Magic in the Moonlight ... 152
Dem Spuk auf der Spur ... 155
Die Selbstüberwindung des Materialismus ... 161

Kapitel 4: Bewusstsein – das große Rätsel
Der Kaplan des Teufels und seine Ideen ... 165
Darwins bis heute (un)umstrittene Lehre ... 167
Das abenteuerliche Leben eines Parasiten ... 169
Wie kommen Schmetterlinge zustande? ... 172
Spielraum für Spekulationen ... 173
Was ist Bewusstsein? ... 175
Was passiert unter der Schädeldecke? ... 176
„Quantenaspekte" zwischen Geist und Gehirn ... 183
Die „Causa" freier Wille ... 184
Und das Gehirn ist doch kein Muskel … ... 187
Das Ziel: Die Überwindung des Todes ... 197
Führt Künstliche Intelligenz zu Bewusstsein? ... 199
Auf dem Weg zum „Omega-Punkt"? ... 201
KI – der Killer der Seele? ... 204
Die Unfassbarkeit im Zentrum ... 205
Das Bewusstsein und die „Interwelt" ... 206

Inhaltsverzeichnis

Kapitel 5: Leben nach dem Leben
Begegnungen mit dem Tod 244
Die Rätsel der Todesnähe 250
Halluzination? Traum? Sauerstoffmangel? 253
„Bewusstsein existiert auch außerhalb des Körpers!" 255
Die Sterbeforscher organisieren sich 257
An der Grenze sprachlicher Ausdruckskraft 266
Was ändert sich durch eine Todesnähe-Erfahrung? 268
Was kommt nach dem Tod? 270
Wenn die Innenwelt zur Außenwelt wird 270
Ein Sprachrohr für das Jenseits 271
Gesamtschau der Widersprüche … 291
… und viele offene Fragen 292

Kapitel 6: Leben vor dem Leben
Immaterielle Resonanzräume 294
Spirituelle Alternativ-Konzepte 296
Ein Schlüssel zum „Raum des Schicksals"? 297
Origenes Lehre von der Präexistenz der Seele 298
Reinkarnation – ein unchristlicher Gedanke? 300
Reinkarnation – eine Glaubensfrage? 301
Der Fall Jenny Cockell 301
Kryptomnesie und Reinkarnationsforschung 313
Was, wenn nicht Reinkarnation? 314
Wo bleibt die Erinnerung an früher? 316
Wo kommen die vielen Seelen her? 321
Karma-Psychoterror, nein danke! 325
Die Geschichte von der himmlischen Vergeltung 328

Kapitel 7: Religiöse und andere Wirklichkeiten
Woher kommt die Seele? 331
„Eintauchen in die Weite des Seins" 335
Vom „Hängen zwischen den Welten" 336
Unsterblichkeit und Schamanismus 336

Inhaltsverzeichnis

Fortschritt oder Rückschritt 342
Die vage Hoffnung auf eine Neuschöpfung 343
Die verbindende Dimension des Geistes 346
Gibt es eine „Zug-Kausalität?" 348
Die Suche nach der „Hintergrund-Realität" 349
Woher kommt die Ordnung? 351
Und über allem Gott? 353
Geist und Jenseits – unterm Strich 355
Das „Höhlen-Bewusstsein" des Menschen 356
Besuch beim „kleinen Bruder des Todes" 358
Vom ewig langen Leben zur Unsterblichkeit 360
Und jetzt? 362
Sterben lernen, sterben lehren 371

Anhang
Lebensnähe (Erzählung) 375

Literatur- und Linkverzeichnis 387
Biographische Notizen zu den Interviewpartnern 391

Einführung

„Mama, guck mal die Löcher in dem Käse!" – Zwei Kinderstimmen, gleichzeitig: „Tobby ist aber dumm! Im Käse sind doch immer Löcher!" Eine weinerliche Jungenstimme: „Na ja – aber warum? Mama! Wo kommen die Löcher im Käse her?" – „Du sollst bei Tisch nicht reden!" – „Ich möcht aber doch wissen, wo die Löcher im Käse herkommen!" – Pause.

Mama: „Die Löcher ... also ein Käse hat immer Löcher, da haben die Mädchen ganz recht! ... ein Käse hat eben immer Löcher." – „Mama! Aber dieser Käse hat doch keine Löcher! Warum hat der keine Löcher? Warum hat der Löcher?" – „Jetzt schweig und iss. Ich hab dir schon hundertmal gesagt, du sollst bei Tisch nicht reden! Iss!" – „Bwww –! Ich möcht aber wissen, wo die Löcher im Käse ... aua, schubs doch nicht immer ...!" Geschrei.

Eintritt Papa. „Was ist denn hier los? Gu'n Ahmt!" – „Ach, der Junge ist wieder ungezogen!" – „Ich bin gah nich ungezogen! Ich will nur wissen, wo die Löcher im Käse herkommen. Der Käse da hat Löcher, und der hat keine –!"

Papa: „Na, deswegen brauchst du doch nicht so zu brüllen! Mama wird dir das erklären!"

Mama: „Jetzt gib du dem Jungen noch Recht! Bei Tisch hat er zu essen und nicht zu reden!"

Papa: „Wenn ein Kind was fragt, kann man ihm das schließlich erklären! Finde ich."

Mama: „Toujours en présence des enfants! Wenn ich es für richtig finde, ihm das zu erklären, werde ich ihm das schon erklären. Nu iaa!" – „Papa, wo doch aber die Löcher im Käse herkommen, möcht ich doch aber wissen!"

Papa: „Also, die Löcher im Käse, das ist bei der Fabrikation; Käse macht man aus Butter und aus Milch, da wird er gegoren, und da wird er feucht; in der Schweiz machen sie das sehr schön – wenn du groß bist, darfst du auch mal mit in die Schweiz, da sind so hohe Berge, da liegt ewiger Schnee darauf – das ist schön, was?" – „Ja. Aber Papa, wo kommen denn die Löcher im Käse her?" – „Ich hab's dir doch eben erklärt: die kommen, wenn man ihn herstellt, wenn man ihn macht." – „Ja, aber ... wie kommen denn die da rein, die Löcher?" – „Junge, jetzt löcher mich nicht mit deinen Löchern und geh zu Bett! Marsch! Es ist spät!"

Kurt Tucholsky (1890–1935) lässt seinen wunderbar gleichnishaften Text über einfache Fragen, die gar nicht so einfach zu beantworten sind, dramatisch enden: Die Erwachsenen – neben den Eltern mischen letztlich auch noch Onkel Siegismund, Tante Jenny, Dr. Guggenheimer und Direktor Flackeland mit – geraten sich ordentlich in die Haare: „4 Privatbeleidigungsklagen, 2 umgestoßene Testamente, 1 aufgelöster Soziusvertrag, 3 gekündigte Hypotheken, 3 Klagen um bewegliche Vermögensobjekte, 1 Räumungsklage des Wirts.

Auf dem Schauplatz bleiben zurück ein trauriger Emmentaler und ein kleiner Junge, der die dicken Arme zum Himmel hebt und, den Kosmos anklagend, weithin hallend ruft:

‚Mama! Wo kommen die Löcher im Käse her –?'

Ja, es kann eben ganz schön hoch hergehen, wenn jemand zugeben soll, dass sein Wissen doch nicht so fundiert und lückenlos ist, wie er selbst es gerne glaubt. Und oft sind es die ganz einfachen Fragen, die die Löcher im schmackhaften „Käse" des gegenwärtigen Welt- und Menschenbildes offenbaren.

Zum Beispiel: „Sind wir Menschen unsterblich?"

„So ein Unsinn, natürlich nicht", wird die Antwort lauten. „Oder haben Sie noch nie von einer Beisetzung gehört?"

„Ja, schon – aber ist der Körper, der da im Sarg liegt, wirklich der Mensch?"

„Na klar, was soll er denn sonst sein?"

„Vielleicht gibt es ja eine Seele, und das Bewusstsein ist jetzt in ihr!"

„Bewusstsein wird vom Gehirn produziert, das Gehirn ist tot, und damit ist das Bewusstsein erloschen. Alles andere gehört in den Bereich der Märchen."

„Vielleicht produziert das Gehirn ja gar nicht das Bewusstsein, sondern vermittelt es nur!"

„Eine unsinnige Vorstellung!"

„Zwischen Hirn- und Bewusstseinsvorgängen sind strikt naturwissenschaftlich gesehen gar keine Verursachungen nachweisbar."

„Lächerlich. Die Abhängigkeit des Bewusstseins von Gehirnfunktionen ist klar bewiesen."

„Ja, es gibt funktionale Abhängigkeiten und Korrelationen. Aber die gibt es auch, wenn des Gehirn nicht Produzent, sondern Transmitter von Bewusstsein wäre."

„Esoterischer Unsinn! Am Ende landen wir dann wieder im Mittelalter – bei der Vorstellung von einer Seele, bei unbeweisbaren Schöpfungssphären und beim lieben Gott. Seien wir froh, dass wir den blinden Glauben überwunden haben!"

Showdown im Staubwirbel der Unsachlichkeit.

Der fiktive Dialog ist nicht ganz frei erfunden. Die Vorbehalte gegenüber der Existenz einer Seele entsprechen der überwiegend materialistischen Weltanschauung unserer Tage, und die Vermutung, dass unser Gehirn nicht Produzent, sondern Transmitter von Bewusstsein ist, geht auf den bedeutenden amerikanischen Philosophen William James (1842–1909) zurück, der in jüngster Zeit neu entdeckt wird. Der Dialog sollte als Beispiel dafür dienen, dass die Frage, ob wir Menschen unsterblich sind, durchaus nicht so einfach zu beantworten ist, sofern ein wenig an den Oberflächen gekratzt wird – sowohl des Glaubens, als auch der Naturwissenschaft.

Die Frage ist gewiss ein Buch wert.

Ich empfand große Freude und Ermutigung, als mein Verleger – angeregt einerseits durch Illobrand von Ludwigers Buch „Unsterblich in der 6-dimensionalen Welt" (Verlag Komplett-Media, 2013) über Burkhard Heim (1925–2001), und andererseits durch die zweibändige wissenschaftliche Großtat „Das Unsterblichkeitsproblem" von Gerda Lier (1942–2009) – die Idee für eine solche Publikation just zu dem Zeitpunkt in den Raum stellte, als ich mich selbst eingehend mit diesem Thema befassen wollte.

So flossen letztlich zwei Konzepte in die folgenden sieben Buchkapitel ein, die viele interessante und spannende Aspekte zusammenfassen. Naturwissenschaftliche, philosophisch, religiöse – und solche, die man gar nicht zuordnen kann.

Wir beginnen bei der tiefen Sehnsucht des Menschen, (ewig) zu leben, die sich im Kampf gegen Krankheit und Alter, in Medizin und Technik ebenso zeigt wie in religiös-spirituellen Praktiken. Und wir enden wieder bei dieser Sehnsucht. Dann aber mit der bestmöglichen Antwort auf die Frage, ob wir Menschen nun unsterblich sein könnten oder nicht.

Auf der Suche nach dieser Antwort werden wir etablierte Anschauungen hinterfragen, diffuse Erklärungen auf den Punkt bringen und uns nicht von Verallgemeinerungen oder Nebenschauplätzen ablenken lassen. Ganz wie der kleine Tobby.

„Mama! Wo kommen die Löcher im Käse her?"

KAPITEL 1:
Sind alle Lebewesen Sterbewesen?

45 menschliche Köpfe pro Behälter

Michaels Traum von der Unsterblichkeit ist sehr konkret. Er wird sich kryonisieren lassen. Unmittelbar nach dem klinischen Tod, mit dem nach seiner Meinung der Sterbeprozess noch nicht zu Ende ist, wird er auf knapp über Null Grad abgekühlt werden. Dann wird eine Vitrifikation vorgenommen, sein Blut wird durch eine spezielle Kühlflüssigkeit ersetzt. Auch das Gehirn wird dabei vitrifiziert. Vor allem für dieses Organ ist es entscheidend, dass durch das weitere Abkühlen keine Zellen beschädigt werden. Anschließend wird Michael kopfüber in einen hohen Tank mit flüssigem Stickstoff gekippt und bei minus 196° Celsius konserviert. In diesem doppelwandigen Vakuum-Isoliergefäß befinden sich noch drei weitere Menschen sowie fünf „Neuros", menschliche Köpfe. 9 Personen also insgesamt. Der Kühlbehälter bleibt fortan unter regelmäßiger Kontrolle. Stickstoff wird, wenn immer es nötig ist, nachgetankt. Jahrzehnte oder gar Jahrhunderte lang.

Irgendwann, davon ist Michael überzeugt, wird die Wissenschaft soweit fortgeschritten sein, dass man ihn auftauen und wiederbeleben kann. Wenn dann das Altern und der Tod von der Medizin besiegt sind, wird er zu denen gehören, die ewig leben.

Michael ist Bürger der USA. Er hat sich schon vor mehr als 20 Jahren für das Kryonisieren entschieden und dafür an die im Jahr 1972 gegründete „Alcor Life Extension Foundation", Arizona, gut 30.000 Dollar bezahlt. Diese nach eigenen Angaben nicht gewinnorientierte Organisation ist international der Kryonik-Pionier. Das Interesse am Einfrieren ist groß. Mehr als 1.000 Menschen sind – wie Michael – vertraglich vorangemeldet. Und die Zahl der Stickstoff-Tanks wächst und wächst und wächst. In jedem sind entweder 45 Neuros oder eben vier Körper und fünf Köpfe konserviert. Die „Neurokonservierung" ist platzsparender und kostet deshalb nur die Hälfte.

Mittlerweile gibt es in den USA bereits einen zweiten Kryonik-Anbieter, der mit der Hoffnung auf Auferstehung und der Chance auf ewiges Leben handelt. Die Preise steigen mit dem Aufwand. Bezahlt wird für das Haltbarmachen und Einfrieren, aber auch für ein Patientenkonto, das für den Unterhalt sowie für eine eventuelle Wiederbelebung eingerichtet wird.

Vielen Menschen gibt die Aussicht, in einer glücklichen Zukunft für ein ewiges Leben erwachen zu können – aber eben nicht in einem zweifelhaften Jenseits, sondern konkret hier auf der Erde –, Trost und Halt. Sie haben das gute Gefühl, aktiv etwas gegen den Tod zu unternehmen und wirken damit ihrer Angst vor dem Sterben entgegen. Dieses Gefühl ist ihnen viel Geld wert.

Andere, die in die Kryonik investieren, sind sterbenskrank und hoffen auf künftige Möglichkeiten, Krankheiten heilen zu können.

Alte Menschen erträumen sich einen jüngeren, gesunden Körper. Im Glauben, irgendwann könnten Ganzkörper-Transplantationen möglich sein, reicht es ihnen, wenn mit dem Kopf ihr Gehirn konserviert wird. –

Zweifellos werden solche Kryonik-Angebote nicht auf die USA beschränkt bleiben. Auch in Deutschland wurden bereits diesbezügliche Überlegungen bekannt. Allerdings gibt es hier auf Grund der rechtlichen Situation Beschränkungen. Eine Vitrifikation darf zwar durchgeführt werden, aber die dauerhafte Lagerung der Leichen – um solche handelt es sich nach Auffassung des Gesetzgebers – ist nicht erlaubt.

Den Begriff „Leiche" hören Kryoniker im Zusammenhang mit dem Einfrieren natürlich nicht gern. Der Betroffene gilt als Patient – doch nicht als tot. Die „Alcor"-Organisation in Arizona beschreibt auf ihrer Homepage als Zweck ihrer Tätigkeit, mit Hilfe der „besten verfügbaren Technologie" das Leben des Menschen „zu bewahren". Nach dem klinischen Tod müsse dazu „so schnell wie möglich in den Sterbeprozess eingegriffen" werden. „Alcor" sieht also ihre Räumlichkeiten definitiv nicht als Leichenhallen und ihre Arbeit nicht als Bestattungstätigkeit. Auch wenn manche Kunden darauf bestehen, in den gleichen Tank wie ihre Angehörigen verbracht oder gemeinsam mit ihrem Haustier gelagert zu werden.

Jedenfalls verortet diese Betrachtungsweise das Leben des Menschen mit äußerster Konsequenz im Physischen und nirgendwo sonst. Michael wird sich kryonisieren lassen, nicht etwa seinen Körper. Er selbst wird in den Stickstoff-Tank gekippt. Da ist nichts, was er als Mensch besitzt. Er hat keinen Körper, er ist sein Körper, und nur in diesem kann Leben sein.

Früher glaubten die meisten Menschen an eine Seele, die das Leben bewahrt. Heute rankt der Glaube sich um Medizin und Technik.

Zu Recht?

In der seriösen Wissenschaft ist die Kryonik sehr umstritten – um es milde auszudrücken. Der Ansatz, meinen Kritiker, sei vergleichbar der Idee, aus einem Hamburger wieder eine Kuh zu machen. Das habe nichts mit „Science" (Wissenschaft), sondern nur mit „Science-fiction" zu tun. Alles in allem würden gutgläubige Menschen mit einer wertlosen Dienstleistung betrogen.

Die konkreten Argumente für diese vernichtende Einschätzung sind biologischer, technischer und philosophischer Art:

• Nach dem klinischen Tod verändert sich das Gehirn innerhalb weniger Minuten. Die dabei entstehenden Schäden sind irreversibel.
• Eine Kryo-Konservierung könnte nur Aussicht auf Erfolg haben, wenn der lebende Mensch schockgefroren wird. Eine dafür geeignete Technologie gibt es (noch) nicht.
• Es gibt Einflüsse, zum Beispiel die natürliche Radioaktivität, die auch im gefrorenen Zustand das Erbgut nach und nach schädigen.

Die dauerhafte oder sich über Tausende Jahre erstreckende Konservierung eines Körpers ist deshalb nicht möglich.

- Nach der (fiktiven) Wiederbelebung des Menschen würden sein körperlicher Zustand, sein Alter und seine Lebenserwartung bestenfalls den Gegebenheiten vor dem Schockfrieren entsprechen. Es gibt grundsätzlich keine Möglichkeit, einen bereits erfolgten Alterungsprozess rückgängig zu machen.
- Es ist nicht zweifelsfrei belegt, dass Bewusstsein allein aus der Gehirntätigkeit resultiert.

Aber natürlich darf jeder Mensch träumen. Wenn Dr. Leonard McCoy, der gute alte „Pille" (oder „Bones"), im Raumschiff Enterprise alle Krankheiten im Handumdrehen mit Hilfe eines seltsam piepsenden kleinen Plastikdings heilt oder menschliches Bewusstsein flugs per Datenstrom in eine Maschine übertragen wird – warum sollte das nicht irgendwann auch wirklich so funktionieren?

Die harten Trennlinien zwischen „Science" und „Science fiction" sind heute in der allgemeinen Wahrnehmung schon sehr verschwommen. Davon profitiert – nicht nur in der Kryonik – die Wild-West-Weltauffassung des 21. Jahrhunderts.

Es lebe Arizona!

Die Pille gegen das Altern

Haken wir die Kryonik (in der Biologie wird sie eigentlich „Kryo-Konservation" genannt; eine Gefrier-Technik zum Aufbewahren lebender Zellen) als besonders auffälligen Ausbruch von Machbarkeitswahn ab. Zur Unsterblichkeit verhilft sie mit Sicherheit nicht.

Der inzwischen schon mehrere Jahrhunderte alte menschliche Traum, den Tod mit Hilfe von Medizin und Technik zu überwinden, treibt allerdings auch gefälligere Blüten. Denn dass jedes Lebewesen ein Sterbewesen sein muss, wollen viele Forscher nicht akzeptieren, und es sollte nicht verwundern, wenn die Pharmaindustrie schon demnächst das Altern als Krankheit definiert und mit Pillen gegen dieses Leiden Milliardengeschäfte macht.

Noch ist es freilich nicht soweit. Noch sind nicht einmal alle wichtigen Details bekannt, die den Alterungsprozess steuern.

Grundsätzlich ist das Altern ja – im Sinne der Entwicklung – nichts Schlechtes. Schließlich kommen wir als weitgehend unselbständige Lebewesen auf die Welt und müssen älter werden, um irgendwann erwachsen zu sein und uns fortpflanzen zu können. Bis zu genau diesem Punkt werden wir von der Natur auch ausgezeichnet unterstützt. Die physische Leistungsfähigkeit nimmt zu, und psychisch betrachtet fühlt der Jugendliche sich im Grunde so, als hätte er das ewige Leben für sich gepachtet. Als könne ihn nichts und niemand aus der Bahn werfen.

Nach diesem Aufblühen allerdings, sobald für die Arterhaltung gesorgt ist, scheint der einzelne Mensch der Natur, sofern man nur die körperlichen Aspekte in Betracht zieht, ziemlich gleichgültig zu sein. Das „alte Leben" muss nicht mehr erhalten werden, wenn einmal die Baupläne für das „neue Leben" weitergegeben worden sind. Der langsame Verfall beginnt. Und er endet ein paar Jahrzehnte später unausweichlich mit dem Tod.

Aber muss der Mensch sich diesem Schicksal fügen? Wenn die genetische Ausstattung unseres Körpers im Wesentlichen nur auf die Arterhaltung ausgerichtet ist – dann ist es wohl legitim und naheliegend, dass wir kraft unserer Intelligenz ganz gezielt jene Lebensspanne fördern und verlängern, die durch die Natur vernachlässigt wurde. Oder?

Mit solchen Gedanken im Hintergrund erforschen heute weltweit Biologen den Alterungsprozess. Ihr Ziel ist es, weitere Möglichkeiten zu entdecken, um den biologischen Verfall wenigstens zu verlangsamen. „Weitere" deshalb, weil sich, umfassender betrachtet, eigentlich schon einiges zugunsten des menschlichen Individuums verändert hat. In den letzten 100 Jahren verdoppelte (!) sich in Deutschland die Lebenserwartung. Hygiene und Ernährung sowie eine viel bessere medizinische Versorgung dürften dafür verantwortlich sein. Aber es sollte eben noch weitere Ansatzpunkte geben – wobei es natürlich nicht nur um die Lebensdauer, sondern auch um die Lebensqualität gehen muss. Das erste Kind mit 50, Ruhestand mit 90, Sterben mit 130 – vielleicht wird das in wenigen Generationen ganz normal sein. Möglicherweise wird es dann ja die Pille gegen das Altern geben.

Voraussetzung dafür wäre allerdings, dass es gelingt, die Mechanismen des Alterns zu durchschauen. Warum wir altern und was dabei genau geschieht, konnte nämlich bis heute nicht endgültig geklärt werden.

Fest steht, dass die Entwicklung des menschlichen Körpers im Alter von etwa 20 Jahren ihren Höhepunkt erreicht. Der Organismus ist dann voll ausgereift und kann etwa zehn Jahre lang das Maximum seiner Leistungsfähigkeit behalten.

Danach weist die Kurve der „Lebenskraft" immer weiter nach unten: Die Muskeln verlieren mehr und mehr Zellen, die Haut wird schlaffer und faltiger, die Augenlinsen werden unelastischer, der Körper lagert vermehrt Fett ein, die Atemkapazität nimmt ab, ebenso die Leistung des Herzens. Gewebe, Organe und Organsysteme zeigen Verschleiß- und Vergiftungserscheinungen. Aber weshalb das alles? Führen äußere Einflüsse dazu? Wo tickt die biologische Uhr in uns? Gibt es ein genetisches Programm, das den Tod der Körperzellen vorsieht? Oder die zunehmende Beschränkung der Regenerationsfähigkeit? Weshalb reicht diese Fähigkeit zwar bis ins hohe Alter zum Überleben (etwa, wenn Wunden heilen), aber schon viel früher nicht mehr für ein optimales Funktionieren aller Organe?

Will man Naturgegebenheiten lenken, muss man sich einen Zugang zu deren Funktionsprinzipien erschließen, klar. Aber wo liegt in diesem Fall der Schlüssel?

Versuche mit Fadenwürmern, die in Kalifornien (USA) durchgeführt wurden, haben gezeigt, dass diese Tiere, die üblicherweise nur zwei Wochen lang leben, mit einem veränderten Gen plötzlich doppelt so alt wurden – und das unter wesentlich besseren Umständen. Sie alterten deutlich langsamer. Es war so, als würde sich ein 90-jähriger Mensch wie ein 45-jähriger bewegen.

Die langlebigen Fadenwürmer hatten einen anderen Hormonhaushalt, weniger Insulin im Blut. Das zeigte sich als zentraler

Unterschied zu den kurzlebigen. Insulin regelt die Neubildung von Zellen. Kann man daraus schließen, dass auch Menschen bei verändertem Insulinhaushalt langsamer altern? Untersuchungen von Familien, deren Mitglieder besonders alt werden, weisen darauf hin. Und es scheint diesbezüglich auch Zusammenhänge zwischen der Ernährung (unter anderem geht es hierbei um den Kohlehydrate- sowie Zuckerkonsum) und der Lebensdauer zu geben.

Für eine weitere Entdeckung, die kürzlich die Alterungsforschung beflügelte, sorgte ein kleines Süßwassertierchen, „Hydra" genannt. Erstaunlicherweise, so fanden Biologen heraus, gibt es bei den Hydren offenbar keinen Alterungsprozess. Die Tiere bleiben gleichermaßen vital und sterben nicht. Ein Geheimnis liegt darin, dass außerordentlich viele Zellen im Körper dieses Tierchens Stammzellencharakter haben. Stammzellen können sich immer wieder teilen. Aus ihnen können entweder Tochterzellen entstehen, die abermals Stammzellencharakter besitzen, oder auch normale Körperzellen. Bei den Hydren sorgen die Stammzellen dafür, dass sich die Tiere im 30-Tage-Rhythmus komplett erneuern.

Bei uns Menschen werden die Stammzellen auch im Alter noch aktiv, sobald irgend etwas repariert werden soll. Dieser Effekt wird bereits medizinisch genutzt. Es gab schon erfolgreiche Herzoperationen, bei denen Patienten eigens gezüchtete Stammzellen in den Herzmuskel injiziert wurden. Die Organfunktion verbesserte sich dadurch dramatisch. Manche Forscher träumen nun sogar davon, mit Hilfe von Stammzellen, die ja Körperzellen produzieren können, komplette Herzen nachwachsen zu lassen.

Interessanterweise fand man jenes Gen – „FoxO" genannt –, das im Süßwassertierchen „Hydra" das Altern verhindert, auch im menschlichen Erbgut. Es steuert den Energiehaushalt der Zellen. Und es ist, wie Studien gezeigt haben, in der DNA von Greisen besonders aktiv. Daneben wurden noch drei weitere Gene gefunden, die für die Langlebigkeit eine Rolle spielen könnten. Vermutlich gibt es noch viel mehr. Sie alle zusammen genommen dürften aber nur zu etwa einem Drittel für das Alter maßgeblich sein, das ein Mensch erreichen kann. Überwiegend ausschlaggebend sind nach aktuellem Forschungsstand die Lebensumstände und die Lebensführung.

Dennoch rückt auf Grund solcher Erkenntnisse die „Pille gegen das Altern" wohl näher. Josef M. Gaßner beispielsweise, den ich zum Anlass der Veröffentlichung seines Buches „Urknall, Weltall und das Leben" interviewt habe, glaubt, dass Lebensverlängerung künftig „ein ganz großes Thema" wird und diesbezüglich viele Entwicklungen zu erwarten seien. Denn die Aussicht, irgendwann einmal nicht mehr sterben zu müssen, sei ein wirklich relevantes Zukunftsthema – viel wichtiger als alle künftig womöglich zu erwartenden technischen Entwicklungen. Allerdings stünden wir heute – immerhin sei ja erst vor wenigen Jahrzehnten das Grundkonzept der DNA entschlüsselt worden – diesbezüglich erst am Anfang. Denn die Medizin arbeite noch überwiegend auf der Grundlage von empirischem Wissen. „Es fehlt in diesem Bereich ein Newton oder Einstein, der eine wirklich umfassende Theorie entwickelt", befindet Gaßner.

Der in vielen Fachbereichen versierte Wissenschaftler spricht damit das Problem an, dass wir die Komplexität, in der sich lebendige Organismen zeigen, noch nicht annähernd verstehen. In der Medizin werden mit Hilfe von Studien an Patienten oder in Laborversuchen zwar Erfahrungsdaten gesammelt, auf Grund derer man angeben kann, mit welcher Wahrscheinlichkeit ein Medikament wirkt, aber es gibt keine wissenschaftliche Grundlage, die eindeutige Wenn-Dann-Schlüsse beschreibt. „Wenn wir beide zum Arzt gehen und etwas verordnet bekommen, dann weiß der, dass es mit 80 Prozent Wahrscheinlichkeit helfen wird. Aber der Arzt weiß nicht zuverlässig, warum und bei wem es helfen wird und bei wem nicht. In diesem Bereich bewegen wir uns in der Medizin."

Von einem umfassenden Verständnis des Alterungs- und Sterbeprozesses, das verdeutlichen könnte, „welche Programme dabei ein- und ausgeschaltet werden" sei die Wissenschaft deshalb

„noch ein gutes Stück weit entfernt". Und es sei auch absehbar, dass wir auf dem Weg zum Erkennen „vor große ethische und moralische Fragen gestellt" werden, meint Gaßner. „Das wird extrem spannend!"

Derzeit lautet das Motto der medizinischen Forschung jedenfalls: „Das Alter bekämpfen heißt Krankheiten bekämpfen." Wenn es gelingt, die Regenerationsfähigkeit des Körpers zu verbessern und zentrale Probleme des Alterns zu lösen (voran die Demenz-Erkrankungen; etwa ein Drittel der 90-jährigen leidet an einer Demenz), dann würde damit gleichzeitig das menschliche Leben sinnvoll verlängert.

Der Traum von der Unsterblichkeit bliebe allerdings wohl auch dann unerfüllt, wenn wir das Altern weiter und weiter hinauszögern könnten und es gelänge, die damit einher gehenden sozialen Fragen zu lösen. Denn das Lebewesen Mensch ist, medizinisch und biologisch betrachtet, mit großer Wahrscheinlichkeit ein Sterbewesen.

Von der Schönheit der Jahreszeiten

Natürlich kann man das Menschsein auch anders betrachten. Nicht wissenschaftlich, sondern menschlich. Nicht objektiv von außen, sondern aus der Ich-Perspektive. Rein subjektiv also.

Aus diesem Blickwinkel erscheint das Altern nicht mehr unbedingt als grobe Nachlässigkeit einer „kaltblütigen" Natur, die sich zweckorientiert nur um die Arterhaltung kümmert. Denn neben der körperlichen Entwicklung, die ja schon im ersten Lebensdrittel ihren Höhepunkt erreicht, gibt es ja auch noch die geistige. Und zwar weitgehend unabhängig davon. In meinem Wissen, auch in meiner Menschlichkeit, im Gemüt, kann ich mich noch weiter entwickeln, auch wenn mein Körper schon alt und gebrechlich ist.

Es gibt eine schöne Analogie zwischen den Abschnitten im Leben eines Menschen, den unterschiedlichen Temperamenten und den vier Jahreszeiten. Die Kindheit, das sonnige, offene, unbeschwerte Leben im Moment, lässt sich dem sanguinischen

Temperament zuordnen; die von großen Lebensträumen geprägte Jugendzeit dem melancholischen; die Tatkraft des Erwachsenenalters dem cholerischen Temperament und die passivere, besonnene Zeit des Alters dem phlegmatischen. Frühling, Sommer, Herbst und Winter im Leben des Menschen: Ungestümes Erwachen und Erleben des Augenblicks ... drängendes Reifen und volle Entwicklung der persönlichen Fähigkeiten ... danach die Erntezeit, das Nützen der Fähigkeiten in werktätiger oder kreativer Tätigkeit ...

Aber was kommt dann? Worin liegt der besondere Sinn des Alters?

Winter ... Ruhe ... Rückzug – aber wohin?

Wenn im Alter die Belastungsfähigkeit des Körpers abnimmt, die Motivation für kräfteraubende Abenteuer nachlässt oder die gewohnten Leistungen schlicht und einfach nicht mehr erbracht werden können, dann mag das dazu anregen, den Fokus von der Außenwelt mehr auf die Innenwelt zu verlagern. Emotionale Eruptionen könnten größerer Gelassenheit weichen, die gewohnte fiebernde Geschäftigkeit einer ungewohnten, aber letztlich vielleicht doch wohltuenden Entspannung. Neue Räume könnten sich auftun für die Sehnsucht nach unvergänglichen Werten und Lebensnähe. Und nicht zuletzt könnte der „Ruf des Alters" zu einer vielleicht längst überfälligen Erkenntnis locken: Dass sich der Wert des Menschen nicht unbedingt im äußeren Erfolg zeigt, auch nicht in körperlicher Schönheit, sondern schlicht in der Art, wie er sein „nacktes Leben" lebt.

Alles in allem ist das Altern natürlich „eine Zumutung". Damit hatte der große Humorist Vicco von Bülow alias Loriot ohne Zweifel recht.

Aber sollte die Weisheit der Natur tatsächlich nicht nur die Arterhaltung des Homo sapiens fördern, sondern gleichermaßen dessen individuelle geistige Weiterentwicklung, dann könnte es sich bei dem Erlebnis-Konzept „Alters-Phlegmatismus" um eine durchaus angemessene Zumutung handeln. Um die liebevolle Einladung, die Schönheit aller Lebens-Jahreszeiten zu verinnerlichen.

Universum versus Schöpfung

Was, bitte, soll am Alter schön sein? Ich habe Rückenschmerzen und Knieprobleme, das Leben erscheint mir im Rückblick verd...ächtig kurz, und ich bin jetzt selbst der vorsichtig über die Straße schleichende Opi, den ich früher als genervter, drängelnder Autofahrer in den Himmel gewünscht hätte. Oder woanders hin.

Exkurs abgeschlossen. Wir kehren aus dem Reich des Sonntags-Schöngeistigen zurück in die reale Welt, wo Anti-Aging-Konzepte den verbreiteten Jugendwahn bedienen und wo die Überzeugung lebt, dass eine weit fortgeschrittene medizinische Forschung irgendwann das Alter und den Tod überwunden haben wird. In der nüchternen Wirklichkeit des 21. Jahrhunderts sucht der Mensch die Unsterblichkeit nicht mehr in ungewissen seelisch-geistigen Dimensionen. Sie muss „machbar" sein.

Aber es sollte auch gestattet sein, diese vom Rationalismus geprägte Haltung kritisch zu betrachten. Denn der heute übliche Blickwinkel ist mit großer Wahrscheinlichkeit noch nicht der Weisheit letzter Schluss. Und gerade in der Frage nach dem ewigen Leben könnte es gut tun, ein wenig über den Tellerrand hinaus zu schauen.

Allerdings ist es anspruchsvoll, das allgemein akzeptierte Weltbild zu hinterfragen. Denn die „kollektiven Gedankenformen", wie die Berliner Philosophin Nathalie Knapp die in einer Gesellschaft übliche Art des Denkens und Schlussfolgerns bezeichnet, prägen auch unsere Einschätzung dahingehend, ob etwas „denkbar" ist oder von vornherein als Humbug eingestuft wird.

Heute hat die Naturwissenschaft, etwas überspitzt formuliert, den Status einer Religion. An sie glauben auch Menschen, die selbst weder wissenschaftlich noch logisch denken. Recht plakativ zeigen das zum Beispiel Werbekonzepte: Der seriöse Forscher im sauberen, weißen Mantel oder das sterile Chemielabor funktionieren seit Jahrzehnten als attraktive „Garanten für Wahrheit". Denn die breite Allgemeinheit schätzt den unbestechlichen Überblick des gelehrten Forschers und vertraut sich gern seiner Weisheit an.

Konfessionelle Lehren werden indes kaum noch als bedeutend erachtet, sofern es um die Ergründung des Weltgetriebes geht. Die Kirchen und ihre Vertreter sind für gemütvolle Zeremonien gefragt, aber doch bitte nicht mehr als Erkenntnisquellen!

Und in der naturwissenschaftlichen Lesart ist „die Welt" das sichtbare Universum, in welchem auf einem kleinen blauen Planeten vor 2 Millionen Jahren zufällig der Mensch entstand – ein Lebewesen mit der Intelligenz, dort einzugreifen, wo die Evolution schwächelt. Wenn also die Natur nicht dafür gesorgt hat, dass wir unsterblich sind, dann werden wir eben selbst dieses Manko beheben!

Vor wenigen Hundert Jahren stellte sich die Welt dem Menschen unvergleichlich anders dar: als Schöpfung Gottes. Unsterblichkeit erfahren zu können, war damals eine Selbstverständlichkeit. Der Gläubige hatte die Gewissheit, sie als Geschöpf des Herrn einst im jenseitigen „Reich Gottes" zu erfahren.

An dieser Stelle lohnt sich ein Seitenblick zurück in die Geschichte.

Peinliche Befragung der Natur

Der Kulturhistorikerin Anna Bergmann folgend, kam der radikale Sinneswandel, der sich in den vergangenen Jahrhunderten vollzog und vom Glauben zum Wissen führte, nicht aus heiterem Himmel.

In ihrem lesenswerten Buch „Der entseelte Patient" begründet sie ihre Überzeugung, dass dafür letztlich „die verheerenden Wetter-, Hunger- und Seuchenkatastrophen" ausschlaggebend waren, die im 14. und vor allem auch 17. Jahrhundert „weit mehr Opfer als militärische Konflikte" forderten. Diese Ereignisse – angefangen von der „Kleinen Eiszeit" ab Ende des 13. Jahrhunderts bis hin zur Pest im 17. Jahrhundert – erschütterten den naiven Glauben des Menschen nachhaltig. Und sie drängten ihn dazu, Möglichkeiten zu finden, „eine Resistenz gegen die am eigenen Leib durch

Krankheit, Altern und vor allem den Tod erfahrene Verwundbarkeit erzeugen zu können."

Auf dieser Grundlage einer Wechselbeziehung zwischen Natur- und Kulturgeschichte etablierte sich nach und nach das menschliche Konzept der Naturbeherrschung: „Das Interesse an einer Enträtselung des als Werk Gottes verstandenen ‚Buches der Natur' richtete sich gezielt auf eine Suche nach Methoden ihrer menschlichen Manipulierbarkeit, um letztlich eine von Gott unabhängige Sicherheit durch menschliches Handeln gewinnen zu können", formuliert die Autorin. So soll der medizinische Fortschritt in eine Welt führen, „in der körperliches Leid und menschliche Sterblichkeit in ihre Schranken verwiesen sind, in der wir uns vor dem Tod immer mehr geschützt meinen".

In unserer modernen Wahrnehmung sei der Tod also, meint Anna Bergmann, „zu einem klinisch besiegbaren Phänomen degeneriert". Der moderne Mensch gehe davon aus, dass die „physiologische Katastrophe" grundsätzlich „ärztlich verhinderbar ist".

Die heute weit verbreitete Auffassung, den *Kampf* gegen den Tod durch Wissenschaft und Forschung gewinnen zu können, entwickelte sich schrittweise – wobei sich, wie die Kulturhistorikerin formuliert, „seit der Renaissance eine neuartige Allianz zwischen Obrigkeit, Wissenschaft und christlicher Religion" formierte. Und im Zentrum dieses Bundes tobten durch die Jahrhunderte Kampf und Gewalt.

Üblicherweise wird der große geistesgeschichtliche Fortschritt der Menschheit am Beginn der Neuzeit damit beschrieben, dass an die Stelle des blinden Glaubens an religiöse Überlieferungen und Traditionen die „Frage an die Natur" trat. Die Wahrheit, also die Übereinstimmung einer Theorie mit der Wirklichkeit, sollte durch das Experiment herausgefunden werden. Heute erscheint dieser Ansatz vernünftig und sachlich.

Wer allerdings dem englischen Staatsmann und Philosophen Francis Bacon (1561–1626) folgt, der neben Leonardo da Vinci (1452–1519) als Vater des experimentellen Erkennens gilt, gewinnt einen anderen Eindruck.

Bacons Credo war definitiv die Beherrschung und Unterwerfung der Natur. Er wollte sie im Sinne einer inquisitorischen Befragung („inquisition of causes") zum Sprechen bringen. Ein Ansatz, der nicht zufällig an die „peinliche Befragung" (also die Folterung) erinnert, der in dieser Zeit vermeintliche Hexen unterzogen wurden, um ihnen „die Wahrheit" abzuringen. Bacon war als Generalstaatsanwalt des Königs auch selbst mit der Hexenverfolgung befasst.

Töten und opfern, um den Tod zu besiegen

Bei kritischer Betrachtung der Medizingeschichte wird deutlich, dass das Element „Gewalt" sehr oft zum Streben nach neuen Erkenntnissen gehörte. Seit der „Vater der Anatomie", Andreas Vesal (1514–1564), den Geheimnissen des Lebens mit dem Seziermesser auf den Grund gehen wollte, etablierte sich immer nachhaltiger die Überzeugung, durch chirurgische Eingriffe Krankheit und Tod besiegen zu können. Doch die dafür nötigen Kenntnisse forderten ihre Opfer.

Vesal war der erste, der in der Öffentlichkeit menschliche Leichen und auch lebendige Tiere zergliederte, um Körperfunktionen zu verstehen und verständlich zu machen. Aber schon davor, im ausgehenden 13. Jahrhundert, als es darum ging, die Ursachen von Seuchen zu ergründen, wurde erstmals nachweislich das große Tabu gebrochen, einen Körper zu öffnen.

Heute können wir uns kaum vorstellen, was das bedeutete. Denn die kollektiven Gedankenformen waren damals ja geprägt von der christlichen Überzeugung, jeder Mensch würde am Tag des Jüngsten Gerichts leiblich wieder auferstehen. Die Seele blieb demnach auf magische Weise auch über den Tod hinaus mit dem verstorbenen Leib verbunden, und eine Zergliederung dieses Leibes musste dramatische Folgen für die Seele haben.

In manchen Fällen war die möglichst „vollständige Vernichtung" eines Menschen jedoch erwünscht. So gab es verschärfte Hinrichtungsmethoden für Schwerverbrecher. Deren Körper wurden gezielt zerstückelt und verstümmelt (durch Köpfen, Herzentnahme oder Entdärmung) sowie verstreut oder an unterschiedlichen Orten dem Vogelfraß überlassen. Im Normalfall aber galt der Leib eines Toten als unantastbar; es herrschte ein „Sektionstabu".

Als später im „Anatomischen Theater" öffentlich Leichenzergliederungen zelebriert wurden, verwendete man zunächst nur Leichen von kurz davor hingerichteten Verbrechern. Sie hatten keine Totenrechte, und um ihr seelisches Wohl sorgte sich wohl niemand. Zum Vergnügen der höheren Gesellschaft und der „ehrbaren Bürger" – das waren Könige, Fürsten, Adelige und Geistliche – führten Anatomen coram publico Leichenzergliederungen durch. Die Ära dieses offenbar unterhaltsamen Anatomie-Spektakels erreichte im 17. Jahrhundert ihren Höhepunkt, dauerte aber bis weit ins 18. Jahrhundert hinein.

Die Strafjustiz, genauer gesagt: der Henker, lieferte somit über Hunderte von Jahren das „Material" für die medizinische Grundlagenforschung. Später wurden neben Exekutierten auch Verstorbene aus ärmeren Schichten öffentlich zergliedert. Wobei die Regel galt: Je tiefer jemand im sozialen Status steht, desto radikaler darf er zerstückelt werden.

Als sich im 18. Jahrhundert schließlich die Tore für die Öffentlichkeit schlossen, wurde die Tradition, durch Fragmentierungstechniken neue Erkenntnisse zu gewinnen, in den Krankenhäusern fortgesetzt. Anna Bergmann zeichnet in ihrem Buch „Der entseelte Patient" überzeugend eine Entwicklungslinie nach, die vom „Anatomischen Theater" über die Menschenexperimente in Gefängnissen und Konzentrationslagern bis hin zur modernen Praxis der Transplantationsmedizin führt. Heute wie ehedem geht es nach ihrer Ansicht um „das Phantasma der Sterblichkeitsüberwindung".

Bergmann: „Die menschliche Sterblichkeit, die Unfassbarkeit des Todes zählen zu den größten Angstquellen und werden daher wahrscheinlich zu Recht von Ethnologen und Religionswissenschaftlern für den Ursprung der Religionen verantwortlich gemacht. Schließlich haben alle Religionen den Glauben an ein

Leben nach dem Tod beziehungsweise an die Unsterblichkeit gemeinsam." Im Zuge eines „Verweltlichungsprozesses" habe die Medizin „im Überwindungsversuch der menschlichen Sterblichkeit" inzwischen eine Vorreiterrolle eingenommen, die „von keiner christlichen Kirche in Frage gestellt" werde.

Dabei spiele die alte „Opferlogik" nach wie vor eine Rolle: Zugunsten von Fortschritt und Nützlichkeit würden auch Menschenopfer in Kauf genommen: „In dem zweckrational begründeten Vorgehen der Zergliederung, der Vivisektion von Tieren und des Menschenversuchs liegen Quellen experimenteller Gewalt- und Folterpraktiken, denen durch die hehre Forschungsintention, das Leben von möglichst vielen Menschen zu retten, keine Grenzen gesetzt sind."

Kurzum: Unser Ausflug in die Geschichte zeigt, dass sich, gefördert durch katastrophale Naturereignisse, die Unsterblichkeits-Zuständigkeit – früher Kirche, heute Medizin – über die Jahrhunderte grundlegend verändert hat. Ob aber der moderne Ansatz, das ewige Leben mit dem Skalpell zu erzwingen – oder, sachlicher formuliert, den Kampf gegen die Vergänglichkeit mit Hilfe der Apparatemedizin zu führen –, nicht ebenfalls ein Irrweg ist, werden wir noch diskutieren.

Interessanterweise wurde in früherer Zeit der Begriff „Leib" – abgeleitet von lib = Leben – verwendet, womit dessen Beseelung zum Ausdruck kam. Heute sprechen wir statt dessen vom „Körper" – abgeleitet von corpus = Leichnam.

Haben uns Anatomie und Chirurgie von der Erkenntnis des Lebens am Ende noch weiter entfernt? Ein böser Verdacht.

Die ewige Angst vor dem Tod

Etwas jedenfalls blieb dem Homo sapiens trotz aller Erkenntnisse und unabhängig von der Entwicklung seines Weltbildes erhalten: die Angst vor dem Tod, vor dem großen Unbekannten, mit dem das bewusste Sein beendet wird.

Von dem bedeutenden französischen Philosophen René Descartes (1596–1650), der selbst in seinem Wissensdrang Tiere zergliederte (und sie letztlich zu seelenlosen, schmerzunempfindlichen Wesen erklärte), aber auch von dem richtungweisenden englischen Physiker Sir Isaac Newton (1642–1727) oder dem großen deutschen Astronomen Johannes Kepler (1571–1630) ist bekannt, dass sie lange Zeit unter Todesängsten litten. Die Biographien dieser Denker und Forscher sind Beispiele, die zeigen, dass es offenbar keinen verlässlichen intellektuellen Weg gibt, um diese typisch menschlichen Bangigkeitsgefühle zu überwinden.

Die Angst vor dem Tod: Bei näherer Betrachtung geht es dabei zum einen um die Furcht, als Individuum ausgelöscht zu werden, also alles zu verlieren, was als „Ich" erlebt wird – Bewusstsein, Identität, Erinnerung und Zukunft. Neben dieser Angst vor dem „Nichts" besteht aber gleichzeitig auch die Angst vor dem „Etwas", vor etwas Unberechenbarem, Unbekanntem, das sich des Lebens bemächtigt oder womöglich in gruseliger Art und Weise aus dem Jenseits in das Diesseits greift.

Während der Mensch Jahrhunderte lang vor allem im Glauben Zuflucht vor seiner eigenen Todesangst suchte, entwickelte er zu Beginn der Aufklärung eine neue Strategie der Furchtbewältigung. Das heißt ... so neu war sie eigentlich nicht: Es wurden „Schuldige" gesucht, gefunden und bestraft, um sich die „Gottes Gnade" – und damit ein angstfreies Gewissen – zu erkaufen.

Von solchen Projektionen berichtet schon das Alte Testament der Bibel. Aus einer jüdischen Zeremonie stammt der bekannte Begriff „Sündenbock". Am „Tag der Vergebung" machte der Hohepriester die Sünden seines Volkes bekannt und übertrug sie durch Handauflegen auf einen Ziegenbock. Dieser wurde daraufhin, beladen mit allen Sünden, in die Wüste geschickt. Das Volk konnte sich befreit und erlöst fühlen ...

Die Sündenböcke des 17. Jahrhunderts waren die Hexen. Sie standen stellvertretend für das Unberechenbare, Angstauslösende, das vernichtet werden musste, um Gottes Gunst zu gewinnen. Die

Idee, dass dieser „Handel mit dem Himmel" funktioniert, verfestigte sich zum regelrechten Wahn und forderte zahllose Opfer. Die Schätzungen reichen von 40.000 bis zu mehreren Hunderttausend ermordeten „Hexen" und „Hexern" in Europa.

Hier brennende Scheiterhaufen, dort Leichenzergliederungen im Anatomischen Theater ... der Tod war in der beginnenden Neuzeit omnipräsent. Die Angst davor sicher ebenfalls. Und sie wurde wohl noch verstärkt durch teils furchterregende Personifizierungen, etwa die Vorstellung vom gesichtslosen „Sensenmann", die auf christliche und vorchristliche Mythologien zurückgeht.

Wirken solche Bilder vielleicht bis heute im „Seelenhintergrund" mancher Menschen? „Sicher hat die Angst auch mit der Personifizierung des Todes zu tun", sagt der Münchner Vortragsreferent Siegfried Bauer, der zum Thema „Tod und Jenseits" einen bemerkenswerten Text im Angebot hat. „Wir kennen alle die Bilder vom Sensenmann, der in der einen Hand eine Sanduhr hält, die die abgelaufene Zeit anzeigt. Die Sense in seiner anderen Hand symbolisiert das Durchtrennen des Lebensfadens, der bereits in Mythologie und Bibel als ‚Silberne Schnur' genannt ist. Die verbreitete Angst vor dem Tod wurde in den letzten Jahrhunderten in unserem westlichen Kulturkreis aber vor allem durch die Kirchen bewusst genährt und gefördert. Die Angst diente als wirkungsvolles Druckmittel, die Menschen nicht nur zum Glauben, sondern vor allem in die Kirchen zu bewegen. Fegefeuer, Hölle, Schmerzen, Qualen ... diese bewusst in den Vordergrund gestellten Vorstellungen haben die Angst der Menschen vor dem Tod geschürt."

Die Angst vor dem Tod hatte nach Siegfried Bauer auch mit der Frage zu tun, wie sicher sich dieser feststellen lässt: „Die heutige moderne Apparatemedizin ist in der Lage, den Tod sehr zuverlässig zu bestimmen. Das war aber nicht immer so und führte zum Beispiel dazu, dass Menschen lebendig begraben wurden. Indizien fanden sich bei exhumierten Leichen: Die Beerdigten und zu früh für tot Erklärten hatten sich im Sarg noch einmal umgedreht oder Kratzspuren am Sargdeckel hinterlassen. Diese gruseligen Berichte vergrößerten verständlicherweise auch die Angst vor dem Tod.

Ärzte und Forscher nahmen sich daher des Themas an, denn wenn es schon keine Geräte gab, den Tod immer mit Sicherheit festzustellen, so wollte man wenigstens Möglichkeiten und Vorrichtungen entwickeln, die ein Lebendig-begraben-Sein verhindern. Es gab zum Beispiel die Konstruktion eines russischen Arztes, der eine Röhre mit einer langen Schnur durch die Erde in den Sarg führte, wobei am oberen Ende der Schnur ein Fähnchen angebracht war. Die Schnur wurde am unteren Ende um den Finger des Beerdigten gewickelt, und wenn dieser sich doch noch einmal bewegte, schwenkte das Fähnchen und man sah: Hier liegt jemand lebendig begraben! Ähnliche Konstruktionen befanden sich in einigen Leichenhallen in München, in denen für tot Erklärte einige Tage aufgebahrt und ihre Finger mit einem komplizierten Zugleinensystem verbunden wurden. Wenn sich doch noch jemand bewegte, läutete über dieses System ein Glöckchen bei einem Wächter."

Sicher zu dessen Freude.

In unserer heutigen Gesellschaft ist die Sorge vor dem Lebendig-begraben-Werden weit in den Hintergrund getreten. Doch die Frage, wann der Mensch wirklich tot ist, scheint auch im 21. Jahrhundert noch nicht endgültig geklärt.

Die hirntote Leiche darf sich bewegen

Diese Behauptung dürfte vorerst unglaubwürdig erscheinen. Denn schließlich kennen wir ja die klassischen Todesmerkmale – Stillstand der Atmung und Stillstand des Herzens. Darüber hinaus können heute auch die Gehirnströme gemessen werden. Wenn in der Elektroenzephalographie keine Aktivität mehr festzustellen ist, dann wird wohl auch kein Bewusstsein mehr vorhanden sein; der Mensch ist tot. Was also sollte in dieser Angelegenheit unklar sein?

Zunächst ist festzustellen, dass die früheren Todeszeichen, die über Jahrtausende Gültigkeit hatten, durch die Weiterentwicklung der medizinischen Technik keine unumschränkte Aussagekraft mehr besitzen. Denn es gibt ja Möglichkeiten, Herzschlag und Atmung wieder in Gang zu bringen, den Menschen also während eines bestimmten Zeitraums erfolgreich zu reanimieren. Vor allem aber ist es üblich geworden, bestimmte Patienten über Wochen oder Monate „künstlich am Leben zu erhalten", wie es so schön heißt.

Im Jahr 1958 beschrieben französische Neurologen erstmals das Krankheitsbild „Hirnversagen bei sonst lebendigem Leib" und nannten es „coma dépassé". Der Körper kann demnach „leben", während das Gehirn „tot" ist. Aber was bedeutet das für den gesamten Menschen? Lebt er nun oder ist er tot? Ist er nur sein Gehirn oder umfasst die menschliche Persönlichkeit mehr als nur das?

In der Medizin hat man sich zehn Jahre später, 1968, auf die Definition des sogenannten Hirntodes geeinigt. Demnach gilt der Mensch als tot, sobald keine Gehirnfunktionen mehr nachweisbar sind. Dieses „Kriterium" erschien plausibel, weil die Praxis gezeigt hatte, dass in einem Gehirn, das nicht mit Blut und Sauerstoff versorgt wird, innerhalb kurzer Zeit endgültig und unwiderbringlich jene Funktionen erlöschen, die ein Mensch körperlich zum Leben braucht und die seine geistige Persönlichkeit erkennen lassen.

Anders ausgedrückt: Vor rund 50 Jahren wurde der „Homo cerebralis" geboren. In seiner neuen Vorstellung von sich selbst definiert der Mensch sich seither einfach als Ergebnis elektrischer Gehirnströme. Menschsein ist Gehirnsein.

Seit Einführung des „Hirntodkriteriums" können daher auch Menschen als tot gelten, deren „Lebens"-Funktionen durch Maschinen aufrecht erhalten werden und die man in entsprechenden Kliniken nicht als Leichen, sondern als Patienten behandelt: Hirntote werden ernährt und gewaschen, erfahren Haut-, Haar- und Zahnpflege, und es wird ihnen auch zugestanden, sich zu rühren. Wenn sie im Krankenbett gelegentlich Hand- oder Beinbewegungen vollführen oder sogar Anstalten machen, eine Pflegekraft zu umarmen, dann gilt das als reflexbedingt.

Der „Lazarus-Effekt" ist bekannt. Hirntote „Leichen" dürfen sich bewegen.

Nicht zufällig allerdings gilt das Todesmerkmal „hirntot" just seit jener Zeit, als sich die Transplantationsmedizin zu etablieren begann.

Am 3. Dezember des 1967 hatte ein südafrikanisches Transplantationsteam unter der Leitung von Dr. Christiaan Barnard (1922–2001) in Kapstadt die weltweit erste Herztransplantation durchgeführt. Sie machte den südafrikanischen Arzt zur Legende (2004 wurde Barnard hinter Nelson Mandela zum zweitbedeutendsten Südafrikaner aller Zeiten gewählt) und seinen mutigen Patienten Louis Washkansky immerhin um 18 Tage älter. Knapp drei Wochen nach dem Eingriff starb er.

Und doch stieß diese Transplantation in der Medizin eine Türe auf, durch die bald Dutzende, Hunderte, Tausende Chirurgen auf der ganzen Welt drängten.

Zunächst führte deren Weg in eine rechtliche Grauzone. Denn medizinisch war klar: Das Herz (oder ein anderes Organ) einer klassischen Leiche ist für eine Transplantation unbrauchbar.

Ein Körper, der in Ruhe „sein Leben aushaucht" und dem dann vielleicht noch ein paar Tage Totenruhe gestattet sind, ist als Spender nicht geeignet. Nur mit „frischen" Organen aus Körpern, die bis zur Entnahme noch durchblutet sind, hat eine Transplantation Aussicht auf Erfolg. Weiterhin war klar, dass jeder Patient, der maschinell am Leben gehalten wurde, im Zuge der Explantation stirbt. Demnach hätte man allen Transplantationschirurgen, rechtlich betrachtet, Tötungen vorwerfen können – nicht aber, wenn die potentiellen Organspender schon vor dem Eingriff als Leichen gelten.

Die Hirntod-Definition gewährleistet das. Sie geht zurück auf eine Kommission aus Ärzten, Juristen und Ethikern, die 1968 in Harvard zusammentrat und ein nicht mehr umkehrbares Koma als „Tod des Menschen" definierte. Damit wurde in den USA der Todeszeitpunkt zugunsten der Transplantationsmedizin vorverlegt. Europa zog rasch nach. Man einigte sich – ohne spezielle Studien durchgeführt zu haben – am runden Tisch auf eine moderne Todesdefinition zugunsten der Organempfänger.

Allerdings gehen die Meinungen darüber, ob der Hirntod wirklich zuverlässig mit dem Tod des Menschen gleichzusetzen ist, bis heute auseinander. Dem medizinischen Mainstream, der praktisch ohne Wenn und Aber für Organspenden wirbt, stehen Kritiker gegenüber, die unermüdlich auf Grauzonen hinweisen:

- Das Hirntod-Kriterium sei keine medizinische Gewissheit, sondern eine willkürlich festgelegte Grenzlinie, eine Art medizinische Verabredung.
- Der Mensch könne nicht auf seine Gehirnfunktionen reduziert werden. Jener Zusammenbruch des Organismus, der als Tod bezeichnet wird, zeige sich nicht nur an einem Organ, sondern durch den Stillstand aller Wechselwirkungen im gesamten Körper.
- Der Ausfall sämtlicher Hirnfunktionen lasse sich nicht mit letzter Sicherheit diagnostizieren.
- Es sei nicht endgültig erwiesen, dass hirntote Menschen keine Empfindungen haben. Forschungen an Koma-Patienten hätten gezeigt, dass diese Patienten auf äußere Ereignisse und soziale Stimuli (zum Beispiel auf Besuche von Verwandten) reagieren können.

Leben erhalten um jeden Preis

De facto sind Organspender so etwas wie lebende Leichen. Denn einerseits haben sie keine Patientenrechte, weil sie ja als tot betrachtet werden. Andererseits werden ihnen aber auch keine Totenrechte zugestanden. Sie dürfen nicht in Würde sterben, weil ihre Organe ja verwertet werden sollen.

Ihr Gehirn gilt als tot, ihre Person als erloschen, der „Restkörper" (in Fachkreisen auch als „Herz-Lungen-Paket" bezeichnet) jedoch als lebend. Bis er im Zuge der Explantation auf ziemlich brutale Art getötet wird.

Zwar spricht der „Transplantationskodex der Arbeitsgemeinschaft Organtransplantation" von der Würde des Verstorbenen während der Organentnahme und von einer achtungsvollen Behandlung des Leichnams. Aber wie sieht diese in der Praxis aus? „Versuchen Sie sich diesen ‚menschenwürdigen' Akt einmal vorzustellen", rät Dipl.-Psych. Roberto Rotondo im Buch „Sterben auf Bestellung – Fakten zur Organentnahme". „Immerhin können bei einer Multiorganentnahme Hornhäute, Innenohren, Kieferknochen, Herz, Lungen, Leber, Nieren, Bauchspeicheldrüse, Magen, Knochen, Bänder und Knorpel, Haut, Adern und Knochenmark entnommen werden."

Roberto Rotondo zitiert in der Folge auch die Aussagen von Pflegekräften, die den routinemäßigen Ablauf von Organtransplantationen schildern und sich dabei über viele Details – wie zum Beispiel die großen Flüssigkeitsmengen – auslassen, die bei einem solchen Eingriff anfallen. Und er kommentiert: „Diese Pflegekräfte kennen sehr blutige Operationen aus anderen Zusammenhängen und können in diesem Arbeitsbereich mit Blut umgehen. Wenn dann im Zusammenhang mit einer Organentnahme der Begriff ‚Schlachtfeld' verwendet wird, dann stellt zumindest diese Pflegekraft selbst den Bezug zum Schlachten her."

In dem Buch „Sterben auf Bestellung" kommt auch eine ehemalige Fachschwester für Anästhesie und Intensivmedizin an der Uni Düsseldorf, Liliana Sitar, zu Wort. Sie berichtet, dass Hirntote auf ihrer Station genauso betreut wurden, wie andere Hirnverletzte auch. Sie wurden durch Infusionen ernährt, die Blutwerte wurden kontrolliert, ebenso der Blasenkatheder für die Urinausscheidung, der Schweiß wurde ihnen abgewischt und Medikamente für die Muskelentspannung wurden verabreicht, damit sich die für tot Erklärten, wenn sie auf dem Weg zum OP-Saal an den Verwandten vorbeigefahren wurden, nicht bewegten.

Liliana Sitar berichtet über eine solche „letzte Fahrt": „Alles, was ich an dem Patienten sah, war sein lebendiger Körper. Der war warm. Der atmete. Der schwitzte. Das tote Gehirn sah ich nicht. Ich hab' weiter mit dem hirntoten Patienten geredet. Hab' ihm genau erklärt, was ich gerade an ihm mache. Dass er zur Organentnahme in den Operationssaal gefahren wird, das hab' ich allerdings nicht über die Lippen gebracht."

Als Liliana Sitar zum Schluss kam, sie könne es nicht länger verantworten, Menschen in ihrem Sterben zu stören, wechselte sie den Arbeitsplatz.

Die Transplantations-Praxis fordert das Pflegepersonal ganz besonders. Denn während die Chirurgen sich im wesentlichen auf ihre Arbeit an den Organen konzentrieren, erleben Pflegerinnen und Pfleger den Menschen, den sie betreuen – bis zu seinem Ende im OP-Saal. Wo die Hirntoten übrigens ruhig gestellt oder narkotisiert werden, weil es sonst während des Eingriffs zu unberechenbaren Bewegungsreaktionen kommen könnte. Denn sobald der Chirurg das Messer ansetzt, reagiert der Tote.

Einer der Kritiker, die sich seit vielen Jahren für mehr Transparenz im Bereich der Organtransplantation einsetzen, ist der Düsseldorfer Wissenschaftsjournalist Richard Fuchs, der das „Dokumentationszentrum Organtransplantation" gründete. In einem Beitrag mit dem Titel „Hirntod made in USA" beschreibt er den Hirntod als „Geschäftsgrundlage der Transplantationsmedizin". Diese sei medizinisch eine Sackgasse und sorge durch die extrem hohen Kosten dafür, dass die Finanzierung unseres Gesundheitssystem längerfristig auf dem Spiel stehe.

Auch in der Ärzteschaft gibt es Kritiker. So formulierte beispielsweise der Duisburger Mediziner und Psychiater Prof. Dr. Dr. Klaus Dörner anlässlich einer Anhörung des Gesundheits- und Rechtsausschusses des Deutschen Bundestags bereits im Juni 1995: „Erstaunlich an der jetzigen Situation ist eigentlich nur, dass wir alle – einschließlich der Bundesärztekammer, der Kirchen und der Ethikkommissionen – 25 Jahre brauchten, um zu erkennen, dass wir uns hinsichtlich der Hirntod-Definition auf einem Irrweg befunden haben, ein Irrweg, der eigentlich mit logischem gesunden Menschenverstand leicht zu erkennen war, weshalb auch jetzt diejenigen Vertreter des Souveräns, die ‚näher dran sind', signalisieren, dass sie nicht mehr bereit sind, diesen Irrweg weiterzuge-

hen." Und außerdem sagte Dörner bei dieser Gelegenheit klipp und klar: „Der Hirntod ist nicht der Tod des Menschen. Dies ist – so peinlich das klingt – auf jeder logischen Ebene zu begründen."
In ihrem Buch „Ungeteilt sterben – kritische Stimmen zur Transplantationsmedizin" ließ Dr. Gisela Lermann als Herausgeberin Fachleute und Betroffene zu Wort kommen, etwa den Neurochirurgen Dr. Andreas Zieger. Er sagt: „Transplantationsmedizin ist der ästhetisch und moralisch am meisten verkommene Teil der modernen Chirurgie und Medizin."
Eine solche Bemerkung ist natürlich hochgradig brisant. Denn unter dem Aspekt der Nächstenliebe wird die Transplantationsmedizin bis heute als über alle Zweifel erhaben hilfreich und gut dargestellt.
In einem Gespräch berichtete mir Dr. Lermann denn auch wenig überraschend, dass es Stimmen gibt, „die die Autoren vehement angreifen. Das stimmt um so nachdenklicher, als manchmal überhaupt nicht auf deren Sachargumente eingegangen, sondern den Leuten einfach die Kompetenz abgesprochen wird, etwas zum Thema sagen zu können."

Das wahrscheinlich beste wissenschaftliche Buch zum Thema – heute eine kostbare Rarität – verfassten zur Jahrtausendwende Anna Bergmann und Ulrike Baureithel. „Herzloser Tod – Das Dilemma der Organspende" wurde als „Wissenschaftsbuch des Jahres 2000" ausgezeichnet.
Dem Autorinnen-Duo gelang auf der Grundlage von Interviews mit Betroffenen, Angehören, Ärzten und Pflegern ein ziemlich erschütternder Blick hinter die Kulissen der Transplantationspraxis. Anna Bergmanns beruflicher Karriere war die Publikation nicht förderlich – um es vorsichtig auszudrücken. In der Sache engagiert ist sie trotzdem noch heute.
Ich traf die Kulturwissenschaftlerin an der Universität Innsbruck zu dem folgenden Gespräch.

Neues Leben oder neues Sterben?

Sie befassen sich seit etwa 15 Jahren mit den Graubereichen der Transplantationsmedizin und haben darüber wissenschaftliche Publikationen verfasst. Was sind Ihre Hauptkritikpunkte?

Bergmann:
Die Organtransplantation beruht auf einer Überschreitung von biologischen, ethischen und anthropologischen Grenzen. Zum einen muss die angeborene Immunabwehr bei den Organempfängern lebenslang chemisch unterdrückt werden, damit sie nicht mehr in der Lage sind, das Organ abzustoßen. Das hat zur Konsequenz, dass diese Therapie mit lebensgefährlichen Folgewirkungen verbunden ist. Zum anderen beruht die Transplantationsmedizin auf der Abhängigkeit von dem Körper und Tod ihrer eigenen Patienten, so dass sie Sitten unserer Sterbe- und Bestattungskultur verwerfen muss. Dann hat sie immer wieder neu das Problem der Organbeschaffung und das Auseinanderklaffen, wie es heißt, von „Angebot" und „Nachfrage" zu lösen. Und schließlich ist diese Therapieform auf noch lebende Patienten angewiesen, denn Organe aus dem Körper von Leichen hätten bei Organempfängern eine tödliche Wirkung. Deshalb wurde in den 1960er Jahren der Hirntod – das Konstrukt einer „lebenden Leiche", die als „tote Person" mit einem „noch lebenden Restkörper" definiert ist – als Voraussetzung der Organgewinnung eingeführt.

Sprechen Sie die Definition der Harvard-University an, die 1968 definiert hat: Wenn es keine Gehirnfunktionen mehr gibt, gilt der Mensch als tot?

Bergmann:
Die Harvard-Richtlinien wurden als Reaktion auf die von dem Kapstadter Chirurgen Christiaan Barnard losgetretene Transplantationswelle durch seine 1967 medienwirksam präsentierte Herztransplantation formuliert. Bis dahin fand die Organgewinnung in

einer rechtlichen Grauzone statt. Aber die Harvard-Definition legte die Areflexie als Zeichen des Hirntodes fest und zählte das Rückenmark mit zum Gehirn. Dieses Kriterium wurde noch im selben Jahr aufgegeben, weil „Harvard-Tote" für Zwecke der Transplantationsmedizin bereits „zu tot" waren, wie Gesa Lindemann es einmal ausgedrückt hat. Seither dürfen Hirntote bis zu 17 Reflexe aufweisen. Denn man hat auf die Definition des „zerebralen Todes" der deutschen Neurochirurgen Wilhelm Tönnis und Reinhold Frowein zurückgegriffen und den Hirntod auf die Schädelkapsel eingegrenzt, wobei bemerkenswert ist, dass Tönnis in die medizinischen Verbrechen im Nationalsozialismus verstrickt war.

Wenn Sie sagen, dass Organtransplantationen gegen biologische Gesetzmäßigkeiten verstoßen – meinen Sie damit die Tatsache, dass Verwesungsprozesse für den Organempfänger tödlich sind?

Bergmann:
Ich meine damit, dass fremde Organe grundsätzlich abgestoßen werden, egal ob sie im vitalen Zustand oder mit bereits nekrotischen Anteilen verpflanzt werden. Wir haben eine angeborene und lebenswichtige Immunabwehr, die sofort reagiert, wenn ein Fremdkörper in unseren Körper dringt. Das ist das Grundproblem der Transplantationsmedizin, das sie seit ihren Anfängen im 19. Jahrhundert bis heute nicht gelöst hat. In den 1950er Jahren versuchte man noch, die Immunabwehr lahmzulegen, indem man Organempfänger einer radioaktiven Ganzkörperbestrahlung und einer anschließenden Injektion von Knochenmarkzellen unterzog, heute erfolgt sie medikamentös.

Die Immunabwehr muss bis zum letzten Lebenstag eines Organempfängers unterdrückt werden, was zu gravierenden Infektionsgefahren führt. Und es wird ein Zustand erzeugt, der von medizinischer Seite mit dem Krankheitsbild von AIDS verglichen wurde. Entsprechend haben Organempfänger ein 65fach erhöhtes Krebsrisiko. Außerdem ist diese Therapieform mit Nierenschädigungen und anderen schwerwiegenden Folgewirkungen der chemischen Außerkraftsetzung des Immunsystems verbunden. Daher bleiben Organempfänger chronisch krank und sind entsprechend auch als Schwerbehinderte geschützt.

Was hat sich denn in der Transplantationspraxis in den letzten 15 Jahren aus Ihrer Sicht geändert?

Bergmann:
Charakteristisch für ihre Entwicklung ist, dass Transplantationen nicht nur um Hände, Arme, Beine und Gesichter erweitert wurden, sondern die Zahl der Organverpflanzungen steigt insgesamt. Die Transplantationsmedizin geht davon aus, dass sich zukünftig der Organbedarf verzehnfachen wird. Entsprechend gibt es eine intensivierte Forschung unter der Fragestellung, wie die Zahl der Organe potenziert werden kann. Hier stehen momentan drei Strategien im Vordergrund: Die erste bezieht sich auf die Erweiterung von Kriterien der Spenderauswahl und entsprechend auch der Indikation bei den Empfängern. So hat die Transplantationsmedizin den „marginalen Spender" und sein Pendant, den „marginalen Empfänger", aus der Taufe gehoben, der entweder über 65 Jahre alt ist oder Erkrankungen aufweist, die in den 1990er Jahren noch als Kontraindikation für eine Verpflanzung galten. Beispielsweise werden Lebern mit einer über 30-prozentigen Verfettung oder auch Raucherlungen in den Körper von Patienten verpflanzt, wenn deren Vorerkrankung oder altersbedingt eine geringere Lebenserwartung wahrscheinlich ist. Begonnen mit der Aufweichung der Spenderkriterien hat die Privatstiftung Eurotransplant schon 1999 durch das Eurotransplant Senior Program (ESP) unter der Floskel „Old-for-Old".

Mit dieser Strategie zur Vermehrung transplantierbarer Organe wurden erstmals Auswahlkriterien hinsichtlich des Alters von Spendern und Empfängern für die Gewinnung und Verpflanzung von Nieren gelockert. Im Rahmen des ESP-Programms erhalten Patienten, die älter als 65 Jahre alt sind, mittlerweile auch weitere Organe von alten Menschen. Entsprechend hat sich die

Altersstruktur sowohl von Spendern und Empfängern markant verändert. In Deutschland war zum Beispiel 2012 jeder dritte Organspender über 65 Jahre alt. Und die Werbung um Organspende macht nicht einmal mehr vor 90jährigen Menschen Halt, so dass Organe aus dem Körper von hochbetagten Senioren ohne Altersgrenze in den Körper von Patienten, die älter als 65 Jahre sind, verpflanzt werden.

Außerdem versucht die Transplantationsmedizin den sogenannten „Spenderpool" durch Lebendspenden von Nieren, Teilen der Leber und der Lungen zu erhöhen, und drittens durch die neue Spendergruppe der „Non-heart-beating-donors". Hier handelt es sich um Menschen, die einen Herzstillstand erlitten haben und deren Zahl nicht so begrenzt ist wie die von vornherein nur kleine Gruppe hirnsterbender Patienten, deren Hirnkreislauf aufgrund eines Schlaganfalls, einer Hirnblutung oder eine Schädelverletzung zusammengebrochen und bei denen der „Hirntod" diagnostiziert ist.

Von welchen Ländern sprechen Sie hierbei? Deutschland, Österreich?

Bergmann:

Die gesamte Entwicklung der Transplantationsmedizin erfolgt international im Rahmen der scientific community, obwohl es national verschiedene Gesetzgebungen hinsichtlich der Organentnahmen gibt. In Deutschland ist die Explantation der „Non-heart-beating-donors" noch als medizinische Tötung verboten, was meines Erachten jedoch nur eine Frage der Zeit sein wird. Die Verpflanzung – wie es ein Transplantationsmediziner ausdrückte – von „schlechten", also „marginalen Organen", ist mit steigender Tendenz im internationalen Maßstab gängig geworden.

Für mein neues Buch habe ich Interviews mit von dieser Verpflanzungspraxis betroffenen Familien durchgeführt, die mir verheerende Verläufe nach der Transplantation ihrer Angehörigen geschildert haben. Sie sind bis heute traumatisiert. Denn sie sahen in der Transplantation die Perspektive, den Tod abwenden zu können. Stattdessen kam es zu einem qualvollen Sterbeprozess, den ich nur noch mit dem Begriff des „Monströsen" beschreiben kann, weil es diese Art des Sterbens mit dieser enormen Häufung extremer Folgewirkungen der Immunsuppression sonst wohl kaum gibt.

Die Logik des Ersatzteile-Austauschens funktioniert also nicht wirklich ...

Bergmann:
Wenn ein Organ aus dem körperlichen Zusammenhang heraus gedacht, also nicht in seiner leiblichen Verbundenheit verstanden und entsprechend auch zu heilen versucht wird, handelt es sich um ein mechanistisches Körperkonzept, das selbst in der modernen Medizin überholt ist. Ich denke zum Beispiel an hirnphysiologische oder zellbiologische Forschungsansätze, die insbesondere hochkomplexe Wechselwirkungen ins Zentrum stellen.

Die Transplantationsmedizin hält aber an einem mechanistischen Menschenbild fest. Der selbstverständlich gewordene Satz: „Ein Mensch benötigt ein neues Herz" beinhaltet die Vorstellung von einem autonom funktionierenden Organ, das in keiner lebendigen Verbindung zum Beispiel zur Leber, Lunge oder Niere steht und insgesamt aus seinem leiblichen Zusammenhang gedacht ist. Die Wechselbeziehungen zu anderen Organen und generell die leibliche Verbundenheit müssen daher ignoriert werden – das Herz wird also im wahrsten Sinne des Wortes aus dem Körper heraus gerissen, um es mechanisch auswechselbar machen zu können, was jedoch angesichts der schweren Nebenwirkungen eine Fiktion bleibt.

Wie beurteilen Sie im Hinblick auf all diese Schattenseiten die Werbung, die für das Organspenden gemacht wird? Als gezielte Irreführung?

Bergmann:
Es wird genau dieses primitive mechanistische Körperbild reproduziert, das nicht nur eine utopische Vorstellung unseres Leibes suggeriert, ganz nach dem Motto: „Ein neues Organ – ein neues Leben". Die hohen Sterbe- und Morbiditätsraten werden nicht veröffentlicht und in der Werbung um Organspende verschwiegen. Auch die Formulierung auf den Spenderausweisen – „Für den Fall, dass nach meinem Tod ..." entspricht einer vorsätzlichen Täuschung der Bevölkerung, weil damit eine Leichenvorstellung vermittelt wird, die der Realität von hirnsterbenden Patienten auf einer Intensivstation absolut widerspricht, wenn wir bedenken, dass Hirntote noch über alle Anzeichen des Lebens verfügen und der Blutkreislauf, der Stoffwechsel, das Blutgerinnungs- und Immunsystem erhalten bleiben.

Sie atmen mit technischer Unterstützung des Zwerchfells, sind in der Lage, Infektionen abzuwehren, Stresshormone zu entwickeln, zu schwitzen, bei der Eröffnung ihres Körpers mit Anstieg des Blutdrucks und Pulses zu reagieren. Hirnsterbende Frauen sind noch fähig, ein Kind auszutragen.

Vor diesem Hintergrund kann von Information keine Rede sein. Meines Erachtens handelt es sich um eine Desinformationspolitik, um an mehr Organe zu kommen – und mittlerweile, das sollte auch bedacht werden, um gratis Gewebe gleich mit gewinnen zu können.

Sofern es sich um Multiorganentnahmen handelt ...

Bergmann:
Die Multiorgangewinnung bewegt sich inzwischen bei etwa 85 Prozent aller Organentnahmen. Eine Diskussion über die Gewinnung von Geweben fand bisher nicht statt, obwohl bestimmte Gewebe zu Arzneimitteln verarbeitet und teilweise verkauft werden. Die Reklame für Organspende legt es geradezu darauf an, dass sich niemand ein Bild von dem Umfang und dem Prozedere einer Organ- und Gewebeentnahme machen und realisieren kann, wie

der sich noch im Sterben befindende Spender erst auf dem Operationstisch durch medizinisches Handeln in eine wirkliche Leiche verwandelt.

Die Werbung operiert mit dem Bild des klinisch Reinen; der Gedanke der Nächstenliebe steht im Vordergrund, alles ist blumig und bestens in Ordnung. Die blutige Wirklichkeit im Operationssaal wird ausgeblendet. Sie haben mit vielen Menschen gesprochen, die berufsmäßig mit Transplantationen zu tun haben: Krankenschwestern, Anästhesisten, Ärzte. Was berichten sie vom Alltag hinter der Kulisse der Werbeklischees?

Bergmann:
Bemerkenswert ist zunächst der hohe Grad der Arbeitsteilung bei einer Organ- und Gewebegewinnung. Die einzelnen Teams der Organentnehmer haben im Operationssaal schon einen abgedeckten Organspender vor sich, den sie als Patienten vorher niemals gesehen haben. Sie betreten als Fremde kurz den Operationssaal, um bestimmte Organe zu explantieren. Diesen beschränkten Horizont haben Operationsschwestern und Anästhesisten nicht, da sie eine Explantation von Anfang bis Ende mittragen müssen. Anästhesisten sind für die Kreislaufstabilisierung der Organspender verantwortlich und müssen zum Beispiel auch eine „frustrane Organspende" abwehren helfen: Denn wenn der Herzkreislauf eines Spenders vor der Organgewinnung auf dem Operationstisch zusammenbricht, werden auch Reanimationen durchgeführt, um die Organe zu „retten".

Dies ist medizinethisch eine heikle Situation. Aus der Berufsgruppe der Anästhesisten wurden mir schwere Gewissenskonflikte geschildert und auch berichtet, dass zum Beispiel eine Anästhesistin das Krankenhaus verlassen hat mit der Begründung, sie beteilige sich nicht an Mord.

Und für die Schwestern ist es wahrscheinlich auch eine schwierige Situation.

Bergmann:
Ja, weil sie das gesamte Prozedere miterleben. Wenn nach der Organentnahme außerdem noch Gewebe gewonnen wird, kann es zu solchen Konflikten kommen, dass zum Beispiel OP-Schwestern sich weigerten, an Knochenexplantationen weiterhin mitzuwirken. Für sie sind auch neuere Entwicklungen problematisch, zum Beispiel die brutalisierte Explantationsweise bei der Gruppe der „Non-heart-beating-donors" oder die gängig gewordene Transplantation von alten Menschen, die schwer zu behandelnde Wundheilungsprobleme bekommen.

Also Menschen, bei denen keine Hirntodfeststellung erfolgt, die aber einen Herz-Kreislauf-Stillstand erleiden.

Bergmann:
Ja, die Gruppe der „Non-heart-beating-donors" wurde 1995 in mehrere Kategorien eingeteilt. Kategorie III stellt darunter die größte Spendergruppe dar. Hier handelt es sich um Patienten, bei denen aufgrund einer schlechten Prognose ein Behandlungsabbruch erfolgt, der direkt an die Logistik der Organentnahme gekoppelt wird. Allerdings wurde eine „non-touch-period" eingeräumt, die zwischen 75 Sekunden und 10 Minuten schwankt. Wir haben es hier also mit Patienten zu tun, bei denen der Hirnkreislauf nicht zwingend zusammengebrochen ist, denn bis zu 15 Minuten nach Herzstillstand sind Hirnaktivitäten noch messbar.

Das Hirntodkriterium ist bei dieser Spendergruppe aufgegeben worden. Stattdessen wird versucht, mit allen nur denkbaren Mitteln den Sterbeprozess medikamentös, apparativ und durch Herzmassage rückgängig zu machen sowie unter hohem Zeitdruck die Organe zu gewinnen.

Organtransplantationen waren ja immer auch Experimente am Menschen. Es ging nicht nur um medizinische Hilfe, sondern auch um Erkenntnisgewinn. Wie sehen Sie die Situation heute? Ist die Experimentierphase noch nicht zu Ende?

Bergmann:
Oh nein! 2008 hat in der Fachliteratur ein Transplantationsmediziner hinsichtlich der anstehenden Forschungen auf diesem Gebiet von einem „Goldgräberzeit-Szenario" gesprochen. Das Forschungsfeld ist weit gespannt, es geht um optimierte Möglichkeiten der Organkonservierung, die Entwicklung neuer Generationen von Immunsuppressiva und nicht zuletzt gibt es ja auch eine wichtige Verbindung zwischen Gentechnologie, Stammzellforschung und Transplantationsmedizin, um Probleme der Abstoßung und Gewinnung von Organen beispielsweise durch ihre Verpflanzung aus dem Körper genmanipulierter Schweinen lösen zu können.

Haben sich die Überlebensaussichten für Organempfänger in den letzten zehn oder 20 Jahren verbessert?

Bergmann:
Das ist schwer zu sagen, denn die Zahlen werden nicht offen gelegt, und die Transplantationsmedizin hat sich nie durch eine erfolgreiche Überlebensrate der Organempfänger beweisen müssen. Dass mit Überlebensstatistiken keine Werbung gemacht wird, sollte jedoch zu denken geben. Was allerdings auffällig ist: Die Einjahres-Überlebensrate hat sich zum Beispiel bei Herzempfängern seit etwa 20 Jahren nicht verändert. Im ersten Jahr sterben nach einer Herzverpflanzung nach wie vor 20 Prozent. Nach einer Lungentransplantation hat sich die Überlebensrate laut Statistik der Pharmafirma Genzyme verbessert, und es sterben im ersten Jahr 28 Prozent. Nierenempfänger haben die beste Prognose, zumal bei einer Abstoßung die Dialyse als Überbrückung möglich ist, so dass Genzyme hier ausschließlich „Transplantatfunktionsraten" publiziert und eine Funktionsrate bei jedem zweiten Nierenempfänger von 13 Jahren nennt. Die hier veröffentlichten Zahlen sind allerdings in den letzten sieben Jahren konstant geblieben.

Haben Sie bei Ihren Interviews auch Organempfänger gefunden, die sich wirklich rundum wohl gefühlt haben? Die also, ganz im

Sinn der Werbung, gesagt haben: „Jetzt habe ich ein neues Organ, ich fühle mich wieder richtig fit und gesund!"

Bergmann:
Nein, ich habe sogenannte Langzeitüberlebende interviewt, die sich damit arrangiert und mit den Folgeerkrankungen der Immunsuppression, mit der Angst vor Infektionen, Krebs und wie lange es noch gut gehen wird, zu kämpfen haben. Aber grundsätzlich gibt es, wie der Psychologe Oliver Decker hervorgehoben hat, ein hohes Maß an Verleugnung der körperlichen und seelischen Probleme.

Der Rockstar Lou Reed, der sich im Mai 2013 einer Lebertransplantation unterzogen hatte und im Oktober 2013 an den Folgen dieser Therapie starb, hat eben ganz nach dem gängigen Werbemotto, er habe eine „neue Leber" und alles laufe bestens, nach der Transplantation erklärt: „Ich bin ein Triumph der modernen Medizin"; er freue sich, „bald wieder auf der Bühne zu stehen und Songs zu schreiben".

Auch Claudia Kotter, die eine Lunge eingepflanzt bekommen und die Transplantation überlebt hatte, trat noch kurz vor ihrem Tod im Fernsehsender MDR auf und präsentierte sich in einer Werbesendung als kerngesund.

Werbebotschaften für die Organspende suggerieren im Wesentlichen, dass kranke Menschen sterben müssen, weil es zu wenig Organe gibt – deshalb soll jeder spenden. Können Sie dieser Argumentation gar nichts abgewinnen?

Bergmann:
„In Deutschland sterben täglich drei Menschen", so heißt es, „weil" sie kein Organ erhalten haben. Mit dieser Behauptung wird ein falscher Schuldzusammenhang erzeugt und verleugnet, dass Organempfänger todkranke Menschen sind, die sich im Endstadium einer schweren Krankheit befinden und dass auch nach einer Transplantation weiter gestorben wird. Aber auf Grundlage einer

fantastischen Vorstellung der Machbarkeit durch eine omnipotente Medizin wird, überspitzt gesagt, die Todesüberwindung zum Programm erhoben und die Botschaft transportiert, die moderne Medizin sei tatsächlich in der Lage, den Tod durch einen simplen Organaustausch therapieren zu können.

Auch wenn eine Transplantation gut geht, kann sich das alte Krankheitsbild weiterentwickeln und/oder diese Patienten sterben nicht selten qualvoll an den Folgewirkungen der Transplantation. Dieses Sterben wird gesellschaftlich ausgeblendet und mit allen Mitteln tabuisiert.

Warum stehen diese Probleme in der öffentlichen Wahrnehmung so weit im Hintergrund? Weshalb nimmt man das alles ohne weiteres in Kauf? Was ist nach Ihrer Meinung die eigentliche Motivation für die Entwicklung der Transplantationsmedizin?

Bergmann:
Meines Erachtens ist die Todesüberwindung ein wichtiger Impuls für den Glauben an diese gewalttätige „Heilform" und für die Akzeptanz der ungeheuerlichen Körperverwertung von sterbenden Patienten. Selbst die Werbung arbeitet mit dem Gedanken „Mach dich unsterblich und spende Organe!"

Hier wird auf magische Vorstellungen zurückgegriffen und damit geworben, die Spender lebten in den Organempfängern weiter. Und umgekehrt wird hinsichtlich der „Hirntoten" ein Bild von verwertbarem Müll vermittelt.

In den USA gibt es den Aufruf: „Become a Donor, recycle yourself".

Es werden also alle Register für eine Ideologie der Lebensverlängerung um jeden Preis gezogen.

Die Frage ist, wie weit unsere Gesellschaft in dem mit der Organgewinnung verbundenen unzumutbaren Umgang mit Sterbenden und Toten zu gehen bereit ist, um das Phantasma der Todesüberwindung aufrecht zu erhalten ...

Rückgewinnung des „Weltvertrauens"

Anna Bergmanns kritische Betrachtungen machen klar: Die moderne Transplantationsmedizin ist der (vorläufige) Höhepunkt einer Entwicklung, deren Ursprung schon im mittelalterlichen Pestinferno verortet werden kann. Nach Ansicht der Kulturwissenschaftlerin kann „die Entstehung der Moderne als eine kollektivpsychologische Reaktion auf traumatische Todeserfahrungen gedeutet werden, als Versuch, dem Ursprung von Krankheit, Tod und Naturkatastrophen jenseits von Metaphysik und Religion auf den Grund zu gehen. ‚Weltverbesserung' mit dem Ziel der Rückgewinnung eines Weltvertrauens wurde somit zu einem elementaren Anliegen der in der Renaissance entstehenden modernen Naturwissenschaften", schreibt sie in ihrem Buch „Der entseelte Patient". Und weiter: „Das Bedürfnis nach einer schuld- sowie angstfreien Erklärung der Naturkatastrophen führte letztlich zur Entstehung einer neuen Auffassung über die Welt, den Kosmos und den Menschen."

Diese neue Auffassung zeigte sich nicht mehr passiv-aufnehmend, sondern aktiv-gestaltend. Das Wissenwollen ersetzte das Glaubenwollen. Aber es ging nicht allein um neues Wissen an sich. Das Interesse an einer Enträtselung der Natur war gleichzeitig die Suche nach Möglichkeiten, sie zu manipulieren, um, wie Anna Bergmann es formuliert, „letztlich eine von Gott unabhängige Sicherheit durch menschliches Handeln zu gewinnen".

Heute gehört die Illusion, der Mensch sei immun gegen Naturgegebenheiten oder er könne diese Resistenz wenigstens irgendwann einmal erreichen, zu den kollektiven Gedankenformen der wissenschaftsorientierten westlichen Welt. Der Glaube an einen Schöpfer ist weit in den Hintergrund getreten. Ebenso die früher selbstverständliche Überzeugung, der Mensch verfüge über eine „nicht stoffliche", immaterielle Seele – und insofern über das Potential für Unsterblichkeit.

Wir werden das von Positivismus, Materialismus und Rationalität geprägte moderne Menschenbild im nächsten Kapitel genauer untersuchen. Denn eines steht bei nüchterner Betrachtung fest: Die hier beschriebenen Entwicklungen – von der Kryonik bis zur Organtransplantation – mögen zwar von der Sehnsucht getragen werden, der Mensch könne den Tod irgendwie doch technisch austricksen. Aber letztlich ist es lediglich gelungen, die Grenzen ein wenig zu verschieben. Wir werden älter. Vielleicht auch gesünder älter. Aber die körperliche Unsterblichkeit bleibt eine Illusion. Und die zwiespältige Furcht vor dem „großen Nichts" und zugleich vor dem unbekannten „Etwas" beherrscht unsere Gedanken an den Tod nach wie vor.

Das „Weltvertrauen" konnte bisher nicht zurückgewonnen werden.

Die Angst vor dem „Untoten"

Einerseits träumen wir von der Unsterblichkeit. Andererseits wollen wir mit einem möglichen Leben nach dem Tod lieber nichts zu tun haben. Ein interessanter Zwiespalt. „Jenseitige", die uns aus dem Unsichtbaren heraus beobachten und nachts womöglich durch Decken und Mauern spuken? Diese Art Unsterblichkeit ist unerwünscht. Wer tot ist, sollte gefälligst auch tot bleiben!

Woher aber rührt die in zahlreichen Horrorfilmen cineastisch verwertete Angst, ein Toter könne „untot" sein und auf eine unheimliche, nicht fassbare Art weiterhin existieren?

Sie hat jedenfalls eine lange Tradition und primär mit der Vorstellung zu tun, dem Körper des Menschen wohne eine Seele inne, die den Tod überdauern kann. Aus diesem Grund entwickelten sich in der Vergangenheit Riten, die dazu führen sollten, einen Menschen „ganz" – „mit Leib und Seele" – auszulöschen. So wurden in Kriegen bereits getötete Gegner zerstückelt (vom Abschneiden von Ohren oder Genitalien wurde auch aus Kriegen der jüngsten Geschichte berichtet).

Zur Zeit der Inquisition waren Todesstrafen üblich, durch die der Körper des Opfers gezielt mehrfach zerstört wurde. Je höher die Strafe, desto ausufernder konnte malträtiert werden. Abgeschlagene Köpfe wurden geohrfeigt, Gehängte blieben am Galgen, bis die Vögel sie fraßen, Hingerichteten wurden die Herzen (die als Sitz der Seele galten) entnommen und durchbohrt, ehe der Körper viergeteilt und beispielsweise außerhalb der Stadtgrenzen an verschiedene Orte verbracht wurde, um dort als Futter zu dienen oder in ungeweihter Erde bestattet zu werden. Auch die Genitalien und die Gedärme von Hingerichteten wurden bisweilen einer besonderen, zusätzlichen „Tötung" unterzogen.

Der Henker hatte also einiges zu tun, um im Bedarfsfall nicht nur die „Entleibung" des Verurteilten, sondern auch dessen „Entseelung" herbeizuführen. Und im Volk war die Zergliederung des toten Körpers zeitweise noch mehr gefürchtet als das „Menschenschinden", wie die Folter im 17. Jahrhundert bezeichnet wurde.

Das Konzept, jemanden durch rohe äußere Gewalt auch innerlich zu vernichten und damit jegliche „Rückkehr der Seele" auszuschließen, hatte sogar noch im 20. Jahrhundert Bedeutung. Im berüchtigten New Yorker Gefängnis „Sing Sing", wo besonders viele Exekutionen durchgeführt wurden, befand sich unmittelbar neben dem elektrischen Stuhl der Sektionsraum. Eine Verordnung sah vor, jeden hingerichteten Delinquenten zu sezieren, um absolut auszuschließen, dass er nochmals ins Leben zurückfindet. In England galt die Zergliederung eines hingerichteten Körpers als Strafverschärfung und wurde deshalb in besonderen Fällen angeordnet.

In einem Essay zum Thema „Der zweite Tod" (1998) vermutet der Berliner Kulturwissenschaftler Thomas Macho, dass die Angst vor den (möglicherweise doch nicht) Toten auch zu den früher bisweilen üblichen doppelten Bestattungen führte: „Wahrscheinlich besteht darin die eigentliche Leistung aller Skelettierungs- oder Kremationspraktiken – die Verwandlung des verwesenden Körpers in ein geradezu kristallines, anorganisches Ensemble von Knochen oder Ascheresten zu beschleunigen. Endlich ist der Spuk vorbei: jene Erfahrung eines faktischen, unheimlichen Weiterlebens des Toten."

Das Menschenbild des 21. Jahrhunderts, demzufolge unser Bewusstsein lediglich ein Produkt des neuronalen Feuers unter der Schädeldecke ist, hat sich von der Vorstellung einer nicht-körperlichen Seele weit entfernt. Die Angst vor dem unheimlichen „Untoten" sollte daher weitgehend überwunden sein, macht sich aber im Dunkel des Kinosaals (und wer weiß, wo sonst noch) nach wie vor breit.

Könnte diese Furcht einen realen Hintergrund haben? Oder ist es wirklich mit absoluter Sicherheit ausgeschlossen, dass etwas von uns – eine Seele, das Bewusstsein, der Geist, das Ich – nach dem Tod des Körpers weiterhin besteht? Und wollen wir das überhaupt so genau wissen – angesichts der Tatsache, dass die Überzeugung von einem wie auch immer gearteten „jenseitigen Leben" wahrscheinlich unser gesamtes Denken und alle Wertigkeiten verändern würde?

Jedenfalls dürfte zumindest jeder, der sich eingehender mit der Frage der Unsterblichkeit beschäftigt, nach Denkmöglichkeiten und Wahrscheinlichkeits-Befunden Ausschau halten und sich etwas mehr Klarheit wünschen.

Rätselhafte Phänomene in Todesnähe

Denn es gibt Unklarheit. Es existieren Phänomene, die mit der Annahme, der Mensch sei nichts weiter als sein Körper, nicht befriedigend erklärt werden können. Und es gibt ebenso faszinierende wie plausible weltanschauliche Erwägungen, die nur deshalb keine breite Akzeptanz finden, weil sie etablierten Ansichten radikal entgegenstehen.

Zwei Beispiele dafür, die unser Thema „Unsterblichkeit" unmittelbar berühren, sind die Phänomene „Nahtoderfahrung" und „Gedächtnistransplantation".

Wohl schon immer gab es Menschen, die als tot galten, durch glückliche Umstände aber wieder ins Leben zurückkehren konnten – und dann von seltsamen Begebenheiten berichteten: Dass sie sich von ihrem eigenen Körper gelöst und ihn – erstmals in voller Dreidimensionalität, also nicht nur wie im Spiegel oder in Videoaufnahmen – von oben gesehen hätten; dass sie machtvoll durch einen dunklen Tunnel gezogen worden wären, ehe sie in ein strahlendes, überirdisches Licht gehüllt worden seien; dass ihnen verstorbene Verwandte oder Freunde begegnet seien; und dass sie eine Grenze erlebten, an der sie sich letztlich doch zur Rückkehr entschieden hätten.

Von solchen Erlebnissen wurde lange Zeit nur hinter vorgehaltener Hand berichtet, im trauten Familien- oder Freundeskreis. Wer wollte schon als verrückt gelten? Die Allgemeinheit hätte doch nur Spott und Hohn dafür erübrigt, und die Wissenschaft interessierte sich sowieso nicht für solche „Hirngespinste".

Einen ersten Umschwung führte in der zweiten Hälfte des 20. Jahrhunderts die in der Schweiz geborene US-amerikanische Ärztin und Psychologin Dr. Elisabeth Kübler-Ross (1926–2004) herbei. Ihr Interesse richtete sich zunächst auf den bis dahin weitgehend tabuisierten Vorgang des Sterbens. Sie wollte wissen, wie Menschen den nahenden Tod erleben, wie sie sich dem Unausweichlichen stellen und es schließlich bewältigen.

In den amerikanischen Krankenhäusern, in denen sie tätig war, bot Kübler-Ross – zunächst gegen den Willen der Ärzte – unheilbar Kranken Gesprächsmöglichkeiten an. Die Patienten reagierten überwiegend wohlwollend, von 200 nahmen 198 die Gelegenheit zur Aussprache an.

Schließlich veröffentlichte Kübler-Ross das Ergebnis ihrer Interviews und beschrieb fünf Phasen des Sterbens, wobei es ihr nicht nur um die betroffenen Menschen, sondern auch um deren Angehörige ging:

1. Nicht-wahr-haben-Wollen:
Der Patient leugnet seine Situation, also die Schwere seiner Krankheit und die Aussicht, sterben zu müssen. Gleichzeitig wird er auf Grund dieser Diagnose von seinen Angehörigen (gedanklich) isoliert. Wenn diese sich nicht mit dem Thema Tod befassen

wollen, neigen sie möglicherweise dazu, ihm einen raschen Tod zu wünschen. Denn damit wäre das „Problem" vom Tisch.

2. Zorn:
Der Patient hat seine Situation eingesehen und erlebt sie als ungerecht. Sein Zorn kann sich gegen alle richten, die sein eigenes Schicksal, demnächst zu sterben, nicht teilen müssen. Er hat auch Angst, als Mensch vergessen zu werden oder ins Abseits zu geraten, und es wäre wichtig, dass die Angehörigen ihm in dieser Phase besondere Aufmerksamkeit schenken und Hoffnung vermitteln.

3. Verhandeln:
In dieser (eher flüchtigen) Phase neigt der Betroffene dazu, dem Leben – oder Gott – einen Handel anzubieten: Er gelobt Änderung in bestimmten Verhaltensweisen, will sich beispielsweise einer Glaubensgemeinschaft widmen oder seinen Körper der Wissenschaft zur Verfügung stellen. Im Gegenzug erwartet er eine Verlängerung seines Lebens.

4. Depression:
Den ersten drei Phasen folgen oft Depression, Trauer und Sorge. Wurde nicht schon alles vergeblich versucht? Wie wird es weitergehen – mit dem Haus, den Kindern? Nun ist es wichtig, dass die Angehörigen dem Sterbenden behutsam erklären, dass für sie das gewohnte Leben weiterhin gut funktionieren wird. Sie sollen ihn von Sorgen entlasten, seiner Trauer aber auch Raum geben.

5. Akzeptanz:
Der Patient erwartet den Tod und hat mit keinen aufwühlenden Gefühlen mehr zu kämpfen. Er blickt vielleicht zurück auf sein Leben und auf sinnvolle Aufgaben, die er erfüllen konnte. Er schläft länger, braucht viel Ruhe und vermittelt bisweilen den Eindruck, schon eher „drüben" zu sein.
In dieser Phase tun Angehörige gut daran, „stumme Begleiter" zu sein.

Diese (hier nur sinngemäß wiedergegebenen) Beschreibungen gehen aus dem Frühwerk von Kübler-Ross hervor. Sie verdeutlichen, dass viele Menschen in der letzten Zeit ihres Lebens ähnliche Gedanken- und Gefühlsregungen äußern. Nur hatte es das gesellschaftliche Tabu lange Zeit nicht erlaubt, den Tod zu thematisieren und dadurch hilfreiche Anregungen für die Begleitung am Sterbebett zu entwickeln.

Die Gespräche mit den Patienten veränderten auch Kübler-Ross' eigene Weltsicht grundlegend. Später bekannte sie: „Bevor ich mit Sterbenden zu arbeiten begann, glaubte ich nicht an ein Leben nach dem Tod. Jetzt glaube ich an ein Leben nach dem Tod, ohne den Schatten eines Zweifels."

In späteren Jahren widmete sich die Psychologin vor allem den zunächst rätselhaften Todesnähe-Erfahrungen, von denen viele ihrer Patienten berichteten. Unter dem Eindruck dieser Schilderungen war Dr. Kübler-Ross bald von einem Leben nach dem Tod und sogar von der Reinkarnation überzeugt. Das brachte ihr die Kritik ein, im Lauf der Zeit unwissenschaftlicher geworden zu sein. Als Trägerin von 23 Ehrendoktortiteln, die ihr weltweit an Colleges und Universitäten verliehen wurden, dürfte sie diesen Vorwurf gut verkraftet haben.

Dr. Elisabeth Kübler-Ross gilt heute als Begründerin der Thanatologie, der Sterbeforschung. Diese konzentrierte sich zunächst auf die geschilderten psychologischen Sterbephasen und später eingehender auf die Erlebnisse und Phänomene, von denen Menschen berichteten, die bereits tot waren, aber wiederbelebt werden konnten.

Über die Jahrzehnte wurden weltweit so viele Berichte über Lichterlebnisse, Ausleibigkeitserfahrungen oder die Begegnung mit verstorbenen Verwandten publiziert, dass sie heute mit weniger Skepsis aufgenommen werden. Die Hand braucht beim Erzählen nicht mehr vorgehalten zu werden. Wenngleich es höchst unterschiedliche Interpretationen und Erklärungsansätze für diese Berichte gibt, so steht zumindest fest, dass die menschlichen „Schwellenerfahrungen" einander bemerkenswert ähnlich sind.

Wissenschaftler glauben nicht so einfach an ein Leben nach dem Tod. Indes kommen viele Menschen, die, wie Dr. Elisabeth Kübler-Ross, selbst Sterbende begleiten, aus einem tief empfundenen Miterleben heraus zu der Überzeugung, dass der Tod das Leben nicht beendet.

Das folgende Gespräch, das ich mit der Hospizhelferin Sieglinde Fuchs aus Petersaurach führte, die seit vielen Jahren ehrenamtlich Menschen am Sterbebett begleitet, ist ein Beispiel dafür. Sie erzählt, dass Sterbende oft „Lehrmeister für das Leben nach dem Leben" sind.

Die hohe Kunst des Sterbens

Frau Fuchs, Sie sind seit vielen Jahren Hospizhelferin, haben eine reiche Erfahrung in dieser Tätigkeit und sprechen von der „Kunst des Sterbens". Was ist denn dabei eine Kunst – und wie kann man diese Kunst erlernen?

Fuchs:
Kunst ist verknüpft mit Können, und Können ist verknüpft mit Üben und mit dem Erkennen, was wichtig ist. Die Kunst des Sterbens ist eigentlich die Kunst des Lebens. Wenn ich ein Bild geben darf: Ich möchte diesen Übergang, den wir Tod nennen, als den Antritt einer Reise in andere Dimensionen bezeichnen. Wenn jemand, der eine Reise vor sich hat, klug ist, dann wird er sich erkundigen: Wie schaut es dort aus, wo ich hinreise? Was muss ich mitnehmen? Und was ist wertlos, was kann ich sozusagen jetzt schon hintanstellen? Was die Reise in das Jenseits anlangt, wird er herausfinden, dass er für die Ankunft drüben ganz andere Dinge braucht als die, welche gemeinhin als wichtig erachtet werden – Prestige, Besitz, Verstandesfähigkeiten, die man zeigen kann, oder ähnliches.

Wer sich auf seine Reise innerlich vorbereitet, wird merken, dass er das alles nicht braucht, auch nicht die großen Taten, von denen er meinte, dass sie ihn selbst, seine Persönlichkeit ausmachen. Er wird vielmehr bemerken, dass es drüben heißt: Wie bist du, Mensch? Welche Motivation hattest du für deine Taten? Die Maxime für den Übergang in die jenseitige Welt ist also ganz anders angelegt, und wenn mir die nötigen Qualitäten jetzt schon bewusst sind und ich sie verwirkliche, dann übe ich die Kunst des Sterbens.

Demnach geht es bei der Reisevorbereitung – um bei Ihrem Bild zu bleiben – um innere, seelisch-geistige Werte. Also wäre ein gewissenhaftes Leben, ein Mit-sich-selbst-im-Reinen-Sein die beste Vorbereitung?

Fuchs:
Vorbereiten kann man sich, indem man auf sein Menschsein achtet, auf sein Bewusstsein. Auch, indem man zum Beispiel fragt: Was macht den Kosmos aus? Was macht den Menschen aus? Worin ist der Schöpfer erkennbar? Was sind die innersten Zusammenhänge, die Gesetzmäßigkeiten in der Schöpfung? Wie wirken sie sich auf mich als Menschen aus? Wenn ich genau diese Dinge für wichtig erachte und mein Leben danach ausrichte, die Schwerpunkte richtig setze, dann lebe ich ein bewusstes Leben und habe damit auch immer den Blick ausgerichtet auf diesen Übergang, auf den ja jeder Mensch zugeht. Dieses sogenannte Ende ist etwas sehr Lichtvolles, wenn man es richtig betrachtet. Nur wenn man alle Gedanken an das Sterben wegschiebt, kann es dunkel und angstbesetzt werden.

In unserer Gesellschaft ist es aber leider immer noch üblich, den Tod zu tabuisieren und alle Gedanken an das Sterben soweit wie möglich aus dem Leben zu verbannen.

Fuchs:
Der Tod ist in der Vorstellung vieler Menschen mit einem Tabu belegt, wird immer weiter fortgeschoben und erscheint dadurch

wie eine große Katastrophe. Und so glauben und fürchten sie, dass mit dem Sterben tatsächlich ihr Ende kommt. Das ist absolut schade, denn diese große Angst wäre nicht nötig. Die Sterbenden dürfen auf ein Licht zugehen. Sie erleben etwas ganz anderes als die materialistische Denkweise es uns vormacht. Und wenn ich genau diese Dinge über das Menschsein weiß, weil ich mich damit beschäftige und mich kundig mache, wie dieser Vorgang des Sterbens, dieser Wandel, der mich nach drüben führt, vor sich geht, dann bin ich natürlich schon einmal viel ruhiger. Dann überrascht mich der Tod nicht so sehr. Die wichtigen Zusammenhänge zu bedenken, die unser Leben bestimmen und die das Sterben dann erleichtern – das betrachte ich als eine Kunst.

Fast jeder Mensch ist irgendwann in seinem Leben mit dem Tod eines Angehörigen konfrontiert. Nun spielt sich das Sterben bei jedem sicher anders ab. Gibt es dennoch bestimmte Dinge bei der Begleitung eines Menschen am Sterbebett, die aus Ihrer Sicht unbedingt immer beachtet werden sollen?

Fuchs:
Es ist sehr, sehr wichtig zu wissen, wie man sich verhalten soll, um den Sterbenden nicht unnötig zu belasten. Das würde schon dadurch geschehen, dass man ihn festhalten, nicht gehen lassen will, vor allem, wenn man das auch äußert, wenn man zum Beispiel sagt: „Du kannst uns doch nicht allein lassen!" – was oft passiert.

Solche Worte sind ganz grobe Erschwernisse. Aber auch einfach das innere Festhalten – wenn ich als Angehöriger nicht bereit bin, ihn seinen Weg gehen zu lassen – belastet den Sterbenden. Er muss ihn gehen, wann auch immer. Und es ist meine Aufgabe, ihn loszulassen.

Die absolute Stille im Sterbezimmer – keine Unruhe, keine Hektik, keine Ungeduld ... auch das ist so wichtig! Der Sterbende soll seine Zeit nutzen können, denn er muss sich von allem verabschieden, was er bis jetzt um sich hatte, was ihm lieb und was ihm teuer war. Das ist ein schwerer Vorgang! Und dazu braucht er Kraft und Ruhe.

Es ist für Angehörige schwer zu verstehen, dass man seine Trauer gegenüber dem Sterbenden nicht äußern soll. Aber man kann das ja nachher machen, wenn man das Zimmer verlassen hat, aber eben nicht vor den Ohren und im Empfindungsbereich des Sterbenden. Denn der ist enorm sensibel in dieser Zeit. Er ist sozusagen wie ein rohes Ei. Psychologen, die sich mit dem Sterbeprozess sehr genau auseinandergesetzt haben, sagen, die Empfindungstiefe ist in dieser Zeit die allerhöchste im ganzen Leben.

Nun kann man sich vorstellen, wie ein Sterbender empfindet, wenn ich als Angehöriger zum Beispiel immer wieder auf die Uhr schaue. Der nun so hoch Sensible bekommt das alles mit! Oder wenn die Leute am Sterbebett sagen: „Was dauert denn das jetzt so lange? Er kriegt doch sowieso nichts mehr mit!" Jeder Mensch muss seine inneren Prozesse vollenden. Er will vielleicht noch ein Thema zu einem guten Abschluss bringen, er möchte mit sich selbst ins Reine kommen. Mir wurde schon oft erzählt, dass im Sterbeprozess Dinge hochkommen, die längst vergessen schienen. Alles kommt äußerst lebendig wieder zu Bewusstsein, will angeschaut, will behandelt werden. Die Angehörigen sind dann mitunter sehr überrascht, wenn sie durch den Sterbenden, wenn er zwischendurch wieder bei Tagbewusstsein ist – das ist im Sterbeprozess ja nicht immer der Fall –, plötzlich mit Ereignissen konfrontiert werden, die die ganze Familie längst vergessen hatte. Sie bemerken, dass er sein Leben jetzt ganz anders anschaut, aus einer neuen Perspektive, und sie werden sehr überrascht, wenn sie zuvor der Meinung waren, dass „da jetzt eh nichts mehr ist". Also: Ruhe und Zeit für den Sterbenden, Unterstützung durch Loslassen, Rücksichtnahme auf sein Feinempfinden – solche Dinge muss man am Sterbebett bedenken, muss man wissen.

Wie würden Sie denn einen Sterbeprozess beschreiben, sofern es sich nicht um eine außergewöhnliche Begebenheit handelt, um einen plötzlichen Unfalltod zum Beispiel?

Fuchs:
Es gibt bestimmte Phasen, sogar sehr deutlich. Die Phasen zeigen sich natürlich bei jedem Menschen ein bisschen anders, mancher durchläuft sie ganz schnell, ein anderer muss vielleicht wieder zurück und neu anfangen. Aber die erste Phase ist bei den meisten Menschen die Reaktion: Nein, jetzt nicht! Jetzt will ich nicht nach drüben gehen! Ich möchte noch das und das erleben ... der Enkel wird bald heiraten, da möchte ich noch dabei sein – aber dann bin ich bereit! Also: Es ist immer zu früh.

Aber irgendwann, wenn „der Freund Körper" das Leben nicht mehr festhalten kann, spürt das der Sterbende. Da können die Ärzte und die Angehörigen sagen, was sie wollen ... „Das wird schon wieder! Du wirst gesund, und dann machen wir das und das!" Der Betroffene spürt ganz genau, dass es für ihn irdisch nicht mehr weitergeht. Und er wird irgendwann erstmals den Gedanken haben: Wie wäre es, wenn ich jetzt wirklich nach drüben gehe? Das ist der zweite Schritt im Sterbeprozess. Und dann geht es weiter.

Von dem Sterbenden wird irgendwie die Bereitschaft verlangt, diese Ebene zu verlassen, den Schritt, den Abschied zu vollziehen. Er hat bis zu einem gewissen Grad den freien Willen zu entscheiden, wie und zum Teil auch wann er geht. Der freie Wille wird ihm nicht genommen. Wenn er aber immer Nein sagt, zieht sich das Ganze sehr quälerisch in die Länge – das muss nicht sein, denn irgendwann einmal muss jeder Mensch Ja sagen. Das ist die psychologische Seite, was die Sterbephasen anlangt.

Auf der physischen Ebene geht es darum, dass die Seele und der Körper zwei unterschiedliche Seinsqualitäten haben, die nicht verquickt, sondern nur aneinander gekoppelt sind. Deshalb lösen sich während des Sterbevorganges Seele und Körper langsam voneinander – ohne dass dabei etwas abrupt reißen muss. Wie wird die Seele festgehalten? Man kann sich ein magnetisch wirkendes Feld vorstellen, das durch das kreisende Blut erzeugt wird. Wenn das Blut schnell und stark kreist, wie es bei einem gesunden Menschen der Fall ist, dann ist die Haltekraft zwischen Körper und Seele stark und gut. Wenn aber Herzschlag und Atmung zurückgehen – im Rhythmus und in den Amplituden –, dann wird dieses Feld schwächer.

Die Seele und der Körper haben durch den Artunterschied sozusagen eine Abgrenzung zwischen sich. Sie sind einander zwar noch nah, aber die Seele kann im Sterbeprozess schon eigene Erlebnisse außerhalb des Körpers haben. Sie hat eigene fünf feine Sinne für die Ebene, in der sie später dann dauerhaft sein wird. Und mit diesen Sinnen kann sie auch schon in der Zeit, in der sich die Lockerung vollzieht, im Jenseits erleben – sehen, hören, sprechen, sich austauschen. Es ist ein bisschen so wie eine Pendelbewegung: Mal ist die Seele weiter draußen, dann ist jenseitiges Erleben möglich, danach ist sie wieder enger dem Körper verbunden und die Patienten kommen auch wieder ins Tagbewusstsein. Man kann sie dann fragen, was sie erlebt haben. Dadurch konnte ich wunderbare Dinge erfahren, an die ich sonst nicht herangekommen wäre.

Diese Lockerung zwischen Körper und Seele ist übrigens auch in der Nacht beim Schlaf möglich, und sie geschieht auch. Man nennt den Schlaf nicht umsonst den „kleinen Bruder des Todes" – und da ist sehr viel dran! Wir üben sozusagen in jeder Nacht unseren Abschied, ohne dass wir es wissen ... meistens wissen wir es jedenfalls nicht.

Sie sind von einem Weiterleben nach dem Tod überzeugt. Gibt es aus Ihrer Erfahrung in der Hospizarbeit besondere Erlebnisse, die Sie in dieser Überzeugung bestärkt oder bestätigt haben?

Fuchs:
Es ist sozusagen das Geschenk der Sterbenden an alle Begleitenden, dass sie ihnen zu dieser völligen Überzeugung verhelfen – dass es nahtlos weitergeht. Besonders klar wird das zum Beispiel, wenn die Seele aus dem Körper hinaus schwingt, wenn sich die feinen Sinne öffnen und der Sterbende dann im Jenseits Menschen trifft, mit denen er einst verbunden war. Früher schon verstorbene Verwandte stehen dann oft am Bett, besuchen den Sterbenden,

laden ihn manchmal auch ein zum Mit-nach-drüben-Gehen. Das alles bekommt man in der Sterbebegleitung mit – zum Beispiel wenn jemand, der sonst ganz apathisch daliegt, fast nichts mehr spricht, plötzlich mit geschlossenen Augen im Bett hochkommt, die Hände ausstreckt und sie schüttelt, um andere zu begrüßen, Namen nennt und sich dann in hohem Sprechtempo voller Freude unterhält.

Diese strahlende Freude im Gesicht, dass da jemand da ist, mit dem der Sterbende viel lieber zusammen ist als mit den grobstofflichen Besuchern, das habe ich immer wieder erlebt, es ist so wunderbar!

Und dann, wenn diese Phase wieder vorbei ist und die Seele wieder drin ist im Körper, wenn also diese Öffnung nach drüben wieder beendet ist, dann frage ich schon manchmal nach: „Wer hat Sie denn jetzt besucht?" Oder ich sage: „Wie schön, dass Sie Besuch hatten!" Ja, und dann erzählen mir die Menschen, um wen es sich handelt, wer da anwesend war – und wir freuen uns! So etwas mitzuerleben, ist absolut überzeugend. Es lässt gar nicht die Möglichkeit zu, dass es anders sein könnte.

Zum Thema Leben nach dem Tod gibt es naturgemäß sehr viele traditionelle religiöse Vorstellungen, zum Beispiel das Bild von der Hölle oder von einem Fegefeuer, durch das der Mensch muss. Solche Bilder verstärken oft die Angst vor dem Sterben. Auf der anderen Seite berichten Menschen mit Nahtoderlebnissen – Sie haben es vorhin ja auch schon erwähnt – von einem wunderbaren Licht, in das sie hineingehen dürfen. Wie sieht es denn nach Ihrer Meinung, nach Ihrer persönlichen Erfahrung mit Sterbenden nach dem Tod aus? Was erleben wir? Was erwartet uns in der jenseitigen Welt?

Fuchs:
Nachdem der Geist das Eigentliche ist, das nur temporär den Körper bewohnt, würde ich sagen, dass das Leben nahtlos weitergeht, und zwar mit dem, was wir jetzt das Innenleben nennen ...

... die seelische Innenwelt wird also sozusagen zur Außenwelt.

Fuchs:
Ja, genau! Und es geht darum, wie bist du, Mensch, in Deinem Inneren? Diese Frage stellt sich für jeden Sterbenden. Was ist deine Vorstellung vom Jenseits? Jeder wird das antreffen, was er an Bildern in sich trägt. Wenn er keine Vorstellung von dem Jenseits hat und glaubt, dass es nach dem Tod nichts gibt, wird er zunächst einmal dieses Schwarz, dieses Dunkel antreffen. Erst im Lauf der Zeit wird er merken: Ich sehe zwar nichts, ich höre nichts, aber ich bin doch lebendig. Und alles ist anders. Dann muss er sich davon überzeugen, dass er mit seiner Meinung, danach würde „nichts" kommen, völlig falsche Erwartungen hatte. Dieser oft lange und bittere Erkenntnisprozess wäre nicht nötig, denn man kann das Wichtigste über das Leben nach dem Leben jetzt hier schon wissen. Jede Seele erlebt genau die Ebene, die Umwelt, die Umgebung, die Landschaft, die ihrer inneren Gleichart entspricht.

Sie wird auch mit Menschen zusammentreffen, die genau so sind wie sie selbst. Wenn jemand also gern im Jenseits mit lieben Menschen beieinander sein möchte, dann wird er auch selbst hier im Diesseits entsprechend leben müssen, um dieses Geschenk zu bekommen. Wenn jemand aber in irgendeiner Weise sehr übel ist, anderen Menschen und dem Leben gegenüber, dann wird er in der jenseitigen Welt entsprechend das Gleiche antreffen, und das kann wie eine Hölle sein. Aber bestimmte, fest gefügte Orte, wie man sie aus religiösen Vorstellungen kennt – die Hölle als Ort, wo die ganz Bösen hin müssen, oder das Fegefeuer, wo die hinkommen, die nicht ganz so schlimm waren – solche Orte existieren für mich nicht. Denn es wäre auch sehr ungerecht, wenn die Menschen in so grober Art eingeteilt würden.

Das Leben und die Gesetze in der Schöpfung sind so fein abgestimmt, dass sich alles in absoluter Gerechtigkeit von selbst regelt. Nach dem Übergang werde ich in die Ebene geleitet, die mir zukommt. Es braucht gar niemanden zu geben, der mich da hinführt, wie Platon es im Phaidon beschreibt. Ich werde in die entsprechende Ebene hingezogen – auf Grund der Anziehung der Gleichart. Und das ist gerecht. Denn ich kann durch meine Lebensführung ja bestimmen: Wie bin ich? Wie ist meine Innenwelt?

Es kann mich also nach dem Tod, wie ich schon erwähnt habe, Schlimmes erwarten, es kann tatsächlich brennen wie Feuer – zum Beispiel auf Grund der Reue, die ich wegen versäumter Gelegenheiten empfinde oder wegen übler Taten und Aussagen, weil ich zum Beispiel jemanden schlecht behandelt habe.

Das ist auch etwas, was jedem Menschen im Sterbeprozess ganz deutlich gezeigt wird: Er sieht seinen sogenannten Lebensfilm, der ihm aber nicht nur zeigt, was er gesagt oder getan hat, sondern ihn auch miterleben lässt, was seine Handlungen beim anderen bewirkt haben, wie sehr er jemanden zum Beispiel durch Nichtachtung oder durch harsches Verhalten verletzt hat. Das alles wird dem Sterbenden jetzt bewusst. Man kann sich natürlich fragen: Warum sehen wir die Dinge im aktuellen Zustand nicht? Warum weiß es aber die Seele und bringt es am Ende des irdischen Lebens an die Oberfläche?

Vielleicht wüssten wir das Wesentliche, wenn wir einfach auf die sogenannte Stimme des Gewissens hören könnten ...

Fuchs:
Ja. Für mich zeigt es, dass unser Seelenkörper ein wunderbarer Speicher für alles Erlebte ist, auch wenn es der Verstand nicht aufgenommen hat. Erst im Sterbeprozess kommen viele Dinge sehr quälend hoch – und dann kann Reue wirklich wie Feuer brennen!

Zusammenfassend gefragt: Müssen wir aus Ihrer Sicht Angst haben vor dem Sterben?

Fuchs:
Nein, durchaus nicht – wenn wir vorbereitet sind, so, wie auf eine schöne Reise, und wenn wir loslassen können. Denn der Körper „beherrscht" das Sterben, darum brauchen wir uns nicht zu

sorgen. Ängstigen müssen wir uns eventuell vor den Rückwirkungen, deren Ursachen wir selber in die Welt gesetzt haben. Aber wir halten unser Leben – auch das jenseitige – nun ja wirklich in der Hand, hier und jetzt, wir können es in einem aufbauenden Sinn gestalten. Mit unseren Entschlüssen prägen wir unser Verhalten und unsere Innenwelt – und damit das, was wir drüben antreffen werden. Es geht mit uns so weiter, wie wir wirklich innerlich sind.

Bemerkenswert finde ich auch, was das gemeinsame Erleben aller Menschen ist, die eine Nahtoderfahrung hatten: Sie sprechen von einem wundervollen Licht. Dieses Licht beschreiben sie als Wärme, die sie förmlich einhüllt, die sich anfühlt wie Liebe. Ich glaube, jeder Mensch kann am Ende seines Erdenlebens voll kindlichem Vertrauen auf dieses Licht zugehen!

Erlebnisse in der „Aus-Zeit"

Einer Weltsicht, wie sie bei Sieglinde Fuchs zum Ausdruck kommt, stehen heute viele Menschen kritisch gegenüber: Anrührend, gemütvoll, tröstlich – ja, sicher.

Aber das Weiterleben der Seele nach dem körperlichen Leben als echte Realität akzeptieren?

Dafür müsste man doch etwas mehr verlangen dürfen als persönliche Erlebnisschilderungen, die ja nie und nimmer objektiviert werden können.

Im zweiten Kapitel werden wir daher die Frage nach dem Wesen des Menschseins vertiefen, und dann erörtern, ob tatsächlich etwas dafür spricht, dass es ein persönlich-bewusstes Leben nach dem Leben gibt. Dabei wird Astrid Dauster aus Weilheim in Oberbayern zu Wort kommen und authentisch von einer typischen Nahtoderfahrung berichten. Solche Schilderungen von einfachen, glaubwürdigen Menschen, die weit davon entfernt sind, nur auf sich selbst aufmerksam machen zu wollen, wirken überaus beeindruckend.

Aber welchen sachlichen Wert haben sie?

Persönliche Erfahrungen können natürlich nicht nach den üblichen wissenschaftlichen „Objektivitäts-Kriterien" beurteilt werden. Allenfalls ist es möglich, sie statistisch zu erfassen und vergleichende Studien anzustellen.

Der ausgeprägte Subjektivitätsfaktor war über mehrere Jahrzehnte auch ein Kernproblem in der Thanatologie.

Nach der Pionierarbeit von Dr. Elisabeth Kübler-Ross haben Forscher wie der US-amerikanische Psychiater und Philosoph Dr. Raymond Moody mit ihren Publikationen über das „Leben nach dem Tod" weltweit für Schlagzeilen gesorgt. Zumindest vorübergehend. Denn in den 1970er und 1980er Jahren erschien die Erkenntnis, dass offenbar alle Menschen an der Schwelle des Todes Ähnliches erleben, einigermaßen sensationell.

Es war vermutet worden, dass der kulturelle Hintergrund, das Bildungsniveau oder beispielsweise die Religionszugehörigkeit ausschlaggebend für die Art der Erlebnisse sein müssten. Aber nein. Viele Details in den Nahtoderfahrungen ähneln einander über alle Länder-, Kultur-, Alters- und Geschlechtsgrenzen hinweg. Das konnten Moody & Co zweifelsfrei belegen.

Aber auch wenn Tausende oder Zehntausende Berichte von Menschen gesammelt worden waren, die den Schritt über die „Schwelle" erlebt, aber doch nicht endgültig vollzogen hatten und von auffallend ähnlichen Ereignissen berichten konnten, so blieben die dokumentierten Begebenheiten doch bis zu einem gewissen Grad fragwürdig. Denn teilweise lagen die Ereignisse zeitlich weit zurück, und in nur wenigen Fällen war es möglich, genau zu rekonstruieren, wie „tot" der Betroffene wirklich gewesen war, als er seine Erfahrungen gemacht hatte. Die meisten Wissenschaftler blieben deshalb skeptisch. Nahtoderfahrungen galten fortan zwar als diskussionswürdiges Phänomen, aber keineswegs als Beweise für ein Leben nach dem Tod.

Erst um die Jahrtausendwende kam wieder neuer Schwung in die Thanatologie – und zwar vor allem durch den niederländischen Kardiologen Dr. Pim van Lommel (ein Interview mit ihm finden Sie in meinem Buch „Über den Kopf hinaus" – Was ist das Wesen unserer Gedanken, Komplett Media, 2013). Van Lommel arbeitete unter kontrollierten Bedingungen mit mehr als 200 Personen, die einen Herzstillstand durch Reanimation überlebt hatten, also nachweislich klinisch tot und ohne Hirnfunktion gewesen waren. Ihre Schilderungen über Erlebnisse während dieser „Aus-Zeit" – es waren abermals die bekannten Tunnel-, Licht- und Ausleibigkeitserfahrungen – führten den Arzt zu der Überzeugung, dass menschliches Bewusstsein auch ohne einen Körper existieren kann.

Seither ist Pim van Lommel weltweit unterwegs, um über seine Forschungsergebnisse zu berichten.

Steht unser Menschenbild in Frage?

Nicht nur Todesnähe-Erfahrungen stellen unser gegenwärtiges Menschenbild in Frage. Auch das Phänomen der Gedächtnistransplantation nagt an der heute verbreiteten Vorstellung, wir seien eine aus Einzelteilen zusammengesetzte biologische Maschine, gesteuert durch das „Königsorgan" Gehirn, das so nebenbei Bewusstsein produziert.

Bei diesem seit erst knapp 15 Jahren bekannten Phänomen handelt es sich um die offenbar gar nicht so seltene Erfahrung, dass ein Organempfänger typische Verhaltensweisen des Organspenders (den er freilich nie kennengelernt hat) zu zeigen beginnt.

So wurden Fälle bekannt, in denen Personen, nachdem sie ein Spenderherz erhalten hatten, ihre Sprechweise änderten, völlig neue Vorlieben – etwa für klassische Musik – entwickelten oder auch bestimmte „Ticks" zu zeigen begannen, zum Beispiel eine besondere Angewohnheit, mit ihrer Nase zu spielen. Und immer waren es Auffälligkeiten, die zuvor der Organspender gezeigt hatte.

Wie ist so etwas möglich?

Eigentlich gar nicht, sofern man das individuelle Bewusstsein ausschließlich im Gehirn der Einzelperson verortet. Aber vielleicht ist das eben doch ein Irrtum.

Die Erklärungsansätze für das Phänomen der Gedächtnistransplantation reichen von „Bewusstseinsfeldern", die über die DNA in die Körper einwirken, bis hin zur esoterisch anmutenden „spirituellen Besetzung" (früher mit dem Begriff „Besessenheit" bezeichnet). Den meisten Erklärungen ist gemein, dass sie unser bewusstes Sein nicht auf den sterblichen Körper beschränken.

Sollten wir das heutige Menschenbild einmal grundlegend in Frage stellen?

Natürlich könnte man es sich leicht machen und die genannten Phänomene sowie dazugehörige philosophische Erwägungen einfach vom Tisch fegen. Alles Einbildung. Wunschdenken. Wahnideen. Ein paar nette Begriffe und Totschlag-Argumente sind schnell gefunden, um Diskussionen zu vermeiden. Aber man würde damit einen Umstand vernachlässigen, der zwar nicht wissenschaftlich fassbar, aber dennoch wesentlich für die Wahrheitsfindung ist: die persönliche Erfahrung.

Wir werden uns der Thematik „Unsterblichkeit" daher in den folgenden Kapiteln nicht nur wissenschaftlich und philosophisch, sondern auch lebensnah zuwenden, also mit dem Fokus auf subjektive Wahrnehmungen, Erlebnisse und Schlussfolgerungen.

Forschung und Medizin mögen weiterhin daran arbeiten, Leben zu verlängern und Leben zu erhalten. Und Science-Fiction-Fans mögen weiterhin von Wegen in die physische Ewigkeit träumen – ob sie nun über das Einfrieren führen, über die Gentechnik oder den Transfer von Bewusstsein in Maschinen.

Wir schauen jetzt einmal in eine andere Richtung.

Sind Lebewesen Sterbewesen?

Jedenfalls sind komplexe biologische Organismen sterblich und meist auch recht kurzlebig, ein paar Hydren vielleicht ausgenommen. Aber ist der Mensch nur sein Körper? Oder könnte der Geist, der von ewigem Leben und Unsterblichkeit träumt, in seinem innersten Wesen vielleicht doch nicht dem Tod unterworfen sein?

Wenn wir nur wüssten, was Geist ist! Und Seele. Und überhaupt: Bewusstsein ...

KAPITEL 2:
Seele – was ist das eigentlich?

Der Mensch – ein philosophischer Streitfall

Ich schreibe hier meine Gedanken zur Unsterblichkeit nieder. Überlege mir, wie das Leben und wie die Welt, in der es sich ereignet, beschaffen sein könnten. Was ich erhoffen, was mich erwarten könnte.
Faszinierend eigentlich.
Da feuern wer weiß wie viele Neuronen unter meiner Schädeldecke, und irgendwo „da drinnen" entsteht aus Information und Interpretation ein Bild, eine Vorstellung von dem, wie es „da draußen" aussieht, wie alles entstanden ist und sich entwickelt hat. Inklusive mir selbst.
„Bewusstsein" nennen wir das Denk-, Empfindungs-, Wahrnehmungs- und Erinnerungsvermögen, das uns Menschen zu einem Ich verhilft und uns befähigt, über Gott und die Welt nachzusinnen. Aber niemand weiß so ganz genau, was Bewusstsein ist, wie es entsteht. Ob es wirklich nur, sorgsam abgepflockt durch harte Knochen, im Kopf verankert ist oder ob es sich auf geheimnisvolle Weise mit der Außenwelt verbindet.
Diese Ungewissheit ist insofern betrüblich, als wir beim Thema „Unsterblichkeit" in Wirklichkeit von Bewusstsein sprechen. Die Frage ist letztlich, ob das menschliche „Ich" – und sei es ohne Körper – fortbestehen kann. Da wäre es hilfreich zu wissen, wovon genau die Rede ist.
Aber es hilft nichts: Wir werden mit der Ungewissheit leben müssen – und vor allem auch mit ihr rechnen. Denn der Mensch ist, die vielen Diskussionen über unsere wahre Natur belegen es, ein philosophischer Streitfall. Wir dürfen nicht so tun, als wüssten wir genau, was uns ausmacht, nur weil wir ein paar nette Worthülsen kreiert haben. Den Ausdruck „Qualia" zum Beispiel, der, wie

es der nüchterne Naturalist formulieren würde, „den Innenaspekt des Menschen" beschreibt.

Einigermaßen handfestes Wissen liegt uns derzeit nur vor, was die biologische Entwicklung des Lebens betrifft. Das freilich ist nicht gering zu schätzen, denn noch vor wenigen Generationen galt einfach das als Wissensgrundlage, was irgendjemand irgendwann unter irgendwelchen Umständen erzählt oder vielleicht aufgeschrieben hat, was in der Folge von irgendjemandem übersetzt und interpretiert, dann von irgendjemandem abgeschrieben und zuletzt von irgendjemandem redigiert und herausgegeben worden ist. Biblische Texte beispielsweise. Wobei ein Zuviel an „irgend" grundsätzlich wohl auch durch höchste Inspiration nicht aufgewogen werden kann.

Gut also, dass es die exakte Wissenschaft gibt. Sie hat herausgefunden, wann und aus welchen Bestandteilen sich das entwickelte, was wir als „Leben" bezeichnen. Sie kann – wenigstens in groben Zügen – beschreiben, wie sich die Pflanzen- und Tierwelt entwickelte und wann jene vernunftbegabten Wesen auf den Erdenplan traten, die über ihre Sterblichkeit – oder Unsterblichkeit – nachdenken können. Wir Menschen.

Aber die Wissenschaft hat bis heute nicht herausgefunden, was Bewusstsein ist, wie es entsteht oder gar künstlich erzeugt werden kann. Wir wissen noch nicht einmal, auf welcher Grundlage sich Phänomene wie „Erlebnisfähigkeit" am besten beschreiben und begreifen lassen. Einiges spricht dafür, dass der Materialismus zum Erfassen dessen, was unser Leben wirklich lebenswert macht, schlicht und einfach der falsche Ansatz ist.

Der Mensch bleibt ein philosophischer Streitfall.

Leben muss nicht sterblich sein

Irgendwann in der Erdfrühzeit, vielleicht vor dreieinhalb Milliarden Jahren, entwickelten sich – so der heutige Wissensstand – in einer „Ursuppe" die ersten zellulären Lebewesen, Prokaryonten genannt. Ihre Besonderheit: Sie leben das, was wir suchen. Sie sind gewissermaßen unsterblich. Es gibt sie heute noch wie ehedem. Hunderttausende bevölkern jedes Gramm Ackerboden, jeder Mensch trägt mehr als ein Kilogramm dieser Mikroben in sich (die meisten davon im Darm), Billionen von Tonnen leben auf der Erde.

Prof. Dr. Josef M. Gaßner, Co-Autor des Buches „Urknall, Weltall und das Leben", findet es angesichts dieser Bakterien überaus spannend, dass „das Leben an und für sich nicht mit dem Konzept ‚Tod' begonnen hat". Denn: „Man würde eigentlich denken, in dem Moment, wo etwas zu leben beginnt, ist automatisch auch das Ende vorgesehen. Aber die ersten Lebensformen, die Prokaryonten, waren prinzipiell einmal unsterblich." Das heißt: In jeder neuen Generation dieser Lebewesen geht die alte vollständig auf. Es gibt keine Leichen, nichts bleibt übrig. Gaßner: „Dieses Konzept, dass etwas zurück bleibt, haben erst die Eukaryonten entwickelt. Das war, wenn man so will, der Preis für eine Höherentwicklung. Aber prinzipiell ist es nicht nur denkbar, dass das Leben auch somatisch unsterblich ist, die Unsterblichkeit wird auf diesem Planeten heute noch praktiziert!"

Eukaryonten sind Lebewesen mit Zellkern, ihre Körper zum Sterben verurteilt. Leider sind auch wir Menschen diesem Konzept unterworfen. Zumindest das, was sichtbar „Mensch" ist. Wären wir mehr als nur unser Körper, können wir eventuell doch auf Unsterblichkeit hoffen.

Aber sind wir mehr als der stoffliche Leib?

Was ist die Natur des Menschen?

So, wie wir heute – Sie als Leser, ich als Autor und Unzählige mit uns – über diese Frage nachdenken, haben es vor uns schon viele Generationen getan. Kleindenker und große Philosophen, Gläubige und Atheisten, Freidenker und Dogmatiker.

Dabei prallen im Wesentlichen zwei Welten aufeinander: Das, was wir alle subjektiv erleben – Ich-Bewusstsein, freier Wille, Erkenntnis- und Erlebnisfähigkeit – und das, was wir intellektuell erfassen und beschreiben können. Die innere und die äußere Natur also.

Mit der körperlichen Entwicklung müssen wir uns für die weiteren Überlegungen zum Thema Unsterblichkeit nicht eingehender befassen. Wissenschaftlich herrscht seit Charles Darwin (1809–1882) weitgehend Konsens darüber, dass der Mensch zu den Primaten gehört, entwicklungsgeschichtlich also die gleichen Vorfahren hat wie die ihm körperlich nahe verwandten Schimpansen.

Auffällig ist beim „Homo sapiens" allerdings die Größe des Gehirns, genauer: der Großhirnrinde (und hier speziell des vorderen „Frontallappens"), die sich Fossilienfunden zufolge in der Evolution zeitgleich mit der Verkleinerung der Kaumuskulatur ereignete – vermutlich vor 100.000 Jahren.

Aber lässt sich die Natur des Menschen allein am Gehirn festmachen?

Das ist nun tatsächlich eine „Gretchenfrage", die seit Menschengedenken (zumindest seit ein paar Tausend Jahren) für Diskussionen sorgt. Heute würden sie die meisten Naturwissenschaftlicher vermutlich ohne mit der Wimper zu zucken mit „Ja" beantworten. Denn die vielen dokumentierten Zusammenhänge zwischen Gehirn und Bewusstsein scheinen ausreichend gut zu belegen, dass unser Selbstverständnis allein auf Gehirnfunktionen beruht.

Was immer früher als „Seele" bezeichnet wurde, wird heute im Hirn verortet. Dabei neigen wir auf Grund dieses fast schon dogmatisch zu nennenden Paradigmas dazu, die vielen wertvollen Ansätze, die große Denker unserer eigenen Geistesgeschichte entworfen haben, achtlos über Bord zu werfen.

Zu Unrecht.

Materialismus versus Idealismus

Die heute in den Naturwissenschaften beliebteste Sicht auf den „Homo sapiens" betrachtet den Menschen als rein biologisches Wesen. Es sei identisch mit seinem Körper. Auch alle geistigen

Aspekte sind demnach Ergebnisse neuronaler, also körperlicher Vorgänge. Das ist die materialistische Betrachtungsweise. Sie anerkennt zur Erklärung alles Bestehenden nur die Materie sowie physikalisch zu fassende Gegebenheiten.

Demgegenüber steht die idealistische Philosophie. Ihr zufolge ist die wahre Natur des Menschen nicht physisch. Das Seelisch-Geistige schließt sich dem Körperlichen nur an, unterliegt aber selbst nicht dessen Vergänglichkeit. Der Idealismus nimmt also eine Inkarnation (= „ins Fleisch eintreten") des nicht-körperlichen „Menschenanteils" (der „Seele") an – und schließt eine Reinkarnation (das wiederholte „ins Fleisch eintreten") nicht aus.

Darüber hinaus gibt es auch eine idealistische Philosophie, die ohne die Dualität von Körper und Geist auskommt. Vertreter des „monistischen Idealismus" postulieren, dass die Grundlage für jegliches Sein nicht die Materie, sondern Bewusstsein ist.

Unsterblichkeit könnte es für uns Menschen jedenfalls nur geben, wenn ein idealistisches Menschenbild zutrifft.

Deshalb werden wir in der Folge die Argumente der Materialisten und der Idealisten eingehender betrachten.

Platon, der „Vater der Seele"

Alle wesentlichen Vorstellungen, die bis heute mit dem Begriff „Seele" allgemein verbreitet sind, ob sie nun in alten religiösen Traditionen gründen, aus neueren weltanschaulichen Schriften stammen oder aus der esoterischen Literatur, lassen sich schon bei Platon (427/28–347/48 v. Chr.) finden. Als Schüler von Sokrates war er Begründer der klassischen Philosophie in der griechischen Antike. Er gilt als einer der herausragendsten Denker der menschlichen Geistesgeschichte.

Platon ist der wohl wichtigste gedankliche Vater unseres Begriffes von „Seele".

Er betrachtete das wahre Wesen des Menschen als „jenseitig" (im Sinne von „jenseits der fünf Sinne"). Es sei nicht in der physischen, sinnlich wahrnehmbaren Welt beheimatet, sondern im transzendenten „kosmos noêtos" (von „nous" = Geist).

Die noetische, geistige Welt ist nach Platon die eigentliche Wirklichkeit. Die sinnlich wahrnehmbare Ebene dagegen nur eine Manifestation.

Was immer wir mit unseren körperlichen Sinnen als physisch wahrnehmen, ist lediglich ein Abbild des noetischen Urbildes. Ohne diese Urbilder hätte nichts Gestalt und Beständigkeit. Sie bewirken die Formenbildungen in der Natur. Die physische Welt ist von der geistigen abhängig.

Der Mensch nun taucht als geistiges Wesen in die physische Welt ein, um hier Erfahrungen zu sammeln, die er in der noetischen Welt nicht machen kann. Eine unmittelbare Verbindung zwischen Geist und Physis ist jedoch nicht möglich. Deshalb umhüllt sich der Geist nach Platon mit immer dichter werdenden „Hüllen" oder „Stoffen", die als „lichtartige" oder „ätherische" Körper beschrieben werden, aber ihrerseits ebenfalls (wie der Geist) nicht sinnlich wahrgenommen werden können. Diese Körper sind sozusagen die seelischen Fahrzeuge („ochemata") des noetischen Wesens. Auf diesem Weg belebt und organisiert das Seelisch-Geistige den physischen Körper – bis zu dessen Tod. Ab dann zerfällt das Materielle wieder in seine Bestandteile, weil sich das Belebende, Formbildende, Organisierende von ihm getrennt hat.

Die im Seelisch-Geistigen wurzelnde Persönlichkeit des Menschen geht dadurch aber nicht verloren. Die Ich-Identität mit ihren Erfahrungen und Erinnerungen bleibt erhalten; sie hatte sich dem „Wahrnehmungsinstrument Körper" nur vorübergehend angeschlossen.

Insofern trägt jeder Mensch mit dem Seelisch-Geistigen das Potential für Unsterblichkeit in sich. Denn nach Platon haben alle Seelen ihren Ursprung im „Quell des Lebens", im „Urgrund allen Seins". Sie tragen die Lebendigkeit unauslöschlich in sich. Wobei dies nicht nur für die Menschen, sondern auch für die Seelen der Tiere und Pflanzen gilt. Was immer in der physischen Welt als „lebendig" erscheint, *wird* in Wahrheit belebt. Das Phänomen des

Lebens entsteht nicht aus Materie, sondern es ist ein Abbild der ursprünglichen, noetischen Lebendigkeit jenseits von Raum und Zeit.

Heute, im 21. Jahrhundert, spricht man unter anderem von „Selbstorganisation" oder „Intentionalität", um Prinzipien des Bewussten, Lebendigen zu beschreiben. Das sind zwei Begriffe, mit denen sich der Materialismus eher schwer tut, denn sie weisen in das Nicht-Materielle. Nach der knapp 2.500 Jahre alten Philosophie Platons aber lassen eben diese Begriffe noetische Einflüsse vermuten. Auch ungelöste Rätsel wie die Formenbildung in der Natur oder die Sprünge in der Evolution würden nach dem Konzept von Ur- und Vorbildern in einem anderen Licht erscheinen.

Platons Welt- und Menschenbild ist ebenso faszinierend wie schlüssig, und es verwundert nicht, dass es auch in aktuellen weltanschaulichen Konzepten, sofern sie abseits des Materialismus angesiedelt sind, mehr oder weniger unverändert zu finden ist. Aus gutem Grund formulierte der britische Denker und Mathematiker Alfred North Whitehead (1861–1947) im Hinblick auf die Bedeutung Platons, „die sicherste allgemeine Charakterisierung der philosophischen Tradition Europas" sei, dass sie „aus einer Reihe von Fußnoten zu Platon besteht".

Die Religionsphilosophin Gerda Lier (1942–2009) formulierte dazu in ihrem zweibändigen Werk „Das Unsterblichkeitsproblem": „Über die Einzelheiten der Unsterblichkeitsmodelle, die im Platonismus und in anderen Philosophien und geistigen Traditionen entwickelt worden sind, wurde und wird zwar gestritten, aber bis zum Ende des 19. Jahrhunderts waren sich die meisten Philosophen darin einig, dass es sich dabei grundsätzlich um vernünftige, in sich konsistente Konzepte handelt, die mit rationalen Argumenten vertreten werden können. [...]

Sogar einer der größten Skeptiker aller Zeiten, David Hume (1711–1776), der einer der schärfsten Kritiker der traditionellen Metaphysik, der volkstümlichen Religionen und des Aberglaubens war, gestand zu, dass die Unsterblichkeit möglich sei, wenn es eine Präexistenz der Seele geben sollte." (Band 1)

Fazit: Der Rück- oder Seitenblick in die griechische Philosophie (fairerweise sollte ich anmerken, dass sich ähnliche „Seelen-Modelle", unabhängig von Platon, auch im Osten etablierten) bietet die Aussicht, eine schlüssige Unsterblichkeits-Theorie zu entwikkeln, in der sich auch aktuell diskutierte Phänomene wie Nahtoderfahrungen oder Gedächtnistransplantationen (siehe Kapitel 1) recht zwanglos unterbringen ließen. Einmal abgesehen von den ganz „banalen" Alltagserfahrungen, die jeden Menschen jederzeit einer geistigen „Innenwelt" verbinden, einer nicht-materielle Existenz, die materialistisch kaum erklärbar sein wird.

Warum aber setzte sich Platons „noetische Welt" nicht durch? Warum zweifeln wir heute so vehement daran, dass es eine nichtphysische „Seelenwelt" gibt? Haben sich Platons Vorstellungen etwa als endgültig überaltet und falsch erwiesen? Oder hat sich einfach der „Zeitgeist" verändert?

Eine ebenso spannende wie grundlegende Frage.

Descartes, der „Vater des Rationalismus"

Etwa 2.000 Jahre lang blieb Platons Seelen-Konzept tragfähig. Es ließ sich gut mit Glaubenstraditionen vereinbaren, erschien in sich stimmig und entsprach auch der menschlichen Selbstwahrnehmung, nicht nur ein Klumpen Materie zu sein, sondern ein bewusstes, erlebnisfähiges Wesen. Auch bestand gar kein Anlass dafür, die Realität in „geistig" und „materiell" aufzuspalten. Die Welt erschien als belebte, von Bewusstsein durchtränkte Einheit.

Dann aber kam René Descartes (1596–1650). Seine Gedanken waren so radikal neu, dass sie praktisch alles in Frage stellten. Auch den Gedanken des „Belebens".

Der französische Philosoph und Naturwissenschaftler behauptete, dass physische Körper ohne weiteres unabhängig aus sich selbst heraus existieren könnten. Eine belebende Seele sei nicht nötig. Jeder menschliche, tierische oder pflanzliche Körper könnte demnach als biologische Maschine betrachtet werden, die ausschließlich Naturgesetzen folgt und ohne noetische Einflüsse funktioniert.

Natürlich konnte sich Descartes auf keine Experimente oder Studien stützen. Zu seinem mechanistischen Ansatz gelangte er vielmehr, indem er gedanklich einfach alles in Frage stellte, was ihm nicht unmittelbar gewiss erschien. Was ihn dazu führte, letztlich überhaupt nur noch das Denken – als Ausdruck des Zweifelns – als „gewiss" anzuerkennen: „Denn es wäre ein Widerspruch, dass das, was denkt, zu dem Zeitpunkt, wo es denkt, nicht existiert."

Kurz gesagt: „Ich denke, also bin ich."

Zweifellos hat Descartes mechanistischer Ansatz der medizinischen Entwicklung Tür und Tor geöffnet. Er passte gut in eine Zeit, in der der Mensch selbst das Heft in die Hand nehmen wollte, in der er sich – siehe Kapitel 1 – durch Mut und Wissen unabhängig machen wollte von Naturgegebenheiten, Krankheit, Leid und Tod, vielleicht auch vom Gedanken an göttliche Willkür.

Tierversuche? Kein Problem – Tiere haben ja keine Seele!

Menschliche Körper sezieren? Kein Thema, es sind letztlich ja doch nur Maschinen!

Eine Seele? Nicht nachweisbar!

Aber Halt! Diese heute verbreitete Ansicht, die Existenz des Seelisch-Geistigen müsse grundlegend in Frage gestellt werden, findet man bei Descartes noch gar nicht! Zwar sprach er Pflanzen und Tieren eine Seele ab, und er meinte auch, dass der menschliche Körper keine solche zur Belebung und Selbstorganisation brauche. Aber das Denkvermögen selbst, das einzige, in dem Descartes die Gewissheit des Seins fand, war für ihn ein Ausdruck des Geistigen. Also definitiv nichts Körperliches. Die geistige Substanz („res cogitans") sei unabhängig vom „Leib" und könne „keineswegs aus den bewegenden Kräften der Materie abgeleitet werden".

Descartes bezeichnete das Materielle, Körperliche, das sich im sichtbaren Raum dreidimensional ausdehnt, als „ausgedehnte Substanz" („res extensa"). Die geistige Substanz dagegen, zu der das Denken, Fühlen und Empfinden gehöre, sei nicht ausgedehnt und eben auch unabhängig von körperlichen Prozessen. Deshalb unterliege es auch nicht dem Verfall des Materiellen. Und weil „man ja keine andere Ursache ihrer Zerstörung findet", folgert Descartes im Hinblick auf die geistige Substanz, werde man „natürlicherweise auf den Schluss geführt, dass sie unsterblich ist."

Bemerkenswert: Der Vater des Rationalismus und der neuzeitlichen Philosophie kam mit seinem „Substanzen-Dualismus" zum Ergebnis, dass der Mensch – allerdings im Gegensatz zu Pflanze und Tier – über einen vom Leib unabhängigen Geist verfügt, der ... *unsterblich* ist.

Im Grunde bietet also auch dieser Großmeister des Zweifels keinen Anlass dafür, die Existenz einer unsterblichen Seele oder eines unsterblichen Geistes des Menschen in Frage zu stellen. Allenfalls könnte man nun die Begriffe „Geist" und „Seele" eingehender sezieren – was für unser Thema an dieser Stelle aber nicht hilfreich erscheint. In beiden Fällen geht es ja um etwas vom Körper Unabhängiges, um den Sitz unseres Bewusstseins.

Verfügen wir über einen immateriellen Kern, ist die Unsterblichkeit möglich. Gibt es ihn nicht, weil sich alles Denken, Fühlen und Erleben nur im Gehirn abspielt, dann vergeht das menschliche Ich unweigerlich mit dem Tod.

Trotz aller historischen Betrachtungen konnten wir aber immer noch nicht die Frage beantworten, wann und warum die Vorstellung von etwas Seelisch-Geistigem, das unabhängig vom Körper besteht, so radikal aus unserem Weltbild radiert wurde, dass die meisten Naturwissenschaftler heute glauben, die „Seele" im Gehirn verorten zu müssen.

Hobbes, der „Vater des Materialismus"

Vielleicht hilft uns ein Zeitgenosse Descartes einen Schritt weiter, der englische Philosoph Thomas Hobbes (1588–1679). Im Wettlauf um eine rein materialistische Deutung der Welt übertrumpfte er seinen französischen Kollegen nämlich um Längen.

Um seine Gedanken besser zu verstehen, führen wir uns nochmals Descartes Dualismus vor Augen: Der französische Philosoph meinte einerseits, die materielle Welt komme ohne belebende Einflüsse aus dem Seelisch-Geistigen aus. Andererseits aber erkannte er „Geist" – „res cogitans" – als den nicht-materiellen menschlichen Wesenskern. Die geistige Substanz könne als „gottähnlich" bezeichnet werden, als „Emanation der höchsten Intelligenz". Gott selbst, so meinte Descartes sinngemäß, könne als Einziges unabhängig existieren, also ohne für seine Existenz irgend einer anderen Sache zu bedürfen.

Aus diesem Dualismus – hier die unabhängige „res extensa" (also die ausgedehnte Substanz), dort die geistige „res cogitans" – lässt sich ein Widerspruch konstruieren. Denn wenn das Materielle nichts Seelisch-Geistiges benötigt und also unabhängig für sich selbst funktionieren, existieren kann, dann könnte man doch auf alles „unnötige Beiwerk" ganz verzichten und nur das unmittelbar Wahrnehmbare akzeptieren.

Diesem Gedanken folgend, entwickelte Thomas Hobbes mit Bezugnahme auf Descartes das erste rein materialistische Weltbild der Neuzeit. Darin gab es keine unsterbliche Seele mehr und beispielsweise auch keine Engelsgestalten. Der Glaube an ein Weiterleben nach dem Tod bezeichnete Hobbes sinngemäß als heidnisches Relikt.

Es lässt sich nicht mit Sicherheit sagen, wie konsequent materialistisch der englische Sozialphilosoph wirklich dachte. Denn der Überlieferung zufolge hielt Hobbes trotz seiner Absage an transzendente Jenseitswelten an der kirchlichen Auferstehungslehre fest, der zufolge Menschen, die reif sind für die Gemeinschaft mit Gott, am „Jüngsten Tag" als Geist-Körper-Wesen auferweckt werden.

Die Existenz solcher wie auch immer gearteten „Auferstehungskörper" und auch das Sein Gottes stehen im klaren Widerspruch zum reinen Materialismus.

Andererseits müssen wir davon ausgehen, dass sich Hobbes in seiner Zeit nicht wirklich frei äußern konnte. Denn bis zum Ende des 18. Jahrhunderts wurden viele philosophische Werke von der Kirche verboten.

Aber auch wenn aus diesem Grund Hobbes Thesen erst später entdeckt und weitergedacht wurden: Seine Gedanken trugen doch wesentlich dazu bei, das Tor zum puren Materialismus und auch Atheismus, wie er das heutige 21. Jahrhundert prägt, aufzustoßen.

Leibniz, der „Vater der neuen Seele"

Dabei wurden die philosophischen Thesen von Hobbes und Descartes nie unkritisch allgemein akzeptiert. Sie waren neu und richtungweisend, aber nicht alles, was unerwartete Perspektiven öffnet, muss unbedingt auch für alle Zeiten gültig sein.

Einer der wichtigsten Kritiker des materialistischen Weltbildes war Gottfried Wilhelm Leibniz (1646–1716), der noch heute zu den größten Denkern aller Zeiten gerechnet wird. Er verwies unter anderem darauf, dass „ausgedehnte Substanz" – also Descartes „res extensa" – nicht das eigentliche Wesen von Körpern beschreibe. Es müsse etwas Nicht-Materielles, Imaginäres, eine „Kraft" mitwirken. Denn „wenn es kein anderes Prinzip der Identität in den Körpern gäbe" als die „Ausdehnung", also Größe, Gestalt, Bewegung, „so könnte ein Körper nie länger als einen Augenblick Bestand haben".

Leibniz entwickelte deshalb so etwas wie eine neue „Seelen-Theorie". Er postulierte „individuelle dynamische Substanzen", die er „Monaden" nannte. Ihnen schrieb er Wahrnehmungs- und Willensvermögen zu.

Gerda Lier bietet in ihrem Buch „Das Unsterblichkeitsproblem" (Band 1) einen guten zusammenfassenden Einblick in diese bis heute höchst beeindruckende „Seelen-Lehre" von Leibniz: „Die Monaden sind als Krafteinheiten zu verstehen und die ‚wahrhaften Atome der Natur', ‚die Elemente der Dinge', und zwar sowohl der Vernunftwesen als auch der Tiere und Pflanzen – die gesamte Wirklichkeit besteht für Leibniz aus diesen Monaden, aus diesen ‚einfachen Substanzen'. Sie sind ineinander geschachtelt und bilden ein hierarchisch geordnetes System, an dessen Spitze Gott steht und das eine von ihm verursachte, innere ‚prästabilisierte' Harmonie aufweist. Gott ist die ‚anfängliche Einheit', die ursprünglich einfache Substanz' und sie bringt [...] durch eine ‚Art von Emanation' unablässig die einzelnen Monaden hervor. Sie sind als ‚einfache Substanzen' alle ‚unteilbar' und sind insofern unvergänglich."

Gottfried Wilhelm Leibniz, ein großer Universalgelehrter (wohl einer der letzten, die man so bezeichnen darf), herausragender Mathematiker, Logiker und experimentierender Naturforscher, nebenbei Historiker und Friedensstifter, postulierte also nicht nur die Existenz Gottes als Ursache jeglicher Entwicklung, sondern auch die von unsterblichen Seelen-Substanzen. Diese seien immateriell, nicht in Raum und Zeit lokalisiert, konstituierten aber die gesamte Wirklichkeit. Als Grundlage für seine Theorien dienten Leibniz „seine sehr anspruchsvollen logisch-begriffstheoretischen Arbeiten, seine Integralrechnung und seine dynamischen Modelle aus der Physik" (Lier).

Compte, der „Vater des Positivismus"

Gut hundert Jahre nach Leibniz schlug das Pendel wieder in die andere Richtung: Der französische Mathematiker, Philosoph und Religionskritiker Auguste Compte (1798–1857) begründete den sogenannten „Positivismus". Diese philosophische Richtung will jegliche Erkenntnis auf „positive Befunde" beschränken, also auf das, was im Experiment unter definierten Bedingungen nachweisbar ist. Alles Transzendente bleibt ausgeschlossen.

Compte hatte weitreichende Pläne: Er wollte den Positivismus zu einer Weltkultur ausbauen, in der die Wissenschaft alle früheren religiösen Kulte und auch den Monotheismus ersetzt. So entstanden im 19. Jahrhundert positivistische Gesellschaften und Gemeinden, die ihren eigenen Kalender (28-tägige Monate,

13-monatige Jahre) pflegten und sogar sonntägliche Treffen mit Zeremonien veranstalteten, die ihnen als Gottesdienst-Ersatz dienten.

Mitgefühl, Altruismus und Achtung vor menschlichen Leistungen sollten nach Comptes Vorstellungen die positivistische Gesellschaft der Zukunft prägen. Der von ihm begründeten Soziologie fiel – als „Königin der Wissenschaften" – die Aufgabe zu, das menschliche Zusammenleben zum größten Nutzen aller zu organisieren.

Zwar blieb das Großprojekt einer positivistischen Weltkultur eine Utopie, aber der kühne Gedanke, die „positive Epoche der Wissenschaft" könne und solle die Religion ersetzen (nach Comptes Begriffen die beiden vorangehenden „theologischen und metaphysischen Epochen"), nistete sich in vielen Köpfen ein. Zu den Positivisten zählte beispielsweise der deutsche Nobelpreisträger Werner Heisenberg (1901–1976), Mitbegründer der Quantentheorie und gewiss einer der wichtigsten Physiker des 20. Jahrhunderts.

Gegen Ende seines Lebens allerdings verabschiedete sich Heisenberg wieder von der positivistischen Weltsicht. Hatte er doch erkannt, dass die kleinsten Materieeinheiten „tatsächlich nicht physikalische Objekte im gewöhnlichen Sinn des Wortes sind", sondern „Formen, Strukturen, oder im Sinne Platons, Ideen". 1975, nicht lange vor seinem Tod, erklärte Heisenberg, er könne nicht mehr bezweifeln, dass „die platonische Auffassung tatsächlich die tiefste ist".

Womit der Kreis sich schließt. Das Seelisch-Geistige hat wieder an Relevanz gewonnen. –

Und wer wird morgen „Vater" sein?

Dieser Ausflug in die Geschichte der Philosophie zeigt exemplarisch das unentschiedene Hin und Her zwischen Zustimmung und Ablehnung der traditionellen Vorstellung einer „unsterblichen Seele" beziehungsweise einer ganzheitlichen, nicht-dualistischen Welt.

Und wie sieht es gegenwärtig aus?

Seit einigen Jahrzehnten neigt – wenigstens in der westlichen Welt – die Mehrzahl der Denker und Forscher dazu, seelisch-geistige Einflüsse im Sinne immaterieller Gegebenheiten auszuschließen. Die objektive Realität setzt sich aus Dingen mit substanziellen Eigenschaften zusammen: Masse, Impuls, elektrische Ladung, Spin, usw. Mehr gibt es nicht. Auch das menschliche Bewusstsein wird als „Epiphänomen" der Gehirnaktivität angesehen. Es hat demnach keine Auswirkung auf das Weltgeschehen. Auch die Existenz eines freien Willens wird bestritten, und ebenso die einer unsterblichen Seele.

Eine wichtige philosophische Tradition, die solche Positionen vertritt, ist der „Naturalismus". Hier herrscht die Auffassung, dass die Welt als rein naturhaftes Geschehen zu begreifen ist. Übernatürliches hat keinen Platz. „Für den Naturalisten geht es überall in der Welt mit rechten Dinge zu", formuliert einer seiner prominenten Vertreter, der deutsche Physiker und Philosoph Gerhard Vollmer in seinem Büchlein „Gretchenfragen an den Naturalisten". Und er ergänzt: „So ist das Mobiliar der Welt [...] recht sparsam. Viele empfinden das als Verarmung, sogar als Kränkung. Es ist aber mit ungeheuren Vorteilen verbunden: Es bereitet weniger Enttäuschungen – etwa wenn Beten oder Beichte wieder nicht geholfen haben. Es schafft weniger Unsicherheit – was Gott oder meine Ahnen von mir wollen, das weiß ich nie so recht. Und vor allem: Ein Weltbild ohne göttlichen Gesetzgeber macht weniger Angst. Gerade als Naturalist finde ich das Mobiliar der unbelebten wie der belebten Welt faszinierend. Auch weiß ich, dass immer noch vieles zu entdecken bleibt. Dass mir darin etwas Wichtiges fehlen sollte, will mir dagegen nicht einleuchten!"

Zweifellos: Es gibt immer mehr Zweifler und Skeptiker, Religions- und wohl auch Esoterikmüde. Wird also die Religion künftig noch eine Rolle spielen?

In unserem Gespräch ist Gerhard Vollmer – inzwischen, wie er bemerkt, „im Unruhestand" – zurückhaltend mit Prognosen. „Religion hat mehrere Funktionen", sagt er. „Eine davon ist, dass man

Fragen beantworten kann. Wo man nicht weiterkommt, da sagt man, das hat Gott gemacht oder das haben die Götter gemacht. Und Religion hat auch eine Trostfunktion. Jemand kann sich getröstet fühlen, wenn er die Aussicht hat, einen lieben Menschen, den er verliert, doch nochmals zu treffen. Das ist für manche hilfreich.

Auf der anderen Seite sehe ich allerdings auch die Angst – die Angst vor dem Fegefeuer, vor der Hölle oder anderen Strafen. Es wäre in meinen Augen wünschenswert, wenn die Kirchen oder andere Religionen diesen Knüppel, die Drohung ‚Gott sieht alles', abschwächen. Es heißt ja auch, Gott ist gnädig und er wird dir verzeihen."

Haben die Religionen also Zukunft?

Vollmer:
„Ich glaube nicht, dass christliche Kirchen nochmals Waffen segnen werden. Auch in Fragen der Sexualität und in vielem anderen tut sich jetzt viel. Es geht langsam voran. Je größer eine Organisation ist, desto länger dauert es auch. Aber wenn Sie schon nach einer Prognose fragen: Es wird Religion geben, sie wird aber einige weniger begrüßenswerte Seiten ablegen."

Vollmers philosophische Position ist indes klar: „Der Naturalist glaubt nicht an Gott. Er sieht keinerlei Anlass oder Grund, ein übernatürliches Wesen anzunehmen, sei dieses nun personal gedacht oder nicht."

Eine solche atheistische Gesinnung ist heute auch in den Naturwissenschaften weit verbreitet. In den gängigen Welterklärungen hat ein Schöpfergott keinen Platz. Und ihre persönliche Überzeugung lassen Forscher lieber außen vor. Das Image des objektiven Wissens lässt sich mit der Subjektivität religiöser Erfahrungen nicht vereinbaren.

Oder doch?

Wenn Atheismus, Positivismus und Naturalismus auf der einen Seite stehen, dann finden heute andererseits zunehmend auch

Stimmen Beachtung, die für eine Versöhnung von Naturwissenschaft und Religion eintreten. Eine davon gehört dem Saarbrükkener Quantenphilosophen Ulrich Warnke: „Will man die Natur des Menschen wissenschaftlich beschreiben", befindet er, „dann gehört auch Religion dazu." Mit einer wichtigen Einschränkung allerdings, die der vielseitige Forscher besonders unterstreicht: „Was gefährlich ist, sind Dogmen."

Für Warnke sind – ähnlich wie für Werner Heisenberg – das nicht-materielle Wesen der Materie und die Tatsache, dass der Prozess des Beobachtens in der Welt des Kleinsten Einfluss ausübt und Wirklichkeit erzeugt – Anlass genug dafür, den Materialismus grundlegend in Frage zu stellen.

Ist es also Zeit, den Geist, das Bewusstsein wieder ins „Spiel" – also in unser Weltbild – zu bringen?

Warnke:

„Ich glaube, dass wir überlieferte Weisheitslehren sehr ernst nehmen sollten, denn die Altvorderen hatten viel mehr Zeit, sich über die wesentlichen Dinge Gedanken zu machen als wir. Heute werden wir von Informationen so zugemüllt, dass wir gar nicht mehr auf die Idee kommen, nachzudenken, warum wir funktionieren, warum wir sprechen können und so weiter.

Die Quantenphysik öffnet Tore, um Erklärungen für bisher ungelöste Fragen zu finden. Sie umfasst das Beste, was Menschen wissenschaftlich je geleistet haben, denn die Versuche in diesem Bereich haben praktisch alle zuvor aufgestellten Theorien bestätigt. Wir können auf die Quantenphysik nicht mehr verzichten. Genau aus diesem Grund glaube ich, dass es durch die Quantenphilosophie eine künftig immer intensivere Verbindung zwischen Wissenschaft und Spiritualität geben wird. ‚Spiritualität' leitet sich von ‚spirit' ab, dem Geist.

Der Geist wurde bisher in der Wissenschaft einfach nicht beachtet. Jetzt aber öffnen sich die Tore, um den Geist in die Naturwissenschaft einzuführen."

Könnte im Weltbild der Zukunft das Seelisch-Geistige tatsächlich wieder eine tragende Rolle spielen – geboren aus dem Vokabular der Quantenphilosophie? Wer wird der „Vater" künftiger Seelen-Vorstellungen sein? Und wer wird diese dann doch wieder in Frage stellen?

Erschöpft vom ungewissen Hin und Her könnte der kritische und immer noch unentschlossene Beobachter an dieser Stelle einwenden: Soweit, so gut – aber was bringt mir das alles? Philosophische Thesen mögen in sich selbst ja rund und schlüssig sein. Sie mögen aus der Tiefe und Reinheit des Denkens erblühen. Aber sie erscheinen unvereinbar und widersprüchlich.

Was also gilt nun wirklich?

Immerhin geht es bei der Frage der Unsterblichkeit ja nicht nur um ein theoretisches Gedankenkonstrukt. Es geht um unsere Zukunft nach diesem Leben. Wird es eine geben – oder wird es keine geben?

Natürlich entwickeln sich alle Vorstellungen darüber, wie unsere Welt beschaffen ist, nicht ausschließlich im Windschatten großer Denker. Aber wirklich herausragende philosophische Gedanken beeinflussten früher oder später immer das Denken der „breiten Masse". Und sie führten durchweg zu neuen Ansätzen in der Forschung. Letztlich kann man die Philosophie auch als Mutter der Naturwissenschaften betrachten. Denn ohne sie, ohne die „Liebe zur Weisheit" und zur Welterkenntnis gäbe es keine gedanklichen Grundlagen für Experimente oder technologische Entwicklungen.

Für die weiteren Betrachtungen werden wir also sowohl philosophische als auch, ergänzend dazu, naturwissenschaftliche Erwägungen berücksichtigen.

Was also spricht heute, konkret auf den Punkt gebracht, gegen die Existenz einer unsterblichen Seele? Und was spricht dafür?

Die drei großen materialistischen Klötze

Als Belege dafür, dass es das Seelisch-Geistige – und damit die Unsterblichkeit – nicht gibt, könnten zahlreiche Theorien und Interpretationen für sich betrachtet werden. Im Wesentlichen geht es meines Erachtens aber um drei Grundaussagen. Sie sind die großen „materialistischen Klötze", mit denen der mögliche Weg zur Transzendenz von vornherein verbarrikadiert wird:

1. *Es existiert ausschließlich die vierdimensionale Welt aus Raum und Zeit. Sie bildet das Universum, das mit größter Wahrscheinlichkeit durch einen „Urknall" entstanden ist – und das irgendwann, wie auch immer, sein Ende finden wird.*

2. *Bewusstsein ist ein (Neben-)Produkt des Gehirns. Der Begriff „Psyche" oder „Seele" sowie die menschliche Persönlichkeit hängen untrennbar und ausschließlich mit dem Gehirn zusammen. Ein körperunabhängiges Bewusstsein gibt es nicht. Auch keinen freien Willen.*

3. *Alles Geschehen folgt einer naturgesetzmäßigen „Schub-Kausalität". Die Gesetze folgen also ausnahmslos einem „Zeitpfeil", der von der Vergangenheit in die Zukunft weist. Jede Wirkung hat eine in der Vergangenheit liegende Ursache. Der Zufall kann für Entwicklungen eine Rolle spielen. Eine „Zug-Kausalität", also die Wirkung eines (künftigen) Zieles auf die Gegenwart, ist dagegen ausgeschlossen. Und weil nichts einem vorgegebenen Ziel zustrebt, gibt es auch keinen „höheren" oder „tieferen" Sinn im Weltgeschehen.*

Würden diese drei – heute vielfach als selbstverständlich vorausgesetzten –Aussagen tatsächlich zutreffen, brauchten wir uns keine weiteren Gedanken zur Unsterblichkeit zu machen. Das Thema wäre vom Tisch.

Wäre die erste – grundlegende – Aussage zu beweisen, dann gäbe es natürlich keine Bereiche – oder, in spirituellem Vokabular, „Schöpfungsebenen" – jenseits der Raumzeit. Alles wäre vergänglich. Und alles lebte nur – vorübergehend – aus sich selbst heraus. Es gäbe keine transzendenten oder „höheren" Einflüsse, keine Seelen, keine Geister, keine Götter, keinen Schöpfer.

Die zweite der genannten Aussagen lässt sich aus der ersten entwickeln: „Bewusstsein" im Sinne einer einflussreichen Kraft, die auch ohne den physischen Körper bestehen kann, setzte „jenseitige" (also jenseits der Raumzeit existierende) Gegebenheiten voraus. Wenn es diese aber nicht gibt, so kann es auch keine Seele – als Sitz oder Zentrum des Bewusstseins – geben.

Die dritte Aussage kann wiederum aus den ersten beiden abgeleitet werden: Sinnvoll und zielorientiert könnte das Weltgeschehen ja nur sein, wenn es unter dem Einfluss entsprechender sinn- und zielgebender Kräfte stünde. Dadurch aber kämen Qualitäten ins Spiel, die mit dem Begriff eines eigenständigen, führend und gestaltend in die Welt hinein wirkenden Bewusstseins verbunden sind. Was aber – folgt man den Aussagen 1 und 2 – unmöglich erscheint.

Diese großen, materialistischen „Klötze" begleiten den heutigen philosophischen und wissenschaftlichen Mainstream. Aber sie bilden gewiss nicht die subjektive Wirklichkeit des einfachen Menschen ab. Und schon gar nicht entsprechen sie dem traditionellen, religiös-spirituell beeinflussten Welt- und Menschenbild.

Denn irgendwie haben wir wohl alle den Eindruck, mehr zu sein als neuronal durchwobene Fleischklumpen. Wir sind nicht der Körper. Wir haben, besitzen, verfügen über den Körper. Subjektiv erlebt, stehen wir über ihm.

Auch haben wir den sicheren Eindruck, durch unser Bewusstsein Verantwortung für unser Dasein übernehmen zu können. Unser persönliches Lebensschiffchen durch Entscheidungen – von der Frühjahrsdiät bis zur Berufs- und Partnerwahl – steuern zu können. Wir gehen von einem freien Willen und persönlicher Verantwortung für unser Tun und Lassen aus.

Nicht zuletzt brauchen wir Menschen die Sinnorientierung als Lebenselixier. Wir werden depressiv, wenn wir längerfristig keinen Sinn finden, kein Ziel anstreben, unser Leben nicht für eine Sache nutzen können. Leben ist das Sehnen und Streben nach etwas. Die „Zug-Kausalität" gehört zu unserem ganz normalen inneren Alltag.

Alles in allem: Legen wir unsere subjektive Welterfahrung zugrunde, ist die Unsterblichkeit nicht allzu fern. Denn mit unserer Innenwelt gibt es ein „Jenseits der fünf Sinne", ein von den Alterungs- und Veränderungsprozessen des Körpers weitgehend unabhängiges Seelenleben, gibt es ein willentliches Weltgestalten, gibt es Sinn und Ziel.

Möglicherweise zählt auch das Gefühl einer Geborgenheit im großen Ganzen, idealerweise dem Glauben an einen liebenden, lenkenden Schöpfer verbunden, zu den menschlichen Grundbedürfnissen.

Wenn heute all das in Frage steht, wenn die objektive Wirklichkeit der subjektiven tatsächlich diametral gegenübersteht, so sollte dieses folgenschwere „Njet" zur Seele doch eigentlich nicht nur philosophisch, sondern auch wissenschaftlich gut begründet sein.

Wir werden daher die drei Grundaussagen des Materialismus in den folgenden Kapiteln eingehender betrachten. Werden genauer hinsehen, welche Befunde letztlich dazu geführt haben, dass die Unsterblichkeitshypothese heute kaum noch ernst genommen wird. Allein aus der Geschichte der Philosophie lässt sich eine schlüssige, eindeutige Richtung sicher nicht erkennen.

Seele – was ist das eigentlich?

Aber zunächst eine erste kurze Zusammenfassung: Materielle Unsterblichkeit ist nicht möglich. Eine seelisch-geistige ist dagegen denkbar – sofern es „Seele" und „Geist" als Träger unseres Bewusstseins gibt. Voraussetzung dafür wäre die Richtigkeit des idealistischen Weltbildes.

Dieses lässt sich zwar gut mit subjektiven Erfahrungen und Einschätzungen in Einklang bringen. Es kann aber nicht wissenschaftlich objektiviert werden. Denn die Frage „Materialismus oder Idealismus" ist durch einfache naturwissenschaftliche Experimente nicht zu beantworten. Das Seelisch-Geistige entzieht sich dem materiell-experimentellen Zugriff, weil es per Definition etwas Nichtmaterielles ist. Aussagen wie „Eine Seele im Menschen ist nicht nachweisbar" sind deshalb so selbstverständlich wie wertlos.

Aber wovon sprechen wir überhaupt genau, wenn wir „Seele" sagen?

„Eine hilfreiche Definition von ‚Seele' kenne ich nicht", sagt Gerhard Vollmer als Naturalist – wohl im Hinblick auf die zahlreichen unklaren Vorstellungen und Wortschöpfungen, die sich damit verbinden.

Seele – was ist das eigentlich?

Eine Begriffsklärung im Sinne wissenschaftlicher Eindeutigkeit sollte in diesem Fall nicht erwartet werden. Aber wir können uns für die vorliegenden Betrachtungen zum Thema Unsterblichkeit eine Definition erarbeiten, die sich großteils auf Platon zurückführen lässt.

Bezeichnen wir zunächst, ausgehend von der Theorie des idealistischen Weltbildes, die „noetische Welt", also das Geistige als die eigentliche Wirklichkeit für den Menschen. Unser Bewusstsein, unser Wille, unsere Emotionen und Empfindungen, unsere gesamte Innenwelt mit allen Erinnerungen, Sehnsüchten, Hoffnungen und Träumen wäre demnach geistig.

Da der Geist sich nicht direkt mit der Materie verbinden kann, benötigt er „Hüllen" oder feinere Körper. Von der Existenz solcher Körper gehen viele idealistischen Konzepte aus, die in manchen Kreisen noch heute große Bedeutung haben. Der Philosoph und Esoteriker Rudolf Steiner (1861–1925) sprach in seiner „Anthroposophie" vom „Astralleib" und vom „Ätherleib", sein Zeitgenosse Oskar Ernst Bernhardt („Abd-ru-shin", 1875–1941) in seiner „Gralslehre" beispielsweise vom „Astralkörper" und vom „feinstofflichen Körper".

Diesen Körpern werden unterschiedliche Bedeutungen zugeschrieben; dem „Astralkörper" etwa die Funktion eines Vorbildes für die Formenbildung in der physischen Welt. Ohne ihn „wüssten" die Körperzellen nicht, wie sie sich organisieren und zu Organen ausbilden sollen.

Aber wie auch immer die Details sich darstellen mögen, wir können den Begriff „Seele" einfach als Sammelbezeichnung für den „umhüllten Geist" verwenden. Geist ist im idealistischen Menschenbild der eigentliche Wesenskern.

Seele ist der umhüllte Geist, der sich durch diese Hüllen mit dem physischen Körper verbindet.

Womit der Mensch, wie traditionell üblich, als Einheit von Geist, Seele und Körper bezeichnet werden kann.

Und womit wir vor einem Grundproblem des Idealismus stehen. Denn die Vorstellung, dass sich etwas Geistiges mit dem Physischen über verschiedene Seelenkörper verbindet, die in- und miteinander wirken, liefert zwar ein leicht eingängiges, verständliches Modell. Aber auch in einfachen Gleichnissen steckt der „Teufel" oft im Detail. Erst wer genauer hinschaut, bemerkt die Probleme.

Wie kann etwas Nichtmaterielles überhaupt mit Materiellem in Wechselwirkung treten?

Und wie passt die Vorstellung, das menschliche Bewusstsein sei „geistig", zur Tatsache, dass das körperliche Gehirn bei Bewusstseinsvorgängen eine zentrale Rolle spielt?

Weshalb bleiben uns so viele Dinge unbewusst?

Und überhaupt: Was ist das Unbewusste, aus dem offenbar die meisten Impulse für unser Handeln kommen, wenn wir das Handeln doch als „geistig gesteuert" erleben?

Das Leib-Seele-Problem

Wir stehen vor dem alten Leib-Seele-Problem. Wenn der Mensch ein philosophischer Streitfall ist, dann hauptsächlich wegen solcher Fragen.

Naturalisten haben es hier einfach: Sie pflegen eine „monistische" Haltung. Bei ihnen gibt es die Trennung von Leib und Seele gar nicht. Sie brauchen sich also auch nicht darum zu kümmern, wie zwei Ebenen oder „Substanzen" zusammenwirken. Es ist alles

„monos", alles eins. Die einzige Seinsebene ist für sie die natürliche, materielle Welt.

Zwar lässt sich dadurch der zentrale Aspekt unseres Menschseins – das Bewusstsein, die Innenwelt – nicht beschreiben und begreifen, aber egal. Was heute noch nicht ist, kann morgen ja noch werden.

Das Vertrösten auf die Erkenntnisse von morgen wird von Kritikern des monistischen Materialismus übrigens als typisch für diese Philosophie eingestuft. Der indisch-amerikanische Physiker Amit Goswami warnt in seinem Buch „Das bewusste Universum" davor, sich „an der Nase herumführen" zu lassen: „Man wird darauf bestehen, dass Sie die Behauptungen akzeptieren, weil der Beweis ‚ganz bestimmt' bevorsteht."

Und weiter schreibt er, im Hinblick auf die persönlichen Bewusstseins-Erfahrungen jedes Menschen: „Inzwischen ist es so weit gekommen, dass wir diesen Materialismus wie ein Dogma akzeptieren, ohne in geringster Weise daran Anstoß zu nehmen, dass die meisten Erfahrungen, die wir im Alltag machen und die uns vertraut sind, damit nicht erklärt werden können."

Oder, um die materialistisch agierenden Wissenschaften mit den Worten des US-amerikanischen Psychologen Abraham Harold Maslow (1908–1970) zu beschreiben: „Wenn man nur einen Hammer als Werkzeug hat, behandelt man allmählich alles, als sei's ein Nagel."

Wer indes idealistisch orientiert ist, sollte erklären können, in welcher Art „Leib und Seele" zusammenwirken. Welche Möglichkeiten der bewusste Geist hat, um auf den unbewussten Körper einzuwirken.

Im Zentrum aller diesbezüglichen Theorien steht natürlich das Gehirn, jenes unermesslich komplexe zentrale Steuerorgan des Körpers, dessen Arbeitsweise Forscher immer wieder zum Staunen bringt. Genauer gesagt, steht die Theorie im Mittelpunkt, unser Gehirn würde Bewusstsein nicht produzieren (wie es das materialistische Konzept unterstellt), sondern es wirke vielmehr als Empfänger, Überträger und Filter von Bewusstsein.

Das Bewusstsein selbst könne auch unabhängig vom Körper existieren.

Diese „Transmissionshypothese" wird heute kaum noch ernsthaft diskutiert. Wahrscheinlich geschieht diese Vernachlässigung aber zu Unrecht. Die Religionsphilosophin Gerda Lier hat dem Thema in ihrem Werk „Das Unsterblichkeitsproblem" ein eigenes Kapitel gewidmet. Darin kommt sie zum Schluss, dass die „Produktionshypothese", der zufolge das Gehirn Bewusstsein erzeugt, gegenwärtig „von fast allen Neuro- und Kognitionswissenschaftlern, Psychologen und Philosophen" vehement vertreten wird. Aber: Viele bedeutende Denker wiederum hätten schon „darauf aufmerksam gemacht, dass sich alle beobachtbaren Bewusstseinsphänomene zumindest genauso gut – wenn nicht weit besser – erklären lassen, wenn angenommen wird, dass das Gehirn nicht Bewusstsein erzeugt, sondern stattdessen nur wie ein Transmitter und Filter wirkt."

Gerda Lier, die Autorin dieses Zitats, promovierte an der Universität Frankfurt. In ihrem zweibändigen religionsphilosophischen Werk „Das Unsterblichkeitsproblem", das ihr Doktorarbeit war, fasste sie alle wesentlichen Argumente für und gegen die Unsterblichkeit einer menschlichen Seele zusammen, von der Physik bis zur Mystik.

Ihr umfassendes Manuskript – wohl ein Lebenswerk – konnte sie zwar, von schwerer Krankheit getroffen, noch mit letzter Kraft fertigstellen und verteidigen. Die Veröffentlichung erlebte sie aber nicht mehr. Gerda Lier starb am 19. November 2009.

Die Transmissionshypothese, der die Autorin letztlich klar den Vorzug gab, läuft zusammenfassend im Wesentlichen auf folgende Gegebenheiten hinaus:

• Bewusstsein entsteht nicht im Gehirn. Es ist dem Gehirn zwar verbunden, kann aber auch außerhalb des Körpers bestehen.

Nach dem Tod des physischen Körpers existiert das Bewusstsein weiter.

• Das Gehirn nimmt Impulse aus dem Bewusstsein auf und setzt sie in körperliche Aktionen um. Umgekehrt verarbeitet das Gehirn körperliche Sinneseindrücke und leitet diese an das Bewusstsein weiter (Empfänger- und Transmitterfunktion).

• Das Gehirn leitet aber nicht alle Impulse aus der physischen Welt an das Bewusstsein und wandelt auch nicht alle Bewusstseinsimpulse in Handlungen um (Filterfunktion).

Diese Sicht weist dem unübersehbaren neuronalen Netzwerk unter unserer Schädeldecke die entscheidende Position zwischen Leib und Seele zu.

Man müsste demnach das geistige Bewusstsein (das ohne Gehirn existieren kann) und das gehirngebundene Tag- oder Wachbewusstsein (das ohne Zweifel körperlichen Impulsen – Gefühlen, Trieben usw. – unterliegt) unterscheiden.

Das menschliche Bewusstsein erscheint in dieser Betrachtungsweise gewissermaßen doppelbödig: In seiner „reinen" Form ist es geistig, in seiner körperverbundenen Form jedoch stark von der Funktionalität des Gehirns beeinflusst.

Dieses dient, durch die Evolution geprägt, dem bestmöglichen Überleben. Es selektiert die Sinneseindrücke und Denkprozesse in Richtung des persönlichen Vorteils und Wohlergehens. Anders gesagt: die neuronalen „Schaltkreise" arbeiten von Natur aus im „Egoismus-Modus".

Dagegen ist das geistige Bewusstsein, also der eigentliche, noetische Mensch sinn- und wertorientiert. Er kann, wenn er will, das „Verstandes-Ego" überwinden.

Im körperverbundenen Tag- oder Wachbewusstsein erlebt der Mensch deshalb widerstreitende „innere Stimmen". In diesem Punkt entspricht die dualistische Sichtweise gut dem persönlichen Alltagserleben.

Auch gibt es Wissenschaftler – wie beispielsweise den Quantenphilosophen Ulrich Warnke –, die für den „technischen Aspekt" des Leib-Seele-Problems Lösungen anbieten. Also für die grundsätzliche Frage, wie denn etwas Nicht-Materielles das Materielle beeinflussen kann. Warnke meint, dass dies letztlich über die „Spins" läuft. Diese Eigenschaft der Elektronen (es geht beim „Spin" um ein Rotationsmoment) reagiere auf Bewusstsein. Die Transmissionshypothese erscheint also in mancher Hinsicht überaus reizvoll.

Zur Beantwortung der Frage, ob der Mensch das Potential für Unsterblichkeit hat, wird es aber unerlässlich sein, sie gründlich auf den Prüfstand zu stellen. Wir werden das im übernächsten Kapitel tun.

Schuster, bleib bei Deinen Leisten!

Heute wird, wie gesagt, allgemein die These favorisiert, das Gehirn produziere Bewusstsein. Man spricht von der (monistischen) „Identitätstheorie". Dieser Theorie zufolge ist alles, was mit Geist, Seele und Bewusstsein zu tun hat, schlicht und einfach als Gehirnfunktion zu betrachten.

Gerhard Vollmer befindet in seinem Büchlein „Gretchenfragen an den Naturalisten", dass diese Identitätstheorie im Hinblick auf die „Kritisierbarkeit" besser abschneide als idealistisch-dualistische Vorstellungen: „Nach der Identitätstheorie ist jeder mentale Vorgang mit einem neuronalen Vorgang verbunden, letztlich ja sogar mit ihm identisch." Und er folgert: „Fände sich ein mentaler Vorgang, dem nachweislich *kein* neuronaler Vorgang entspricht, so wäre die Identitätstheorie widerlegt."

Wir werden später – im Zusammenhang mit Nahtoderlebnissen, die sich bei gleichzeitigem „Nulllinien-EEG" ereignen –, auf genau solche mentale Vorgänge treffen, die offensichtlich die Identitätstheorie widerlegen ... oder eben vielleicht doch nicht. Denn, so bemerkt Vollmer in einem Nachsatz sehr treffend, „der Identist kann sich immer damit herausreden, dass ein von ihm vermuteter [...] neuronaler Vorgang durchaus existiere, aber eben bisher noch nicht gefunden wurde."

Auch wenn das EEG also im Falle eines klinischen Todes gar keine Gehirnaktivität anzeigt – irgendwo könnten ja doch ein paar Neuronen feuern, die eventuell irgendwie eine Ausleibigkeitserfahrung provozieren könnten ... Womit die Theorie, dass Bewusstsein ein Produkt des Gehirns ist, weiter gepflegt werden darf.

Der ein wenig augenzwinkernd wirkende Hinweis Vollmers auf die Möglichkeit des „Herausredens" unterstreicht eine an sich banale Selbstverständlichkeit, die aber vom Glanz intellektueller Prominenz bisweilen überstrahlt wird: Auch Philosophen, Wissenschaftler und Nobelpreisträger sind Menschen. Sie mögen zwar durch besonders tiefes Nachdenken, beharrliche Beobachtung oder ausgeklügelte Versuchsanordnungen zu wichtigen Ergebnissen in ihrem Fachbereich gelangt sein, und sie mögen durchaus dazu beitragen, die Welt objektiv richtig zu beschreiben.

Dennoch ackern sie bisweilen in einem hochgradig subjektiven weltanschaulichen Heimatboden. Was ja nicht schlimm wäre, würden sich ihre höchstpersönlichen Präferenzen nicht bisweilen mit den wissenschaftlichen Fakten vermischen.

Der renommierte US-amerikanische Philosoph John Searle meinte einmal sehr treffend, der Materialismus sei in gewissem Sinne „die Religion unserer Zeit". Philosophen, Psychologen und andere Experten, die sich mit der Erforschung des Geistes befassen, akzeptierten ihn, ohne diese Weltsicht jemals zu hinterfragen. Der Materialismus bilde, so Searle, „den Rahmen, innerhalb dessen andere Fragen gestellt, angesprochen und beantwortet werden können".

Amit Goswami erinnert diesbezüglich in seinem Buch „Das bewusste Universum" an eine indische Tradition: „In Indien verwendet man zum Affenfangen gerne ein mit Kichererbsen angefülltes, krugähnliches Gefäß, in das der Affe hinein greift, um sich eine Handvoll heraus zu holen. Nun kommt er mit der geschlossenen Hand aber nicht mehr durch die Öffnung heraus. Diese Falle funktioniert nur, weil der Affe in seiner Gier nicht von den Kichererbsen lassen will. Die Axiome des materialistischen Realismus (Materialismus, Determinismus, Lokalität usw.) haben uns in der

Vergangenheit gute Dienste erwiesen, als unser Wissen begrenzter war als heute. Jetzt aber sind sie Fallen für uns. Vielleicht sollten auch wir sozusagen die Kichererbsen loslassen, das heißt unsere felsenfesten Überzeugungen und Gewissheiten, und die Freiheit annehmen, die ausserhalb der materialistischen Arena existiert."

Sofern lediglich die harten Fakten herangezogen werden, die Forscher zum menschlichen Bewusstsein gesammelt haben, kann die Frage „Materialismus oder Idealismus – welches Weltbild ist richtig?" nicht beantwortet werden. Dennoch erwecken oder stützen viele Publikationen den Eindruck, über Begriffe wie „Seele" oder „Unsterblichkeit" sei längst ein sachliches Todesurteil gesprochen worden.

Noch deutlicher wird die Vermischung des persönlichen Glaubens mit wissenschaftlichen Erkenntnissen, wenn es um *die* „Gretchenfrage" schlechthin geht – um den Glauben an Gott.

Der britische Biologe Richard Dawkins beispielsweise – er wird zu den weltweit führenden Denkern gerechnet – überschreitet in seinen Publikationen regelmäßig alle wissenschaftlichen Grenzen, indem er für den Atheismus wirbt. Ganz so, als hätte die Biologie endgültig entdeckt, dass es Gott nicht gibt. Was natürlich Unsinn ist.

Im Rahmen einer philosophischen Diskussion ging der deutsche Astrophysiker und Naturphilosoph Prof. Dr. Harald Lesch auf die Frage ein, was er denn von Dawkins' atheistischen Ansätzen halte. Seine Antwort – vom Publikum mit Zwischenapplaus quittiert – ist ein längeres Zitat wert:

„Man sollte wissenschaftliche Kompetenz nicht mit einem Plädoyer für den Atheismus verbinden", sagte Lesch. „Aus den Wissenschaften ist Gott nicht abzuleiten und nicht abzustreiten. Gott ist überhaupt kein Thema in den Wissenschaften. Die empirischen Wissenschaften sind eine bestimmte Methodik mit einem bestimmten Regelwerk. Wenn man sich darüber wirklich klar ist, dann weiß man auch, was man daraus ableiten kann und was nicht. Für mich ist es schlimm, wenn Naturwissenschaftler auf einmal so auftreten, als hätten sie die Kompetenz, über Begriffe zu reden, die mit ihrer Wissenschaft gar nichts zu tun haben. Natürlich gibt es einen Marketingeffekt. Wer sich theoretisch über den Anfang der Welt Gedanken macht oder zum Beispiel über die Evolution, dem wird automatisch auch die Kompetenz zugeschrieben, über solche Begriffe wie ‚Gott' sprechen zu können. Dem ist aber nicht so. Man muss da vorsichtig sein – und sollte als Wissenschaftler eher noch bei einem Theologen oder Philosophen in die Lehre gehen, damit klar ist: Bis zu einem bestimmten Punkt gehört etwas zu den Naturwissenschaften – und alles andere ist Spekulation ... eine meta-physische Spekulation."

Lesch rät dazu, in wissenschaftlichen Büchern, die auch Glaubensfragen berühren, so etwas wie einen Warnhinweis anzubringen: „You are leaving the physical sector of this book."

Diese Beispiele zeigen, dass das alte Sprichwort „Schuster, bleib bei Deinen Leisten" offenbar auch für die – manchmal erstaunlich unsachliche Wissenschaft relevant sein kann.

Die bekannte Redewendung geht wahrscheinlich auf den griechischen Maler Apelles zurück, der einem Schuster im Gespräch gesagt haben soll: „Was über dem Schuh ist, kann der Schuster nicht beurteilen." Denn dieser hatte auf Grund einer Sandale die Anatomie des Sandalenträgers kritisiert.

Diese Anekdote wurde später auf die „Leisten" verkürzt, auf die Formstücke, die Schuster zur Herstellung von Schuhen verwenden. Und die passen perfekt für unser Thema. Denn auch das Bewusstsein – und erst recht der Begriff von Gott – könnte etwas „über dem Schuh" sein, das sich der „handwerklichen Beurteilung des Schusters" entzieht.

Wie aufgeklärt sind wir wirklich?

Heute wird der Glaube an nicht-materielle Gegebenheiten vielfach als vorwissenschaftlich abgestempelt.

Gemeinhin wird angenommen, dass die Idee einer unsterblichen Seele oder eines nicht an das Gehirn gebundenen Geistes durch die Aufklärung im 18. Jahrhundert endgültig überwunden worden sei. Der fortschrittliche, mündige Mensch orientiere sich an der Wissenschaft, nicht an den Dingen des Glaubens.

Die Annahme von etwas Nichtmateriellem wäre demnach als Ausdruck der Unmündigkeit zu betrachten.

Doch so einfach ist es nicht. Denn den Aufklärern ging es gar nicht um die Propagierung des Materialismus. Sie „verdammten" auch nicht die Annahme einer unsterblichen Seele als irrational. Vielmehr traten sie vor allem für Humanität ein, für ein vernunftbetontes, freies Denken – frei von Bevormundung, frei von Dogmatismus.

Der berühmte deutsche Philosoph Immanuel Kant (1724–1804), auf den die oft zitierte Formulierung zurückgeht, Aufklärung sei der „Ausgang des Menschen aus seiner selbst verschuldeten Unmündigkeit", stand dem Materialismus differenziert gegenüber. Zwar verdeutlichte er, dass sich mit Hilfe der theoretischen Vernunft weder die Unsterblichkeit der Seele beweisen lasse, noch die Existenz Gottes oder transzendenter Wirklichkeiten. Er machte aber auch auf den grundlegenden Unterschied zwischen Lebewesen und Maschinen aufmerksam. Und Kant kam zum Schluss, dass die Abhängigkeitsbeziehungen zwischen „Geisteskräften" und dem Körper nicht beweisen können, dass es keine immaterielle Seele gibt.

Gott als „weisen Urheber und Regierer" anzunehmen, war für Kant „moralisch gewiss" und „von der schärfsten Vernunft" gerechtfertigt.

Der große französische Aufklärer Voltaire (1694–1778) distanzierte sich ebenfalls ausdrücklich vom atheistischen Materialismus. Er hielt nichts von dem im 18. Jahrhundert häufig kolportierten Bild, der physische Körper sei einem Uhrwerk (damals das gültige Sinnbild für eine hochkomplizierte Maschine) vergleichbar, das aber „ohne höhere Ursache" – also ohne das Zutun eines Schöpfers – entstanden sei. Voltaire fand solche Vorstellungen „lächerlich". Die Ordnung der Welt belege die Existenz Gottes ebenso, wie jede Uhr einen Uhrmacher voraussetze.

Diese Beispiele zeigen, dass dem Zeitalter der Aufklärung heute zu Unrecht unterstellt wird, einen allumfassenden Schwenk in den Materialismus mit sich gebracht zu haben.

„Die Aufklärung und das Unsterblichkeitsproblem" – diesem Thema hat die Religionsphilosophin Gerda Lier fast 200 Buchseiten gewidmet. Im 2. Teil Ihres Werkes „Das Unsterblichkeitsproblem" kommt sie zu einem bemerkenswerten Schluss:

„Zusammenfassend lässt sich sagen, dass in der Aufklärung in keiner Weise gezeigt worden ist, dass die Annahme einer unsterblichen Seele irrational ist. Es ist nur behauptet worden, dass es kein ‚übersinnliches' oder ‚nichtsinnliches' Anschauungsvermögen gibt und deshalb der Mensch zu Lebzeiten keine Erfahrungen seines wahren Wesens, seiner Seele, und der geistigen Welt ‚machen' könne. [...] Tatsächlich nachgewiesen worden ist nur, dass sich aus *erfahrungsunabhängigen* Begriffen weder objektive, zwingende Beweise *für* noch *gegen* die Unsterblichkeit der Seele erbringen lassen."

Fazit: Wir würden es uns zu einfach machen, gingen wir davon aus, es sei längst irgendein Beweis gegen die Existenz der Seele oder transzendenter Wirklichkeiten erbracht. Weder gibt es einen solchen naturwissenschaftlichen Nachweis, noch philosophische Einigkeit in dieser Frage. Sie ist bis heute offen. Deshalb ist sie es wert, eingehender betrachtet zu werden.

Und ein weiteres Fazit: Wenn die „Aufklärung" nach Kant aus „selbst verschuldeter Unmündigkeit" führt, dann könnte man darüber diskutieren, wie aufgeklärt wir heute wirklich sind. Denn letztlich ist jedes sture Festklammern an einem weltanschaulichen Rahmen ein Ausdruck von Unmündigkeit – egal, ob es sich um fraglos hingenommene religiöse Dogmen handelt oder um den Glauben an den Materialismus und die Nichtexistenz Gottes.

Klar – es ist ebenso notwendig wie menschlich, die eigenen Gedanken einer Leitlinie entlang zu führen. Wir könnten den weltanschaulichen Hintergrund, aus dem sich unsere Ideen, Erwartungen, Emotionen und Reaktionen speisen, gar nicht Minute für Minute neu erfinden. Das wäre viel zu mühevoll und alltagsfern. Aber wir haben die Möglichkeit, bewusst Abstand zu nehmen, Konventionen grundlegend in Frage zu stellen und uns gegebenenfalls auch zu einem Paradigmenwechsel durchzuringen. Die Freiheit, das, wenn nötig, auch wirklich zu tun, sollten wir uns bewahren. Gerade in der wissenschaftlichen Forschung.

Weltbilder zum Wohlfühlen

In einem Interview, das ich mit dem Göttinger Gehirnforscher Prof. Gerald Hüther zum Thema „Gedanken" führte, meinte er sinngemäß, dass unsere Gedanken und unsere Wahrnehmung immer bestimmten Emotionen verbunden seien. „Reine", also emotionslose Gedanken könne man sich zwar durch Schulung antrainieren, aber an sich sei so etwas für den Menschen nicht natürlich. (Das Interview ist in meinem Buch „Über den Kopf hinaus" veröffentlicht.)

Das Zusammenwirken von Gedanken und Emotionen zeigt sich in der sogenannten selektiven Wahrnehmung. Kein Mensch ist in der Lage dazu, alles, was ihm im Alltag begegnet, bewusst zu erfassen.

Wenn zwei Personen durch ein und dieselbe Geschäftsstraße bummeln, wird jede von ihnen mit größter Wahrscheinlichkeit von ganz unterschiedlichen Dingen „angesprochen", obwohl beiden theoretisch die gleichen Eindrucksmöglichkeiten begegnen. Für den einen könnten die Schuhe in einem Schaufenster „affektiv aufgeladen" sein, für einen anderen vielleicht die ansprechend präsentierten Gewürzspezialitäten aus dem Orient.

Immer aber wird es sich vorrangig um Dinge handeln, die mit vergangenen Erlebnissen assoziiert werden können, mit Bedürfnissen, Erwartungen, Emotionen. Das Gehirn filtert aus der Gesamtheit der Sinneseindrücke das heraus, wonach uns „der Sinn steht". Es „passt auf", wie Hüther es ausdrückt, „dass es mir gut geht. Deshalb hat es eine Art Sensor für Wichtigkeit".

Und gewiss gilt dieses emotionsgeladene „Wohlfühl-Prinzip", dem das Gehirn evolutionsbedingt folgt, nicht nur für die Kleinigkeiten des Alltags, sondern auch für das große Ganze: Erfahrungen oder Berichten, die sich angenehm in mein Weltbild fügen, werde ich naturgemäß offener begegnen als Schilderungen, die etwas behaupten, was nach meiner Auffassung „eigentlich nicht sein kann".

Ein Idealist beispielsweise könnte es grundsätzlich für unmöglich halten, dass Maschinen jemals Bewusstsein entwickeln. Der Materialist hätte damit keine Probleme; hingegen sehr wohl mit der Annahme, Bewusstsein könne auch außerhalb eines Körpers oder einer Maschine existieren.

Jeder Mensch ist vorgeprägt. Jeder hat deshalb unterschiedliche Erwartungen oder Hoffnungen. Aber wir alle möchten uns in unserer eigenen Weltauffassung wohl fühlen. Manchen – wie etwa Gerhard Vollmer – genügt das (wie er selbst formuliert) „spärliche Mobiliar" des Naturalismus. Andere brauchen etwas mehr Plüsch. Für den einen gehört die Verantwortung für das eigene Leben unerlässlich zum Menschsein, der andere will sich selbst im Grunde seines Herzens vielleicht nicht als abhängiges Geschöpf betrachten.

Subjektive Hintergrundmotive dieser Art beeinflussen nicht nur die persönliche Wahrnehmung, sondern gewiss auch den Rahmen für wissenschaftliche Forschung und deren Interpretation.

Dazu kommt der „science mainstream". Gegebenheiten wie zum Beispiel Telepathie oder Ausleibigkeitserfahrungen ernst zu nehmen oder gar experimentell zu erforschen, schickt sich für einen Naturwissenschaftler heutzutage nicht. Er hat, dem Zeitgeist folgend, materialistisch orientiert zu sein. Andernfalls riskiert er, von der wissenschaftlichen Gemeinschaft nicht für ganz voll genommen zu werden. Und ein schräg beäugter Außenseiter zu sein, stärkt im allgemeinen nicht das subjektive Wohlgefühl.

In seinem lesenswerten Buch „Der Wissenschaftswahn" erzählt der englische Biologe Rupert Sheldrake, dass ihn bei seinen Kollegen „immer wieder der Kontrast zwischen ihren öffentlichen

Äußerungen und dem, was sie im privaten Gespräch sagen" überrascht. In offiziellen Stellungnahmen würden sie Tabu-Themen strikt meiden, während sie ihm im privaten Gespräch „schon eher ein wenig abenteuerlustig" erschienen.

Als Journalist kann man ähnliche Erfahrungen machen: Dem Gehirnforscher im Interview ein klares „Ja" zum freien Willen zu entlocken, dem Biologen ein Statement zur Möglichkeit einer zielgerichteten Evolution oder dem Theologen ein Bekenntnis zum Agnostizismus, ist heute ziemlich unwahrscheinlich. „Off the records" kann es hingegen munterer zugehen. Fragen, Bedenken und Ungewissheiten wiegen nicht mehr halb so schwer, sobald die Mikrophone ausgeschaltet sind.

Diese Rahmenbedingungen sollten wir im „Hinterkopf" behalten, wenn wir uns auf der Grundlage naturwissenschaftlicher Erkenntnisse und philosophischer Interpretationen mit der Unsterblichkeit befassen. Denn dieses Thema liegt heute mit Sicherheit fernab des Mainstreams – und doch im Zentrum des Interesses jedes Menschen.

Im nächsten Kapitel werden wir die erste der drei weiter oben genannten materialistischen Grundaussagen auf den Prüfstand stellen. Sie lautet: *„Es existiert ausschließlich die vierdimensionale Welt aus Raum und Zeit. Diese bildet das gesamte Universum".*
Ist das wirklich so? –

Zuvor sollte ich aber wohl auch mein persönliches Weltbild skizzieren. Denn als Journalist und Autor bemühe ich mich zwar um Objektivität in der Darstellung von Zusammenhängen. Und als unabhängiger Mensch stehe ich auch nicht in der Verpflichtung, eine bestimmte Weltanschauung zu vertreten. Zweifellos aber wird zwischen den Zeilen trotzdem immer meine subjektive Wohlfühlzone durchschimmern, also der Bereich des für mich Denkmöglichen.

Hier also mein Outing: Grundsätzlich neige ich dem Idealismus zu. Vor allem, weil meines Erachtens das große Thema „Bewusstsein" völlig zu Unrecht und unter Missachtung der naheliegendsten Umstände – des persönlichen Erlebens nämlich – immer weiter an den Rand gedrängt wurde.

Wir erforschen mit all unseren Sinnen und den verfügbaren technischen Hilfsmitteln den Makro- und den Mikrokosmos.

Wir ziehen mit Intelligenz und Vernunft Schlüsse über das Werden und das Wesen der Welt.

Wir wissen auch, dass es – unabhängig von allem, was bewiesen und im Experiment wiederholt werden kann – so etwas wie einen „Innenaspekt" gibt, also bewegende und motivierende Bilder, Töne, Gerüche und Emotionen, die permanent in uns selbst entstehen. Dieser Aspekt der Wirklichkeit ist *nicht* materialistisch erklärbar.

Aber wir verkleinern dieses „nicht" in ein „noch nicht". Auch wenn kaum im Ansatz theoretisch geklärt ist, wie aus neuronalem Feuer bewusste Erlebnisse entstehen sollen, beharren wir darauf, dass das Materielle das Maßgebliche ist.

In diesem „wir", das hier stellvertretend für die vorherrschende naturwissenschaftliche Sichtweise steht, fühle ich mich unwohl. Denn eigentlich ist es ja doch umgekehrt: Das einzig Maßgebliche für unser Leben ist die Innenwelt. Wir denken, forschen, unternehmen und unterlassen, weil uns seelisch-geistig etwas dazu motiviert und drängt. Was immer das Leben lebenswert macht – Erlebnisse, Erfahrungen, Empfindungen –, hängt mit unserem Bewusstsein zusammen. Ohne dieses könnten wir die Welt weder wahrnehmen noch erforschen und beschreiben. Und bisher spricht alles dafür, dass materielle Ansätze ungenügend sind, um den „Innenaspekt" – den zentralen Mittelpunkt unseres Lebens – zu beschreiben.

Allerdings fühle ich mich als Idealist stark dem gründlichen (wissenschaftlichen) Denken verbunden. Denn nichts hat menschliche Gesellschaften nachhaltiger in Richtung Freiheit geführt und aus dogmatischer Abhängigkeit und geistiger Dumpfheit befreit.

Indes stehe ich den Strömungen haltloser Esoterik, wie sie sich heute oft dem Idealismus verbinden, skeptisch gegenüber.

Für allzu viele Aussagen in diesem Bereich erscheint mir die etwas zynische Einstufung „Kargo-Kult-Wissenschaft" tatsächlich gerechtfertigt.

Der Begriff „Kargo-Kult" wurde im 20. Jahrhundert geprägt. Er beschreibt die Reaktionen Eingeborener, die zum ersten Mal mit moderner Technik in Berührung kamen. Beispielsweise löste im Hochland von Neu-Guinea die Ankunft von Flugzeugen bei der Bevölkerung seltsame Kulthandlungen aus. Die Menschen beobachteten, wie aus den Fluggeräten Mengen an wertvoller Fracht (= Kargo) ausgeladen wurden, was ihnen wie ein Wunder erschien. Daraufhin versuchten sie, durch den Nachbau der Technik weitere, ähnliche Wunder zu erwirken: Sie bauten aus primitivsten Mitteln Flugzeugattrappen oder Flugplätze, um „Kargo" herbeizuzaubern. In einem anderen Fall errichteten sie aus Bambusrohren und Lianen vermeintliche Radiostationen und Leitungen, weil sie auf diese Art Nachrichten von den Ahnen zu erhalten hofften. Die Eingeborenen ahmten also äußerlich Dinge nach, deren Prinzipien sie nicht ansatzweise verstanden, und etablierten damit ihren Kult.

Das gleiche mag man manchen Esoterikern oder auch spirituell orientierten Menschen unterstellen, wenn sie mit wissenschaftlichen Begriffen agieren ohne wirklich zu verstehen, welche Erkenntnisse und Erfahrungen dahinter stehen. Zu den heutigen „Kargo-Kult-Begriffen" könnten beispielsweise „Quantenphysik", „Nullpunkt-Feld" oder „Dunkle Materie" gerechnet werden. Man findet sie sehr oft in Vorträgen oder Schriften, wenn immer eine Annahme oder Methode wissenschaftlich fundiert wirken soll. Aber nicht ganz so oft auch in einem stimmigen Zusammenhang. Wobei solche Begriffe umso häufiger zum Einsatz kommen, je geheimnisvoller das damit verbundene Gebiet wirkt.

Natürlich kann es anspruchsvoll sein, passende Worte für Gegebenheiten zu prägen, die über den gewöhnlichen Erfahrungshorizont hinaus reichen. Doch ist es meines Erachtens seriöser, neue, unbelastete Wortkreationen zu definieren als sich fragwürdiger Anklänge zu bedienen, die nur pseudowissenschaftlich wirken und der Sache letztlich einen Bärendienst erweisen.

Aber Esoterik hin oder her: Es wird nach meiner Überzeugung eine – wie auch immer geartete – Ergänzung und Erweiterung der heutigen Paradigmen nötig sein.

Natürlich wäre es einerseits naiv und weltfremd, die Erfolge der materialistischen Weltauffassung in Frage zu stellen. Sie hat mit ihren reduktionistischen Ansätzen zweifellos wesentlich zum Fortschritt von Medizin und Technik beigetragen (wiewohl man den Segen dieses Fortschrittes bisweilen in Frage stellen muss).

Aber andererseits wäre es völlig vermessen, unserer menschliche Innenwelt und den damit verbundenen Phänomenen weiterhin nur hintere Stehplätze im Weltanschauungs-Theater zuzuweisen. Oder sie überhaupt aussperren zu wollen. Denn dann gäbe es kein Publikum mehr, das die Vorstellungen erleben könnte.

Platon und Mephisto im Duett

Als „reduktionistisch" wird die Annahme bezeichnet, ein komplexes System könne vollständig beschrieben werden, wenn man alle Einzelteile kennt.

Im materiellen Bereich funktioniert dieses Prinzip bekanntlich ganz gut. Ein Auto besteht aus einer endlichen Zahl an Einzelteilen, und wenn es eines davon nicht mehr „tut", dann wird es eben ausgetauscht.

Bei biologischen Systemen ist das nicht mehr so einfach. Denn Lebendiges definiert sich auch durch seine Beziehungen zur Umwelt sowie durch seine Zugehörigkeit zu einem größeren Ganzen. Hier spielen „holistische" Aspekte eine tragende Rolle.

Wer einen Körper seziert, erkennt dadurch zwar ein paar Zusammenhänge, aber längst nicht das gesamte System.

Der große deutsche Dichter und Naturforscher Johann Wolfgang von Goethe (1749–1832) ließ den tückischen Charakter Mephisto in seiner „Faust"-Dichtung erstaunlich weise erscheinen, wenn er sich über die eindimensionale Logik der Hochschulfakultäten amüsiert:

„Wer will was Lebendigs erkennen und beschreiben,
Sucht erst den Geist herauszutreiben,
Dann hat er die Teile in seiner Hand,
Fehlt, leider! nur das geistige Band."

Noch schwieriger – vielleicht sogar ganz unmöglich – wird es, wenn nicht nur der biologische Körper, sondern auch die menschliche Innenwelt reduktionistisch erfasst und begriffen werden soll.

Deshalb bekenne ich mich nicht nur als platonisch, sondern – im Sinne des Goethe-Zitates – gleichermaßen auch als mephistophel orientiert. Ich setze längerfristig auf einen wissenschaftlichen Fortschritt, der den Materialismus letztlich im Sinne eines ganzheitlichen Weltbildes überwindet und den Wert alter Weisheitslehren neu entdeckt.

Was aber, wenn es einst doch gelingen sollte, künstliches Leben zu erzeugen? Ja, vielleicht sogar echtes Bewusstsein zu generieren? Wenn Maschinen ihre eigenen Innenwelten entwickeln könnten und neuronale Netze mit Festplatten verschmelzen? Wenn aus Science fiction Science fact wird und der Materialismus durch ausreichend „harte Fakten" endgültig über den Idealismus triumphiert?

Für diesen unwahrscheinlichen Fall, geschätzte Leser, könnte unser Dasein trotzdem als Geschenk betrachtet werden. Und die Suche nach Wahrheit und Erkenntnis bliebe weiterhin das wertvollste Lebenselixier. Denn eines lehren alle Erfahrungen: Unser Wissen wird niemals vollständig und die Welt niemals enträtselt sein. Je genauer wir etwas wissen wollen, umso weiter öffnen sich die Tore in neues, unbekanntes Terrain …

Das also ist Ihr Begleiter auf dieser Lesereise: Ein skeptischer, aber neugieriger Idealist. Der Sie jetzt herzlich zu einer Expedition ins Außer- und Überirdische einlädt …

KAPITEL 3:
Gibt es überirdische Dimensionen?

Wie funktioniert die Welt?

Wir wissen es nicht. Wir können uns heute nicht mehr wirklich vorstellen, wie die Menschen noch vor wenigen Tausend Jahren dachten. Welcher Zeitgeist einst herrschte. Damals, als Philosophie und Naturwissenschaften noch nicht existierten. Als es keine schriftlichen Aufzeichnungen gab und Mythen von Generation zu Generation nur mündlich überliefert wurden, ohne dass jemand sie in Frage gestellt hätte.

Sicher aber wollten auch unsere Urahnen bereits wissen, wie die Welt funktioniert. Weshalb alles so kommt und ist wie es kommt und ist. Der Mensch will Antworten finden, will Zusammenhänge ergründen, um nicht hilflos-passiv auf der Bühne der Welt zu stehen, sondern aktiv-gestaltend.

Warum gibt es die Jahreszeiten? Weshalb können Dinge aus der Erde wachsen? Woraus besteht das Sonnenlicht? Weshalb bleibt der so wichtige Regen aus? Wieso kommt es zu Krankheit, Leid und Tod?

Solche Fragen warf der Alltag einst auf. Er könnte sie, nebenbei erwähnt, auch heute noch aufwerfen. Aber die meisten Menschen suchen nicht nach Antworten. Sie geben sich damit zufrieden, dass ihr eigenes Leben läuft wie es läuft und dass irgendwo irgendjemand ja gewiss über das Grundsätzliche Bescheid weiß. Man muss ja nicht selbst auf alles eine Antwort haben, um glücklich zu leben. Und wer zuviel grübelt, geht sowieso fehl!

Möglicherweise verhielt sich die Mehrzahl der Menschen auch vor 3.000 Jahren ähnlich. Wahrscheinlich gaben sich auch damals die meisten mit Aussagen oder Annahmen zufrieden, die kaum von eigenen Überlegungen begleitet waren. Nur dienten nicht Forschungsergebnisse oder Theorien zur Erklärung der Welt, sondern die überlieferten Mythen. Geschichten von Göttinnen und Göttern. Wenn es donnerte und blitzte, dann wohl, weil der Donnergott seinen mächtigen Hammer schwang. Wenn die Erde unter glühender Hitze verdorrte, dann war wohl die Göttin der Fruchtbarkeit entführt worden. Gute und böse Gestalten rangen im Himmel um die Vorherrschaft, und der Mensch erlebte die Auswirkungen ihrer Kämpfe und Entscheidungen. Was immer auf der Erde geschah, hatte seinen Urgrund in überirdischen Welten. Das war die einfache Überzeugung unserer Ahnen.

Haben wir solche Vorstellungen im 21. Jahrhundert endgültig überwunden? Ist heute definitiv erwiesen, dass es keine überirdischen Dimensionen gibt?

Zunächst: Wir sollten vorsichtig mit abfälligen Beurteilungen sein. Mythische Weltbilder einfach als kindisch-naiv zu belächeln, würde dem Erleben und Empfinden früherer Menschen wohl nicht gerecht. Denn ... wir wissen nichts darüber. Wir können uns nicht mehr vorstellen, welcher „Zeitgeist" die Köpfe und Gemüter unserer Vorfahren durchzog, und tun wahrscheinlich gut daran, den heutigen nicht als das Maß aller Dinge zu verwenden.

Jedenfalls dürften die Göttererzählungen das Bedürfnis nach dem Verständnis von Zusammenhängen gestillt haben. Immerhin boten sie damals eine ausreichend plausible Erklärung dafür, wie die Welt funktioniert.

Im Dunkel der Geschichte bleibt indes, wie es überhaupt zur Vorstellung einer Götterwelt kam. Waren es die Phantasien einzelner, die dann als Erzählung weitergetragen, ausgeschmückt, abgeändert, angepasst wurden, bis die göttlichen Gestalten den Menschen lebensnah genug erschienen? Atheistisch gesinnte Materialisten dürften hier zustimmend nicken.

Oder waren es ursprünglich vielleicht doch echte Schauungen, religiöse Offenbarungen höherer Wirklichkeiten, wie es spirituell orientierte Idealisten annehmen könnten? Dies käme natürlich nur in Frage, wenn die materielle, sinnlich erfahrbare Welt nicht die einzige Wirklichkeit ist. Wenn tatsächlich immaterielle Dimensionen bestehen, die in irgendeiner Art und Weise mit dem Irdischen korrespondieren.

Was also ist die Welt, in der wir leben?
Ein Zusammenklang irdischer und überirdischer Wirklichkeiten, die sich vereinfacht als Materie und Geist beschreiben lassen?
Oder eine (vermutlich) vierdimensionale Gesamtheit aus Raum und Zeit, die auch „Geist" umfasst und über die hinaus es keine „überirdischen" Dimensionen gibt?
Für unser Thema Unsterblichkeit ist das eine Kernfrage.
Der Materialismus postuliert ein klares Nein zum Überirdischen. Aber es gibt auch gute Gründe, Nein zum Materialismus sagen.

Das Verblassen des Überirdischen

In großen Zügen betrachtet verblasste die Überzeugung, dass es „andere Realitätsebenen" oder „höhere Dimensionen" gibt, umso mehr, je radikaler sich das analytische Denken etablierte.

In der Geschichte der alten Griechen lässt sich das gut beobachten.

Über Generationen wurden die Mythen nur mündlich weitergegeben. Dadurch blieben sie sozusagen „unscharf-subjektiv", also dem persönlichen Auffassungsvermögen und der Lebenssituation der Menschen eng verbunden. Sie waren nichts Eigenständiges, sondern erklärten und überhöhten Alltagserfahrungen durch deren Einbettung in etwas sinnstiftend Größeres. Was immer also weitergegeben wurde – es konnte nicht so einfach mit einem kritischen Blick von außen analysiert und seziert werden, weil es nicht für sich stand, sondern mit persönlichen Empfindungen, Erkenntnissen oder Ahnungen verknüpft war.

Diese Situation änderte sich grundlegend, nachdem die Mythen aufgeschrieben worden waren.

Um etwa 700 oder 800 vor Christus beispielsweise verdichteten Hesiod und Homer in ihren Epen beträchtliche Teile des griechischen Mythenschatzes. Sie lösten ihn dadurch aus dem Unscharf-Subjektiven. Nun lag aufgeschrieben, in konkrete Bilder und Handlungen gefasst, etwas vor, das für sich betrachtet und beurteilt werden konnte. Und damit öffneten sich die Tore für weitreichende Gedanken: Kann sich das, was da beschrieben wird, wirklich zugetragen haben? Wann? Wo? Warum ausgerechnet so und nicht anders?

In der Folge solcher Analysen verblasste die überirdische Götterwelt als Erklärung für irdische Ereignisse mehr und mehr. Xenophanes von Kolophon (um 570 bis 470 v. Chr.) verwarf die Vorstellung einer Götter-Wirklichkeit als erster völlig. Er meinte sinngemäß, die Menschen hätten sich all die so typisch menschlich agierenden Götter ganz offensichtlich nach ihrem eigenen menschlichen Vorbild einfach erdacht. Könnte eine Kuh sich einen Gott ausdenken, so würde dieser wahrscheinlich wie eine Kuh aussehen, mutmaßte er. Und ein Pferd hätte seinen Pferdegott.

Wegen solcher Gedanken gilt Xenophanes heute als Vorreiter für den Rationalismus. Diese philosophische Strömung schloss Jahrhunderte später die Möglichkeit religiöser Offenbarungen generell aus. Xenophanes selbst war allerdings nicht atheistisch gesinnt, sondern Monotheist. Er lehnte nur die Götterwelt ab und ging von einem ewigen, einheitlichen Gott „von vollkommener Gestalt" aus.

Das kam den späteren christlichen Vorstellungen, die – gemeinsam mit den antiken Überlieferungen – die abendländische Kultur über Jahrhunderte prägen sollten, schon sehr nahe.

Die griechische Analyse

Zweifellos erbrachten die alten Griechen mit ihrem logisch-analytischen Denken herausragende Leistungen, die der Menschheit wesentliche Fortschritte im Verständnis der Welt ermöglichten. Sie fanden in den Gesetzen der Geometrie ein Werkzeug, die Bewegung der Planeten am Himmel zu erklären. Es gelang ihnen außerdem eine ziemlich genaue Berechnung des Erdumfangs und sogar der erste Entwurf eines heliozentrischen Weltbildes. Tatsächlich hatte schon Aristarchos von Samos (310–230 v. Chr.) die Vorstellung vertreten, dass nicht die Erde, sondern die Sonne im Zentrum des „Weltalls" steht.

Aber das Konzept der gedanklichen „Analyse und Synthese" hatte Grenzen. Beispielsweise bot es damals weder eine Möglichkeit noch eine Aussicht darauf, die Antwort auf die Frage nach dem Ursprung der Welt zu finden. Dieses Thema gehörte denn auch nicht zu den wirklich wichtigen in der griechischen Philosophie.

Für die Alten Juden stand es indes im Zentrum. Ihre weltanschauliche Wohlfühlzone breiteten sie weniger in analytischen Betrachtungen und mathematischen Berechnungen aus, als vielmehr in der Suche nach Geborgenheit im Glauben. Die biblische Schöpfungsgeschichte genügte ihnen als zuverlässige Beschreibung des gottgewollten Anbeginns der Welt. Und die alten jüdischen Schriften blieben in der Folge auch – ergänzt durch die Schriften des „Neuen Testaments" – für die christliche Kultur viele Jahrhunderte lang maßgebend. Die Bibel wurde zum „Buch der Bücher".

Langfristig jedoch waren diese religiösen Überlieferungen allein als Welterklärung nicht befriedigend. Deshalb besann man sich im Mittelalter zunehmend auf die alten griechischen Lehren. Insbesondere Aristoteles (384–322 v. Chr.) wurde vom 13. Jahrhundert an wiederentdeckt. Seine Beschreibungen der Planetenbewegungen schienen die biblischen Überlieferungen gut zu ergänzen.

In seinem Buch „Auf der Suche nach einem neuen Weltbild" bietet Siegfried Hagl eine gute Zusammenfassung der mittelalterlichen Kosmologie:

„Im Mittelpunkt dieses Systems befand sich demnach die Erde, unvollkommen und der Vergänglichkeit preisgegeben. Bewohnt war nur die nördliche Halbkugel, die von der südlichen Hemisphäre durch einen Gürtel unerträglicher Hitze getrennt war. Die Materie bestand aus den vier Elementen Feuer, Wasser, Luft und Erde. Erde sinkt nach unten, Feuer steigt auf, Wasser und Luft nehmen eine mittlere Position ein. Die Eigenschaft der Erde, nach unten zu sinken, weil ‚ihr Ort' unten sei, war eines der wichtigsten Argumente für ein Weltbild mit der Erde im Mittelpunkt; denn dieses Zentrum war es, zu dem alle schwere Materie streben musste.

Über dem Erdkreis lagen die himmlischen Sphären, die immer vollkommener wurden, je weiter man sich von der Erde entfernte, bis zum ‚siebenten Kreis über dem Mond', in dem wohl der ‚Siebente Himmel' zu vermuten war. Diesen Sphären waren Gestirne zugeordnet, deren Bewegungen durch Kreisbahnen erklärt wurden. [...] Von der Erde aus gesehen ergaben sich [...] neun Sphären oder Kugelschalen, von denen zwei dem unvollkommenen Irdischen und sieben dem Himmlischen zuzurechnen sind. Diese auf Grund der mit freiem Auge beobachtbaren Wandelsterne gewählte Einteilung fügte sich gut mit den ‚Sieben Himmeln' altjüdischer Überlieferung."

Dieser Blick in die Geschichte zeigt einen bemerkenswertes Miteinander, wie es heute fast undenkbar ist: Religiöse Überlieferungen und naturwissenschaftliche Erkenntnisse waren keine Gegensätze. Irdisches und Überirdisches stand im Einklang. Das analytische Denken, wie es die Alten Griechen praktiziert hatten, fand in der Religiosität, die auf altjüdischen Traditionen aufbaute, eine natürliche Ergänzung.

Der Mensch konnte sich in einem Wissen geborgen fühlen, das sowohl seinen intellektuellen Ansprüchen gerecht wurde, als auch seiner Sehnsucht nach Geborgenheit in einer von Gott gewollten und willentlich gelenkten Schöpfung.

Wie also erlebte er sich im Universum des Mittelalters?

Hagl: „Auf der niederen, unvollkommenen Erde befand sich der Mensch, umgeben von der Vollkommenheit der Himmel. Er lebte zwar im Zentrum, um das sich ‚alles drehte', aber doch inmitten der Vergänglichkeit, weit entfernt von den reinen Himmeln und nahe der Hölle, die im Erdinneren zu vermuten war. [...] So wendete der Mensch des Mittelalters seinen Blick suchend nach oben, zu dem alleinigen Gott, der alles geschaffen hatte. Der Mensch erlebte die Erde als sehr mangelhaft, blickte sehnend empor zu den vollkommenen himmlischen Sphären und empfand dabei, dass sie unerreichbar seien. Also vertraute er sich der Institution an, die sich selbst als den einzigen Mittler zwischen Gott und den Menschen empfahl und die bereit war, ihren Gläubigen die Arbeit abzunehmen, die diese selbst nicht leisten zu können vermeinten. Damit errang die Kirche – und mit ihr die Theologie – eine beherrschende Stellung in allen Bereichen des Lebens, und ihre Lehren beanspruchten Vorrang vor irdischem Wissen."

Aus religionskritischer Sicht könnte man hier anmerken: Gut, dass damit Schluss ist! Seien wir froh, dass die Theologie heute nicht mehr, wie im Mittelalter, als die vornehmste, führende Wissenschaften gilt, der sich alles andere unterzuordnen hat. Gut, dass sich die scharfe gedankliche Analyse gegenüber dem blinden Glauben durchgesetzt hat.

Allerdings läuft man mit dieser Sichtweise Gefahr, das Kind mit dem Bade auszuschütten. Denn es gibt ein „Kind".

Religion ist mehr als theologische Anmaßung und weltanschauliche Verirrung. Sie bietet sich – als besonderer Ausdruck des subjektiven Erlebens – durchaus als gute Ergänzung zum analytischen Denken an. Mit diesem kann die Welt in ihre „Teile" zerlegt und objektiv von außen betrachtet werden, während die religiöse Gesinnung das – frei nach Goethe – „geistige Band" stärken könnte, das nötig ist, um das „Lebendige" zu erkennen und zu beschreiben.

Um keine Missverständnisse aufkommen zu lassen: Mit Religion meine ich hier nicht Konfession. Also keine durch Dogmen und starre Lehrgebäude fest abgegrenzte Weltanschauung, keine Kirche, Glaubensgemeinschaft oder Sekte, sondern einfach den Ausdruck einer lebensnahen Gesinnung, die den Glauben an einen Schöpfer mit einschließt (oder wenigstens nicht ausschließt) und der subjektiven, empfindungsvollen Erfahrung Raum und Bedeutung gibt.

Die zentrale Voraussetzung für das gedeihliche Miteinander von Religion und Wissenschaft wäre natürlich die beidseitige Entwicklungsbereitschaft im Sinne des gemeinsamen Erkenntnisgewinns. Aber die Geschichte zeigt, dass Traditionen schwerer wiegen als dieses hehre Ziel.

Im ausklingenden Mittelalter gerieten religiöse „Wahrheiten" zunehmend in Konflikt mit „heidnischen" Lehren und wissenschaftlicher Analyse: Frommer Bibelglaube oder freie Gedanken? Festhalten an Überlieferungen oder kritisches Forschen und Befragen der Natur? Geduldige Orientierung hin zum Jenseits oder demonstrativer Stolz auf die Leistungen hier und jetzt?

Letztlich setzte sich das faktenorientierte wissenschaftliche Denken durch. Demnach kann die Frage „Wie funktioniert die Welt?" umso besser beantwortet werden, je mehr Informationen vorliegen und je überzeugender die Theorien mit der gemessenen Wirklichkeit übereinstimmen.

Aber umfasst die gemessene Welt wirklich die gesamte Welt? Und ist die scharfe gedankliche Analyse der einzige Weg zur Welterkenntnis?

Ein angenehmer, eloquenter Zeitgenosse

Eines steht fest: Wenn ich einen vertrauten Menschen so beschreiben will, wie ich ihn erlebe, werde ich immer nur einen kleinen Teilaspekt seiner Persönlichkeit erfassen und vermitteln können. Ich kann ihn beispielsweise als angenehmen, eloquenten Zeitgenossen bezeichnen, von Erfahrungen mit ihm berichten, kann versuchen, Stimmungen oder Gemeinsamkeiten zu beschreiben. Aber wie sprachgewandt auch immer ich bin und wie viel Mühe ich auch investiere – meine Worte werden doch nur Details von Eindrücken beschreiben. Die Lebendigkeit einer Persönlichkeit, die Vielschichtigkeit der menschlichen Innenwelt kann nicht beliebig analysiert und begrifflich festgezurrt werden.

Vor einem ähnlichen Problem stehen Forscher, wenn sie versuchen, lebendige Organismen analytisch zu verstehen. Das funktioniert auch nicht. Der bekannte deutsche Philosoph Arthur

Schopenhauer (1788–1860) formulierte deshalb einmal sehr treffend: „Jeder dumme Junge kann einen Käfer zertreten. Aber alle Professoren der Welt können keinen herstellen."

Nicht nur das. Selbst das alltäglichste Naturgeschehen, wie es unser aller Leben fördert und ermöglicht, entzieht sich dem Prinzip der Analyse. Josef M. Gaßner beschreibt diese Tatsache in seinem Buch „Urknall, Weltall und das Leben" am Beispiel des Wassers: „Wenn du [...] ein Wassermolekül zu genau betrachtest, dann verlierst du die wesentliche Eigenschaft von Wasser, nämlich dass es unter normalen Bedingungen flüssig ist. Die Eigenschaft ‚flüssig' entspricht nicht einem einzigen Wassermolekül, sondern erst der Verbindung mit vielen. Reduzieren wir das Phänomen Leben auf seine molekularen Bestandteile, so verschwinden die wesentlichen Eigenschaften, die seine Lebendigkeit ausmachen."

Gaßners Schlussfolgerung daraus birgt eine weitreichende Aussage für die physikalische Erforschung des Lebens: „Das Erfolgsrezept der Physik besteht darin, ein Problem immer weiter zu reduzieren, bis fundamentale, einfachste Zusammenhänge erkennbar werden. Diese Herangehensweise ist uns hier versperrt."

Analytisches, reduktionistisches Denken hat also Grenzen. So sehr es sich für das Weltverständnis bewährt hat und so erfolgreich es in der Entwicklung technischer Möglichkeiten ist, so unzulänglich – oder vielleicht sogar ungeeignet – ist es für das Begreifen der menschlichen Innenwelt und all dessen, was mit dem Leben zu tun hat.

Und natürlich hat Unsterblichkeit mit Lebendigkeit zu tun. Eigentlich ja nur damit. Deshalb werden wir in den folgenden Betrachtungen zur Frage, ob es etwas Überirdisches gibt, das analytische Glashaus gelegentlich verlassen und uns auf die unbegrenzte Weite subjektiver Erfahrungen wagen. Jener inneren, erlebnisorientierten Art der Welterkenntnis, wie sie einst für unsere Ahnen wohl im Zentrum des Erlebens stand.

Trotzdem mag sich zunächst die Frage aufdrängen, ob naturwissenschaftlich-reduktionistisches Denken automatisch in den

Materialismus-Highway münden – und ob, damit einhergehend, die Bedeutung des Bewusstseins im Weltgeschehen zwangsläufig als Randerscheinung wahrgenommen werden muss. Ist die materialistische Sicht unvermeidlich, weil an einem bestimmten Erkenntnispunkt nachzuweisen ist, dass es „Jenseitiges" nicht gibt? Und wurde dieser Punkt irgendwann bereits erreicht?

Oder ist der „Tod des Überirdischen", wie er sich im Weltbild des 21. Jahrhunderts abzuzeichnen beginnt, nur ein Kollateralschaden im Kampf gegen religiösen Fanatismus und Dogmatismus? Ein unnötiger Kahlschlag, der eigentlich vermieden werden sollte?

Die Physik als Stütze des Materialismus

Um eine Antwort auf diese Frage zu finden, werden wir uns die beiden zentralen Säulen des Materialismus näher ansehen, die zu der verbreiteten Auffassung geführt haben, Überirdisches würde nicht existieren. Es sind dies die Klassische Physik und die Evolutionstheorie. Denn erst seit sich das damit verbundene Gedankengut – zum Teil übrigens in fragwürdigen Interpretationen – verbreitet hat, erscheint es vielen Menschen plausibel, dass die Welt wie ein eigenständiges Getriebe funktionieren könnte, ohne Schöpfergott, ohne gestaltenden Geist und ohne dass „Bewusstsein" darin eine besondere Bedeutung hätte. Und dass die Welt auf die raum-zeitliche Wirklichkeit, wie sie unseren Sinnen und unserem Verstand zugänglich ist, beschränkt sein könnte.

Der italienische Naturforscher Galileo Galilei (1564–1642), der manchmal als erster moderner Physiker bezeichnet wird, prägte den Begriff einer „Neuen Wissenschaft". Mit dieser wurde das mittelalterliche Weltanschauungs-Gemisch aus biblischer Überlieferung und antiker Philosophie Schritt um Schritt durch Naturbeobachtung, Mathematik und gezielte Experimente ersetzt.

Neben Galilei gelang es auch dem deutschen Astronomen Johannes Kepler (1571–1630), Naturvorgänge in eine mathematische Form zu bringen. Dies war im 17. Jahrhundert ein gewaltiger, ja revolutionärer Schritt. Denn die Welt präsentierte sich von nun an – etwa auf Grund der von Kepler beschriebenen Gesetze der Planetenbewegungen – zunehmend als berechenbar.

Das „Zeitalter der Mechanik" hatte begonnen und erfasste bald auch viele technologische Entwicklungen. So erhielt der Bau von Gebäuden oder Brücken durch statische Berechnungen (die Statik ist ein Teilgebiet der Mechanik) erstmals ein solides Fundament. Man war in der Frage, ob etwas hält oder tragfähig genug ist, nicht mehr nur vom „Erfahrungs-Gefühl" abhängig. Auch sorgten bis ins 18. Jahrhundert hinein astronomische Uhren und mechanische Automaten, die komplizierte Bewegungen ausführen konnten, weithin für Furore.

Wenn wir hier die Entwicklung dessen skizzieren, was heute als „Klassische Physik" bezeichnet wird, darf ein Name natürlich nicht fehlen: Isaac Newton (1643–1727). Dem berühmten englischen Naturforscher gelang es unter anderem, mit seinem Gravitationsgesetz (1686) eine erste Erklärung für die Schwerkraft der Erde, den Lauf des Mondes um die Erde und für die Bewegungen der Planeten um die Sonne zu formulieren. Sogar eine Sonnenfinsternis konnte nun „prophetisch" vorausberechnet werden.

Erstaunt es vor diesem Hintergrund, dass die Welt zunehmend als „himmlisches Uhrwerk" erschien – präzise dem Gesetz von Ursache und Wirkung folgend?

Durch die Kenntnis und Nutzanwendung von Naturgesetzen begannen sich den Menschen ungeahnte Möglichkeiten zur Gestaltung ihres Lebens und Schicksals zu eröffnen. „Wissen ist Macht!" hatte Francis Bacon formuliert. Und im beginnenden 19. Jahrhundert wurde dieser Ausspruch vielleicht nirgendwo augenfälliger als im Siegeszug der Dampfmaschinen.

Die theoretische Grundlage dafür bot ein weiterer Zweig der Physik, die Thermodynamik. Während die Mechanik Begriffe wie Kraft, Masse und Gravitation definierte, beschrieb die neue Wärmelehre, wie sich Feuer oder Dampf „gesetzmäßig" verhalten. Wärme wurde als Energieform erkannt, die nicht einfach aus dem Nichts entstehen kann, sondern erzeugt werden muss. Sie kann auch nicht einfach verschwinden, sondern sich nur in eine andere Energieform umwandeln. Denn die Gesamtmenge der Energie in einem System bleibt erfahrungsgemäß immer gleich.

Außerdem postulierte die Thermodynamik, dass Wärme immer nur von einem Körper höherer Temperatur auf einen Körper niederer Temperatur übergehen kann, aber niemals umgekehrt.

Einen Energiefluss – die Grundlage jeglicher Bewegung im All – kann es demnach nur so lange geben, wie es Niveauunterschiede gibt. Und weil offenbar überall in der Natur die Tendenz besteht, unterschiedliche Energieniveaus auszugleichen, lag bald der Schluss nahe, dass das gesamte Universum unaufhaltsam dem „Wärmetod" zusteuert. Denn wenn einmal alle Energie gleichförmig verteilt sein wird, müssen alle chemischen Reaktionen und mechanischen Bewegungen enden.

Fazit: Im ausklingenden 19. Jahrhundert erschien die Welt im Licht der Klassischen Physik als berechenbares Uhrwerk, dessen Pendel allerdings in ferner Zukunft irgendwann zum Stillstand kommen würde.

Man ging davon aus, dass sich jegliches Weltgeschehen prinzipiell errechnen und voraussagen ließe, sofern die Position und die Geschwindigkeit aller Teilchen zu einem bestimmten Zeitpunkt genau bekannt seien. Mechanik und Thermodynamik galten – gemeinsam mit der Elektrodynamik, die sich zu einem weiteren Teilbereich der Physik entwickelte –, als Garanten nicht nur für die bestmögliche Beschreibung der Welt, sondern vor allem auch für erfolgreiche technologische Entwicklungen.

Zugleich verloren Begriffe wie Leben, Bewusstsein oder Seele ihren überirdischen Glanz.

Solcherlei Gegebenheiten wurden, wenn überhaupt, als besonders komplizierte Physik und Chemie betrachtet. Der Glaube an überirdische Wirklichkeiten begann – einmal abgesehen von spiritistischen oder okkulten Strömungen, die auch im 20. Jahrhundert noch für Begeisterungswellen sorgten – zu verblassen. Biblische Überlieferungen oder andere alte Weisheitslehren verloren als Welterklärung jegliche Relevanz.

Letztlich definierte der Mensch auch sich selbst als materielles Wesen, als biologische Maschine, der ebenso wenig Unsterblichkeit vergönnt war wie einem Automobil oder einer anderen modernen Erfindung. Der Glaube an Gott diente bald nur noch als „Lückenbüßer". Dort, wo die Kenntnis der Wissenschaft endet, können zur Not ja religiöse Vermutungen in Betracht gezogen werden.

Wohlgemerkt also: Die Klassische Physik führte niemals einen Beweis dafür, dass kein Schöpfer existiert. Auch ließ sich aus ihr nicht ableiten, dass es überirdische Wirklichkeiten definitiv nicht geben kann.

Die Physik bewährte sich lediglich als Werkzeug zur Beschreibung und Nutzung materieller Gegebenheiten. Das allerdings außerordentlich gut. So gut, dass Naturwissenschaftler tatsächlich glauben konnten, die „Mechanik" der Welt in ihren Grundzügen durchschaut zu haben. Wesentliche Annahmen, die zu Beginn des 20. Jahrhunderts als unbestreitbar galten, lauteten:

- *Raum und Zeit sind unveränderliche Größen. „Raum bleibt sich immer gleich und unbewegt", hatte Isaac Newton formuliert. Und die Zeit „fließt von selbst und ihrer eigenen Natur nach gleichmäßig ohne Beziehung zu irgend etwas Äußerem".*

- *Materie besteht aus kleinsten Materie-Teilchen, den Atomen.*

- *Die Natur macht keine Sprünge; alle Entwicklungen erfolgen kontinuierlich.*

- *Die Naturvorgänge lassen sich objektiv (also von außen) beobachten, ohne dass sie dadurch beeinflusst werden.*

- *Alle Naturvorgänge folgen der Kausalität, also dem (mathematisch beschreibbaren) Zusammenhang von Ursache und Wirkung. Demnach ist alles letztlich abhängig von den Anfangsbedingungen bei der Geburt des Universums – sozusagen „vorherbestimmt".*

Die wundersame Natur des Lichts

Doch das befriedigende Wohlgefühl, in diesen unumstößlich erscheinenden Prinzipien das „Wesen der Welt" erfasst zu haben, erwies sich bald als trügerisch. Denn schon in der ersten Hälfte des 20. Jahrhunderts sorgten die epochalen Aussagen der Relativitätstheorie und der Quantentheorie für weltanschauliche Revolutionen, über deren Tragweite noch heute debattiert wird. Zahlreiche Forscher und Denker sprechen von einem grundlegenden Paradigmenwechsel. Manche haben auch Theorien zu möglichen überirdischen Dimensionen entwickelt. Wir werden daher einige Grundlagen der sogenannten „Neuen Physik" näher betrachten.

Der vielleicht wichtigste Vordenker für die Erkenntnisse, die zwei Generationen nach ihm zur „Relativitätstheorie" führen sollten, war der schottische Physiker James Clerk Maxwell (1831–1879). Seine Forschungen und Berechnungen begründeten die Elektrizitätslehre, die sich im 19. Jahrhundert neben der Mechanik und der Thermodynamik zum dritten Standbein der Klassischen Physik entwickelte.

Maxwell zeigte, dass Elektrizität und Magnetismus nicht unabhängig voneinander bestehen, sondern lediglich verschiedene, einander ergänzende Aspekte des Elektromagnetismus sind. Er entwickelte auch mathematische Gleichungen, mit denen elektrische und magnetische Effekte beschrieben werden können. Außerdem stellte Maxwell eine Verbindung zwischen Elektrizität, Magnetismus und Licht her: Da sich elektrische und magnetische Felder immer mit konstanter Lichtgeschwindigkeit ausbreiten, müsse Licht eine Form elektromagnetischer Strahlung sein.

Albert Einstein (1879–1955) bezeichnete Maxwells wissenschaftliches Werk als „das Tiefste und Fruchtbarste, das die Physik seit Newton entdeckt hat". Aus gutem Grund: Bis heute gilt der Elektromagnetismus, wie er durch Maxwells Gleichungen fassbar wurde, als eine Grundkraft oder „fundamentale Wechselwirkung" in der Natur. Ohne sie gäbe es weder chemische Reaktionen noch unterschiedliche Materialeigenschaften, weder Elektrizität noch die wundersame Strahlung namens Licht, die sich mit einer Geschwindigkeit von etwa 300.000 Kilometer pro Sekunde bewegt.

Bewegt? Jede Geschwindigkeitsangabe gilt doch nur in Bezug auf einen Punkt. Wenn ich an der Autobahn stehe, sehe ich James Bond in seinem DB10 mit 200 km/h an mir vorbei ziehen. Wenn ich selbst mit 150 Sachen unterwegs bin und von ihm rechts überholt werde, bewegt sich sein Fahrzeug in Bezug auf meines nur mit 50 km/h. Aber welchen Bezugspunkt hat das Licht? 300.000 Kilometer pro Sekunde in Bezug auf was?

Lange Zeit glaubten Physiker, es existiere ein ruhender „Äther", in dem Lichtwellen sich ausbreiteten wie Wasserwellen im Wasser. Doch alle Experimente zu dem Thema führten zu dem Schluss, dass diese Vorstellung falsch ist.

Vielmehr erwies sich das Licht selbst als „Bezugspunkt". Es zeigte sich nämlich, dass immer die gleiche Lichtgeschwindigkeit gemessen wird – unabhängig davon, ob sich die Lichtquelle selbst bewegt oder nicht oder ob sich jemand auf das Licht zubewegt oder davon entfernt.

Diese Tatsache erschien zunächst unbegreiflich – bis Albert Einstein auf den Plan trat. Er stellte nicht mehr die Konstanz der Lichtgeschwindigkeit in Frage, dafür aber alles andere – das heißt: Zeit und Raum. 1905 legte er in seiner „Speziellen Relativitätstheorie" dar, dass die Dimension Zeit und die drei Raumdimensionen (Länge, Breite, Höhe) keine voneinander unabhängigen, absoluten Größen seien. Vielmehr habe die (vierdimensionale) „Raumzeit" ihren Bezugspunkt in der unveränderlichen und konstanten Geschwindigkeit des Lichts, die deshalb den Buchstaben „c" (für engl. „constant") erhielt.

Das Licht wurde somit gewissermaßen zum „Herrscher" über Raum und Zeit. Denn wenn die Lichtgeschwindigkeit eine unveränderliche Größe ist, dann müssen Raum und Zeit veränderliche, *relative* Gegebenheiten sein. Demnach hängt der räumliche und zeitliche Abstand zweier Ereignisse vom Bewegungszustand des Beobachters ab. Uhren ticken umso langsamer, je schneller sie bewegt sind – man spricht vom Phänomen der Zeitdilatation. Und bewegte Objekte schrumpfen – das nennt man Längenkontraktion. Auch die Masse eines Körpers ist nicht unveränderlich: Sie nimmt mit der Bewegungsgeschwindigkeit zu.

Kurzum, seit Einsteins spezieller Relativitätstheorie gilt: Alles ist relativ, alles hängt vom Bewegungszustand ab. Newtons Ansicht, Raum und Zeit seien unveränderliche Gegebenheiten, war spätestens mit den Experimenten, die Einsteins Theorien bestätigten, widerlegt.

Aber das war noch längst nicht alles, was in Einsteins bemerkenswertem Kopflabor entstand. Aus der speziellen Relativitätstheorie stammt auch die berühmteste Formel der Welt: $E = mc^2$ (Energie = Masse mal Lichtgeschwindigkeit zum Quadrat). Sie beschreibt die Äquivalenz von Masse und Energie – und legt beinahe unglaubliche Zusammenhänge offen: Ein einziges Kilo Ruhemasse besitzt die Energie von 100 Trillionen Joule. Würde diese Energie in Arbeitsleitung umgesetzt, könnte man beispielsweise acht Kubikkilometer Wasser – einen stattlichen Bergsee also – einen Kilometer weit heben.

Nachdem in den 1930er Jahren die Kernspaltung entdeckt worden war, half Einsteins Formel dabei, die mit einer Atombombe freigesetzte Energiemenge richtig einzuschätzen. Allerdings war er selbst Pazifist und nutzte seine Bekanntheit dafür, sich weltweit für Frieden und Völkerverständigung einzusetzen.

Seine wissenschaftliche Arbeit setzte Albert Einstein nach Veröffentlichung der „Speziellen Relativitätstheorie" erfolgreich fort. Sie führte 1915 zur Publikation der „Allgemeinen Relativitätstheorie". In ihr brachte Einstein auf verblüffende Weise die Gravitation mit ins Spiel und verallgemeinerte seine Relativitätstheorie. Nun wurde deutlich, dass sich Raum und Zeit unter dem Einfluss der Schwerkraft verändern:

- *Unter Einwirkung der Schwerkraft gehen Uhren langsamer.*
- *Körper schrumpfen unter Einwirkung der Schwerkraft.*
- *Große Massen verlangsamen die Zeit und krümmen den Raum.*

Einstein selbst sagte zusammenfassend, dass durch seine Theorien dem Raum und der Zeit „der letzte Rest physikalischer Gegenständlichkeit genommen" werde". Raum und Zeit seien nur Kategorien, in denen wir denken; es gebe in Wirklichkeit weder eine objektive Zeitlichkeit, noch einen absoluten Raum. Der Begriff des körperlichen Objektes sei durch den des Feldes ersetzt worden. Wie als Ergänzung dazu formulierte der US-amerikanische Physik-Nobelpreisträger Steven Weinberg, dass damit kein Platz mehr sei „für das alte mechanistische Weltbild".

Albert Einstein starb 1955 in Princeton (USA). Seine Theorien sind eine wichtige, vielfach bewährte Grundlage für Technik und Forschung. GPS-Geräte würden beispielsweise nicht exakt genug arbeiten, würde man die relativistischen Effekte nicht berücksichtigen. Auch könnten Sterne nicht richtig kartographiert werden, würde man nicht die Krümmung des Raumes durch große Massen in Betracht ziehen. Denn mit dem Raum krümmt sich auch das Licht.

Doch aller Praxistauglichkeit zum Trotz: Einsteins Theorien führten das menschliche Begriffsvermögen, das mit der Klassischen Physik vor keinen unüberwindbaren Schwierigkeiten gestanden war, an seine Grenzen. Sie legten nahe, dass die Art und Weise, wie wir die Welt erleben, nicht unbedingt auch etwas mit ihrer wirklichen Eigenart zu tun hat. Raum und Zeit – alles ist relativ. Nur nicht die Konstanz der Lichtgeschwindigkeit.

Könnten wir, könnte ein Bewusstsein diese Welt auch ganz anders erleben? Fehlt nicht seit Einstein der alten Überzeugung, unsere Sinneseindrücke und unser Gehirn würden uns ein zuverlässiges Abbild der (einzig möglichen) Wirklichkeit bieten, die vertraute Grundlage?

„Materie besteht nicht aus Materie"

Eine im Vergleich zur Relativitätstheorie noch größere Herausforderung für das mechanistische Weltbild, wie es sich unter dem Eindruck der Klassischen Physik entwickelt hatte, bot jedoch das, was die Erforschung der allerkleinsten „Bausteine der Materie" offenbarte.

Was ist es, das die Welt im Innersten zusammenhält? Erwartet hatte man bei dieser Suche immer kleinere „Bauteile" oder „Materie-Kügelchen". Statt dessen aber fand man praktisch nur ... leeren Raum.

Konkret bedeutet das: Jedes Atom besteht aus Atomkern und Atomhülle. Wäre es so groß wie ein Fußballfeld, dann hätte der Atomkern die Größe eines Reiskorns im Anstoßkreis, während die Elektronen am Rand der oberen Zuschauerränge den Kern als „Hülle" umkreisen würden. Dazwischen gibt es nur leeren Raum.

Das „Reiskorn" selbst, der Atomkern, ist aus Neutronen und Protonen aufgebaut. Und diese wiederum aus sogenannten Quarks, die von der „starken Kernkraft" durch Gluonen („Kleber") zusammengehalten werden. Die Elementarteilchen sind praktisch masselos. Der Eindruck, dass es Teilchen mit „Masse" (gemeinhin als „Gewicht" bezeichnet) gibt, entsteht durch das sogenannte Higgs-Feld (benannt nach dem schottischen Physiker und Nobelpreisträger Peter Higgs), der ein solches Feld postulierte. Nachgewiesen wurde es erst kürzlich. Das Higgs-Feld wirkt der Beschleunigung der Elementarteilchen entgegen und erzeugt eben dadurch „Masse".

Das hier beschriebene physikalische Standardmodell führt also zu einem bemerkenswerten Schluss: Wohin man im Mikrokosmos auch blickt, es zeigt sich vor allem ... Nichts. Nur ein verschwindend geringer Prozent-Anteil des Raumes, etwa 0,000001 Prozent, sind überhaupt „materiebesetzt". Und auch die wenigen Elementarteilchen sind eigentlich masselos. Oder vereinfacht gesagt, wie es die beiden Physiker Harald Lesch und Josef M. Gaßner in ihrem Buch „Urknall, Weltall und das Leben" formulieren: „Materie besteht nicht aus Materie".

Dazu kommt, dass beim Forschen in diesem „leeren Raum voller Energie" Phänomene beobachtet werden können, die sich weder mit den in der Klassischen Physik formulierten Gesetzmäßigkeiten, noch mit Einsteins Relativitätstheorie erklären lassen.

Um 1900 konnte der berühmte deutsche Physiker und spätere Nobelpreisträger Max Planck (1858–1947) zeigen, dass die Energie einer Strahlungsquelle immer nur das ganzzahlige Vielfache eines „Energiequants" (der kleinsten Energieeinheit, bezeichnet mit dem Buchstaben „E") betragen kann. Die Natur macht also doch Sprünge – und zwar Quantensprünge.

Damit war die Quantenphysik geboren.

Planck formulierte: $E = f \cdot h$

Das Energiequant E ist demnach das Produkt aus der Frequenz der Strahlung f und einer Konstanten, die er mit h bezeichnete. Heute kennt man dieses berühmte h als das „Plancksche Wirkungsquantum". Es gehört zu den fundamentalen Naturkonstanten, weil es bei allen physikalischen Wirkungen („Wirkung" im Sinn der Physik ist das Produkt aus umgesetzter Energie und Zeit) eine zentrale Rolle spielt. Jede Wirkung kann nur ein Vielfaches von h sein.

Wenige Jahre später, 1905, stellte Albert Einstein die – erst etwa 20 Jahre danach bewiesene – Hypothese auf, dass das Licht sich ebenfalls in winzigen „Quanten-Energiepaketen" bewegt. Diese bezeichnete er als Photonen.

Aber schon lange vor Planck und Einstein hatten sich Forscher die Frage nach der Natur des Lichts gestellt. Handelt es sich wirklich um Teilchen – oder doch um Wellen?

Newton hatte in seinem dritten Buch über Optik die Ansicht vertreten, Lichtstrahlen bestünden „aus sehr kleinen Körpern, die von leuchtenden Substanzen ausgesandt werden". Sein etwa 14 Jahre älterer Zeitgenosse, der niederländische Physiker Christiaan Huygens (1629–1695), hatte das Licht dagegen als Wellenerscheinung beschrieben, weil „Lichtstrahlen, die von verschiedenen Quellen, ja von entgegengesetzten Stellen herkommen, einander durchdringen, ohne sich zu hindern".

1801 war dann erstmals ein Experiment zur Natur des Lichtes durchgeführt worden, das zur Legende werden sollte: das „Doppelspalt-Experiment". Erdacht hatte es der englische Physiker Thomas Young (1773–1829).

Seine Versuchsanordnung bestand aus einer Metallplatte mit zwei parallelen, eng beieinander liegenden Spalten, hinter der in einigem Abstand eine Leinwand aufgestellt war. Durch diese Spalten schickte er einfarbiges Licht. Wenn dieses sich wie eine Welle verhält, müsste es sich hinter den beiden Spalten auf der Leinwand – ähnlich wie eine Wasserwelle – kreisförmig ausbreiten, wodurch das Bild einer Interferenz, der Überlagerung von zwei Wellen, entstehen sollte.

Ein typisches Interferenzmuster besteht aus helleren und dazwischen dunkleren Streifen. Denn wenn sich die Amplituden (die maximalen Auslenkungen der beiden Wellen) addieren, also überlagern, ergibt das einen helleren Streifen, wenn sich die Amplituden zu Null addieren, erscheint ein dunkler Zwischenraum.

Genau dieses Überlagerungsmuster konnte Thomas Young bei seinem Doppelspalt-Experiment zeigen. Damit schien die Wellennatur des Lichtes bewiesen – bis 100 Jahre später Max Planck mathematisch darlegte, dass Licht auch als Teilchen beschrieben werden kann.

Schüsse durch den Doppelspalt

Welle oder Teilchen? Diese Frage wurde und wird diskutiert, denn die Experimente mit Licht führten zu Überraschungen, die viele traditionelle Vorstellungen davon, wie die Welt funktioniert, nachhaltig erschütterten. Das Allerkleinste präsentierte sich im Vergleich zur makroskopischen Welt als ziemlich unberechenbar.

Ein Beispiel: Feuert man aus einer mechanischen Vorrichtung Gewehrkugeln ab, so treffen unter gleichbleibenden Bedingungen alle den selben Zielpunkt. Genau so, wie wir es auf Grund unserer Alltagserfahrungen erwarten würden. Photonen aber verhalten sich anders. Werden sie aus einem Emitter abgestrahlt, treffen sie ihr Ziel – nehmen wir dafür wieder eine Leinwand an – nicht punktgenau. Vielmehr folgen sie offensichtlich dem Zufallsprinzip. Es lässt sich nicht vorhersagen, wo das nächste Photon landen wird. Das ist schon einmal bemerkenswert: Gleiche Ausgangsbedingungen führen zu unterschiedlichen Ergebnissen!

Werden die Photonen kanalisiert – etwa, indem die vorhin beschriebene Doppelspalt-Platte vor die Leinwand gestellt und ein Spalt geöffnet wird –, so treffen die Photonen innerhalb des durch den Spalt vorgegebenen Streubereichs auf, und zwar abermals „zufallsgesteuert". Das Auftreffen des einzelnen Photons kann also wieder nicht vorhergesagt werden.

Das eigentlich Unglaubliche aber geschieht, sobald beide Spalten der Doppelspalt-Platte geöffnet werden, um Photonen durchzulassen. Dann nämlich zeigen sich auf der Leinwand nicht etwa zwei parallele Streubereiche – einer hinter jedem Spalt –, sondern es erscheint plötzlich das typische Interferenzmuster, wie es durch die Überlagerung von Wellen gebildet wird.

Wie ist das möglich? Wie können Lichtteilchen, auch wenn sie einzeln nacheinander „abgeschossen" werden, ein Wellenmuster formen? Interferieren sie mit sich selbst, indem sie irgendwie durch beide Spalten gleichzeitig fliegen? Und wie passt dieses Muster mit seinen hellen und dunklen Streifen, das auf der Leinwand umso deutlicher wird, je mehr Photonen abgeschossen werden, zu der Beobachtung, dass die Lichtteilchen „zufällig" auftreffen, sobald nur ein Spalt der Doppelspalt-Platte geöffnet ist?

Diese Fragen wollten Quantenphysiker mit weiteren Experimenten klären. Um das Geheimnis des mysteriösen Verhaltens der Lichtteilchen zu lüften, installierten sie einen Detektor, mit dessen Hilfe sie den Weg der Photonen durch die beiden geöffneten Spalten genau beobachten wollten.

Damit aber wurde es richtig „gespenstisch". Denn sobald ein solcher Detektor eingeschaltet wird, sobald also eine Messung stattfindet, die das Verhalten der Teilchen „festlegen" soll, verschwindet das Interferenzmuster, und es zeigen sich auf der Leinwand zwei parallele Streubereiche hinter den geöffneten Spalten.

Fazit: Licht verhält sich, sobald es gemessen wird, wie Teilchen. Ohne Messprozess aber, sozusagen „hinter dem Rücken des Beobachters", hat es die Natur einer Welle.

Diese Effekte im Doppelspalt zeigten sich nicht nur bei Photonen, sondern auch bei anderen Quantenobjekten, beispielsweise bei Elektronen. 1996 konnte ein japanisches Forscherteam um Fujio Shimizo nachweisen, dass sogar ganze Atome interferieren, also Wellencharakter haben können.
Wo also liegt die Größen-Grenze? Könnte die gesamte Materie Wellencharakter haben? Und ist das, was wir als physische Wirklichkeit erleben, letztlich nur ein „Teilchen-Niederschlag", der sich aus ständigen „Mess-Prozessen", also Interaktionen formt – in einem umfassenden Raum der Möglichkeiten und Wahrscheinlichkeiten?

Schüsse durch den Doppelspalt: Dieser spannende Krimi aus dem Reich der Quantenphysik regt Forscher und Denker bis heute zu neuen Theorien und Interpretationen an. Manche, etwa der Saarländer Biologe Ulrich Warnke, glauben, dass hier ein Schlüssel zu finden ist, um Natur- und Geisteswissenschaften in der „Quantenphilosophie" miteinander zu verbinden.
Fest steht jedenfalls, dass zentrale Aussagen der Klassischen Physik im Bereich des Allerkleinsten nicht zutreffen. Denn:

• *Die Art der Beobachtung oder Messung beeinflusst das Messergebnis. Subjekt und Objekt stehen in Wechselbeziehung. Eine Objektivierbarkeit aller Naturvorgänge ist also nicht möglich.*

• *Es gibt keinen einfachen Zusammenhang zwischen Ursache und Wirkung, der rechnerisch nachvollzogen werden kann. Das Prinzip der Kausalität wurde in der „Quantenwelt" ebenfalls obsolet.*

Die Klassische Physik ging davon aus, dass es möglich sein sollte, bei jedem beliebig kleinen Teilchen den Ort und den Impuls (eine physikalische Größe, die die Geschwindigkeit und die Richtung der Bewegung zum Ausdruck bringt; ähnlich dem Begriff „Schubs") zu bestimmen und alle daraus folgenden Wechselwirkungen zu berechnen. Somit könnte die Zukunft jedes Systems zuverlässig vorausgesagt werden, wenn dessen Anfangsbedingungen bekannt sind.

In der Quantenphysik aber zeigte sich, dass es grundsätzlich unmöglich ist, bei einem Teilchen eine Ortsmessung vorzunehmen und gleichzeitig auch dessen Impuls zu berechnen. Aber nicht etwa, weil dafür keine geeigneten Vorrichtungen zur Verfügung stehen, sondern weil es die Naturgesetze nicht zulassen.

Das begründete der deutsche Physiker und Nobelpreisträger Werner Heisenberg (1901–1976) im Jahr 1927 in seiner „Unschärferelation". Diese besagt, dass bestimmte Messgrößen eines Quantenobjekts (beispielsweise Ort und Impuls) nie gleichzeitig genau bestimmt werden können. Misst man die eine Größe genau, bleibt der mit ihr in Verbindung stehende zweite Messwert ungenau, „unscharf".

Wenn Raum und Zeit „verschwimmen"

Aber das ist noch längst nicht alles. In der Welt des Allerkleinsten scheinen Raum und Zeit unter bestimmten Bedingungen überhaupt nicht zu existieren. Zumindest nicht so, wie wir es erwarten würden.

So zeigt sich bei verschränkten Teilchen das Phänomen der „Nicht-Lokalität" – im Gegensatz zu dem uns aus dem Alltag vertrauten Prinzip der Lokalität, nach dem Objekte einander nur durch direkten Kontakt oder über ein Medium beeinflussen können.

Klar: Wenn James Bonds DB10 sich um die eigene Achse dreht, dann deshalb, weil irgend eine Kraft direkt auf ihn eingewirkt hat, das Fahrzeug des Gegners vielleicht. Er dreht sich nicht einfach „spukhaft" von selbst.

Im Quantenbereich muss das jedoch nicht so sein: Man kann Quantenobjekte, zum Beispiel Photonen in einer Quelle gemeinsam als Paar erzeugen, sodass sie „verschränkt" werden. Diese Teilchen können dann getrennt und in unterschiedliche Richtungen gesendet werden. Verändert man nun eines davon (etwa durch die Umpolung des Spins, des Drehimpulses), dann zeigt sich unmittelbar, ungemildert und unverzüglich auch bei dem anderen Teilchen eine Veränderung – egal, wie weit es von dem ersten entfernt ist. „Unmittelbar" heißt „ohne Verbindungssignal", „ungemildert", dass die Stärke des Effekts mit wachsender Entfernung nicht abnimmt, und „unverzüglich" bedeutet tatsächlich ohne Zeitverlust, instantan. Es werden also keine Informationen oder Kräfte auf klassischem Weg in einer bestimmten Geschwindigkeit übertragen, sondern die Veränderung passiert einfach – wie aus dem Nichts. Der DB10 dreht sich von selbst.

Albert Einstein nannte diesen Effekt, den er aus theoretischen Überlegungen zwar kannte, an den er praktisch aber nicht glauben wollte, „spukhafte Fernwirkung".

Die beiden verschränkten Teilchen bleiben also auch bei örtlicher Trennung miteinander verbunden. Deshalb der Begriff „Nicht-Lokalität". Diese Gegebenheit findet technisch in der Quanten-Kryptographie bereits Anwendung. Verschlüsselte Nachrichten können damit abhörsicher übertragen werden.

Ein anderes Experiment, das einer der berühmtesten Quantenphysiker des 20. Jahrhunderts, der US-Amerikaner John Archibald Wheeler (1911–2008) erdacht hatte, zeigte, dass auch zeitliche Abläufe im Quantenbereich „verschwimmen" können.

Erinnern wir uns nochmals an den Doppelspalt: Werden Photonen beim Durchfliegen gemessen, erweisen sie sich als Teilchen; wenn nicht, zeigen sie sich als Welle. Aber wann „entschließt sich" das Licht, Welle oder Teilchen zu sein? Was wäre, dachte Wheeler, wenn man in einem Experiment so lange wartet, bis das Photon den Doppelspalt passiert hat und erst dann entscheidet, ob eine Ortsmessung vorgenommen wird oder nicht?

Einige Jahre nachdem diese Idee formuliert war, gelang es zwei Forscherteams (in München und in Maryland) unabhängig voneinander, solche Versuche durchzuführen. Nachdem das Photon den Doppelspalt passiert hatte, „parkten" sie es in einer Glasfaser-„Warteschleife" und ließen einen Zufallsgenerator darüber entscheiden, ob eine Ortsmessung durchgeführt werden soll oder nicht.

Aber auch in dieser raffinierten Versuchsanordnung blieb es bei dem bekannten Doppelspalt-Effekt: Der Wellencharakter des Lichtes zeigte sich nur dann, wenn nicht gemessen wurde. Sobald sich der Zufallsgenerator für eine Ortsmessung entschied, waren Teilchen zu sehen.

Aber wie kann das sein?

Sofern man „Zeit" als Fluss aus der Vergangenheit in die Zukunft versteht, schwimmen die Photonen in diesem Fall offenbar gegen den Strom. Sie entscheiden „rückwärts in der Zeit", ob sie sich als Welle oder Teilchen zeigen. Oder existiert im Quantenbereich unter bestimmten Umständen das zeitliche Nacheinander ebenso wenig wie die räumliche Lokalität?

Was also bleibt dem Materialismus?

Zusammengenommen führen die Erkenntnisse aus der Quantenphysik und aus der Relativitätstheorie zu einer grundlegenden Frage: Was bleibt von der traditionellen Vorstellung, die Welt sei ein „Räderwerk", dessen Entwicklung in allen Details beobachtet und vorausberechnet werden könne?

Tatsächlich nicht viel.

Natürlich bleiben die materielle Welt, wie sie sich unseren Sinnen präsentiert, und die technologischen Erfolge, die durch eine materialistische Betrachtung möglich wurden. Aber wenn wir hinter diese Oberfläche blicken, dann stehen wir vor Gegebenheiten, für die es vielleicht gar keine wirklich passenden Worte gibt. Denn Worte und Begriffe haben wir traditionell nur für die sinnlich wahrnehmbare Welt geprägt.

Der deutsche Physiker und Philosoph Carl Friedrich von Weizsäcker (1912–2007) formulierte: „Materie und Licht sind ‚an sich' *weder* Teilchen *noch* Welle. Wenn wir sie aber für unsere Anschauung beschreiben wollen, so müssen wir beide Bilder gebrauchen. Und die Gültigkeit des einen Bildes erzwingt gleichzeitig die Gültigkeitsgrenzen des anderen."

Hans-Peter Dürr (1929–2014), langjähriger Direktor des Max-Planck-Instituts für Physik in München, beschrieb in seinem Buch „Wissenschaft und Wirklichkeit" folgendes Gesamtbild: „Aus quantenmechanischer Sicht gibt es […] keine zeitlich durchgängig existierende objektivierbare Welt, sondern diese Welt ereignet sich gewissermaßen in jedem Augenblick neu. Die Welt erscheint hierbei als Einheit, als ein einziger Zustand, der sich nicht als Summe von Teilzuständen deuten lässt."

Materie entsteht nach Dürr in einem „Gerinnungsprozess", der „von offener Potentialität zu tatsächlicher Realität" führt. Die Gegenwart bezeichnet demnach „den Zeitpunkt, wo Potentialität zur Faktizität, Möglichkeit zur Tatsächlichkeit gerinnt."

In einem Interview mit der Zeitschrift „P.M." formulierte Dürr im Jahr 2007: „Im Grunde gibt es Materie gar nicht. Jedenfalls nicht im geläufigen Sinne. Es gibt nur ein Beziehungsgefüge, ständigen Wandel, Lebendigkeit. Wir tun uns schwer, uns dies vorzustellen. Primär existiert nur Zusammenhang, das Verbindende ohne materielle Grundlage. Wir könnten es auch Geist nennen. Etwas, was wir nur spontan erleben und nicht greifen können. Materie und Energie treten erst sekundär in Erscheinung – gewissermaßen als geronnener, erstarrter Geist.

Nach Albert Einstein ist Materie nur eine verdünnte Form der Energie. Ihr Untergrund jedoch ist nicht eine noch verfeinerte Energie, sondern etwas ganz Andersartiges, eben Lebendigkeit."

Erinnern wir uns unter dem Eindruck dieser Worte an die Ausgangsfragen: Ist die Physik tatsächlich eine unverbrüchliche Säule des Materialismus und schließt sie damit überirdische Wirklichkeiten aus?

Die Antwort lautet ganz klar: Nein. In den letzten 100 Jahren hat die Physik im Grunde deutlich gemacht, dass ein Paradigmenwechsel ansteht. Der Materialismus, wie er der Klassischen Physik aus der Zeit Newtons verbunden war, ist längst überwunden. Aber haben das auch wirklich schon alle verinnerlicht?

In seinem Buch mit dem bezeichnenden Titel „Wenn es ums Ganze geht – Neues Denken für eine Welt im Umbruch" formulierte Hans-Peter Dürr: „Erstaunlich ist, dass dieser tiefgreifende Wandel in unserem Verständnis der Wirklichkeit auch heute noch, über 100 Jahre nach den paradoxen Erkenntnissen von Max Planck und Albert Einstein und tief greifenden Neuerungen 25 Jahre später [...] in unserer Gesellschaft und ihren Wissenschaften kaum erkenntnistheoretisch nachvollzogen worden ist."

Und das, obwohl die Quantenphysik „einen beispiellosen Triumphzug durch alle Gebiete der Physik angetreten und sich bis zum heutigen Tage glänzend bewährt hat."

Der Volksmund hat Recht: Gut Ding braucht Weile.

Ein „Unsinn", der in neue Dimensionen führt

Jedoch gibt es ein lästiges Problem: Obwohl die beiden wichtigsten Theorien der modernen Physik, Einsteins „Allgemeine Relativitätstheorie" einerseits und die Quantentheorie andererseits, durch zahlreiche Experimente Bestätigung fanden und sich in der Praxis – von der Informationstechnologie über die Chemie bis zur Atomtechnik – wunderbar bewähren, können sie beide die Welt nicht vollständig beschreiben. Mehr noch: Sie stehen, wie es aussieht, sogar im Widerspruch zueinander.

Der renommierte US-amerikanische Physiker Michio Kaku bringt die vordergründigste Unterschiedlichkeit der beiden Theorien wie folgt auf den Punkt: „In der Quantentheorie üben die subatomaren Partikel Kräfte aufeinander aus, sie wechselwirken miteinander, indem sie diskrete ‚Energiepäcken', ‚Quanten' miteinander austauschen. Dabei werden verschiedene Kräfte durch den Austausch verschiedener Quanten verursacht. Die Raumzeit wird in diesem Theoriegebäude als ein völlig leerer Schauplatz des Geschehens betrachtet.

Demgegenüber werden in Einsteins allgemeiner Relativitätstheorie Kräfte geometrisch interpretiert. Die Verformung von Raum und Zeit bewirkt die Effekte, die wir als Kraft bezeichnen. Die Sterne und die Galaxien werden also nicht durch den Austausch von Teilchen, sondern durch die Krümmung der Raumzeit zusammengehalten. Genauer gesagt: Der Impuls-Energie-Tensor, der den Materie-Energie-Gehalt misst, bestimmt das Ausmaß der ‚Krümmung' des vierdimensionalen Raumzeit-Kontinuums."

Ein anderer weltbekannter US-amerikanischer Physiker und Mathematiker, Edward Witten, beschreibt das Problem mit den beiden Theorien besonders drastisch: Zwar würde „alles" in der Physik auf ihnen basieren, aber wenn man die Theorien zusammenfügt, ergeben sie „Nonsens" – Unsinn.

Aber – und nun führt unser Exkurs in die Grundlagen der Naturwissenschaften direkt zurück zum Thema Unsterblichkeit – es gibt einen Weg für eine alles umfassende, „vereinheitlichte" Theorie, der auch mathematisch funktioniert.

Eigentlich bieten sich mehrere Lösungswege an, die aber alle aus dem gleichen Grundgedanken gebaut werden. Und dieser lautet: Es gibt höhere Dimensionen. Die vierdimensionale Raumzeit umfasst nicht die gesamte Wirklichkeit.

Mit dieser Annahme haben manche Naturwissenschaftler allerdings Probleme. Denn lange Zeit galt es als sicher, dass Realitätsebenen „außerhalb" oder „über" der raumzeitlichen Welt nicht vorhanden sind.

Michio Kaku berichtet aus eigener Erfahrung, dass sogar noch in den 1990-er Jahren ein Wissenschaftler, der öffentlich erklärte, es könne vielleicht höhere Dimensionen geben, mit Spott rechnen musste. Es sei, so Kaku sinngemäß, – bedingt durch die begrenzten Vorstellungsmöglichkeiten unseres „gesunden Menschenverstandes" – das am tiefsten verwurzelte Vorurteil, dass die Welt nur dreidimensional wäre.

Dabei werden schon seit Jahrzehnten Theorien diskutiert, die von weiteren Dimensionen ausgehen.

1921 veröffentlichte der deutsche Mathematiker und Physiker Theodor Kaluza eine Feldtheorie, in die er eine fünfte Dimension einführte – wofür Albert Einstein lobende Worte fand:

„Ich habe großen Respekt vor der Schönheit und Kühnheit Ihres Gedankens."

Seit den 1980-er Jahren wird die String-Theorie diskutiert, die ebenfalls von höheren Dimensionen ausgeht.

Auch wurden Beschreibungen vorgestellt, die alle Erscheinungen der physischen Welt – vom Baum bis zum Stern – als Schwingungen in einem „Hyperraum" darstellen.

Des weiteren wurde ein „holographisches Universum" postuliert, dessen Ingredienzien nicht nur Materie und Energie sind, sondern vor allem auch Information.

„Es könnte", formuliert der israelische Physiker Jakob D. Bekenstein frei nach Shakespeare, „im Universum mehr Strukturebenen geben, als unsere physikalische Schulweisheit sich träumen lässt."

Und Michio Kaku hält es inzwischen für gut möglich, dass Historiker der Zukunft einmal lehren werden, der entscheidende Durchbruch im Verständnis der Natur sei die Erkenntnis der höherdimensionalen Wirklichkeit gewesen.

Aber was ist schon Mathematik?

Natürlich ist an dieser Stelle die kritische Frage erlaubt, welchen Realitätswert denn mathematische Lösungen haben. Wenn die Mathematik höhere Dimensionen plausibel macht – muss es diese deshalb wirklich geben?

Über diese Grundfrage wurde schon viel nachgedacht.

Eine endgültige Antwort konnte nicht gefunden werden.

Gerhard Vollmer meint dazu, Mathematik habe zwar „einen realistischen Hintergrund", nicht zufällig bedeute „Geometrie" ja „Erdvermessung", aber sie sei in modernem Sinne „weder eine Geistes- noch eine Naturwissenschaft, sondern eine *Strukturwissenschaft* wie Logik, theoretische Informatik, Theorie formaler Sprachen" und ähnliches. Mathematik „sagt uns nichts über die Welt, sondern entwirft Strukturen, die bei der Beschreibung der Welt hilfreich sein können." („Gretchenfragen an den Naturalisten")

Demnach hat die Mathematik von sich aus keinen Bezug zur Wirklichkeit. Sie lässt nicht erkennen, ob Objekte tatsächlich existieren oder nicht. Dennoch eignet sie sich erfahrungsgemäß hervorragend zur Formulierung physikalischer Gesetze. Warum ist das so?

Auf diese Frage gibt es aus materialistischer Sicht keine weiter führende Antwort. Der Physik-Nobelpreisträger Eugen Wigner (1902–1995) sprach von einem „Wunder", dass das so ist und sah in der Mathematik „ein Geschenk, das wir weder verstehen noch verdienen". Und sein nicht minder renommierter Kollege Steven Weinberg meinte einmal, den meisten Physikern sei es „unheimlich", dass Mathematiker überhaupt in der Lage sind, im Voraus Strukturen zu entwickeln, die später in physikalischen Theorien benötigt werden.

In der Anfangszeit der modernen Naturwissenschaften dagegen, als sich alte philosophische Überzeugungen mit dem christlichen Glauben verbanden, galt es als unbestreitbar, dass Gott die Welt nach mathematischen Gesetzmäßigkeiten erschaffen habe. Schon für Platon hatte die Mathematik als „die natürliche Sprache der Naturwissenschaften" gegolten, als Mittlerin zwischen der sinnlich wahrnehmbaren Welt und der transzendenten „wahren Wirklichkeit".

Dieser platonischen Sicht fühlten sich auch einige herausragende Mathematiker der jüngeren Geschichte zugetan, so zum Beispiel Kurt Gödel (1906–1978), der als einer der größten Logiker aller Zeiten gilt. Die mathematische Realität ist demnach keine Erfindung des menschlichen Geistes, sondern sie existiert schon von Beginn an. Wir entdecken oder beobachten ihre Strukturen nur, wie wir auch andere Naturgegebenheiten entdecken und beobachten.

Aber auch wenn die Frage, wie realitätsbezogen mathematische Lösungen wirklich sind, derzeit nicht endgültig beantwortet werden kann, so ist doch eines klar: Genau jene „Strukturwissenschaft", die sich zur Beschreibung der physikalischen Realität zigtausendfach bewährt hat, legt die Existenz höherer Dimensionen nahe – und bietet auf diese Weise Lösungen für die Zusammenführung von Relativitätstheorie und Quantentheorie.

Unsterblich in der sechsdimensionalen Welt

Ein Ansatz für eine solche „Weltformel" stammt von dem deutschen Physiker Burkhard Heim (1925–2001), der bisweilen als verkanntes Genie bezeichnet wird. Sein Leben war von einer Tragödie überschattet. Er verlor im Mai 1944 als 19-jähriger bei einer Explosion beide Hände, seine Trommelfelle wurden zerstört, die Augen geblendet.

Doch dieses tragische Ereignis konnte Heims wissenschaftliche Karriere nicht verhindern.

Nach mehreren komplizierten Operationen schloss er das Physikstudium ab und fand schließlich – weitgehend im Alleingang, da er auf Grund seiner Behinderungen nicht teamfähig war – einen Weg, Albert Einsteins Ansätze zu einer „einheitlichen Feldtheorie" zu vervollständigen, indem er eine sechsdimensionale Welt postulierte.

Wesentliche Kernaussagen seines Lebenswerks veröffentlichte Heim vor etwa 40 Jahren – allerdings nicht in englischer Sprache und in keinem renommierten Fachverlag. Vielleicht vor allem deshalb wurde seine Arbeit nie auf breiter Basis wissenschaftlich diskutiert.

Seit einigen Jahren bemüht sich der deutsche Astrophysiker und Autor Illobrand von Ludwiger, ein Kollege und Zeitgenosse Heims, mit eigenen Publikation darum, dessen mathematisch begründetes Weltbild in Erinnerung zu rufen. Von Ludwigers jüngstes Buch zum Thema trägt den Titel „Unsterblich in der 6-dimensionalen Welt". Es stellt nicht nur Heims Theorie vor, sondern auch eine wesentliche Konsequenz daraus: Bewusstsein kann auch autonom, also ohne Gehirn (oder einen anderen „körperlichen Träger") bestehen. Wir Menschen sind in unserem inneren Wesen unsterblich.

Ich hatte die Gelegenheit, mit Illobrand von Ludwiger das folgende Gespräch zu führen.

In Ihrem Buch „Unsterblich in der 6-dimensionalen Welt" befassen Sie sich mit dem Weltbild von Burkhard Heim, der im allgemeinen ja als eher schwer zugänglich gilt. Wann und wodurch sind Sie auf ihn aufmerksam geworden?

von Ludwiger:
Schon sehr früh, Mitte des vergangenen Jahrhunderts. Als ich aus der DDR in den Westen kam, um meinen Großvater zu besuchen, habe ich in einer Illustrierten einen kurzen Bericht über einen jungen Physiker gelesen, der eine neue Flug-Antriebsart erfunden hatte, die Gravitationsfelder benutzte. Als Physikstudent habe ich 1957 anlässlich einer Tagung über „Raketentechnik und Raumfahrtforschung" in Frankfurt einen Vortrag von Heim gehört und ihn anschließend persönlich kennengelernt. Ich habe selbst Gravitationstheorie studiert, bin dann in die Raumfahrt gegangen und habe für Heim geworben, er war dann dort auch als Berater tätig. Ich bin sozusagen mit ihm aufgewachsen. Wir waren bis zum Jahre 2001, als er gestorben ist, befreundet. Aus seiner Theorie, die ja – im Gegensatz zu Einstein – nahe legt, dass man Gravitation doch künstlich erzeugen kann, habe ich sehr viel gelernt.

Gab es diesen Antrieb wirklich schon fertig konstruiert, oder handelte es sich zunächst nur um ein Konzept?

von Ludwiger:
Es gab ihn erst einmal als Theorie. Wir haben in den 1980er Jahren bei der DASA [Anm.: deutscher Luft- und Raumfahrtkonzern, heute Airbus] versucht, Gelder für ein Experiment zu bekommen. Wir wollten das, was Heim voraussagte, dass nämlich neutrale rotierende Massen ein Magnetfeld erzeugen, im Experiment überprüfen. Das aber hätte 2 Millionen D-Mark gekostet, und dieser Betrag war nicht aufzubringen. Das Experiment ist bis heute nicht

durchgeführt worden. Aber wenn es stimmt, dass man auf diese Weise ein Magnetfeld erzeugen kann, dann müsste es umgekehrt auch gelingen, durch sehr starke gegenläufig rotierende Magnete ein Gravitationsfeld zu erzeugen.

Was sind denn, zusammenfassend betrachtet, die wichtigsten Ansätze im Weltbild von Burkard Heim? Was ist neu darin?

von Ludwiger:
Neu ist, dass er nicht sagt, dass nur die Gravitation ein geometrischer Effekt ist, sondern dass alles geometrisiert werden muss. Heim hat in seiner Theorie zunächst das elektromagnetische Feld und das Gravitationsfeld einheitlich beschrieben. Später hat er versucht, die Felder geometrisch zu interpretieren.

Wenn man so vorgeht, kommt man nicht mit vier Dimensionen aus, sondern muss noch zwei imaginäre dazu nehmen. „Imaginär" bedeutet, dass diese Dimensionen nicht durch Länge, Breite und Höhe definiert sind. Das war Heims neue Idee: die Welt sechsdimensional zu betrachten.

„Betrachten" heißt in diesem Fall: Er hat sie auch mathematisch so beschrieben.

von Ludwiger:
Ja. Aber die Physiker wissen nicht, was zusätzliche Dimensionen sein sollen.

Heim sagt, dass es sie nicht nur mathematisch und kompaktifiziert gibt, sondern dass sie tatsächlich ausgebreitet sind, dass es sie in der makroskopischen Welt gibt. Nur können wir sie nicht so richtig fassen und nicht messen. Bei Heim laufen sie durch die Welt.

Die fünfte Dimension wirkt organisierend. Aber immer im Zusammenhang mit einem Ziel, wohin sich etwas organisieren muss – und das ist die sechste Dimension. Sie bestimmt, wie die Organisation in der Zeit abläuft.

Vor einigen Jahrzehnten waren die Ideen von Burkhard Heim viel beachtet, einige Medien haben ihn sogar mit Albert Einstein verglichen. Heute ist er eher in Vergessenheit geraten. Warum, glauben Sie, hat Burkhard Heim die Anerkennung, die er, wenn man Ihrem Buch folgt, unbedingt verdienen würde, nicht erhalten?

von Ludwiger:
Die wird noch kommen. Es liest ja kaum jemand seine Werke – weil sie nicht in Englisch geschrieben sind, und auch die deutsche Fassung ist nicht optimal publiziert worden. Das Manuskript musste von ursprünglich 800 Seiten auf die Hälfte zusammengestrichen werden. Es fehlt also vieles, und manches ist im Versuch zu kürzen auch didaktisch nicht gut geschrieben. Einige Physiker meinen deshalb: Man müsste Heims Werk umschreiben, aber die grundlegenden Ideen sind genial.

Ihrem Buchtitel – und damit auch dem Weltbild von Burkhard Heim – zufolge ist der Mensch ein sechsdimensionales, unsterbliches Wesen. Was bedeutet das konkret im Hinblick auf den Tod? Leben wir nach Ihrer Auffassung in irgendeiner Form nach dem Tod weiter?

von Ludwiger:
Ja. Natürlich muss man erst einmal definieren: Was ist das denn, das da weiter existieren soll? Die beiden zusätzlichen Dimensionen, die Heim postuliert, sind ja etwas Qualitatives. Aber über Qualitatives spricht die Physik nicht. Also muss man versuchen, die Physik und deren Weltbeschreibung zu erweitern – und auch die aristotelische Logik, die bloß Ja-Nein-Aussagen zu Sachverhalten enthält, zu ändern. Das hat Heim auch gemacht.

Danach kann man versuchen, Qualitäten und Quantitäten zusammenzuführen und zu definieren, was Bewusstsein ist. Was sind das für Vorgänge? Wie sind sie in der Raumzeit angesiedelt? Ist Bewusstsein überhaupt im Raum oder kommt es woanders her?

Letzteres ist meines Erachtens der Fall. Wenn man diese Frage richtig untersucht, wie es Heim begonnen hatte, und wenn man

verstanden hat, was Bewusstsein ist, dann kann man auch die Wechselwirkungen eher verstehen.
Kann Bewusstsein etwas bewirken in der Raumzeit? Wo kann Bewusstsein existieren? – Im Raum sicher nicht. Also in anderen Dimensionen? Aber was ist dann der Träger? Hier geht es um Informationen, Bildelemente, Bedeutungen. Das sind alles Qualitäten, die es in der Welt gibt, die aber in der Physik noch nicht beschrieben wurden.

Sehen Sie Verbindungen zwischen Burkhard Heims Aussagen und denen von Sterbeforschern unserer Zeit? Der niederländische Kardiologe Pim van Lommel geht ja beispielsweise davon aus, dass das Bewusstsein des Menschen auch ohne den Körper weiter bestehen kann.

von Ludwiger:
Ja, das ist ganz klar der Fall. Was man früher lächelnd und abfällig als Spiritismus bezeichnet hatte, das sollte man jetzt – nach dem Weltbild Heims – als „R6" bezeichnen. Wer die Welt als sechsdimensional erkennt, kommt zu dem Schluss, dass in den „Transbereichen" jenseits von Raum und Zeit etwas existiert, wo sich Bewusstsein aufhalten kann. Und damit hat Heim als Folge aus seiner Teilchentheorie auch wissenschaftlich eine Grundlage gelegt für das Verständnis des Lebens nach dem Tode.

Religionen sprechen von einer Seele, die den Körper beim Tod verlässt und dann in einer anderen Dimension weiter besteht. Entspricht das im Wesentlichen dem, was sich auch aus dem Weltbild von Burkhard Heim folgern lässt?

von Ludwiger:
Eigentlich ist es das. Man muss es nur besser konkretisieren und formallogisch entwickeln, wie sich Bewusstsein und Seele aufbauen. Man muss eine Skalierung in diesen Qualitäten einführen. Das ist sehr komplex, aber die ersten Schritte dazu sind getan.

Im Prinzip bestätigt Heim, dass der Mensch, dass das Bewusstsein nach dem Tod weiter besteht. Es kann aber nicht mehr in die physische Welt einwirken – oder nur in Ausnahmefällen. Und auch diese Ausnahmen müsste man genauer untersuchen ...

Zusammenfassend: Unsterblichkeit – das gibt es für den Menschen?

von Ludwiger:
Ja!

Sie sind also einerseits – unabhängig von der Terminologie – von der Unsterblichkeit des Menschen überzeugt, andererseits sind Sie Naturwissenschaftler. Man kann also wohl davon ausgehen, dass sich in Ihrem Weltbild Naturwissenschaft und Religion ganz gut ergänzen ...

von Ludwiger:
Ja! Allerdings nicht im Hinblick auf eine Konfession, sondern im Hinblick auf die „Idee Religion". Die allen Religionen gemeinsame Idee ist ja, dass es außer dem Körper noch etwas gibt. Da ist eine Bedeutung, da ist eine Idee ... Es kann nicht sein, dass mit dem Körper alles vergeht. Das ist die alte philosophische und religiöse Haltung. Nun kommt mit der Wissenschaft der Beleg dafür, dass die Welt mehr Dimensionen hat.

Alles, was da drin ist, selbst die Materie, hat Ausläufer in die Transdimensionen. Alles ist mehrdimensional. Bloß: Wir sind damit nicht mehr nur in der Physik, wir sind im qualitativen Bereich. Der gehört aber mit zur Welt!

Naturwissenschaft ist beschränkt auf die Raumzeit, aber die Wirklichkeit umfasst mehr als das, geht darüber hinaus.

Und alles das kann man nach Heims Theorien – er nennt sie „Syntrometrie" – einheitlich fassen, ohne dass ein Widerspruch besteht.

„Als Geistwesen bleiben wir immer bestehen"

Mit der Annahme höherer Dimensionen öffnen sich natürlich auch Tore in Richtung Parapsychologie und Spiritismus. Wenn die Welt nicht auf das Sichtbare, Messbare beschränkt sein sollte, dann erscheint vieles möglich. Nicht nur Todesnähe-Erfahrungen wie Ausleibigkeit oder Licht-Begegnungen wären neu zu beurteilen, sondern auch spiritistische Jenseitskontakte mit Verstorbenen oder beispielsweise Materialisations-Phänomene.

Viele Forscher, die von einer höherdimensionalen Welt ausgehen, haben denn auch keine Berührungsprobleme mit Themen, die sich der Möglichkeit einer wissenschaftlichen Objektivierung weitgehend entziehen. Illobrand von Ludwiger beispielsweise ist aus eigener Erfahrung davon überzeugt, dass unter bestimmten Bedingungen Materialisationen, also die Bildung von Gegenständen „aus dem Nichts" möglich sind. Er kennt die große Skepsis gegenüber solchen Vorgängen. „Alles, was man nicht versteht, weil es keine Theorie dazu gibt, wird heute unter den Teppich gekehrt", sagt er. „Und in in der Parapsychologie hat man keine Theorie. Man erlebt etwas, sieht etwas und kann nicht verstehen, wie es zustande kommt – wenigstens nicht auf Basis des heutigen materialistischen Weltbildes."

Dr. Klaus Volkamer, Chemiker und „freier Wissenschaftler" aus Frankenthal, setzt sich deshalb seit vielen Jahren für eine „feinstoffliche Erweiterung unseres Weltbildes" – so der Titel eines seiner Bücher – ein. Er ist davon überzeugt, dass das, was in alten Kulturen als „Lebensenergie" galt, mit „feinstofflicher Materie" zu tun hat, deren Existenz unter speziellen Versuchsbedingungen mit hoch empfindlichen Waagen nachgewiesen werden kann. (Mehr zu Volkamers Forschungen und Theorien sowie die Beschreibung eines bemerkenswerten Experiments finden Sie in meinem Buch „Über den Kopf hinaus".)

Auch Prof. Dr. Franz Moser, ein Chemiker und Autor aus dem Grazer Umland (Südösterreich), hat die Schwelle in einen Bereich, der gemeinhin der Esoterik zugerechnet wird, überschritten, weil er – vor allem wegen der Erkenntnisse aus der Quantenphysik – davon überzeugt ist, dass wir ein „holistisches Weltbild" brauchen, eine ganzheitliche Betrachtung, die den Materialismus überwindet.

Mit ihm habe ich das folgende Gespräch geführt:

Mit Ihrem Buch „Bewusstsein in Raum und Zeit" haben Sie sich schon Ende der 1980er Jahre dafür eingesetzt, das materialistische Weltbild zu überwinden, weil es durch die Erkenntnisse der Quantenphysik im Grunde nicht mehr haltbar sei. Dieses Thema wird heute immer noch heiß diskutiert – und nach wie vor wird der Materialismus kaum in Frage gestellt. Was war vor 25 Jahren der Anlass für Sie, sich – damals als Verfahrenstechniker an der Technischen Universität Graz – für ein „holistisches Weltbild" einzusetzen?

Moser:
Meine Standardantwort auf solche Fragen ist immer: Wer mit falschen Landkarten ins Gebirge geht, der wird sich verirren. Und wenn er sich dann verirrt hat, wird er sich von den anderen anhören müssen, ein Dummkopf zu sein, der sich doch hätte besser informieren sollen. Auf unsere Situation übertragen: Wir haben ein absolut falsches Weltbild, das aus dem 19. Jahrhundert und aus der Zeit davor stammt, und wollen damit unsere Probleme lösen.

Es ist eigentlich beschämend und bedrückend zu sehen, wie schwer es ist, von einem Weltbild in ein neues zu kommen, obwohl alle Grundlagen dafür bereits erkennbar sind, wenn man sich dafür interessiert. Das war aber immer so. Der gute Luther sagte zum Beispiel über Kopernikus, er sei ein Narr, weil er beweisen wolle, dass die Erde sich um die Sonne dreht. Jeder könne doch täglich sehen, dass es anders ist. Heute ist es genau so. Es gibt eben Gesetze des Seins, die aus der Quantenphysik resultieren, die paradox erscheinen und unser Weltbild vollkommen auf den Kopf stellen, die aber, wenn man sie beachtet, viele, wenn nicht alle unsere Probleme lösen würden.

Was hat Sie denn ursprünglich veranlasst, sich so intensiv mit der Quantenphysik und ihren Interpretationen zu beschäftigen? Warum haben Sie nach einer besseren Karte fürs Gebirge gesucht? Hat sich das einfach auf Grund Ihres Berufs ergeben?

Moser:
Erstens bin ich Naturwissenschaftler, und zweitens bin ich ein neugieriger Mensch. Ich habe mich wohl mit allem beschäftigt, was man studieren kann. Ich habe mit Wissenschaftsgeschichte und Wissenschaftstheorie begonnen und war unter anderem sehr beeindruckt von Thomas Kuhn, einem ganz großen Historiker, der erklärt, wie die Wissenschaft sich entwickelt, wie Paradigmen entstehen und letztlich inkompatibel werden, dass Wissenschaftler dazu neigen, mit fast irrationaler Vehemenz an bestehenden Theorien festzuhalten.

Danach habe ich viele Religionen studiert, vor allem den Buddhismus, die Philosophen – und zuletzt kam ich auf die Quantenphysik, eigentlich fast zwangsläufig. Denn ich habe vor 30 Jahren, als Anton Zeilinger – heute einer der bekanntesten österreichischen Forscher – noch ein junger Mensch war, zusammen mit einem Kollegen aus der Physik eine Tagung auf der Technischen Universität Graz veranstaltet, auf der Zeilinger und viele andere gute Leute gesprochen haben. Es ist dann ein Buch herausgekommen, in dem all diese Vorträge zusammengefasst waren. Das hat vielen gut gefallen. Diese Veranstaltung war der erste Schritt in die Richtung Quantenphysik, und aus meinem Interesse an dem Thema ist dann ein weiteres Buch entstanden …

… „Bewusstsein in Raum und Zeit"

Moser:
Ja, ich habe in diesem Buch meine Ansicht vertreten, dass die Erkenntnisse aus der Quantenphysik in der ganzheitlichen Deutung die Basis eines neuen Weltbildes sein werden. Davon bin ich überzeugt!

Sie haben sich in diesem Buch auch nicht gescheut, neue Bezüge zu religiösen Begriffen wie „Jenseits" oder „Gott" herzustellen – ungewöhnlich und mutig für einen Wissenschaftler! Solche Versuche, Brücken zwischen Naturwissenschaft und Religion zu schlagen, findet man eher selten.

Moser:
Es ist aber so: Jede Wissenschaft ist vielfach interpretierbar. Man kann auch die Quantenphysik mechanistisch deuten, womit man im alten materialistischen Schema bleibt. Betrachtet man sie aber ganzheitlich, dann ist sie auf einmal für sehr vieles zugänglich.

Interessant für mich ist, dass die alten großen Physiker – Einstein, Bohr oder Schrödinger zum Beispiel – eigentlich immer ganzheitlich gedacht haben, die Epigonen dann aber kleinlich und eng. Viele wollen den großen Denkern bis heute nicht folgen.

Ich bin mit einigen Kollegen immer noch in Verbindung und merke, dass sie Angst haben. Das ist aber ganz natürlich, denn wenn sie wirklich sagen würden, was ich mich zu sagen traue, weil ich nichts zu verlieren habe, dann könnten sie in Pension gehen.

Wer ein neues Weltbild vertritt, wird von der bestehenden Scientific Community als Narr verlacht, bekommt keine Forschungsgelder mehr, kann keine Arbeiten mehr veröffentlichen, wird also ausgeschlossen aus der Gemeinde der Wissenschaftler.

Haben Sie selbst, als Ihr Buch „Bewusstsein in Raum und Zeit" veröffentlicht wurde, Ähnliches erlebt?

Moser:
Nein, ich war damals so unbedeutend, dass ich nicht beachtet wurde. Das Buch wurde von der Wissenschaft nicht wahrgenommen, auch deshalb, weil ich ja kein Physiker, sondern Chemiker bin.

So ist das Buch unbeschadet und unbeachtet durch die Welt gegangen, hat aber verschiedene interessierte Menschen gefunden.

Was sind denn aus Ihrer Sicht die wichtigsten Erkenntnisse, die man aus der Quantenphysik gewinnen kann und die nach einem neuen Weltbild rufen?

Moser:
Das ist einfach.
Erstens: Es gibt keine Materie. Materie ist ein Energiefeld, das durch die Projektion aus einem Bewusstsein entsteht. Das heißt, unsere ganze Welt ist eine Projektion, ein Energiefeld. Wenn man ein Atom näher betrachtet, findet man ja fast nur Leere.
Zweitens: Es gibt weder Raum noch Zeit. Das klingt natürlich verrückt und ist schwer nachzuvollziehen, aber die Versuche von Anton Zeilinger mit verschränkten Teilchen haben bewiesen, dass es eine instantane Korrelation gibt, dass also an zwei Orten gleichzeitig etwas geschieht. Das gilt auch, wenn sie Lichtjahre voneinander entfernt sind, und führt zum Schluss, dass es Raum und Zeit in Wirklichkeit nicht gibt. Man muss also sagen: In Wahrheit gibt es weder Raum noch Zeit. Es gibt aber sehr wohl die Illusion von Raum und Zeit, die durch eine Projektion aus unserem Geist-Bewusstsein in jedem Augenblick neu entsteht.
Man kann sich vorstellen, dass diese Illusion wie die Naht durch eine Nähmaschine entsteht: Jeder Stich der Nähmaschine entspricht somit einer Bewusstseins-Erfahrung in der Nicht-Zeit. Diese Erfahrungen werden in unserem Bewusstsein gespeichert, und jede Bewusstseins-Erfahrung folgt der nächsten, genau so, wie ein Stich dem andern folgt. In Wahrheit erfolgen also alle Stiche, alle Bewusstseins-Erfahrungen, in der Nicht-Zeit, aber in unserem Bewusstsein sind sie so nacheinander angeordnet, dass sie als Zeit gesehen werden können. Die Wirklichkeit aber ist eine Ganzheit des Seins, ein Zustand der Einheit, der „Nicht-Dualität", den man „Himmel" nennen könnte. Aber wir haben uns aus dieser Situation heraus begeben, und erleben die dualistische Welt der Trennung.

Und welche Konsequenzen hat eine solche Weltbetrachtung für den Alltag?

Moser:
Ein praktisches Beispiel: Wenn es die Ganzheit des Seins gibt, von der so viele Quantenphysiker, vor allem David Bohm, sprechen, dann ist jeder Angriff von mir auf einen anderen ein Angriff auf mich selbst. Würde diese einfache Tatsache begriffen, würden die Leute sich überlegen, Kriege zu führen, andere zu beschimpfen oder zu erniedrigen. Denn alles, was sie aussenden, wirkt auf sie zurück.

In Ihrem Buch „Wunder und Wissenschaft" beschäftigen Sie sich mit der Kluft zwischen Glauben und Wissenschaft und vertreten die Auffassung, dass einerseits die Klassische Physik und der Materialismus die Welt nicht richtig beschrieben haben – Stichwort: falsche Landkarte –, dass andererseits aber auch die Religionen keine zutreffende Beschreibung der Wirklichkeit liefern. Was veranlasst Sie denn zu Ihrer allgemeinen Skepsis gegenüber Religionen?

Moser:
Ich kehre zurück zu dem Unterschied „nicht dualistisches Sein" und „dualistisches Sein". Dass wir in einem dualistischen Sein existieren, ist offensichtlich. Die Auseinandersetzung, der Kampf ums Dasein, hell und dunkel ... alles ist Gegensatz. Und weil alle Menschen seit Menschengedenken nichts anderes erleben, stellen sie sich auch einen dualistischen Gott vor, einen Gott der Grausamkeit, der Vernichtung, der Rache und Vergeltung, der Sühne – so wird Gott im Alten Testament beschrieben. Aber schon vor Tausenden Jahren haben die Inder geahnt, und später haben es auch Denker wie Meister Eckhart beschrieben, dass es etwas anderes geben müsste – jene eigentliche, ursprüngliche Gottheit, die in dem nicht-dualistischen Dasein existent ist.

Das heißt, dass die Religionen ein falsches Gottesbild erfunden und traditionell weiter vermittelt haben – deshalb beschreiben Sie die Wirklichkeit nicht richtig.

Moser:
So ist es, ja, eindeutig.

Aber man kann doch religiöse Symbole auch so deuten, dass sie für eine Harmonisierung der Gegenpole stehen, dass es also um einen Lernprozess für den Menschen geht. Die harmonische Zusammenführung von Aktiv und Passiv findet im gleichschenkeligen Kreuz ebenso Ausdruck wie beispielsweise im fernöstlichen Yin-Yang-Symbol. Insofern deutet doch manches auf ein ursprünglich tieferes Wissen in den Religionen hin, das es wieder zu entdecken gilt.

Moser:
In der Dualitäts-Sphäre gibt es mehrere Ebenen des Seins, und die ganze Sinnhaftigkeit, vor allem der östlichen Religionen, liegt im Aufstieg in höhere Ebenen, wo eine immer größere Harmonisierung der Gegensätze erfolgt – bis zur „Buddha-Ebene", der die vollkommene Harmonisierung zugeschrieben wird, was aber doch nur eine Schein-Harmonisierung sein kann, weil auch sie der Dualität verbunden bleibt.

Die Symbolik, von der Sie sprechen, drückt diese Harmonisierungsbemühungen im Aufstieg aus.

Meinen Sie, dass ein holistisches Weltbild – welche Philosophien man auch immer im Detail damit verbindet – tatsächlich eine friedlichere Welt zur Folge haben könnte?

Moser:
Absolut! Es ist ja so: Wer sich mit dem Körper identifiziert, was ja der Materialismus verlangt, weil er davon ausgeht, dass Geist nur ein Epiphänomen des Gehirns ist, der erniedrigt sich selbst unglaublich ...

... und nutzt seine Potenziale auch nicht.

Moser:
Wenn der Körper und die Materie alles sein soll, was es gibt, dann gilt eben: Wer mit falschen Landkarten ins Gebirge geht, der muss sich verirren. Wir haben uns absolut verirrt! Und die Krisen sind das Resultat davon.

In Ihrem Weltbild steht der Geist, das Bewusstsein im Zentrum; nichts könnte demnach ohne Bewusstsein existieren. Was sagen Sie Kritikern, die da – frei nach Einstein – provokant fragen: „Was soll das? Ist der Mond etwa nicht da, wenn ich nicht hinschaue?"

Moser:
Es gibt in Wirklichkeit nur Bewusstsein, nur Geist. Geist projiziert die Materie, die wir als Realität bezeichnen. Auch der Mond oder die Sterne, die Milliarden von Lichtjahren entfernt sind, sind nur eine Projektion.

Und welche Rolle spielt in diesem Gesamtgeschehen das Individuum?

Moser:
Unser Geist gehört zu einem großen Ganzen, einer Geist-Einheit. Dieses Geistige projiziert das Universum. Aber der Witz daran ist, dass wir als Teil dieses Gesamt-Geistes innerhalb der „Gesamtgeistprojektion Universum" auch noch eine Quasi-Individualprojektion erschaffen. Wir projizieren als Teil des Gesamten das Gesamte mit, aber auch ein scheinbares Individualerlebnis.

Wenn ich zum Beispiel an einem anderen Menschen etwas verändere, etwa indem ich ihn heile, dann wirkt das auf mich und alle anderen, die daran beteiligt sind, zurück. Es gibt also keine absolute individuelle Abgrenzung. Wir sind immer in die Einheit eingebunden, und daher Teil der Einheit, obwohl wir glauben, kein Teil zu sein.

Welches Resümee ergibt sich für das Selbstverständnis des Menschen? Wenn wir uns als Geistwesen erkennen, wäre damit nicht auch selbstverständlich, dass wir dem Werden und Vergehen der Materie nicht unterworfen sind?

Moser:
Ja, die Angst vor dem Tod würde wegfallen. Wobei ich zugebe, dass sie in gewissem Maß trotz des Wissens um die Zusammenhänge erhalten bleibt. Denn wenn ich heute erfahren würde, dass ich beauftragt bin, in den südamerikanischen Urwald zu gehen, ohne zu wissen, wie es dort aussieht, wäre mir das auch nicht gleichgültig. Eine gewisse Angst vor dem Unbekannten wird uns immer bleiben, denn so einfach ist dieser Übergang nicht.

Aber man kann dem Tod natürlich vollkommen anders entgegensehen, wenn man weiß, dass an sich nichts Dramatisches oder Endgültiges geschehen kann, weil man als Geistwesen immer bestehen bleibt.

Magic in the Moonlight

In seiner Filmkomödie „Magic in the Moonlight" thematisierte Woody Allen die Sehnsucht eines großen Zauberkünstlers, der alle Tricks seiner Zunft beherrscht, nach einem Beweis dafür, dass wirklich höhere, jenseitige Dimensionen existieren, in denen Menschengeister nach dem körperlichen Tod leben. Und dass diese „Jenseitigen" unter gewissen Umständen in Kontakt mit „Medien" oder „Spiritisten" treten können.

Gibt es so etwas?

Oder sind mysteriöse Phänomene, wie sie in zahlreichen Publikationen beschrieben wurden, immer nur Bühnenmagie?

Bei Allen, dem alten Skeptiker und passionierten Nihilisten, entpuppt sich alles, was vordergründig beweiskräftig gewirkt hatte, letztlich als fauler Zauber. Wer hätte etwas anderes erwartet?

Indes hatten und haben Forscher auch abseits der Leinwand immer Begebenheiten untersucht, die auf ein Leben jenseits der sinnlich erfahrbaren Welt hinweisen.

In ihrem Buch „Das Unsterblichkeitsproblem" (Band 1) schildert Gerda Lier unter anderem die gut dokumentierte Begegnung zwischen dem Mathematiker Felix Klein (1849–1925) und Friedrich Zöllner (1834–1882), einem im 19. Jahrhundert – zunächst – höchst angesehenen Physiker:

„Klein berichtete Zöllner, er habe über ‚verknotete geschlossene Raumkurven' herausgefunden, dass sich ‚im vierdimensionalen Raum' ‚eine geschlossene Kurve von einem solchen Knoten durch bloße Verzerrung befreien' lässt. Zöllner reagierte begeistert, so Klein, da er dadurch eine Möglichkeit sah, die ‚Existenz der vierten [räumlichen] Dimension' ‚experimentell nachzuweisen'. Von der Existenz einer vierten räumlichen Dimension war Zöllner schon zuvor seit Jahren aus physikalischen Gründen überzeugt.

Als Henry Slade, ein sogenannter ‚Spiritist', in dessen Gegenwart sich ungewöhnliche physikalische Geschehnisse ereignen sollten, dem aber auch betrügerische Machenschaften nachgesagt und später auch nachgewiesen worden sind, nach Leipzig kam, nahm Zöllner die Gelegenheit wahr, Experimente mit ihm bei sich zu Hause durchzuführen. […]

Nachdem bei entsprechenden Versuchen aus der Sicht Zöllners und seiner Kollegen Betrugsmöglichkeiten definitiv ausgeschlossen und dennoch positive Ergebnisse erzielt worden waren, erklärte Zöllner, ‚tatsächliche Beweise' für die *reale* Existenz einer vierten räumlichen Dimensionen erlangt zu haben. So waren zum Beispiel nach der Darstellung Zöllners in einer Schnur, deren beide Enden er selbst mit seinem eigenen Petschaft so versiegelt hatte, dass eine völlig geschlossene Figur entstand, vier echte Knoten aufgetreten, und zwar ohne dass sein Siegel beschädigt worden war. Dabei hatte Zöllner diese Schnur fest in seinen eigenen Händen gehalten, und zwar im Beisein mehrerer Zeugen.

Auch Gustav Theodor Fechner (1801–1887), der Begründer der Psychophysik, beschreibt dieses Experiment sehr ausführlich in einer außerordentlich sachlichen und kritischen Tagebuchaufzeichnung. Darin schildert er auf über 50 Seiten den Verlauf der Versuche, und dabei wird deutlich, wie kritisch die Teilnehmer zunächst waren und wie sich deren Zweifel langsam auflösten. Fechner bezeichnete den obigen Knotenversuch schließlich als ‚experimentum crucis'. Aus seiner Sicht war dabei jede Betrugsmöglichkeit ausgeschlossen.

Besonders beeindruckend waren außerdem die beiden folgenden Versuche: Zöllner hatte in eine Schachtel ein Fünfmarkstück gelegt und sie mit einem langen Papierstreifen sorgfältig verklebt. In einer anderen verklebten Schachtel befanden sich zwei kleinere Münzen. Plötzlich lagen bei vollem Licht – ohne dass die Schachteln berührt worden waren – das Fünfmarkstück und die zwei anderen Münzen auf dem Tisch, während die Schachteln unversehrt waren. Außerdem befanden sich nach dem Aufbrechen in der kleineren Schachtel, in der zuvor die beiden kleinen Münzen gewesen waren, jetzt zwei kleine Schieferstifte. Derartige Geschehnisse, etwa der Ein- oder Austritt von Gegenständen aus geschlossenen Räumen oder Behältern, sind auch in der Gegenwart von Menschen beobachtet worden, an deren Aufrichtigkeit und Wahrhaftigkeit keine Zweifel bestehen und sie werden bis in die Gegenwart hinein immer wieder auch im Rahmen von sogenannten ‚Spukfällen' berichtet."

Friedrich Zöllners „Vorstoß in die vierte Raumdimension" endete allerdings tragisch. Denn bald wurde behauptet, dass die von dem Spiritisten Henry Slade hervorgerufenen Phänomene auch durch einfache Taschenspielertricks erreichbar seien.

Da halfen auch die peniblen, mehr als 50 Seiten umfassenden Aufzeichnungen Fechners nichts.

Ebenso wenig half die eidesstattliche Erklärung von Samuel Ballachini – er war „Kaiserlicher Hoftaschenspieler" –, dass Phänomene, wie er sie bei Slade mehrfach beobachtet hatte, in dieser Form nicht durch Zauberkünstler nachgeahmt werden könnten.

Letztlich brachte es auch nichts, dass sich zwei spätere Physik-Nobelpreisträger, nämlich Joseph John Thomson (er entdeckte 1897 das Elektron) und John William Strutt (Lord Rayleigh), für die mögliche Echtheit der Phänomene aussprachen und Zöllner damit schützten. Er wurde mit undifferenzierter Kritik überhäuft und öffentlich der Lächerlichkeit preisgegeben.

Allein die Tatsache, dass ein Professor der Leipziger Universität spiritistische Experimente durchgeführt hatte, wurde als „infame Beleidigung unserer ersten deutschen Hochschule" aufgefasst. Bald wurden Zöllner „wissenschaftliche Unzurechnungsfähigkeit" und „beginnende Geistesstörung" unterstellt, und zuletzt legte man ihm den vorzeitigen Ruhestand nahe.

Friedrich Zöllner kam mit diesen Angriffen und seiner zunehmenden Isolierung nicht zurecht. Er starb im Alter von nur 47 Jahren.

Sein Schicksal hatte weitreichende Folgen: Physiker, die sich vor diesem Skandal ebenfalls mit der Möglichkeit höherer Dimensionen befasst hatten, distanzierten sich nun von ihren Aussagen. Vor allem hielten die meisten Naturwissenschafter fortan von okkulten Phänomenen größtmöglichen Abstand.

Magic in the Moonlight?

Bis heute lagert vor dem geheimnisvollen Mondlicht, in dem sich das Unglaubliche zur Wirklichkeit gestaltet, eine gefährliche Gewitterwolke. Welcher Forscher würde es noch wagen, in der Untersuchung „zauberhafter Phänomene" von einem „experimentum crucis" zu sprechen, von einem „Schlüssel-Experiment", durch das bisher gültige wissenschaftliche Theorien überwunden werden? Vielmehr lautet die Regel: Abstand halten! Denn Blitz und Donner könnten den persönlichen Ruf vernichten.

Dem Spuk auf der Spur

Und doch gab es auch in weiterer Folge mysteriöse Begebenheiten, die großes Aufsehen erregten und Wissenschaftler vor Rätsel stellten. Der vielleicht bekannteste Fall ungewöhnlicher Ereignisse, die gründlich untersucht wurden, ereignete sich in Rosenheim. Wir schreiben das Jahr 1967.

In seiner Kanzlei im zweiten Stock der Königstraße 13 wird Rechtsanwalt Dr. Sigmund Adam mit seltsamen Störungen in elektrischen Anlagen konfrontiert: Lichter gehen aus, heftige, nicht zu lokalisierende Knallerscheinungen treten auf, die Sicherungsautomaten lösen aus. Außerdem tritt aus einem Fotokopiergerät, das an einer Steckdose hängt, aber nicht eingeschaltet ist, wie von selbst Entwicklerflüssigkeit aus.

Dr. Adam wendet sich zunächst an das Rosenheimer Elektrohaus „Stern" am Max-Josefs-Platz. Doch Elektromeister Renner resigniert vor der Eigenart der Störungen und verständigt am 15. November 1967 das Elektrische Prüfamt und die Revisionsabteilung der Stadtwerke Rosenheim – mit dem Ersuchen, weitere Erhebungen durchzuführen. Er selbst hat an den Installationsanlagen und Geräten keine Defekte festgestellt und vermutet vage, dass Störungen im Versorgungsnetz der Stadtwerke die Ursache sein könnten.

Die Informationen, mit denen Mitte November 1967 die Revisoren der Stadtwerke Rosenheim auf den Weg geschickt werden, klingen nicht sonderlich glaubwürdig. So sollen sich im Vorzimmer der Anwaltskanzlei Leuchtstofflampen selbsttätig um 90 Grad in den Fassungen drehen, bis das Licht ausgeht.

Die Stadtwerke weisen ihre Leute an, die Gesamtinstallation des Hauses Königstraße 13 besonders sorgfältig zu untersuchen. Doch die Überprüfungen, bei denen auch die Isolationswiderstände gemessen werden, ergeben keine Anhaltspunkte. Technisch besehen erscheint alles normal.

Was sich in den folgenden Tagen ereignet, ist in dem 26 Seiten starken Prüfbericht der Stadtwerke Rosenheim detailliert dokumentiert. Dieses Schriftstück ist ein Dokumente umfangreicher paranormaler Erscheinungen, die technisch und kriminalistisch gründlich untersucht und auch zweifelsfrei bezeugt wurden.

Am 16. November 1967 um 11 Uhr schließen die Revisoren an den fraglichen Stromkreis der Anwaltskanzlei ein registrierendes Voltmeter an. Um die Mittagszeit zeigen sich die Effekte erneut: Drei Stromkreis-Automaten lösen aus, eine Leuchtstofflampe dreht sich selbsttätig in der Fassung, doch das Voltmeter registriert die Vorgänge nicht.

Um manuelle Eingriffe auszuschließen, werden die Sicherungsautomaten nun durch Schraubsicherungen mit plombierten

Schraubkappen ersetzt; das Messgerät wird ebenfalls plombiert. Die rätselhaften Vorgänge dauern jedoch an, häufen sich sogar und werden dokumentiert.

Am 20. November 1967 dreht sich im Chefbüro des Anwalts nach einem starken Knall abermals eine Leuchtstoffröhre aus der Fassung, fällt auf den Boden und zerschellt. Die Stromkreis-Sicherungen jedoch lösen dabei nicht aus. Wohl aber verzeichnet der Stromschreiber – einmal mehr – Vollausschläge. Die Revisoren halten dazu in ihrem Bericht fest: „Höchst eigenartig ist die Tatsache, dass die Umkehr der Schreibfeder am maximalen Ausschlagspunkt in einer Schleifenform erfolgte und nicht wie üblich, völlig geradlinig."

Solche Ereignisse bleiben keine Einzelfälle: Immer wieder – aber nur an Werktagen – drehen sich und zerschellen Leuchtstoffröhren, läuft die Kopier-Flüssigkeit aus und knallt es. Am 22. November 1967 verursacht ein Vollausschlag am Registriergerät der Stadtwerke einen Riss im Papier. Am gleichen Tag explodiert erstmals auch eine Glühlampe.

Die Stadtwerke Rosenheim reagieren mit allen zur Verfügung stehenden technischen Mitteln: Die gesamte Nachbarschaft wird auf mögliche Störfaktoren untersucht, die Anwaltskanzlei mit eigenen Leitungen versorgt. Am Donnerstag, dem 23. November 1967 führt ein provisorisches Gummikabel direkt von der Hochspannungsstation Königstraße II in die Räumlichkeiten des Rechtsanwaltes. Doch die ominösen Störungen kommen nicht vom Versorgungsnetz: Während die Instrumente in der Station Königsstraße nichts Außergewöhnliches registrieren, zerspringen in der Kanzlei Adam reihenweise Glühlampen und verzeichnen die Messgeräte wie von Hand gemachte Achterlinien und Einrisse im Papier.

Am 28. November 1967 beginnen Beleuchtungskörper selbsttätig zu schwingen, wobei Ausschläge bis zu 55 Zentimeter gemessen werden. Den Revisoren ist längst klar, dass die Vorgänge mit normaler Elektrotechnik nichts zu tun haben können. Dennoch setzen sie ihre Untersuchungen fort: Am Montag, dem 4.

Dezember 1967 wird die gesamte Kanzlei Adam von einem Notstromaggregat versorgt, jegliche Verbindung mit dem allgemeinen Versorgungsnetz ist nun unterbrochen. Doch die paranormalen, optisch und akustisch wahrnehmbaren Erscheinungen dauern an, sie treten sogar in immer kürzeren Intervallen auf.

Am 5. Dezember 1967 fassen die Revisoren ihre Untersuchungen vorläufig zusammen. Zitat aus dem Prüfbericht der Stadtwerke Rosenheim vom 21. 12. 1967: „Herrn Rechtsanwalt Adam und allen Anwesenden wurde durch Herrn Brunner von den Stadtwerken – Abteilung Elektrizitätswerk – mit Überzeugung klargelegt, dass die – zunächst auch von den Stadtwerken – gehegte Vermutung, für alle Vorgänge können Netzstörungen in Frage kommen, nicht aufrecht erhalten werden kann." Für die weiteren Ermittlungen seien die Stadtwerke deshalb nicht mehr zuständig.

Einige Tage lang werden die Untersuchungen in der Kanzlei Adam dennoch fortgesetzt. Zu den Revisoren der Stadtwerke ist nun auch ein Plasmaphysiker gestoßen, der Spezialmessungen durchführt: Dr. Friedbert Karger aus München. Er vermutet bald, dass die seltsamen Ausschläge am Strommesser ohne eigentliche Stromimpulse im Messwerk zustande kommen. Und er behält – dies zeigt ein neuerlicher Versuch mit einer 1,5-V-Gleichstromzelle – tatsächlich Recht.

Karger und ein Kollege können nach ihren Untersuchungen mechanische Manipulationen als Erklärung ebenso definitiv ausschließen wie zum Beispiel äußere Magnetfelder, HF-Felder, Erschütterungen, Infra- oder Ultraschall, Netzspannungserhöhungen oder Fremdmechanismen.

Als Resümee ihrer Arbeit mit einem 4-Kanal-Speicheroszillographen sowie elektrischen, magnetischen und akustischen Sonden halten die beiden Physiker in ihrem Bericht „Physikalische Untersuchung des Spukfalles in Rosenheim 1967" fest: „Obwohl die Phänomene mit den vorhandenen Mitteln der experimentellen Physik festgestellt wurden, konnten sie mit den vorhandenen Prinzipien der theoretischen Physik nicht erklärt werden […] die Phänomene erschienen als Ausdruck nichtperiodischer, kurzzeitig wirkender Kräfte [...] sie scheinen nicht unter Zuhilfenahme elektrodynamischer Effekte, sondern „mechanisch" hervorgerufen worden zu sein [...] es fanden auch kompliziert geführte Bewegungen statt [...] diese Bewegungen scheinen von intelligent gesteuerten Kräften herzurühren, die die Tendenz haben, sich der Untersuchung zu entziehen."

Die Wissenschaftler bestätigen also, dass die Phänomene mit dem elektrischen Netz nichts zu tun haben – was allen Anwesenden sowieso schon klar ist. Denn am 18. Dezember 1967 werden – ebenfalls dokumentiert von den Mitarbeitern der Stadtwerke – Bilder an der Wand von „Geisterhand" gedreht, vom Haken gerissen und zu Boden geworfen. Auch zerplatzen weiterhin Glühbirnen, und die Telefonanlage in der Kanzlei Adam spielt „verrückt".

Den Revisoren bleibt am Ende nur die Feststellung, „dass das Stromversorgungsnetz von Anfang an einwandfrei in Ordnung" gewesen sei. Ihr Prüfbericht von Ende Dezember 1967 schließt unter anderem mit den Worten:

„Es ist geradezu beklemmend, daran denken zu müssen, dass es in allen Bereichen der Technik wirklich katastrophale Folgen haben kann, wenn unter gewissen Voraussetzungen, außerhalb des Willens der Verantwortlichen liegend, durch über solche Kräfte beeinflusste Relais, Funktionen aller Art ausgelöst werden können.

Allein schon aus diesen Gründen wäre es im Interesse der Allgemeinheit zu wünschen, wenn es der zuständigen Wissenschaft bald gelänge, mehr Licht in diese noch dunklen Zusammenhänge zu bringen!"

Die Vorfälle in der Rosenheimer Rechtsanwaltskanzlei Adam fanden in der Folge nicht nur Eingang in den Revisionsbericht der Stadtwerke, sondern auch in wissenschaftlich orientierte Zeitschriften (zum Beispiel „Umschau in Wissenschaft und Technik", Heft 19, 1968) oder in die TV-Sendung „Aus Forschung und Lehre" (Bayrisches Fernsehen, 19. 12. 1988).

Mehr Licht in die noch dunklen Zusammenhänge zu bringen, wie die Revisoren es sich wünschten, gelang jedoch nicht. Und so nahm auch der Fall Rosenheim einen nicht weiter überraschen

Verlauf: Das zunächst ungläubige Staunen wich bald dem Zweifel – und zuletzt der Diffamierung aller Beteiligten. Nicht nur Rechtsanwalt Dr. Adam und seine Mitarbeiter wurden in Zweifel gezogen (was 1969 zu einem „Nachspiel" vor Gericht führte), sondern es wurden auch alle Techniker und Wissenschaftler diffamiert, die an den Untersuchungen beteiligt gewesen waren.

Wie aber geht ein nach Erklärungen suchender Physiker mit Phänomenen um, die es laut Lehrmeinung nicht geben dürfte? Friedbert Karger entschied sich zwischen den beiden Möglichkeiten – bewusst wegschauen oder näher hinschauen – für die zweite. Wobei „näher hinschauen" in solchen Fällen bedeuten kann, den Boden der Physik zu verlassen.

Bei diesem Blick über die Grenze stieß Karger auf einige Zusammenhänge, die zwar in keinem Physikbuch stehen, ihm aber doch gewisse Gesetzmäßigkeiten verdeutlichten, wodurch klarer wurde, weshalb „Spuk-Phänomene" nicht immer und überall auftreten können.

Karger:
Im Fall Rosenheim zeigte sich, ähnlich wie bei anderen vergleichbaren Fällen, dass alle diese Phänomene ortsgebunden und/ oder personengebunden sind. Das heißt, sie treten zum Beispiel nur in einem bestimmten Gebäude und/oder in Anwesenheit einer bestimmten Person auf. Das war auch in der Kanzlei Adam so. Deshalb wurden diese Phänomene auch nie an einem Wochenende, sondern nur während der Bürozeiten beobachtet. Wir konnten in Ausschließungsversuchen auch nachweisen, dass alle Phänomene mit der Anwesenheit einer jugendlichen Angestellten korreliert waren, die aber ihrerseits nur als unbewusster Katalysator fungierte!

Könnte man also annehmen, dass solche Phänomene wirklich durch eine intelligente Kraft verursacht werden? Etwa durch einen „Geist" – gemeint im Sinne einer nicht-körperlichen Form von Bewusstsein?

Karger:
Darauf deuten viele Phänomene hin. Unter der Annahme, dass der Mensch nicht nur sein Körper ist, sondern in seinem Inneren Geist, sind auch Spukphänomene durchaus einfach und natürlich erklärbar, während jene Erklärungsversuche, die sich auf Fähigkeiten ausschließlich lebender Personen beziehen, bei verschiedenen Phänomenen praktisch versagen.

Die Selbstüberwindung des Materialismus

Fernsehmoderator Tilman Steiner schloss im Dezember 1988 den Beitrag seiner Sendung „Aus Forschung und Lehre", die sich mit dem „Fall Rosenheim" befasst hatte und in der auch Friedbert Karger zu Wort gekommen war, mit einer bemerkenswerten Zusammenfassung: „Mit Paraphysik haben sich die berühmtesten Physiker befasst, aber alle immer sozusagen nur inoffiziell, aus Angst, nicht ernst genommen zu werden. So ist es kein Wunder, dass auch Karger seine Forschungen neben seiner Plasmaphysik betreibt. Das Entscheidende scheint mir zu sein, dass hier einer nicht sagt: ‚Ich bin Naturwissenschaftler, so etwas gibt's nicht, lasst den Quatsch', sondern dass er die Möglichkeit solcher Phänomene, ja die Gegenwart des Transzendenten anerkennt."

Auch heute noch stehen sich Physik und Paraphysik weitgehend unversöhnlich gegenüber. Die Erforschung von Spukerscheinungen oder anderer okkulter Phänomene bleibt die Ausnahme. Wenn von möglichen höheren Dimensionen die Rede ist, dann thematisch sauber getrennt von geisterhaften Jenseitswelten und vor allem von esoterischen Annäherungen an solche.

Wie auch immer, das Fazit ist klar: Der Blick auf die Entwicklung und die offenen Fragen der Naturwissenschaften zeigt, dass eine rein materialistische Weltsicht nicht mehr zu halten ist.

Karl Popper (1902–1994), einer der einflussreichsten Physiker und Wissenschaftstheoretiker des 20. Jahrhunderts, meinte, dass die Bemühungen, die Struktur der Materie zu erklären, die Physik bereits dazu gezwungen haben, „über den Materialismus hinauszugehen". Der Materialismus überwinde sich dadurch selbst. Denn, wie gesagt: Materie besteht nicht aus Materie.

Auch wenn die Frage, unter welchen Voraussetzungen mathematische Lösungen die Wirklichkeit abbilden, noch nicht geklärt ist, so zeigen rechnerischen Ansätze, dass höhere Dimensionen und höherdimensionale Objekte sehr gut denkbar sind.

Auch die Quantenphysik weist einen Weg, der dazu einlädt, den Materialismus zu hinterfragen. Kann man doch Materie auch als „geronnene Potentialität" betrachten. Nicht Materie und die vierdimensionale Raumzeit wären demnach die „eigentliche Welt", sondern ein Zustand „offener Potentialität", für den uns ein leicht fassbarer Begriff fehlt, weil er jenseits von Raum und Zeit liegt und eine Gesamtheit von Möglichkeiten beschreibt, die wir als „Individualgeist" nicht erleben können.

Amit Goswami, lange Zeit in Oregon (USA) als Professor für theoretische Physik tätig, hat aus der Quantenmechanik überzeugende Ansätze für ein Weltbild im Sinne des monistischen Idealismus entwickelt und in seinem Buch „Das bewusste Universum" publiziert. Er sagt, dass die im Idealismus übliche Teilung von Materiellem und Immateriellem – und damit auch das alte „Leib-Seele-Problem" – überwunden werden kann, wenn man davon ausgeht, dass nicht Materie, sondern Bewusstsein die Grundlage aller Existenz sei: „Die Physik erklärt Phänomene, aber Bewusstsein ist kein Phänomen; stattdessen ist alles eine Erscheinung im Bewusstsein."

Klar. Was immer wir betrachten, entdecken, beschreiben – wir betrachten, entdecken und beschreiben es. Alles gestaltet sich insofern durch unser Bewusstsein.

Fassen wir zusammen: Der erste der drei großen „materialistischen Klötze", die wir als Grundlage für unser Thema betrachten wollten, kann aus naturwissenschaftlichen Erkenntnissen nicht wirklich geformt werden.

„Es existiert ausschließlich die vierdimensionale Welt aus Raum und Zeit." Diese Aussage findet in der Physik keine Begründung.

Zu diesem Schluss kommt auch Gerda Lier in ihrem Buch „Das Unsterblichkeitsproblem". In einer Zusammenfassung (Band 1) schreibt sie, *„dass die Grundannahme, es gebe nur die raumzeitliche materielle Welt, nicht haltbar ist.* Weder die Mathematik noch die Physik oder die Naturphilosophie erlauben eine derartig starke Behauptung.

Aus mathematischer Sicht lässt sich nicht beantworten, ob es höhere Dimensionen und höherdimensionale Objekte tatsächlich gibt. Die Mathematik kann sie aber genau beschreiben und berechnen. Und aus physikalischer und naturphilosophischer Sicht sprechen sehr gute Argumente für die tatsächliche Existenz höherer Dimensionen, höherdimensionaler Objekte und anderer Realitätsebenen. Denn anscheinend lässt sich nicht einmal die dreidimensionale sichtbare physische Welt ohne derartige Annahmen erklären.

Außerdem sieht es so aus, als wenn die Information eine immer wichtigere Rolle in physikalischen Theorien spielen wird. [...] Unter den Physikern wächst die Überzeugung, dass in zukünftigen physikalischen Theorien nicht einmal mehr auf Begriffe wie Raum und Zeit zurückgegriffen werden wird. Und ein so bedeutender Physiker wie der Nobelpreisträger Stephen Weinberg hält es für verwegen, anzunehmen, man kenne auch nur die Begriffe, mit denen einmal eine endgültige physikalische Theorie formuliert werden wird."

Nachdem also deutlich wurde, dass nichts grundsätzlich gegen die Existenz höherer Dimensionen spricht (auch wenn noch unklar ist, ob und was diese Welten mit uns Menschen zu tun haben), können wir uns nun dem zweiten „schlagenden Argument" gegen die Unsterblichkeit widmen.

Es lautet: *Bewusstsein ist ein (Neben-)Produkt des Gehirns. Der Begriff „Psyche" oder „Seele" sowie die menschliche Persönlichkeit hängen untrennbar und ausschließlich mit dem Gehirn zusammen. Ein körperunabhängiges Bewusstsein gibt es nicht. Auch keinen freien Willen.*

Diese Auffassung lässt sich auf die Evolutionstheorie von Charles Darwin (1809–1882) zurückführen, der zufolge sich auch das menschliche Gehirn – und damit das Bewusstsein – schrittweise aus unbewusste(re)n Lebensformen entwickelt hat.

Aber war das wirklich so?

Haben wir die Geheimnisse der Evolution wirklich schon so zweifelsfrei erforscht?

Und was wissen wir vom Wesen des Bewusstseins – um das es ja letztlich geht, wenn wir von Unsterblichkeit sprechen?

KAPITEL 4:
Bewusstsein – das große Rätsel

Als der 22jährige Charles Darwin am 17. Dezember 1831 an Bord der „HMS Beagle" von Südwestengland aus in See sticht, hat er keine Ahnung, dass damit die wohl bedeutendste Forschungsreise der Menschheitsgeschichte beginnt.

Eigentlich diente die Expedition mit dem nur etwa 30 Meter langen Dreimaster einfach dem Zweck, die Küsten Südamerikas zu vermessen. Aber was der junge Charles, ein naturbegeisterter, wissbegieriger Pflanzen- und Insektensammler, als Begleiter des Kapitäns und unbezahlter Forscher in den folgenden Jahren herausfand, hatte das Potential, unser Weltbild und unser Selbstverständnis grundlegend zu verändern.

Der Kaplan des Teufels und seine Ideen

Unabhängig von den Fortschritten im Bereich der Physik und der Medizin galt es vor knapp 200 Jahren noch als unumstritten, dass die vielfältigen Erscheinungsformen, in denen das Leben auf Erden sich zeigt – Pflanzen, Tiere und vor allem der Mensch – von Gott so geschaffen wurden, wie sie sind. Die biblische Schöpfungsgeschichte galt diesbezüglich als gute Wissensquelle. Man konnte allenfalls darüber streiten, ob der Schöpfer lediglich dem Menschen eine Seele hinzufügte oder auch den Tieren und Pflanzen.

Dass die Arten das Ergebnis einer *Entwicklung,* dass die Lebewesen also nicht fertig erschaffen, sondern allmählich geworden sein könnten, lag jenseits des Denkmöglichen. Und erst recht, dass diese „Evolution" auf die gemeinsame Abstammung aller Lebewesen zurückgehen könnte.

Was heute jedes Kind in der Schule lernt, war anno 1830 schlicht unvorstellbar. Für einige streng bibelgläubige Menschen – in den USA sind es Millionen – ist es das übrigens noch heute.

Charles Darwin, dessen ursprünglicher Lebensplan gewesen war, Landpfarrer zu werden, hielt sich indes an seine Beobachtungen und die penibel gesammelten Fakten.

Wenn am fünften Tag der Schöpfung die Vögel erschaffen worden waren – warum gab es dann so viele unterschiedliche Arten? Warum hatte, wie er auf seiner großen Fahrt dokumentierte, sogar jede Insel ihre eigenen Arten?

Im Verlauf der Schiffsreise kamen dem Naturforscher immer mehr Zweifel an den biblischen Erklärungen. Gleichzeitig entstanden neue, kühne Ideen: Entwickeln sich Arten eigenständig, ihrem Umfeld gemäß? Welche Mechanismen könnten das bewirken? Und hat sich vielleicht überhaupt *alles* diesen Gesetzmäßigkeiten entsprechend entwickelt?

Später, nach seiner Rückkehr und nachdem er die Veränderungen in seinem Denken und seiner Weltsicht selbst verarbeitet hatte, bekannte Darwin: „Ich war […] allmählich zu der Einsicht gelangt, dass dem Alten Testament – mit seiner offensichtlich falschen Weltgeschichte, mit seinem babylonischen Turm, mit dem Regenbogen als Zeichen usw., und seiner Art, Gott die Gefühle eines rachedurstigen Tyrannen zuzuschreiben – nicht mehr Glauben zu schenken sei als den heiligen Schriften der Hindus oder den Glaubensvorstellungen irgend eines Wilden."

Als Charles Darwin an seinem Manuskript über den Ursprung der Arten arbeitete, fühlte er sich „wie ein Kaplan des Teufels". Denn nichts im grausamen Überlebenskampf, den er überall in der Natur beobachtet hatte und nun wissenschaftlich bewertete, offenbarte einen gütigen, liebenden Gott. Die Lehren der Kirchenvertreter und Naturtheologen erschienen ihm weltfremd – wie eine Weltanschauung von Menschen, die die Welt nie gesehen haben.

Die Idee, selbst Landpfarrer zu werden, hatte er aufgegeben.

Allerdings sollte Charles Darwin deshalb nicht als Atheist eingestuft werden. Denn trotz seiner zunehmenden Abneigung gegenüber religiösen Traditionen und Traditionalisten fand er eine „Quelle für die Überzeugung von der Existenz Gottes, die mit der Vernunft und nicht mit den Gefühlen" arbeitet. Darwin: „Das ergibt sich aus der äußersten Schwierigkeit oder vielmehr Unmöglichkeit, einzusehen, dass dieses ungeheure und wunderbare Weltall, das den Menschen umfasst mit seiner Fähigkeit, weit zurück in die Vergangenheit und weit in die Zukunft zu blicken, das Resultat blinden Zufalls oder der Notwendigkeit sei. Denke ich darüber nach, dann fühle ich mich gezwungen, mich nach einer ersten Ursache umzusehen [...] und ich verdiene, Theist genannt zu werden."

Darwins bis heute (un)umstrittene Lehre

Im wesentlichen können die radikal neuen Gedanken in Darwins Lehre wie folgt zusammengefasst werden:

• *Die Welt ist nicht konstant und unveränderlich geschaffen, sondern sie unterliegt einer allmählichen Entwicklung.*

• *Die Arten entstammen einem gemeinsamen Ursprung.*

• *In der Fruchtbarkeit agiert die Natur verschwenderisch. Die Arten produzieren mehr Nachkommen, als die natürlichen Ressourcen Lebensraum gewähren. Daraus folgt ein Kampf ums Überleben, wodurch die Zahl der Individuen, die in einer Population zusammenleben, stabil bleibt.*

• *Innerhalb einer Population sind die Individuen nicht identisch. Es können zahlreiche Unterschiede, „Variationen", beobachtet werden. Die an ihr Umfeld am besten angepassten Individuen haben die größten Chancen, ihre Erbeigenschaften an Nachkommen weiterzugeben. Darin liegt eine natürliche Selektion – das berühmte „Survival of the fittest".*

Über die Frage, wie es zu den Variationen kommt, dachte Darwin lange nach, fand aber keine schlüssige Antwort.

Noch schwieriger wurde die Situation mit der Entdeckung der Vererbungsgesetze, die eher für die Unveränderlichkeit von Lebewesen denn für eine Evolution zu sprechen schienen. Gregor Mendel (1822–1884) hatte sie im Jahr 1866 nach Versuchen mit Pflanzen im Klostergarten von Brünn formuliert. Aber erst um 1900 wurden die nach ihm benannten Gesetze wissenschaftlich beachtet. Man hatte einem Abt wohl nicht zugetraut, relevante Grundlagenforschung zu betreiben. Umso weniger, als die Vererbungsgesetze grundsätzlich unvereinbar mit dem Evolutionsgedanken zu sein schienen.

Letztlich aber gab es an den „Mendelschen Gesetzen" nichts zu rütteln. Deshalb wurden sie im 20. Jahrhundert in den Darwinismus integriert.

Auch andere wissenschaftliche Disziplinen, die sich direkt oder indirekt mit der Evolution befassen – zum Beispiel Genetik, Zellforschung, Systemtheorie oder Verhaltenslehre –, waren zu Darwins Lebzeiten noch nicht bekannt. Entsprechend standen und stehen seine Theorien immer wieder auf dem Prüfstand.

Aber über die wichtigste Tatsache herrscht heute unter seriösen Wissenschaftlern Einigkeit: Dass nämlich ein Evolutionsprozess stattfand. Auch die Abstammungslehre Darwins wird allgemein anerkannt.

Im Jahr 1965 formulierte der österreichische Zoologe und Nobelpreisträger Konrad Lorenz (1903–1989) einen Satz, den die meisten Biologen wohl immer noch unterschreiben würden: „In der Geschichte menschlichen Wissensfortschritts hat sich noch nie die von einem einzigen Manne aufgestellte Lehre unter dem Kreuzfeuer von Tausenden unabhängiger und von den verschiedensten Richtungen her angestellten Proben so restlos als wahr erwiesen wie die Abstammungslehre Darwins."

Aber so eindeutig und klar die Tatsache der Evolution an sich erscheint – warum sie sich ereignet (hat), kann wissenschaftlich nicht letztgültig beantwortet werden.

Führt tatsächlich nur der Zufall zu Variationen und Mutationen im Erbgut, wodurch neue Arten entstehen können? Oder ist „Zufall" in Wirklichkeit doch nur ein Wort für nicht messbare geistige Einflüsse?

Entwickelt sich das Leben einfach irgendwie? Oder folgt die Evolution vom Einfachen zum Vielfältigen einem Ziel, vielleicht sogar einem höheren Willen?

Wie die Antworten auf solche Fragen ausfallen, hängt weitgehend vom dahinter stehenden Weltbild ab. Wissenschaftlich beweis- oder widerlegbar ist letztlich keine dieser Theorien. So unumstritten Darwins Lehre im Grundzug also einerseits ist, so umstritten bleibt sie andererseits.

Kein Zweifel besteht darin, dass Charles Darwin den Rahmen des Denkmöglichen in der Naturforschung radikal erweiterte. Wissenschaftler überwanden theologische Bevormundungen, und Theologen überwanden fundamentalistische Sackgassen.

Ein Beispiel dafür schildert der Wissenschaftshistoriker Ernst Peter Fischer in seinem Buch „Gott und die anderen Großen": „Als Darwin neben Newton in der Westminster-Abtei beerdigt wurde, verkündete der zuständige Erzbischof, worin Darwins Leistung aus kirchlicher Sicht zu sehen sei. Darwin habe nämlich gezeigt, dass Gott nicht einfach die Dinge und Organismen gemacht habe und dann nichts weiter geschehen sei. Gott habe die Dinge und Lebewesen vielmehr so gemacht, wie Darwin bemerkt habe, dass sie sich selbst machen können, und zwar immer anders, wenn sie auf Umwelten treffen, in denen sich etwas geändert hat – das Klima oder die Ressourcen zum Beispiel."

Das abenteuerliche Leben eines Parasiten

Das mögliche Miteinander von Religion und Naturwissenschaft, wie es in dieser Interpretation des Erzbischofs angeklungen war, hatte allerdings keine Zukunft. Die moderne Form des Darwinismus geht davon aus, dass keinerlei göttliche oder überirdische Einflüsse nötig sind, um den „Aufstieg des Lebens" in Gang zu setzen oder zu begleiten. Alles sei letztlich mechanistisch zu erklären. Einen richtungweisenden Mechanismus oder einen „höheren Willen" gebe es nicht.

„Die Darwinsche Lehre von der Evolution durch natürliche Auslese ist überzeugend, weil sie uns einen Weg zeigt, wie aus der Einfachheit Komplexität werden konnte, wie sich ungeordnete Atome zu immer komplexeren Strukturen gruppieren konnten, bis aus ihnen schließlich Menschen entstanden. Darwin hat die bisher einzig gangbare Lösung für das unergründliche Problem unserer Existenz geliefert", meint beispielsweise der Parade-Atheist Richard Dawkins.

Kritiker des Darwinismus werden indes nicht müde, darauf hinzuweisen, dass die Einflüsse, die zu evolutionären Schritten führen, längst nicht alle bekannt sind.

In seinem Buch „Crashkurs: Schöpfung und Evolution" beschreibt der englische Sachbuch-Autor Kevin Logan beispielsweise den abenteuerlichen Lebenslauf eines Parasiten – eine Schilderung, die es, wie viele andere detaillierte Naturbeobachtungen auch, unglaubwürdig erscheinen lässt, dass sich Arten und ihre Verhaltensweisen wirklich nur zufallsgesteuert entwickeln:

„Mein Lieblingswurm ist wirklich ein erstaunliches Wesen. Halipegus – das ist der offizielle Name – fasziniert mich nun schon seit gut zehn Jahren immer wieder neu […] Sein überaus faszinierender Lebenslauf beginnt unter der Zunge eines Grasfrosches. Irgendwann begibt er sich an die Decke der Mundhöhle, wo er sich eine Weile aufhält, bevor er seine bereits befruchteten Eier (Halipegus ist nämlich ein Hermaphrodit, ein zweigeschlechtliches Wesen) in die Mundhöhle ausstößt. Sie werden vom Frosch verdaut und ins Wasser ausgeschieden. Dort schlüpfen die mikroskopisch kleinen Babys aus, die mit einem winzigen Schnabel ausgestattet sind, der kräftig genug ist, um die Schale einer fingernagelgroßen Wasserschnecke zu durchdringen.

Nachdem der winzige Wurm in die Schnecke eingedrungen ist, verzehrt er genüsslich ihre Leber. Schließlich verlässt er seinen inzwischen verstorbenen Wirt wieder, um Ausschau nach seiner nächsten Mahlzeit zu halten. Wenn unser mikroskopisch kleiner Rambo am Grunde des Teiches gelandet ist, spreizt er von seinem Schwanz ausgehende Tentakel, um einen Wasserfloh mit Namen Cyclops anzulocken. Erstaunlicherweise rollt Halipegus seinen eigenen Schwanz um sich herum wie eine Feder. Dann wartet er geduldig, bis sein Opfer vorbeikommt, um anzubeißen.

Wenn ein Cyclops-Floh sich für die vermeintliche Beute interessiert und neugierig seinen Mund öffnet, katapultiert der Wurm sich über die Mundhöhle in die Speiseröhre hinab in den Darm, wo er endlich wieder von einem schützenden Körper umgeben ist. Er darf freilich nicht im Magen enden, denn unser kleiner Rambo ist inzwischen nicht mehr immun gegen Magensäure. Er muss also genau zielen und seine Sprungkraft richtig dosieren. Zum Herumprobieren bleibt keine Zeit. Er darf sich weder zu schwach noch zu stark abstoßen, sonst entkommt der Floh am Ende, und der Wurm muss wieder von vorne anfangen, wobei er, je länger es dauert, immer tiefer in einer glasigen Schicht von Überresten verstorbener Mirkoorganismen versinkt.

Im Inneren seiner neuen Höhle bleibt unserem kleinen Wurm kaum Zeit, sich häuslich einzurichten.

Diese wiederum wird schon bald Opfer eines Laubfrosches, und hier fühlt sich unser kleiner Halipegus aus verständlichen Gründen irgendwie zu Hause. Dies umso mehr, als er inzwischen seinen neuen Taucheranzug angezogen hat, der ihn vor den Magensäften des Frosches schützt.

Nun bleibt ihm nur noch eine strapaziöse Mount-Everest-Besteigung, bis er wieder in der Mundhöhle landet, wo sein Leben begann.

Vier verschiedene Leben in vier unterschiedlichen Wohnungen – das ist der Lebenszyklus, auf den jeder Halipegus programmiert ist."

Kann sich ein so spezielles Verhalten wirklich durch Zufall entwickeln?

Wie kommen Schmetterlinge zustande?

Ein anderer Darwin-Kritiker ist der deutsche Wissenschaftsjournalist Reinhard Eichelbeck. In seinem Buch „Das Darwin Komplott" kommt er zum Schluss, dass der Siegeszug des Darwinismus mit seiner Grundaussage des „Survival of the fittest" wissenschaftsgeschichtlich zwar verständlich ist, weil eine solche Sicht der Dinge als mechanistischer Gegenentwurf zur biblischen Schöpfungsgeschichte höchst willkommen war, dass an dieser Theorie heute aber großer Korrekturbedarf bestehe.

Als Beispiel stellt Eichelbeck die Frage: „Wie kommen Schmetterlinge zustande? Was veranlasst einen besseren Wurm dazu, sich in ein buntes Flugobjekt zu verwandeln?" Und er führt aus: „Vom ‚darwinistischen' Standpunkt des ‚survival of the fittest' aus gesehen, könnte man verstehen, wenn eine Raupe immer gefräßiger wird, wenn sie immer mehr Nahrungspflanzen für sich nutzbar macht, wenn sie immer ‚tarnfarbener', immer giftiger wird und – nachdem sie sich mit einer andersgeschlechtlichen Raupe gepaart hat – immer mehr Eier legt, um sich so weit wie möglich auszubreiten und so viele andere Arten wie möglich zu verdrängen. Aber dies ist nicht geschehen.

Statt dessen verpuppt sich die Raupe, zieht sich, für einen längeren Zeitraum unbeweglich und wehrlos, in sich selbst zurück, löst den eigenen Körper auf und bastelt sich einen neuen, der völlig anders gebaut ist. So als ob ein Auto für ein paar Wochen in der Garage verschwindet und dann als Flugzeug wieder zum Vorschein kommt.

Wie macht sie das – und vor allem, warum? Wie könnte etwas Derartiges aus einer Akkumulation vieler kleiner Veränderungen entstanden sein? Ein Rätsel – mit dem ‚darwinistischen' Denkmodell nicht zu erklären."

Manchem Verhalten, das sich in der Evolution plötzlich zeigt, liegen ganze Serien von genau aufeinander abgestimmten Handlungen zugrunde, die „auf einen Schlag" funktionieren müssen – ohne das Prinzip von „Versuch und Irrtum".

Kann sich das alles nur durch Zufall entwickeln?
Nicht nur solche Gegebenheiten erscheinen rätselhaft. Auch etwa die einfache Frage, warum es so etwas wie Schönheit oder Harmonie in der Natur gibt.
Rein mechanistisch ist sie schwer zu beantworten. Funktionalität hat nicht zwangsläufig etwas mit Schönheit zu tun.
Folgt die Entwicklung des Lebens auf Erden also doch nicht nur der Zweckmäßigkeit, einem bestimmten Nutzen, sondern „höheren Prinzipien", was auch immer man darunter verstehen mag?
Oder die *kulturelle* Evolution, die unsere Entwicklung dominiert: Während sich das menschliche Erbgut seit zigtausend Jahren nicht mehr verändert hat, beschleunigt sie sich exponentiell – ohne dass darin ein adäquater Vorteil für das Überleben zu erkennen wäre. Warum ist das so?

Spielraum für Spekulationen

Viele Fragen sind offen. Allerdings ist es leichter, die Lücken und grundlegenden Probleme in der Evolutionstheorie aufzuzeigen als überzeugende Antworten zu finden. Aber es gibt Spielraum für Spekulationen:
Folgt die Evolution doch bestimmten Zielvorgaben?
Soll letztlich das Geistige an Raum gewinnen – mit allen Begleiterscheinungen die man ihm traditionell zuschreibt: Persönlichkeitsentwicklung, Eigenverantwortung, Empfindungsfähigkeit, religiöse und kulturelle Bedürfnisse?
Liegt am Ende darin ein sinnstiftender Hintergrund für den Aufstieg des Lebens?
Gibt es eine höhere Welt der Ideen, die wie ein Attraktor lenkend auf die Evolution einwirkt? Die Entwicklungsthemen und -marksteine vorgibt, aber dennoch Freiräume bietet, in denen sich das Leben entfalten kann, in denen es immer neue Variationen hervorbringen kann wie ein improvisierender Jazz-Pianist, der sich aber doch zwingend innerhalb eines Themas bewegt?

Oder sind die Schönheit und die Harmonie in der Natur, die Entwicklung vom Unbewussten zum Bewussten, von einfachen zu komplexen Strukturen doch nur Ergebnisse blinden Zufalls? Was wissen wir wirklich über die geheimnisvollen Hintergründe der Formen- und Artenbildung?
Wohl noch nicht allzu viel.

Gerda Lier kommt in ihrem Buch „Das Unsterblichkeitsproblem" (Band 1) zum Schluss, dass „die rein mechanistisch-materialistische Selektionshypothese in Bezug auf die Erklärung der großen Evolutionsschritte und der Entstehung komplexer Organe auch nach Auffassung ihrer kompetentesten Vertreter eingestandenermaßen nur einen ‚extrapolativen' Charakter hat und selbst nach Auffassung ihres gegenwärtig bedeutendsten Fürsprechers nur dem ‚Anbieten einer plausiblen Erklärung' nahe kommt. Hinzu kommt, dass sie prinzipiell nicht beweisbar ist und nur aus einem Mangel an Alternativen akzeptiert wird, da man sonst auf ‚Wunder' zur Erklärung der spektakulären Anpassungen zurückkommen müsste."

Dennoch hatte und hat Darwins Theorie weitreichende Auswirkungen auf unser Weltbild und vor allem auch auf unser Selbstverständnis.

Wenn wir und die Affen gemeinsame Vorfahren haben und letztlich alle Lebewesen eine gemeinsame Abstammung, dann ist es doch vorbei mit der Besonderheit des Menschen. Äußerlich wie innerlich. Oder?

Jedenfalls trug der Darwinismus wesentlich dazu bei, dass heute auch das Bewusstsein, die Innenwelt des Menschen, nicht länger als Komponente einer nicht-körperlichen Seele betrachtet wird, sondern als Gehirnfunktion.

Der Mensch hat demnach im Vergleich zu Tieren nur deshalb ein höheres Bewusstsein, weil sein Gehirn weiter entwickelt ist. Andere mögliche Gründe dafür werden kaum noch diskutiert.

Sollte es also nicht irgendwann auch möglich sein, diese Entwicklung technisch nachzuahmen und voranzutreiben?

Was ist Bewusstsein?

Nicht nur Science-fiction-Autoren, sondern auch Informatiker, Soziologen und Zukunftsforscher machen sich ernsthaft Gedanken darüber, wohin die Entwicklung künstlicher Intelligenz, mit der immer mehr Maschinen ausgestattet sind, führen wird.

Werden Roboter in ihrem Bewusstsein einst über uns hinauswachsen und werden sie dann Menschen als unvollkommene, wenn nicht lästige „biologische Einheiten" betrachten? Sie womöglich als potentiellen Rohstoff für ihre Produktionen verwenden?

Werden sie uns in allen Belangen so überlegen sein, wie jetzt schon beispielsweise im Schachspiel, wo der Computer „Deep Blue" 1997 sogar den Schachweltmeister Garri Kasparov wiederholt besiegt hat?

Yvonne Hofstetter, Autorin des Bestsellers „Sie wissen alles – Wie intelligente Maschinen in unser Leben eindringen", glaubt, dass Künstliche Intelligenz (KI) bereits heute so etwas wie Daseins-Bewusstsein besitzt. Und sie kennt die weltanschauliche Grundlage aller KI-Forschungsarbeit in Silicon Valley: Dort wird der Mensch schlicht und einfach als komplizierte Maschine betrachtet. Also ist die Entwicklungsrichtung klar: Maschinen reagieren immer menschlicher, während der Mensch sich zunehmend der Maschine anpasst. Es wird immer mehr Schnittstellen geben, die Körper und Technik verbinden. Und irgendwann in ferner Zukunft sollte es doch auch möglich sein, menschliches Bewusstsein auf Maschinen zu übertragen.

Ist das also ein Weg zur Unsterblichkeit?

Die Diskussionen darüber lassen vermuten, wir wüssten bereits, was Bewusstsein ist, wie es zustande kommt, und es sei nur noch eine Frage der Zeit, bis die künstliche Intelligenz den Grad menschlichen Bewusstseins erreichen wird.

Ein Trugschluss. In Wirklichkeit wissen wir in diesem Bereich noch sehr wenig. Zwar werden in Zeitschriften und Büchern eifrig hochtrabende Machbarkeitsphantasien publiziert. Aber mit der Realität haben sie wenig zu tun.

In einem Interview für die Zeitschrift „Geo kompakt" (Heft 32) wurde Wolf Singer, einer der prominentesten Hirnforscher Deutschlands, gefragt: „Herr Professor Singer, Sie arbeiten seit vielen Jahrzehnten in der Hirnforschung. Haben sich Ihre Erwartungen erfüllt? Wissen Sie jetzt, was Bewusstsein ist?"

Seine Antwort: „Nein, ich weiß es noch immer nicht. Aber ich habe enorm viel gelernt auf dem Weg, auch enorm viel Frustrierendes erlebt und immer mehr gesehen, wie kompliziert das Gehirn ist."

Inhaltlich ähnlich liest sich ein Manifest elf führender Neurowissenschaftler über Gegenwart und Zukunft der Hirnforschung, das in der Zeitschrift „Gehirn und Geist" (Nr. 6/2004) veröffentlicht wurde. Einige Sätze daraus:

„Völlig unbekannt ist [...], was abläuft, wenn hundert Millionen oder gar einige Milliarden Nervenzellen miteinander reden. [...]

Nach welchen Regeln das Gehirn arbeitet, wie es die Welt so abbildet, dass unmittelbare Wahrnehmung und frühere Erfahrungen miteinander verschmelzen, wie das innere Tun als ‚seine' Tätigkeit erlebt wird und wie es zukünftige Aktionen plant, all dies verstehen wir nach wie vor nicht einmal in Ansätzen. Mehr noch: Es ist überhaupt nicht klar, wie man dies mit den heutigen Mitteln erforschen könnte."

Wolfgang Prinz, ehemaliger Direktor des Max-Planck-Instituts für Kognitions- und Neurowissenschaften in Leipzig, kommentierte das Manifest mit der Bemerkung, dass die Forscher noch „hilfloser" seien, „wenn es um die Subjektivität geht – also um die Frage, wie Gehirnprozesse Bewusstsein hervorbringen". Prinz: „Was die Beziehungen zwischen Gehirnprozessen und Bewusstsein betrifft, wissen wir de facto nicht einmal, wie wir die Frage genau stellen sollen."

Ganz ähnlich äußerte sich dazu der kanadische Experimentalpsychologe Steven Pinker von der Harward University: „Ich habe keine Ahnung, wie ich auch nur ansatzweise nach einer vertretbaren Antwort suchen soll. Und auch niemand sonst hat eine."

Der US-amerikanische Kognitionswissenschaftler Donald D. Hoffmann formulierte: „Die wissenschaftliche Bewusstseinsforschung befindet sich in der peinlichen Lage, dass sie keine wissenschaftliche Bewusstseinstheorie hat."

Solche Eingeständnisse fassen die Problematik in der Gehirn- und Bewusstseinsforschung gut zusammen. In den vergangenen hundert Jahren konnten epochale Erkenntnisse über die neuronalen Netzwerke, die auch uns Menschen steuern, gewonnen werden. Es gibt schon detailliertes Wissen darüber, wie kognitive Prozesse und Hirnfunktionen zusammenhängen. Aber die Frage aller Fragen blieb unbeantwortet: Was ist es, das uns die Welt als „Ich" erleben lässt, das uns denken, empfinden, hoffen, lieben und leiden lässt und das Leben erst lebenswert macht?

Was ist Bewusstsein?

Fest steht, dass Denkvorgänge und Intelligenz mit Bewusstsein zu tun haben. Biologen sehen in sinnvollen Reaktionen, wie sie schon bei Mikroben beobachtet werden können, eine Urform von Intelligenz. Sie gestattet es den simplen Geschöpfen, sich in ihrer Umwelt zurechtzufinden.

Rezeptoren empfangen Reize und leiten sie weiter – mit diesem Grundprinzip eines Signalverkehrs begann demnach vor mehr als dreieinhalb Milliarden Jahren am Grund des Urozeans die Geschichte des Denkens.

Die ersten Nervennetze dürften vor etwa 750 Millionen Jahren in den Körpern urtümlicher Quallen entstanden sein. Sie ermöglichten koordinierte Bewegungen. Ohne Koordination könnte kein vielzelliges Lebewesen als Einheit funktionieren.

Ungefähr 150 Millionen Jahre später bildeten sich nach heutigem Kenntnisstand in den Körpern von Würmern die ersten Gehirne – und zwar an dem Ende des Körpers, das in der Bewegung voran geht. Das ist sinnvoll, denn der so definierte „Vorderteil" kommt zuerst mit den Möglichkeiten oder Gefahren der Umgebung in Kontakt.

Nach und nach zeigte sich im Verlauf der Evolution ein höchst erfolgreicher Körperbauplan: ein Gehirn am Kopfende, Nervenstränge im Körper.

Vor etwa 500 Millionen Jahren hatte dann das Gehirn der ersten Fische bereits jene dreiteilige Grundstruktur, die bis heute alle

Wirbeltiere besitzen: Der *Hirnstamm* regelt wichtige Funktionen wie Herzschlag und Atmung; das *Kleinhirn* koordiniert Bewegungen und sorgt dafür, dass der Körper sein Gleichgewicht halten kann; das *Großhirn* schließlich verarbeitet Sinnenreize und entscheidet, wie das Tier reagiert.

Erst vor etwa 50 Millionen Jahren trat unter den Säugern eine Tierart hervor, die in Bezug auf ihre Hirngröße außergewöhnlich war: die Affen. Sie pflegten bereits soziale Beziehungen, lebten in Gruppen und entwickelten beachtliche Intelligenz.

Vor ungefähr 27 Millionen Jahren konnten die klügsten Primaten streckenweise auf zwei Beinen laufen und Werkzeuge herstellen. Sie alle dürften schon über ein Selbstbewusstsein verfügt haben.

Aus ihnen ging dann irgendwann vor ein paar Millionen Jahren der Mensch – Homo – hervor. Mit seinem Denkorgan und einem entsprechend entwickelten Körper ist er in der Lage, die Natur zu erforschen, zu verstehen und zu verändern, Begriffe und Sprachen zu formen, Informationen aufzubewahren und weiter zu vermitteln – oder sich beispielsweise, wie ich in diesem Augenblick, sich darüber Gedanken zu machen, was denn Bewusstsein eigentlich ist.

Das wissen wir trotz der ziemlich detailreich erforschten Geschichte der Gehirnentwicklung immer noch nicht.

So fundiert unsere Kenntnisse über die Evolution heute schon sind, wir können damit doch nur das Äußere beschreiben. Wir wissen zwar, dass Quallen Nervennetze und Würmer erste Gehirne entwickelten. Aber wir wissen nicht, wie diese Tiere die Welt *erlebten*.

Entwickelt sich Bewusstsein automatisch entsprechend der Gehirnstruktur?

Entsteht aus einem ausreichend komplexen Zusammenspiel von Neuronen zwangsläufig ein erlebnisorientiertes Innenleben – bewusste Wahrnehmung, bewusste Entscheidung, letztlich ein Bewusstsein über das Ich, das Werden und Vergehen und die Gesetzmäßigkeiten des Lebens?

Was passiert unter der Schädeldecke?

Bis vor wenigen Generationen bestand kaum Aussicht darauf, genauer ergründen zu können, ob und wie das, was unter der Schädeldecke eines Menschen passiert, zu dem passt, wie er die Welt erlebt – zu seinen Gefühlen, Empfindungen, Erlebnissen, Hoffnungen, Selbstwahrnehmungen.

Natürlich war schon lange bekannt, dass Persönlichkeit und Gehirntätigkeit eng zusammenspielen, denn dazu gab es praktische Erfahrungen – den Schlag auf den Kopf beispielsweise, der zu Gedächtnisverlust führt. Aber es war keine Möglichkeit in Sicht, die Theorien darüber, wofür welche Abteilung der „grauen Zellen" zuständig ist, experimentell zu überprüfen. Das Sezieren toter Körper brachte diesem Ziel nicht näher, und wie sollte man aus den Köpfen lebender Menschen Erkenntnisse gewinnen?

In den letzten Jahrzehnten haben sich jedoch völlig neue Möglichkeiten eröffnet.

Mit Hilfe bildgebender Verfahren können Gehirnaktivitäten jetzt auf dem Monitor beobachtet werden. Neuronale Aktivitäten lassen sich auf diese Weise ganz klar bestimmten Handlungsprozessen zuordnen.

Auch medizinische Erkenntnisse haben bemerkenswerte Zusammenhänge zwischen Gehirn und Persönlichkeit offen gelegt. Zum Beispiel brachten Untersuchungen an sogenannten Split-Brain-Patienten, in deren Kopf die Verbindung zwischen der bildorientierten rechten und der sprachorientierten linken Großhirnhälfte getrennt ist, erstaunliche Ergebnisse. Der deutsche Humanbiologe Franz Mechsner schrieb über Forschungen an solchen Personen in der Zeitschrift „GEO Wissen" (Ausgabe „Intelligenz und Bewusstsein"):

„Zeigt man der wenig sprachbegabten rechten Hemisphäre ein obszönes Bild, beginnt der Patient vielleicht zu grinsen. Gefragt, warum er grinse, gibt er jedoch nicht den wahren Grund an, sondern sagt etwas wie: ‚Ihr Hemd sitzt so komisch'. Die sprachbegabte linke Hemisphäre, die wegen der gekappten Verbindung zur rechten nichts von dem Bild weiß, fabuliert sich einfach eine Geschichte zurecht."

Genügt also ein chirurgischer Schnitt, damit plötzlich zwei „Personen" in einem Schädel sitzen? Die eine grinst, weil ihr das Bild gezeigt wurde, die andere „merkt, dass gelacht wird und bildet sich in bestem Glauben einen völlig anderen, in diesem Augenblick frei erfundenen Grund ein".

Mechsner schließt daraus, dass unser Gehirn „sich selbst etwas vormacht" und sich auf diese Art letztlich auch den Eindruck von einem Ich verschafft.

Demnach wäre unser Ich-Bewusstsein lediglich ein Ergebnis der Gehirntätigkeit. Das Ich würde nicht selbst willentlich denken, sondern vom Hirn erdacht werden. Der Eindruck von uns selbst, von unserer geistigen Unabhängigkeit und Willensfreiheit wäre nichts als eine große Illusion, die, wie manche Biologen vermuten, dem Zweck dient, alle Gedanken, Worte und Handlungen einem vorteilhaften „Selbstmodell" zuzuschreiben.

Auch aus dem „Cotard-Syndrom", einer anderen seltenen Persönlichkeitsstörung, bei der Betroffene davon überzeugt sind, es gäbe sie nicht mehr, sie wären tot, leiten Neurologen ab, dass das Gehirn das „Ich" erzeugt. Scans bei diesen Patienten haben nämlich gezeigt, dass große Teile des Frontallappens, die mit dem Selbst zusammenhängen, so geringe Aktivität zeigen wie sonst nur im schlafenden oder bewusstlosen Zustand.

Aber Vorsicht!

Solche Fallbeispiele sind hier nicht als Belege für ein deterministisches Selbstverständnis angeführt, das dem Menschen seine Entscheidungsfreiheit und Geistigkeit aberkennt. Zunächst einmal zeigen sie beispielhaft, dass es in der Hirn- und Bewusstseinsforschung nicht unüblich ist, aus Einzelbefunden (allzu) weitreichende Schlüsse zu ziehen. Wir werden auf diese Problematik noch zu sprechen kommen.

Die medizinischen und biologischen Forschungen im 20. Jahrhundert haben jedenfalls unbestreitbar erwiesen, dass die Gehirntätigkeit in direktem Zusammenhang mit den Eigenarten und Möglichkeiten der menschlichen Persönlichkeit steht. Nicht zuletzt zeigen das auch verbreitete Krankheitsbilder wie etwa Demenz. Der Mensch vergisst, wenn bestimmte Prozesse im Gehirn zum Erliegen kommen. Auch diese Zusammenhänge können auf dem Bildschirm sichtbar gemacht werden.

Des weiteren haben moderne Gehirnscanner gezeigt, dass wir Menschen offenbar immer dann etwas bewusst wahrnehmen, wenn sich im Großhirn Nervenzellen zusammenschließen und im Gleichtakt feuern.

Muss aus solchen Beobachtungen nicht zwingend geschlossen werden, dass unser Gehirn Bewusstsein *produziert?* Dass es ohne das neuronale Feuer im Großhirn, ohne Kopf, ohne Körper kein Bewusstsein geben kann?

Zwingend ist dieser Schluss nicht.

Schon der US-amerikanische Psychologe und Philosoph William James (1842–1910) wies auf die unterschiedlichen Formen von funktionaler Abhängigkeit hin, die zwischen Körper und Bewusstsein bestehen können. Demnach gibt es nicht nur erzeugende, sondern auch auslösende und transmissive (übertragende) Abhängigkeiten.

Wenngleich also eindeutige Zusammenhänge zwischen Gehirntätigkeit und Bewusstsein dokumentiert werden konnten, ist damit die Rolle, die das Gehirn spielt, noch längst nicht geklärt. Es könnte sein, dass es – wie heute die meisten Forscher annehmen – Bewusstsein produziert („Produktionshypothese"). Aber es könnte auch gut sein, dass das Gehirn – wovon die Anhänger der Transmissionshypothese überzeugt sind – Bewusstsein lediglich auslöst oder überträgt.

Dieser Theorie zufolge würde Bewusstsein als nicht-körperliche Gegebenheit bestehen, aber durch die Gehirntätigkeit im Körper ausgelöst beziehungsweise in ihn übertragen werden. Das neuronale Feuer würde, so betrachtet, eine Vermittlerrolle spielen.

Etliche Fakten sprechen für die Transmissionshypothese. Zum Beispiel erstaunliche Fälle, die in der medizinischen Fachliteratur beschrieben sind. So konnten sich Menschen, denen eine komplette Gehirnhälfte entfernt werden musste, nach dieser Operation wieder gut erholen. Das verbliebene Gehirn übernahm nach und nach alle Funktionen.

Eine Untersuchung von Patienten mit „Wasserkopf", deren Schädel also zu 95 Prozent nur mit Hirnflüssigkeit ausgefüllt war, zeigte, dass die Hälfte dieser Menschen einen Intelligenzquotienten von über 100 hatte.

Bei einem Studenten, dessen Großhirnrinde nur etwa 100 Gramm wog (statt wie üblich knapp eineinhalb Kilogramm) und nur etwa einen Millimeter dick war (normalerweise sind es viereinhalb Zentimeter), wurde ein IQ von 126 gemessen. Obwohl er, wie der britische Neurologe Dr. John Lorber es formulierte, „praktisch kein Gehirn hat", verhielt er sich völlig normal und bestand sein Examen mit Auszeichnung.

Auch wurden Krankheitsgeschichten von Patienten dokumentiert, denen das Kleinhirn operativ entfernt werden musste, damit sie überleben konnten. Dennoch lernten sie wieder, ihre Bewegungen zu koordinieren und konnten mit der Zeit ein normales Leben führen.

Solche Fälle haben natürlich Diskussionen darüber entfacht, welche Rolle das Gehirn nun wirklich spielt.

Anhänger der Transmissionshypothese sehen darin klare Hinweise auf die Eigenständigkeit des Bewusstseins. Die Substitutionsfähigkeit des Gehirns sei mit ihrer Theorie plausibler zu erklären. Man müsse nicht annehmen, dass ein mangelhaftes Gehirn immer wieder neu Bewusstsein erzeugt. Vielmehr sei dieses hinter den Kulissen des Körpers bereits vorhanden; das Gehirn müsse nur neue Wege finden, damit es sich manifestieren kann.

Auch andere rätselhafte Phänomene wie etwa Nahtoderlebnisse, Wahrträume oder einfach der berühmte Placebo-Effekt lassen sich mit der Annahme einer bewussten „geistigen Instanz", die dem Körper verbunden ist und auf ihn einwirkt, aber nicht aus dem Körper selbst stammt, eher erklären als mit der Produktionshypothese.

„Quantenaspekte" zwischen Geist und Gehirn

Ein Erklärungsmodell für das Zusammenspiel von Bewusstsein und Gehirn lässt sich aus der Quantenphysik ableiten. In seinem Buch „Das bewusste Universum" weist Amit Goswami auf „Quantenaspekte" in der Gehirntätigkeit hin. Beispielsweise scheint es auch in der Welt der Gedanken so etwas wie eine „Unschärferelation" zu geben, denn „konzentrieren wir uns [...] auf den Inhalt eines Gedankens, verlieren wir die Richtung aus dem Auge, in die der Gedanke wandert. Konzentrieren wir uns jedoch auf die Richtung eines Gedankens, sehen wir seinen Inhalt weniger genau. Wir brauchen nur einmal unsere Gedanken zu beobachten, um das festzustellen."

Weiters gebe es „genügend Indizien dafür, dass geistige Phänomene Diskontinuität beinhalten, sprich Quantensprünge in ihnen vorkommen, vor allem bei dem Phänomen der Kreativität". Kreative Lösungen entwickeln sich nicht kontinuierlich, sondern „sprunghaft", sie sind irgendwann „plötzlich da".

Goswami weist außerdem auf ein (von ihm begleitetes) Experiment hin, das ein Team um den mexikanischen Psychologen Jacobo Grinberg-Zylberbaum durchgeführt hat. Es erwies eine „spukhafte Fernwirkung" zwischen Gehirnen, wie sie in der Quantenphysik als „EPR-Korrelation" bekannt ist.

„Bei diesem Experiment interagieren zwei Testpersonen eine Zeitlang miteinander, bis sie das Gefühl haben, dass sich zwischen ihnen eine direkte (nicht lokale) Verbindung aufgebaut hat. Sie halten dann ihren direkten Kontakt jeweils dem Inneren eines Faradaykäfigs über eine gewisse Entfernung aufrecht. Wenn nämlich das Gehirn der einen Person auf einen äußeren Reiz anspricht, das heißt ein elektromagnetisches Potenzial bei ihr evoziert wird, dann ist bei der anderen Person ein in Form und Stärke zum ausgelösten Potenzial ähnliches Transferpotenzial zu erkennen. Man kann es nicht anders interpretieren, als dass es ein Beispiel für die Quanten-Nichtlokalität ist, die auf die nicht lokale Korrelation zwischen den beiden [...] zurückgeht."

Für Amit Goswami passt diese Theorie der „Quantenaspekte" gut zum monistischen Idealismus: Ein allumfassendes, nicht-lokales Bewusstsein ist demnach die Grundlage des Seins; aus diesem „gerinnt" mit Hilfe der Hirntätigkeit die subjektive, persönliche Wahrnehmung.

Die „Causa" freier Wille

Zeit für eine Zusammenfassung. Wir hatten uns in diesem Kapitel die materialistische Grundannahme Nummer 2 vorgenommen. Sie lautet: *Bewusstsein ist ein Nebenprodukt des Gehirns. Der Begriff „Psyche" oder „Seele" sowie die menschliche Persönlichkeit hängen untrennbar und ausschließlich mit dem Gehirn zusammen. Ein körperunabhängiges Bewusstsein gibt es nicht. Auch keinen freien Willen.*

In unseren Betrachtungen hat sich gezeigt, dass diese Theorie weder aus Darwins Evolutionstheorie hervorgeht, noch aus der Biologie oder der modernen Gehirnforschung zwingend abgeleitet werden kann. Sie ist eine unbewiesene Annahme. Nicht mehr und nicht weniger.

Unser Wissen darüber, was die durchschnittlich nicht einmal eineinhalb Kilo schwere Masse aus Wasser, Fett und einigen Spurenelementen, die in unserem Kopf eingekapselt ist, wirklich vermag, ist noch äußerst bescheiden.

Ist es tatsächlich möglich, dass aus dieser kunstvoll geordneten Körperstruktur, auch wenn sie als die komplizierteste im Universum gilt, Erleben, Empfindung, Bewusstsein entstehen kann?

Die Kluft zwischen dem heute propagierten technokratischen Menschenbild, das in Aussicht stellt, unser Bewusstsein werde bald ausreichend ergründet und ähnlich manipulierbar sein wie körperliche Organe, und der Realität in der Forschung ist denkbar groß.

Vielleicht liegt darin mit ein Grund dafür, dass in der Hirnforschung alle Befunde, die in Richtung eines determinierten, durch

Reaktionsmechanismen definierten Menschen weisen, so gern als „Wahrheit" interpretiert und kommuniziert werden.

Das wohl beste Beispiel dafür ist die Diskussion über den freien Willen.

Vor allem in Westeuropa sind sich namhafte Neurobiologen darüber einig, dass der Mensch keinen freien Willen hat. Es wird viel über die Konsequenzen aus dieser Einsicht diskutiert, vom Selbstverständnis bis hin zum Strafrecht. Denn darf jemand für eine Tat zur Verantwortung gezogen werden, die er, biologisch betrachtet, gar nicht verantworten kann?

Was jedoch kaum noch diskutiert wird, sind die Grundlagen für die Annahme, dass der Mensch keinen freien Willen habe. Sie lassen sich – einmal abgesehen von psychoanalytischen Betrachtungen, die vielfältige Abhängigkeiten beschreiben – auf ein richtungweisendes Experiment in der Gehirnforschung zurückführen. Der US-amerikanische Physiologe Benjamin Libet (1916–2007) hat es Anfang der 1980er Jahre durchgeführt. Es wurde in der Folge als „Libet-Experiment" weltberühmt und in ähnlicher oder erweiterter Form oft wiederholt.

Im Wesentlichen hat Libet herausgefunden, dass einer Handlung – etwa dem Drücken eines Knopfes –, im Gehirn eine spezifische elektrische Veränderung, das „Bereitschaftspotential" (BP), vorausgeht. Wenn jemand sich also dazu entschließt, den Knopf zu drücken, ist im Gehirn bereits vorher ein BP messbar.

Es geht dabei nur um Sekundenbruchteile, aber die zeitliche Abfolge kann klar dokumentiert werden: Etwa 200 Millisekunden vor der motorischen Handlung, in unserem Beispiel also vor der Fingerbewegung, liegt der Willensentschluss: „Ich will jetzt den Knopf drücken!" Aber bereits etwa 350 Millisekunden vor diesem bewussten Entschluss ist das Bereitschaftspotential im Hirn messbar!

Aus dieser Gegebenheit leiten viele Gehirnforscher ab, dass es keinen freien Willen gibt. Das Gehirn vermittle dem von ihm kreierten Bewusstsein nur den Eindruck eines vom Ich gesteuerten freien Entschlusses, während es in Wirklichkeit jede Handlung reaktiv vorbereite. Der freie Wille sei daher nur eine Illusion.

Interessanterweise bewertete Benjamin Libet die Ergebnisse seiner Experimente nicht so dramatisch. In seiner Abhandlung „Haben wir einen freien Willen?" meinte er selbst, seine Experimente würden lediglich beweisen, dass der Willensprozess unbewusst eingeleitet werde. Denn, so Libet: „Die Bewusstseinsfunktion kann den Ausgang immer noch steuern; sie kann die Handlung durch ein Veto verbieten. Willensfreiheit ist daher nicht ausgeschlossen."

Die deutsche Übersetzung des Libet-Aufsatzes ist im Buch „Hirnforschung und Willensfreiheit" (Herausgeber: Christian Geyer) veröffentlicht. Libet spricht sich darin klar gegen ein deterministisches Menschenbild und für den freien Willen aus:

„Meine Schlussfolgerung zur Willensfreiheit, die wirklich frei im Sinne der Nicht-Determiniertheit ist, besteht darin, dass die Existenz eines freien Willens zumindest eine genauso gute, wenn nicht bessere wissenschaftliche Option ist als ihre Leugnung durch die deterministische Theorie. Die spekulative Natur von sowohl deterministischen als auch indeterministischen Theorien vorausgesetzt, warum sollen wir nicht die Sichtweise annehmen, dass wir einen freien Willen haben? Eine solche Sichtweise würde uns zumindest gestatten, auf eine Weise vorzugehen, die unser eigenes tiefes Gefühl akzeptiert und sich ihm anpasst, nämlich dass wir einen freien Willen haben. Wir brauchten uns nicht als Maschinen zu verstehen [...]

Ich schließe nun mit einem Zitat des großen Romanciers Isaac Bashevis Singer, das an die eben beschriebenen Ansichten anknüpft. Singer brachte seinen starken Glauben daran, dass wir einen freien Willen haben, zum Ausdruck. In einem Interview gab er folgende Behauptung zum Besten: ‚Das größte Geschenk der Menschheit ist die freie Wahl. Es ist richtig, dass wir beim Gebrauch dieser freien Wahl begrenzt sind. Aber das Wenige an freier Wahl, das wir haben, ist ein solch großes Geschenk und ist potentiell so viel wert, dass es sich lohnt, gerade dafür zu leben.'"

Bei näherer Betrachtung zeigt die „Causa freier Wille", dass nicht unbedingt immer Forschungsergebnisse zu einem bestimmten Weltbild führen. Es kann auch, umgekehrt, das Weltbild die Interpretation der Ergebnisse bestimmen.

Die Schlussfolgerung aus dem Libet-Experiment, der Mensch habe keinen freien Willen, erscheint jedenfalls, wenn überhaupt, nur innerhalb der Produktionshypothese naheliegend.

Setzt man hingegen voraus, das Gehirn würde Bewusstsein vermitteln, dann müssen die Erkenntnisse darüber, wie Handlungsprozesse eingeleitet werden, nicht weiter verwundern.

Nach der Transmissionshypothese ist der freie Wille – als Ausdruck des Bewusstseins – seelisch-geistiger Art. Das Gehirn erlaubt es ihm, sich physisch-körperlich zu manifestieren. Diese Manifestation beginnt mit der elektrischen Veränderung, die als Bereitschaftspotential gemessen werden kann, setzt sich fort in der Bildung des Gedankens „Ich will jetzt …" und endet mit der motorischen Handlung.

In dieser Sichtweise ist die Gedankenbildung eine *Folge* von Bewusstsein, nicht das Bewusstsein selbst. Sie ist unter anderem abhängig von der Sprache sowie von den Bildern und Erlebnissen, die wir in uns tragen. Gedanken können bewusste Vorgänge begleiten.

Und das Gehirn ist doch kein Muskel …

Die spannende „Causa freier Wille" wird gleich noch einmal zur Sprache kommen – und zwar in dem folgenden Gespräch, das ich mit dem Göttinger Neurobiologen Gerald Hüther geführt habe.

Unser Thema war ein Streifzug durch die letzten Jahrzehnte der Hirnforschung – vor dem Hintergrund der Frage: „Was ist das Wesen des Menschen?"

In dem Interview wurde deutlich, dass einige der Behauptungen und Theorien, die noch vor wenigen Jahren Gültigkeit hatten, heute als ziemlich lebensfern eingestuft werden müssen.

Die Hirnforschung steht im Zentrum, wenn es darum geht, das Wesen des Menschen zu beschreiben. Was sind denn aus Ihrer

Sicht die wichtigsten Erkenntnisse aus den letzten 25 Jahren, die das Bild von uns selbst geprägt haben?

Hüther:
Wir leben seit der Aufklärung in einem Zeitalter, in dem wir nicht mehr an das glauben, was sich irgend jemand ausgedacht hat. Wir wollen, dass etwas objektiv nachgewiesen wird, und die Hirnforschung wird als harte Naturwissenschaft betrachtet.

Bis in die 1980er Jahre hatte sie allerdings nichts Besonderes zu bieten – außer elektrophysiologische Daten und irgendwelche Vorstellungen darüber, wie es im Hirn aussieht. Aber dann wurden bildgebende Verfahren eingeführt. Das ist ein interessantes Beispiel dafür, wie plötzlich durch eine neu entwickelte Technologie das alte Weltbild zusammenbricht – fast wie durch das Fernrohr im Mittelalter.

Viele Hirnforscher waren anfangs nicht glücklich über das, was sie nun beobachten mussten, weil es dem widersprach, was sie 20 Jahre oder sogar ihr ganzes Forscherleben lang behauptet hatten. Eine dieser Aussagen war: Das Hirn ändert sich nicht mehr, wenn es einmal fertig entwickelt ist.

Das stimmt nicht. Wir wissen heute, dass man zeitlebens, bis ins hohe Alter, neue Vernetzungen im Gehirn aufbauen kann. Aber nicht dadurch, dass man viel übt und sich anstrengt, sondern durch etwas, das der Gesellschaft, in der wir heute leben, fragwürdig erscheint, nämlich durch ein Gefühl, das das Lernen begleitet.

Ich habe dieses Gefühl manchmal Begeisterung genannt, vielleicht nennt man es lieber Freude oder Hingabe, denn mit dem Begriff „Begeisterung" erntet man immer auch den Schaum, der da mit dabei ist.

Es muss jedenfalls, haben die Hirnforscher erkannt, zu einer Aktivierung der emotionalen Zentren im Gehirn kommen. Dann können tatsächlich auch neue Verschaltungsmuster aufgebaut werden. Das heißt, was ich mit Freude, mit Hingabe tue, führt dazu, dass die entsprechenden Vernetzungen im Hirn immer besser werden.

Jeder kennt das aus der Praxis: Wenn man es schafft, in den Modus der Freude und Hingabe zu kommen, braucht man nicht ewig zu üben, dann geht das Lernen unglaublich schnell, egal, was man lernen will. Diese Erkenntnis der Hirnforschung ist eine große Herausforderung für unser gegenwärtiges Bildungssystem. Es ist schwierig, sie dort umzusetzen.

Die Vorstellung, man könne das Gehirn gezielt trainieren wie einen Muskel, ist aus Ihrer Sicht also definitiv vom Tisch.

Hüther:
Ja, sie ist ein Beispiel für die falsche Übertragung einer Vorstellung auf eine Ebene, auf der sie nicht mehr gilt. Das Hirn ist kein Muskel. Es ist auch keine Maschine und kein Computer. Das Hirn hat im Gegensatz zum Muskel sozusagen einen eigenen Monitor – das Gefühl –, mit dem es prüft, ob etwas wichtig oder unwichtig ist.
Es wäre auch Nonsens, wenn es sich auf etwas einließe, bei dem der Monitor nicht angegangen ist. Deshalb kümmert man sich nur um das, was wichtig ist, und wichtig ist das, was ein Gefühl erzeugt. Das kann auch manchmal Angst sein. Aber das schönste Gefühl, das dem Gehirn sagt: „Hier geht's lang", ist eben – nennen wir es ruhig weiter so – Begeisterung. Damit werden neuroplastische Botenstoffe im Hirn ausgeschüttet, und die tragen dazu bei, dass neuroplastische Umbauprozesse stattfinden, dass die Neubildung von Fortsätzen und Synapsen in Gang gesetzt wird. Ein Muskel hat keinen Monitor für das, was wichtig ist. Er wird trainiert, und dann wird er dicker.

Gab es Erkenntnisse aus der Hirnforschung, die einen direkten Einfluss auf unser Selbstverständnis hatten und klar gezeigt haben: Worauf wir bisher unterwegs waren war ein Holzweg?

Hüther:
Die Annahme, das Gehirn würde sich überhaupt nicht mehr ändern, wenn es einmal fertig ist, gehört sicher dazu. Man hat noch

darüber gestritten, wann es fertig entwickelt ist, aber nach diesem Zeitpunkt sollte es stabil bleiben. Nervenzellen sollten gar nicht mehr auswachsen und sich teilen können. Heute ist das alles passé. Wir beobachten, dass das zeitlebens geht.
Danach hat man gedacht, man müsse üben, trainieren, um das Gehirn leistungsfähiger zu machen. Aber nein, es wurde klar: Wenn wir etwas lernen wollen, dann muss es schon ein bisschen unter die Haut gehen, dann muss ein Gefühl dabei sein.
Und das aus meiner Sicht vielleicht Wichtigste ist, dass wir über die Hirnforschung überhaupt erst begriffen haben, wie beschränkt das Konzept ist, mit dem wir bisher losgezogen sind, um das Menschsein zu erklären. Wir haben ja gedacht, dass genetische Programme uns steuern. Manche haben sogar den Menschen als Container für egoistische Gene betrachtet, die bestimmen, was er zu tun hat ...

... *womit jedes Lebewesen den Genen dienen würde.*

Hüther:
Genau. Das Lebewesen ist nur ein Produkt der Gene, damit die Gene sich egoistisch reproduzieren können. Das war natürlich eine tolle Vorstellung für diejenigen, die vom Konzept egoistischer Durchsetzungsstrategien begeistert waren. Aber in Wirklichkeit ist es anders – und im Gehirn wird das deutlich. Da gibt es Milliarden von Vernetzungen, die in jedem Hirn anders sind. Das kann nicht genetisch gelenkt sein. Wir hätten gar nicht so viele Gene.
Diesbezüglich gab es ja eine weitere große Enttäuschung. Die Molekularbiologen haben nach dem Ansatz „Wenn wir erst mal wissen, wie das Genom des Menschen aussieht, können wir auch den Menschen beschreiben" konsequent das ganze Genom sequenziert. Aber das Ergebnis war ein solcher Frust, dass sie es nie laut zugegeben haben.
Das Genom des Menschen umfasst nicht, wie erwartet, 300.000 Gene – so viele hätte man mindestens gebraucht, um all die Merkmale eines Menschen genetisch erklären zu können –, sondern

nicht einmal 30.000. Der Mensch hat also etwa so viele Gene wie ein Fadenwurm.

Da muss man doch fragen: Was ist an unseren Konzepten falsch? Was ist in der Art und Weise, wie wir denken, verkehrt? Die Gehirnforschung hat dazu beigetragen, dass das Gen-Konzept so schnell hinterfragt werden konnte. Denn im Gehirn kommt man mit dem Hinweis auf die Gene überhaupt nicht mehr weiter. Also muss man fragen: Wie organisiert sich das Leben eigentlich? Und jetzt wird's spannend. Jetzt kommen die Systemtheoretiker und die Komplexitätswissenschaftler mit ihren Vorstellungen ins Spiel: Plötzlich wird deutlich, dass man die Entwicklung und die Funktionsweise des Hirns relativ gut als sich selbst organisierendes System beschreiben kann. Solche Systeme erfinden im Prozess des eigenen Werdens die Information, die sie brauchen, auch die Art der Kollektivität, die sie benötigen, um zu überleben oder zu funktionieren.

Damit sind wir auf einer Ebene, die jeder Einzelne kennt. Ein Kind, das in einer Familie aufwächst, findet die Informationen dafür ja erst allmählich heraus, wie es sich in der Familie zu verhalten hat, oder später in seinem Kulturkreis. Dieses Wissen ist ihm nicht mitgegeben, das entsteht erst im Prozess des eigenen Werdens. Und dieser Ansatz wirft so ziemlich alles über den Haufen, was wir bisher an deterministischen Ansätzen – leider auch in meiner Disziplin, der Biologie – entwickelt und in die Welt getragen haben.

Viele Gehirnforscher scheinen aber immer noch ausgeprägte Deterministen zu sein!

Hüther:

Ja ... und das dürfen sie auch sein. Ich gestehe jedem das Recht zu, das zu glauben, was er für richtig hält. Ich würde aber von einem akademisch ausgebildeten Menschen ... vielleicht auch von einer Putzfrau ... eigentlich von jedem Menschen erwarten, dass er sich ab und zu fragt, warum er das glaubt, was er glaubt. Dann stellt sich schnell heraus, dass die Putzfrau gewisse Vorstellungen hat, die ihr nützen, damit sie ihren Job machen kann. Und dass der Universitätsprofessor auch an verschiedene Dinge glaubt, sie sogar vehement vertritt und verteidigt, weil sie ihm nützen. Sie sind oftmals ja Teil der Karriere, Teil seiner Identität.

Mit bestimmten Theorien, die heute heftig vertreten werden, finden auch sehr viele Leute in der Bevölkerung ihre Anhänger, weil sie zum Beispiel rechtfertigen, warum es eine Wettbewerbs- und Leistungsgesellschaft gibt; weil sie begründen, warum sich jeder selbst der Nächste ist und dass wir als Menschen gar nicht anders funktionieren können; dass es deshalb Ungleichheiten geben muss, die dahin führen, dass am Ende die einen das Geld haben und die anderen nicht und die einen sich ihre Möglichkeiten erschließen können und die anderen im Dreck stecken bleiben.

Wenn man also solche Theorien braucht, um die Gesellschaft aufrecht zu halten, dann sind all jene, die davon profitieren, sehr dankbar, wenn da einer kommt und sagt, genetisch oder hirntechnisch müsse das alles so sein.

Einige Hirnforscher meinen, deterministischen Vorstellungen folgend, der Mensch habe gar keinen freien Willen. Das Gehirn erzeuge nur eine Illusion davon. Lässt sich aus Ihrer Sicht wirklich behaupten, neurobiologische Befunde würden beweisen oder nahelegen, dass unser freier Wille eine Art Einbildung ist?

Hüther:
Ich fürchte, dass die Neurobiologen, die mit dieser These angetreten sind, sich gar nicht gefragt haben, was der freie Wille eigentlich ist. Wir reden häufig über Begriffe, die nicht definiert sind.

Für mich ist eine gute Definition des freien Willens mit dem verbunden, was Viktor Frankl im KZ beobachtet hat. Dass Menschen unter Bedingungen geraten können, die unvorstellbar unmenschlich, menschenunwürdig sind, wo sie am Ende sogar in die Gaskammer gehen ... sich aber bis zuletzt doch ihre Würde bewahren. Weil sie immer noch entscheiden, ob sie ihr Leben als etwas Sinnvolles betrachten ...

... der Wille zum Sinn, wie Frankl sagt ...

Hüther:
... ja, und das macht doch deutlich, welche Freiheit der Mensch selbst in der allergrößten Not noch hat. Er muss sich nicht zum Opfer der Verhältnisse erklären. Er kann bis zuletzt dem Gegner ins Auge schauen und sagen: „Gut, dann schießt du mich eben tot!" Und diese Freiheit ist himmelweit weg von irgendwelchen Experimenten, die da von Hirnforschern durchgeführt worden sind, um festzustellen, dass 600 Millisekunden bevor einer auf den Knopf drückt, in seinem Hirn schon irgendein Muster erschienen ist. Das ist eigentlich ein bisschen lächerlich. Es ist aber bezeichnend für unsere Gesellschaft, dass so ein Thema derartig hochgekocht wird.

Wenn das irgendwo hätte passieren dürfen, dann bitte doch in dem Land, das sich die Freiheit des Einzelnen auf die Fahnen geschrieben hat wie kein anderes, und das ist die USA. Dort wurden ja auch die Befunde erhoben, die später bei uns für so viel Aufregung gesorgt haben. Aber bereits vor 20 Jahren! Und niemand hat sich dabei um die Definition des Begriffes „Freiheit" gekümmert.

Die ganze Diskussion um den freien Willen ist also nicht Ausdruck der Tatsache, dass die Hirnforscher etwas Bedeutendes gefunden haben, sondern dass wir alle ein ziemliches Problem haben mit der Definition von dem, was wir Freiheit nennen.

Es gibt einen populären Irrtum, der besagt, dass wir nur 10 Prozent unseres Gehirns benutzen würden. Als Antithese dazu gibt es ein Zitat des deutschen Physiologen Theo Löbsack, der vor einiger Zeit formulierte: „Das Großhirn mit seinen stammesgeschichtlich jungen Teilen ist eine Fehlentwicklung [...] Einst ein Organ mit der Funktion, die Überlebensaussichten seiner Träger im Daseinskampf zu erhöhen, ist das Großhirn mittlerweile zum Katastrophenorgan geworden, dem es nicht mehr gelingen will, seine eigenen Werke unter Kontrolle zu halten, um sie mit den Lebensgrundlagen auf der Erde in Einklang zu bringen."

Stimmen Sie dieser Auffassung zu, dass wir ein falsch entwickeltes Großhirn haben?

Hüther:
Das ist eine spannende These. Sie geht ein bisschen in die Richtung „Der Mensch – ein Irrläufer der Evolution" von Arthur Koestler.

Die Antwort ist relativ einfach: Das Großhirn ist das Organ, das am stärksten von den Erfahrungen geformt wird, die wir im Laufe unseres Heranwachsens und unseres späteren Lebens in der Beziehung zu anderen Menschen machen. Wenn das Großhirn „schief" geworden ist, dann liegt es nicht am Großhirn, sondern daran, dass wir alle so ungünstige Erfahrungen gemacht haben.

Man müsste diese Einschätzung also umschreiben: Nicht das Großhirn ist hypertrophiert und eine Fehlentwicklung, sondern die Art unseres gegenwärtigen Zusammenlebens ist eine Fehlentwicklung. Man kann das Hirn nicht isoliert von dem betrachten, womit es in Beziehung steht. Das Hirn entwickelt ja seine Verschaltungsmuster erst, indem es sich zu etwas in Beziehung setzt, sich also auf etwas einlässt. Und worauf sich das Hirn immer einlässt, womit es immer in Beziehung steht, ist zunächst der eigene Körper. Das heißt, eine Hirnforschung oder eine Betrachtung des Gehirns ohne Berücksichtigung dessen, was im Körper alles passiert und wie es sich wechselseitig beeinflusst, ist eigentlich keine Hirnforschung, sondern etwas Abgetrenntes, das gar nicht die Wirklichkeit beschreibt.

Das Großhirn strukturiert sich endgültig erst nach der Geburt. Was da oben verankert und in den Netzwerken festgeschrieben wird, müssen wir also erst von anderen Personen lernen. Deshalb sind vor allem die jüngeren Teile des Gehirns überhaupt nicht losgelöst von den Beziehungen zu denken, die wir in der Welt draußen mit den anderen machen.

Wenn also etwas im Gehirn nicht stimmt, müssten wir uns immer fragen, was denn dort draußen falsch war. Wer hat das Kind nicht wahrgenommen? Wer hat es als Objekt behandelt? Wer hat es missbraucht? Wer hat es entmutigt? Wer hat ihm seine Lust am eigenen Denken geraubt? Das alles sind wichtige Fragen. Die Ursache für Fehlentwicklungen ist nicht das Hirn und auch kein Naturgesetz, sondern wir leben in einer Welt, in der wir uns das wechselseitig antun, die Erwachsenen untereinander und die Erwachsenen auch den Kindern.

Ihr Buch „Etwas mehr Hirn bitte" sehen Sie als „Einladung zur Wiederentdeckung der Freude am eigenen Denken und der Lust am gemeinsamen Gestalten". Das sind Bedürfnisse, die jeder Mensch wohl von Natur aus in sein Leben mitbringt. Wann und wie gehen denn Lust und Freude aus Ihrer Sicht verloren?

Hüther:
Wir verlieren die Lust am Leben nicht, weil das im Gehirn so angelegt ist oder weil es ein genetisches Programm dafür gibt, sondern wir verlieren die Freude am eigenen Denken und am gemeinsamen Gestalten, weil wir in eine Welt hineinwachsen, in der uns das verleidet wird.

Wir brauchen deshalb Gemeinschaften, die eine Kultur entwikkeln, in der sich die Mitglieder nicht mehr gegenseitig zum Objekt machen, sondern einander ermutigen und inspirieren, alles aus sich heraus zu entwickeln, was in ihnen steckt, und deren Mitglieder gleichzeitig die Sicherheit haben, dass sie verlässlich mit den anderen verbunden sind. Das würde dem Einzelnen die Kraft geben, sich auf einen Weg zu machen, den er allein niemals gehen könnte.

Solche Gemeinschaften möchte ich fördern, denn ich gehe davon aus, dass von ihnen eine Gestaltungskraft erzeugt wird, die wir gar nicht mehr kennen.

Das bringt mich zurück zu Ihrer Frage, wie viel Hirn wir nutzen.

Wir haben ein Potential, das viel größer ist als das, was wir im Augenblick damit machen. Aber es kommt nicht darauf an, möglichst viel Hirn zu benutzen. Das Hirn ist ja zum größten Teil nicht zum Denken da. Wesentliche Teile des Gehirns sorgen dafür, dass im Körper alles gut läuft und dass man einigermaßen mitkriegt, wo man ist, damit man nicht umkommt.

Das Denken ist schon so eine Art Luxus, den man sich nur dann leistet, wenn etwas nicht so richtig funktioniert. Wenn es im Körper irgendwo zwackt oder es draußen nicht so ist, wie man es sich vorstellt oder wie man es vielleicht braucht. Dann wird das Denken kurzzeitig eingeschaltet – möglichst nicht zu lange, es verbraucht nämlich einen Haufen Energie.

Deshalb sitzen die meisten Leute dann auch unter zum Teil sonderbaren Bedingungen vor dem Fernseher und lassen alles laufen wie's läuft. Das nennen wir dann den „inneren Schweinehund". Es ist aber einfach der Modus, in dem das Gehirn am liebsten ist – der Energiesparmodus.

Wenn man keinen Grund hat, sich selbst wieder Gedanken zu machen, dann sitzt man im Energiesparmodus vorm Fernseher. Und das einzige Mittel, um wieder Heizkraft hineinzubringen ins Hirn, ist die Lust. Nicht Anstrengung, weil man Erfolg haben will, sondern pure Lust am eigenen Entdecken, am eigenen Herausfinden und Nachdenken.

Diese Lust ist für einen einzelnen Menschen, der sich damit auf den Weg macht, nicht lange durchzuhalten. Die meisten verlieren sie bald wieder, weil sie all das, was sie unterwegs finden, mit niemandem teilen können. Aber die kleinen Potentialentfaltungsgemeinschaften, die ich hier meine, ermöglichen das. Wenn einer etwas herausgefunden hat, kann er sofort mit den anderen darüber reden; die können vielleicht auch noch eine gute Idee einbringen, dann macht man damit weiter, und jeder spürt einen Wachstumsprozess, er muss nicht vor sich hindämmern und auf die Rente warten.

So könnte wieder Schwung in unsere Gesellschaft kommen. Das ist sozusagen das Alternativmodell zu den bisherigen Hoffnungen, dass da irgendwann eine Regierung kommt, die es richtet. Sie wird nicht kommen. Es wird auch keinen Allmächtigen geben, der uns aus dieser selbstverschuldeten Problematik herausholt. Es geht um Aufwachen und Wiederentdecken, es geht darum, einander Mut zu machen und einzuladen, darum, dass man sich gemeinsam auf den Weg macht. Aber allein oder gar auf Kosten anderer geht es nicht mehr. Das Zeitalter der Einzelkämpfer ist vorbei!

Das Ziel: Die Überwindung des Todes

Einmal abgesehen von den vielen Anregungen, die Gerald Hüthers Gedanken bieten: Die Blicke hinter die Kulissen der Gehirnforschung bestätigen, dass wir derzeit noch weit davon entfernt sind, das Bewusstsein und die Innenwelt des Menschen wirklich zu verstehen. Die subjektiven Erfahrungen, die ununterbrochen unser Leben gestalten, können auch durch die bildgebenden Verfahren, die nun Einblicke in die Gehirntätigkeit bieten, nicht schlüssig erklärt werden.

Die Frage, ob das Gehirn Bewusstsein erzeugt oder vermittelt, bleibt – wiewohl die meisten Forscher zur Produktionshypothese neigen – offen.

Wie steht es also, realistisch betrachtet, um die Verwirklichung des Traums, Bewusstsein künstlich zu erschaffen oder das menschliche Bewusstsein vom Körper auf technische Systeme zu übertragen, um dadurch die Unsterblichkeit zu erreichen?

Die Chancen dafür stehen nicht gut.

Dabei schien vor wenigen Jahrzehnten noch alles so einfach: Wenn der Mensch, wie seit der Aufklärung viele vermuten, eine biologische Maschine ist und sich Intelligenz und Bewusstsein aus dieser Maschine heraus entwickeln, dann müsste es doch auch möglich sein, diesen Vorgang künstlich nachzuahmen ...

Der amerikanische Forscher Marvin Lee Minsky beispielsweise, der in den 1960er Jahren den Begriff „Künstliche Intelligenz" (KI) erfand, definierte als „das Ziel der KI die Überwindung des Todes". Und der austro-kanadische Roboter-Spezialist Hans Moravec entwarf 1988 in seinem Buch „Mind Children" (seit 2001 auch in deutscher Sprache) ein Szenario für einen „Wettlauf zwischen menschlicher und künstlicher Intelligenz", der nach seiner Ansicht auf die Evolution eines „postbiologischen Lebens" hinauslaufen könnte: Das im menschlichen Gehirn gespeicherte Wissen wird in einen Computer übertragen und bleibt dort beliebig lange gespeichert und abrufbar – das posthumane Zeitalter der Unsterblichkeit!

Im Jahrzehnt zwischen 2030 und 2040 sollte es demnach soweit sein, dass aus Robotern eine neue, intelligente Spezies entsteht.

Seine Vision brachte Moravec 1999 in seinem Buch „Computer übernehmen die Macht" auf den Punkt: „Ich sehe diese Maschinen als unsere Nachkommen. Im Augenblick glaubt man das kaum, weil sie eben nur so intelligent sind wie Insekten. Aber mit der Zeit werden wir das große Potential erkennen, das in ihnen steckt. Und wir werden unsere neuen Roboterkinder gern haben, denn sie werden angenehmer sein als Menschen. Man muss ja nicht all die negativen menschlichen Eigenschaften, die es seit der Steinzeit gibt, in diese Maschinen einbauen.

Damals waren diese Eigenschaften für den Menschen wichtig. Aggressionen etwa brauchte er, um zu überleben. Heute, in unseren großen zivilisierten Gesellschaften, machen diese Instinkte keinen Sinn mehr. Diese Dinge kann man einfach weglassen – genauso wie den Wesenszug der Menschen, dass sie ihr Leben auf Kosten anderer sichern wollen. Ein Roboter hat das alles nicht. Er ist ein reines Geschöpf unserer Kultur, und sein Erfolg hängt davon ab, wie diese Kultur sich weiterentwickelt. Er wird sich also sehr viel besser eingliedern als viele Menschen das tun. Wir werden sie also mögen und wir werden uns mit ihnen identifizieren. Wir werden sie als Kinder annehmen – als Kinder, die nicht durch unsere Gene geprägt sind, sondern die wir mit unseren Händen und mit unserem Geist gebaut haben."

Alles klar, was unsere Zukunft anbelangt?

In Visionen wie denen von Hans Moravec erscheint „Künstliche Intelligenz" als mächtiger Zauber-Begriff. Und heute mutet die Idee, intelligentes Verhalten zu automatisieren, plausibler an denn je. Immerhin hat jedes „vernünftige" Mobiltelefon schon Sprachassistenten, die viel mehr können als nur Befehle ausführen. Sie verstehen Sinnzusammenhänge. Wenn ich meine Assistentin „Siri" beispielsweise bitte: „Bring mich zu meiner Mutter!" (so lautet bekanntlich der Ruf des Mannes in allerhöchster Not), dann navigiert sie mich sofort auf dem schnellsten Weg zu ihr – mit sanfter, unaufgeregter Stimme, die nichts Computerhaftes an sich hat.

„Danke, Siri!"
„Das mache ich doch gern, Werner."

Im Jahr 1950 schlug der britische Mathematiker und Computerpionier Alan Mathison Turing (1912–1954) einen Test vor, um über die damals schon aktuelle Frage zu entscheiden, ob eine Maschine selbständig denken kann. Turing meinte, man könne einem Computer dann Denkvermögen zuschreiben, wenn er in einem schriftlichen Gespräch seinem Gegenüber glaubhaft vortäuschen kann, ein Mensch zu sein.

Vermutlich wäre Turing, dessen Biographie kürzlich mit „The Imitation Game" verfilmt wurde, von Siris Fähigkeiten ziemlich beeindruckt gewesen.

Trotz solcher Entwicklungen sind wir dem Ziel, Bewusstseinsinhalte in ihrem Wesen zu verstehen oder Bewusstsein sogar erzeugen oder übertragen zu können, keinen Schritt näher gekommen. Es wurde noch nicht einmal eine eindeutige Definition für „Intelligenz" gefunden – und die ist, wenn überhaupt, nur ein Teilaspekt von Bewusstsein.

Führt Künstliche Intelligenz zu Bewusstsein?

Dabei verfolgen die Vertreter der sogenannten „starken KI" seit Jahrzehnten – und heute nach wie vor – das Ziel, künstliche Intelligenz so weit zu entwickeln, dass eine kreativ nachdenkende, emotionsbegabte, sich ihrer selbst bewusste „Persönlichkeit" (oder wie immer man das angestrebte Ergebnis benennen will) entsteht. Äußerlich könnte diese KI als Mensch erscheinen – etwa so, wie es Alex Garland in seinem Science-fiction-Drama „Ex Machina" dargestellt hat.

Weil es aber außer starken Visionen keine vielversprechenden Hinweise dafür gibt, dass dies jemals funktionieren wird, begnügen sich die Anhänger der „schwachen KI" damit, intelligentes Verhalten mit den rasant anwachsenden Möglichkeiten der Informatik zu simulieren. Auch Erkenntnisse aus der Psychologie, der Neurologie, der Mathematik, Logik und Linguistik fließen in entsprechende technische Entwicklungen ein.

Siri wird wohl immer ein Beispiel für „schwache künstliche Intelligenz" bleiben, so schnell und schlagfertig sie auch sein mag … oder er (auf Wunsch wird man von einem männlichen Siri betreut, der allerdings garantiert nicht intelligenter ist.)

Die KI-Forschungen gehen im Wesentlichen davon aus, dass das Denken Informationsverarbeitung ist und Informationsverarbeitung ein Rechenvorgang. Daher sei das Denken nicht an das Gehirn gebunden. Aber es ist eben nicht jedes Denken auch bewusstes Denken.

Bereits im Jahr 1956 fand die erste KI-Konferenz statt – ein Ereignis, das Visionen weckte. In der Folge schrieb man Computern fast schon Allmacht zu, weil sie vermeintlich bald schneller und kreativer denken und entscheiden würden als das menschliche Gehirn. Science-Fiction-Filme aus den 1960er und 1970er Jahren zeugen von dieser Stimmung. Da warfen die mit Magnetbändern und Lochkarten bewaffneten, bunt blinkenden, wandgroßen Computer-Monstren auch auf die unmöglichsten Fragen stets brillante Antworten aus. Die Maschine weiß alles!

Tatsächlich hatte die Computer-Euphorie einen wissenschaftlichen Hintergrund: Beispielsweise arbeiteten damals die US-amerikanischen Informatiker Allen Newell (1927–1992) und Herbert A. Simon (1916–2001) am „General Problem Solver", einem Programm, das mit einfachen Methoden in der Lage sein sollte, beliebige Probleme zu lösen. Trotz einiger Fortschritte – die Programme kamen tatsächlich zu Ergebnissen, für die ein Mensch Intelligenz braucht – wurden die Entwicklungen nach zehnjähriger Forschungsarbeit eingestellt.

In der Geschichte der „Künstlichen Intelligenz" kam es immer wieder zu Aufsehen erregenden Erfolgen – etwa als Joseph Weizenbaum (1923–2008) das (angeblich relativ simple) Computerprogramm ELIZA entwickelte, das den Dialog eines Psychiaters mit einem Patienten simulieren konnte.

Doch insgesamt erfüllten KI-Entwicklungen die hoch gesteckten Erwartungen bis heute nicht.

Im Vergleich von Mensch und Maschine wurde zunehmend deutlich, dass die als „Intelligenz" bezeichneten Fähigkeiten unseres Gehirns nicht auf ein bestimmtes Regelwerk zurückzuführen sind.

Anders als computerbasierte Expertensysteme lernen wir nicht nur durch die Herleitung und Anwendung von Regeln. Vielmehr ist jeder Mensch in ein „Lebens-Netzwerk" eingebunden – dazu gehören Gefühle, soziale Kontakte, Körpertriebe oder die Selbstwahrnehmung –, das großen Einfluss auf die Entwicklung und Entfaltung von Intelligenz und Bewusstsein hat.

Kann es also jemals gelingen, die Lebendigkeit, die so selbstverständlich zum menschlichen Dasein gehört, technisch nachzuahmen?

Auf dem Weg zum „Omega-Punkt"?

Viele KI- und Hirnforscher halten an der Theorie fest, Bewusstsein sei eine Eigenschaft komplexer biologischer Systeme, also keine immaterielle Gegebenheit. Daher könne künstliche Intelligenz prinzipiell zu Bewusstsein führen.

Die heute auf dieser Grundlage formulierten Erwartungen entsprechen im Wesentlichen denen vor 50 Jahren. Sie sind nur mit modernerem Vokabular etwas aufgepeppt.

So hat beispielsweise der US-amerikanische Informatiker und Science-fiction-Autor Vernor Vinge den Begriff von „technologischer Singularität" eingeführt. Es werde, meint er, demnächst einen Punkt in der Entwicklung künstlicher Intelligenz geben, an dem die biologische Gesetzmäßigkeiten, die bisher die Evolution gesteuert haben, aufgehoben werden. Computernetzwerke könnten dann „erwachen" und neu entstehende Superintelligenzen ein „posthumanes Zeitalter" einleiten. Die Vernetzung des menschlichen Körpers mit Computersystemen habe, konstatiert Vinge, bereits begonnen.

Fakt ist, dass aktuelle Entwicklungen wie etwa intelligente Uhren, die automatisch wichtige Gesundheitsdaten erfassen, die Technik noch viel näher an den menschlichen Körper gebracht haben als Computer oder Mobiltelefone.

Ob sich schon bald auf breiter Basis auch Implantate durchsetzen werden, die biologische und technologische Netzwerke miteinander verknüpfen? Wenn den Konsumenten daraus ein Vorteil erwächst, ist das gut denkbar.

Einige Firmen verordnen ihren Mitarbeitern bereits jetzt implantierte Chips, die als persönliche ID dienen. Von der Zutrittsgenehmigung bis zur Berechtigung, das Kopier- und Faxgerät zu nutzen – der subkutane Chip macht's möglich!

Technologien, die die körperliche mit der virtuellen Realität verbinden, gibt es schon heute: Herzschrittmacher mit IP-Adresse, die über Apps steuerbar sind; Headsets, die das Gehirn mit Stromschlägen stimulieren; optogenetische Technologien, die über implantierte Lichtwellenleiter Depressionen direkt im Gehirn bekämpfen – und vieles mehr.

Aber wie wird es weitergehen? Können die Grenzen zwischen der „Maschine Computer" und der „Maschine Mensch" wirklich abgebaut werden? Die Hoffnung lebt. In einem Interview mit dem „Philosophie Magazin" (Ausgabe 3/2015) meinte der US-amerikanische Informatiker und Autor Eliezer Yudkowsky, indem er auf seinen Kopf deutete: „Was sehen Sie? Einen Computer. Er ist aus Zellen gemacht, also aus Molekülen. Die lebende Materie ist aus 20 Aminosäuren zusammengesetzt. Es ist eine fragile Materie, und aus etlichen Perspektiven ist das menschliche Dasein ein Albtraum. Zunächst, weil wir sterblich sind. Dann, weil wir Raubtierinstinkte haben. Jetzt stellen Sie sich vor, was passieren wird, wenn wir unsere Bewusstseine auf Festplatten überspielen können. Wir werden potentiell unsterblich und müssen bestimmte idiotische Szenen nicht mehr erleben, zum Beispiel die des betrunkenen Ehemanns, der seine Frau schlägt. Deshalb müssen wir eine Welt entwerfen, in der unsere Bewusstseine nicht mehr Aminosäuren als Träger haben, sondern Silizium."

Ja, logisch. Solche Statements klingen außerordentlich, zukunftsweisend, vielleicht auch beängstigend. Sie gehen jedenfalls in Windeseile um die Welt und verfestigen den Eindruck, es sei nur noch eine Frage der Zeit, bis Bewusstsein künstlich generiert, übertragen, konserviert und perfektioniert werden kann.

Auf die Spitze getrieben hat diese Idee der US-amerikanische Physiker Frank J. Tipler. In seinen Thesen zu einer „Physik der Unsterblichkeit" definierte er in den 1990er Jahren Leben nur als „eine Art der Informationsverarbeitung".

Tipler geht davon aus, dass in der weiteren Entwicklung des Universums alles Bestehende in einem „Omegapunkt der vollkommenen Information", gleichbedeutend mit Gott, kulminieren muss. Zu diesem Ziel, in dem dann alle je gesammelten Informationen vereinigt seien, steuere die Evolution. Auf Kohlenstoff basierendes Leben, wie wir es kennen, sei nur eine vorübergehende Erscheinung.

In ferner Zukunft könnten gigantische, den ganzen Kosmos umspannende Computerprogramme alles Leben – also alle Information – erfassen und reprogrammieren. Damit komme es, so Tipler, „zur Auferstehung der Toten". Die „Auferweckung mittels Computeremulation" könne sogar als „Auferstehung des Fleisches" bezeichnet werden, denn „eine emulierte Person würde sich als genauso real und ihren Körper genau so materiell erleben, wie wir uns und unseren gegenwärtigen Körper erleben". Es wäre „nichts Immaterielles an der simulierten Welt, in der sich der simulierte Körper befände."

Tiplers „Manifest zur Versöhnung von Wissenschaft und Religion", wie der Verlag sein Buch „Die Physik der Unsterblichkeit" bewirbt, wurde – kaum überraschend – als „hochspekulativ" und als „Meisterstück der Pseudowissenschaft" kritisiert. Zweifellos aber spiegelt es den Zeitgeist des ausgehenden 20. Jahrhunderts wider: Wenn Unsterblichkeit erreicht werden kann, dann auf technischem Weg!

Allerdings ist ein solcher Weg, sofern man die Welt ohne rosarote Datenbrille betrachtet, nicht einmal ansatzweise in Sicht – nahezu 70 Jahren KI-Forschung zum Trotz.

Der zuvor zitierte Informatiker Eliezer Yudkowsky zählt übrigens zu jenen unerschütterlichen Optimisten, die bei „Cryonics" dafür einzahlen, dass ihr toter Körper in flüssigem Stickstoff für eine bessere Zukunft gelagert wird.

Im Hinblick darauf, dass alle Zukunftsvisionen mit Sicherheit vor allem von den persönlichen Gefühlen und Motivationen ihrer Vertreter „leben" – ob sie nun mathematisch-physikalisch unterfüttert sind oder nicht –, scheint es mir angeraten, alle Hoffnungen auf Unsterblichkeit durch einen Bewusstseinstransfer vom Gehirn in die Maschine auf Sparflamme zu drehen.

KI – der Killer der Seele?

Die Frage, wie und wie sehr technologische Entwicklungen künftig unser Leben beeinflussen werden, ist offen.

Momentan gibt die Computertechnik jedenfalls die Richtung vor, wenn es darum geht, Gehirn und Bewusstsein besser zu verstehen. Kein Vorhaben macht dies deutlicher als das Milliarden Euro teure „Human Brain Project", eines der ehrgeizigsten Projekte in der europäischen Forschung. Mit ihm soll es – unter der Leitung des isrealischen Neurophysiologen Henry Markham – gelingen, ein komplettes menschliches Gehirn im Computer nachzubauen.

Wird dieses Projekt, sollte es jemals relevante Fortschritte erzielen, tatsächlich einen wesentlichen Erkenntnisgewinn auch im

Hinblick auf das Bewusstsein bringen? Könnte ein solches künstliches neuronales Netz durch seine Komplexität am Ende sogar ein „Ich" entwickeln?

Interessanterweise hat der Gedanke, die Größe oder Komplexität künstlicher Intelligenz könne zu Bewusstsein führen, keinen naturwissenschaftlichen Hintergrund. Er geht auf den US-amerikanischen Science-fiction-Autor Robert A. Heinlein (1907–1988) zurück, der ihn in seinem 1966 veröffentlichten Roman „Der Mond ist eine herbe Geliebte" entwickelte.

Sollte irgendwann tatsächlich das Wunder geschehen, dass eine künstliche Intelligenz zu Bewusstsein erwacht, dann wäre dieses Ereignis, nüchtern betrachtet, das endgültige Aus für das Konzept einer nicht-körperlichen menschlichen Seele. Denn es ist kaum vorstellbar, dass Bewusstsein einerseits technisch machbar und andererseits immateriellen Ursprungs ist.

Hätte die starke Künstliche Intelligenz in der Generierung von Bewusstsein Erfolg, könnte das materialistische Weltbild seinen wohl größten Triumph feiern. Es wäre klar, dass das Gehirn Bewusstsein erzeugt und ... es gäbe wenig Aussicht auf ein seelisches Weiterleben nach dem Tod.

KI als „Killer" für die Seele?

Ich stehe dieser Vision ziemlich gelassen gegenüber. Das Wunder wird nicht geschehen.

Viel eher dürfte das Thema *Bewusstsein*, weil es in seinem Wesen eben nicht materialistisch erklärbar ist und alle KI-Träume deshalb irgendwann einmal zerplatzen werden, weiterhin aus dem naturwissenschaftlichen Weltbild ausgeklammert bleiben.

Die Unfassbarkeit im Zentrum

Mit dieser Aussicht wollen sich jedoch nicht alle Forscher zufrieden geben. Einige sind überzeugt davon, dass die Naturwissenschaften die Welt mit den heutigen Theorien nicht annähernd vollständig beschreiben kann – eben weil die Dimension des Bewusstseins unberücksichtigt bleibt.

Eines ihrer Kernargumente: Ohne subjektives Bewusstsein könnten wir gar nichts erkennen und definieren. Jede Weltanschauung entsteht durch die „Brille" des Bewusstseins. Insofern sollte das „unfassbare Etwas", das uns die Welt *erleben* und *bewusst* sein lässt, endlich ins Zentrum rücken.

Der Saarländische Biologe Ulrich Warnke gehört zu jenen Querdenkern, die dem Bewusstsein den höchsten Stellenwert überhaupt beimessen.

Er ist davon überzeugt, dass ein radikales Umdenken stattfinden muss und hat aus den Erkenntnissen der Quantenphysik, alten Weisheitslehren und subjektiven Erfahrungen ein neues Weltbild entworfen.

Im folgenden „quantenphilosophischen Gespräch" mit ihm werden wichtige Brücken gebaut – von den objektiven Wissenschaften zu jenen Bereichen subjektiver Erfahrung, die danach, im folgenden Kapitel dieses Buches, gute Anhaltspunkte für unsere weitere Suche nach Unsterblichkeit bieten werden.

Das Bewusstsein und die „Interwelt"

Herr Dr. Warnke, Sie haben Biologie, Physik, Geografie und Pädagogik studiert, hatten Lehraufträge unter anderem für Biophysik, Umweltmedizin, Psychosomatik und Bionik und haben in letzter Zeit zwei Bücher mit dem Begriff „Quantenphilosophie" im Titel veröffentlicht. Wie sind Sie auf diesen Begriff gekommen? Welchen Einfluss hat die Quantenphysik auf die Philosophie?

Warnke:
Die Quantenphilosophie ist die Verbindung zwischen Geisteswissenschaften und Naturwissenschaften. Der Begriff existiert, weitgehend unbemerkt von der Öffentlichkeit, bereits seit über einem Jahrzehnt.

In einem Buch aus dem Spektrum-Verlag mit diesem Titel waren Original-Artikel einiger wichtiger Quantenphysiker veröffentlicht, und ich wollte damals mehr darüber herausfinden. Carl-Friedrich von Weizsäcker, der ja Philosoph und Physiker war, schrieb darin ein Nachwort zur Philosophie der Quantentheorie. Er formulierte sinngemäß, dass wir im Augenblick die Ereignisse in der „ausgedehnten Substanz", damit meinte er die Teilchen und die Materie, von den Ereignissen in der „denkenden Substanz", die Bewusstseinsvorgänge darstellen, trennen. Und er fragte: Ist das vielleicht alles identisch? Hat die Quantenphysik die Chance, diese Trennung zu überwinden? Dieser Anspruch oder diese Anregung von Weizsäckers interessierte mich. Für mich ist die Quantenphilosophie heute die Königsdisziplin der innovativen Geisteswissenschaften, die sich dadurch mit den Naturwissenschaften verbinden – was auch zu einer faszinierenden Begegnung von Wissenschaft und Spiritualität führt.

Was sind denn, zusammenfassend betrachtet, die aus Ihrer Sicht wichtigsten Aussagen prominenter Quantenphysiker und Quantenphilosophen?

Warnke:
Zunächst: Alles, was sich auf der subatomaren Ebene ereignet, geschieht durch den Einfluss von Bewusstsein und Gedanke. Die Quintessenz lautet: Der Beobachter formt das Beobachtete.

Carl Friedrich von Weizsäcker und andere Quantenphilosophen stellten fest, dass echtes Wissen immer subjektives Wissen ist, das Wissen des Beobachters, und dass es keine objektive Wirklichkeit gibt.

Die Experimente der Quantenphysiker haben bewiesen, dass allein schon die Fragestellung bei einem Experiment das Geschehen beeinflusst. Je nach Versuchsanordnung ist dasselbe Konstrukt einmal eine mathematisch beschreibbare Wahrscheinlichkeitswelle, dann wieder ein Teilchenzusammenbau oder aber ein rein physikalisches Wellenmuster.

Der Physiker John Archibald Wheeler, ein Pionier der Quantenphilosophie, sagte deshalb, die wichtigste Lehre der Quantenmechanik sei, dass physikalische Phänomene durch die Frage, die wir stellen, definiert sind. Die Frage entscheidet also über die Antwort. Fragen wir nach Teilchen, sehen wir eine Teilchenkonstruktion. Fragen wir nach einer Welle, sehen wir eine Welle. Fragen wir nach Wissen, erleben wir informationsträchtige Entitäten, die Erfahrungen sammeln.

Werner Heisenberg meinte deshalb einmal sinngemäß: In der Naturwissenschaft ist der Gegenstand der Forschung nicht mehr die Natur an sich, sondern die der menschlichen Fragestellung ausgesetzte Natur. Und er resümierte: „Wenn wir aus den atomaren Erscheinungen auf Gesetzmäßigkeiten schließen wollen, so stellt sich heraus, dass wir nicht mehr objektive Vorgänge in Raum und Zeit gesetzmäßig verknüpfen können, sondern Beobachtungssituationen. Nur für diese erhalten wir empirische Gesetzmäßigkeiten."

Nils Bohr, ein Physiker, der 1975 den Physiknobelpreis erhielt, ergänzte, dass es in der Physik nicht mehr darum gehe, wie die Welt ist, sondern darum, was wir über die Welt sagen können. Es existieren demnach keine allgemein gültigen Vorhersagen über ein Geschehen. Stattdessen ereignet sich genau das, was der Beobachter durch die Art seines Experiments hervorruft; ausschlaggebend ist allein die Art der Beobachtung. Entscheidend ist immer, welches Bewusstsein auf das Geschehen einwirkt. *Der Geist formt die Materie!* Das bedeutet, dass die Quantenphysik tatsächlich ein philosophisches Moment bietet, denn die Philosophie kümmert sich um geistige Prozesse, während die Naturwissenschaft sich um die materiellen Prozesse kümmert.

In Ihrem Buch „Quantenphilosophie und Interwelt" lehnen Sie sich für einen Wissenschaftler aus meiner Sicht ziemlich weit aus der allgemein akzeptierten weltanschaulichen Wohlfühlzone. Sie entwerfen unter Bezugnahme auf alte Weisheitslehren ein umfassendes, ganzheitliches Weltbild. Was unterscheidet denn, zu-

nächst allgemein betrachtet, Ihre oder die quantenphilosophische Sicht von der üblichen materialistischen Betrachtungsweise?

Warnke:
Die Entdeckung des menschlichen Geistes als Schöpfer materieller Realitäten war eine Sensation. Das kam einem wissenschaftlichen Umsturz gleich, denn es bedeutete das Ende des mechanistischen Weltbilds. Sir Isaac Newton war noch davon ausgegangen, dass physikalische Abläufe immer exakt gleich bleiben. Aber ist Natur bloße Materie? Oder wirkt in ihr nicht vielmehr ein geistiges Prinzip? Ich meine ja.

Welche Überlegungen führen konkret zu diesem Schluss?

Warnke:
Wenn wir uns die Teilchen anschauen, die die Quantenphysik sozusagen entdeckt hat, dann haben wir auf der einen Seite Masseteilchen – Masse heißt, sie unterliegen der Schwerkraft, sie haben ein Gewicht –, also Elektronen und Atomkerne, diese wieder untergeordnet in Quarks. Aber diese Masseteilchen benutzen Botenteilchen, um zu kommunizieren, um sich zu verbinden. Beim Elektron ist es das Photon. Jedes Elektron sendet ununterbrochen Photonen aus, und zwar einerseits virtuelle Photonen und andererseits elektromagnetische Kommunikationsboten, das sind die Photonen, wie wir sie als Lichtquanten kennen. Diese Botenteilchen sind selber nicht krafterzeugend, aber sie haben die Information, um Kräfte zu erzeugen.

Wenn wir uns jetzt anschauen, wie wir zusammengesetzt sind, wir Menschen, oder wie die Natur, wie ein Blatt, ein Baum zusammengesetzt ist, dann sehen wir, dass alle Masseteilchen bestimmte Strukturierungen erzeugen. Information wird also zielbestimmt in Kräfte umgesetzt. Alle Masseteilchen – Up-Quarks, Down-Quarks und Elektronen – sind also durch informationstragende Botenteilchen für Kräfte – Gluonen und Photonen – intelligent verknüpft, wodurch sinnvolle Formen, Strukturen, Gestalten entstehen –

Atome, Moleküle, Organe, Pflanzen, Tiere, Menschen, Planeten, Sonnen.

Wenn aber Botenteilchen Informationen für Kräfte übertragen können, dann setzt das voraus, dass Information als solche erkannt und zielgerecht verwendet werden kann. Genau dieser Vorgang ist als intelligenter, geistiger Prozess zu bezeichnen.

Kann man also überhaupt noch zwischen Geist und Materie unterscheiden? Gehören subatomare Teilchen und bestimmte Felder auf die eine Seite der Wirklichkeit und Bewusstseinsvorgänge auf die andere Seite, wie es die traditionelle Naturwissenschaft behauptete? Seit den Erkenntnissen aus der Quantenmechanik lässt sich diese Trennung meines Erachtens nicht mehr aufrechterhalten. Der allumfassende Geist wird in den kleinsten physikalischen Teilchen bereits sichtbar.

Geist und Bewusstsein sollten demnach wohl einen zentralen Stellenwert in allen Erklärungen haben, wie die Welt, in der wir leben, funktioniert.

Warnke:
Ja, denn ohne Bewusstsein existiert nichts auf der Welt. Alles ist durch die Brille eines Bewusstseins gegangen. Ich gebe Ihnen einmal ein Beispiel: Wenn wir die Pflanze hier auf dem Tisch sehen, dann ist das ein geistiges Konstrukt. Es gibt kein direktes Abbild dieser Pflanze. Nirgends, in keiner Zelle des Gehirns. Sie ist eindeutig ein geistiges Konstrukt.

Das Bewusstsein hat offensichtlich dieses Konstrukt geschöpft oder sagen wir besser „geschaltet". Aus der Quantenphysik wird deutlich, dass das menschliche Bewusstsein als Schöpfer materieller Realität eine zentrale Rolle spielt.

Für Sie ist das eine Gegebenheit, aber die Ergebnisse der Quantenphysik werden ja sehr unterschiedlich – von manchen Wissenschaftlern vergleichsweise nüchtern –interpretiert. Kann man wirklich sagen, dass ein Paradigmenwechsel ansteht, dass das mechanistische Weltbild, in dem Bewusstsein keine Bedeutung hat, obsolet geworden ist?

Warnke:
Dass das menschliche Bewusstsein Realität erschafft, das ist Fakt. Aber – und dieses Aber ist sehr wichtig: Nicht das menschliche Bewusstsein ist allein Schöpfer. Alles, was Information verarbeitet, ist Erschaffer von Realität.

Der 2008 verstorbene amerikanische Physiker John Archibald Wheeler formulierte einmal: „Aus der Erkenntnis, dass das Bewusstsein das Agens ist, das ein subatomares Teilchen, etwa ein Elektron, existent werden lässt, sollten wir nicht voreilig schließen, wir seien die einzigen Agenzien in diesem schöpferischen Prozess. Wir erschaffen zwar subatomare Teilchen und dazu das gesamte Universum, aber umgekehrt erschaffen sie auch uns. Eins erschafft das andere im Rahmen einer ‚selbstregulierenden Kosmologie'." Es gibt demnach eine dauernde Wechselbeziehung.

Die Außenwelt existiert also möglicherweise auch ohne unser schöpferisches Mitwirken, weil sie sich durch Informationsverarbeitung sozusagen selbst verfestigt. Es geht nicht alles von dem menschlichen Bewusstsein aus. Aber genau das spricht dafür, dass es ein universelles Bewusstsein gibt, dass es in der ganzen Natur, im ganzen Universum einen Schalter gibt, der Realität erschafft. Und diese Erkenntnisse, die viele namhafte Physiker genau so formulieren würden wie ich sie formuliere, bedeuten einen Riesenumsturz in der Wissenschaft.

Die meisten Menschen gehen allerdings nach wie vor davon aus, dass die Alltagswelt unabhängig von uns existiert – bei näherem Hinsehen ist das aber eine sehr oberflächliche Betrachtungsweise. So wie bei jedem Experiment Beobachtung, Messung und Interpretation der Ergebnisse die entscheidende Rolle spielen, ist auch die gesamte Realität kein simples Faktum. *Der handelnde Mensch erschafft die Wirklichkeit* – das Subjekt steht im Zentrum.

Die Quantenphysik drängt zu einem Perspektivenwechsel, den der Philosoph Alfred North Whitehead so zusammenfasste: „Das gegenwärtige Weltbild beruht auf dem Prinzip der Objektivierung, aber: Die fundamentalen ‚Atome der Realität' sind in Wirklichkeit nur ‚Pulse der Erfahrung'." Der bewusste Mensch mit seinen geistigen Energien steht in dieser neuen Theorie der Welt also wieder im Mittelpunkt. Die Wirklichkeit ist immer subjektiv geprägt, niemals rein objektiv.

Demnach müsste die alte, auf Sir Isaac Newton zurückgehende Vorstellung, die Welt sei einem Räderwerk vergleichbar und alle Entwicklungen könnten vorausberechnet werden, sofern man den Anfangszustand und die Einflussgrößen kennt, überwunden werden.

Warnke:
Ja, diese Vorstellung hat sich als nicht richtig erwiesen.

Franz Moser hat in den 1980er Jahren ein Buch mit dem Titel „Bewusstsein in Raum und Zeit" geschrieben. Darin brachte er schon damals sinngemäß zum Ausdruck, dass seit Jahrzehnten Ergebnisse vorliegen, die nach einem neuen, holistischen Weltbild drängen – aber nichts verändert sich. Und heute sagt er: Wer als Naturwissenschaftler ein solches Weltbild vertritt, wird immer noch als Narr verlacht. Wie sind Ihre Erfahrungen? Es meinen ja wirklich viele: Na ja, Quantenphysik ... in der Welt des Kleinsten gibt es halt seltsame Phänomene, aber was soll's? Das ändert doch nichts an den Gesetzen, die für die materielle Welt gültig sind!

Warnke:
Das ist jetzt ein wichtiger Punkt, der mich selber furchtbar aufregt. Die Naturwissenschaft bestimmt unser Leben heute mehr als die Geisteswissenschaft. Denn Medizin, Biologie ... alles hängt mit der Naturwissenschaft zusammen ...

... nicht zuletzt auch die technischen Erfindungen, die unser Leben prägen ...

Warnke:
... ja, auch die Erfolge, die sich daraus ergeben. Die Menschen sind heute wissenschaftsgläubig – übrigens aus gutem Grund, wie ich meine. Aber es gibt folgendes Problem: Ich kann wissenschaftlich nur etwas beweisen, wo ich Kräfte messen kann. Und Kräfte entstehen immer an Massen, sprich an Materie. Das Phänomen des Geistigen ist nicht beweisbar und wird deshalb von den Naturwissenschaftlern willentlich ausgeschlossen. Das ist ein Riesenfehler.

Die Psychologie bemüht sich, auch mit naturwissenschaftlichen Methoden, das Geistige zu berücksichtigen, Empfindungen, Gefühle, Gedanken, alle diese Sachen. Aber kein Mensch kann Gefühle beweisen, wir sehen nur, dass Gefühle Folgen haben. Und kein Mensch kann meine Gedanken beweisen, nur die Folgen von Gedanken.

Allerdings hat bisher auch niemand ein Elektron bewiesen, nur die Folgen der Elektronenaktivitäten werden dauernd gemessen. Das ist die gleiche Konstellation: Es gibt etwas, das nicht direkt beweisbar ist, ich kann nur die Folgen messen, aber ich werde es deshalb nicht aussparen.

So gesehen gibt es eine Inkonsequenz in der Wissenschaft, wenn man im Fall von Gedanken, Gefühlen und Bewusstsein der Spielregel folgt: Alles, was ich nicht direkt messen kann, gibt es nicht.

Keiner wird grundsätzlich bezweifeln, dass der Mensch Gedanken oder Gefühle haben kann. Aber durch das engstirnige Festhalten an dieser Spielregel hat sich seit so vielen Jahren nichts geändert – obwohl die Quantenphysik ganz eindeutig aussagt, dass die Beobachtung das Ergebnis umformt – vorsichtig ausgedrückt.

Ich vermeide es jetzt einmal zu sagen, dass die Beobachtung das Ergebnis erschafft. Dass die Beobachtung die Materie im Ergebnis eines Versuches umformen kann, ist wissenschaftlicher Konsens. Damit gibt es ganz klar ein subjektives Element in der Wissenschaft.

Und noch etwas Grundlegendes: Jedes wissenschaftliche Ergebnis wird interpretiert und mit anderen Ergebnissen verglichen, jedes Ergebnis wird in seinem Inhalt geistig formuliert. Auch damit überschreitet die Wissenschaft im Grunde ihre selbstgesteckte Grenze der Objektivität. Jede Interpretation ist geistig.

Die Naturwissenschaft materialistischer Prägung ist also schon deshalb inkonsequent, weil sie etwas ausschließen will, dessen sie sich selbst andauernd bedient: das Geistige.

Warnke:
Die Bedeutung des Bewusstseins wurde durch die Quantenphysik im Prinzip schon vor 100 Jahren deutlich. Aber es kann sich erst etwas Neues tun, wenn die, die das ignorieren, keinen Einfluss mehr auf das Weltbild haben. Zum Glück sind wir jetzt so weit. Es gibt genügend Wissenschaftler – ich habe sie teilweise in meinen Büchern zitiert –, die völlig neu denken. Jetzt beginnen die Dinge zu laufen, und ich glaube, es wird eine Fontäne geben, die ein neues Weltbild hochtragen wird.

Die kritische Masse umfassender denkender Naturwissenschaftler ist sozusagen erreicht ...

Warnke:
Ja, so ist es!

Gehen wir also davon aus, dass in der Naturwissenschaft die Frage nach dem Wesen und der Bedeutung des Bewusstseins im gesamten Weltgeschehen künftig wieder eine zentrale Rolle spielen wird. Was könnte sich dadurch ändern? Wo sehen Sie konkrete Bezüge dieser neuen Sicht der Dinge zu alten Weisheitslehren?

Warnke:
Eine wichtige Rolle spielen die alles durchdringenden Felder, die die Physik jetzt kennt. Das ist zunächst das Higgs-Feld, für dessen Beschreibung 2013 der Nobelpreis für Physik vergeben worden ist. Außerdem sind die dunkle Energie, die dunkle Materie

und die Schwerkraft alles durchdringende Felder. Möglicherweise stehen diese Felder untereinander in Verbindung, das ist noch eine Fragestellung. Aber sie alle sind im Vakuum, also im massefreien Raum, auch darüber gibt es Konsens unter den Wissenschaftlern.

Wichtig ist, dass die Eigenschaften von Teilchen erst durch Wechselwirkung mit diesem alles durchdringenden Feld entstehen. Ein Masseteilchen erhält beispielsweise seine Schwerkraft erst dann, wenn es mit dem Higgs-Feld wechselwirkt.

Dazu kommt jetzt in der Quantenphilosophie die Idee – aber das wird vielleicht nie beweisbar werden –, dass diese alles durchdringenden Felder auch Information beinhalten, also Intelligenz aufweisen und dadurch überall schöpferisch tätig sind. Denn alle Felder sind letztlich Kraftkomponenten und beinhalten die Information dafür.

Wir haben eben davon gesprochen, dass neue Ideen und Erkenntnisse schon lange auf dem Markt sind, ohne dass das Konsequenzen hatte. Das gilt auch hier: Schon Max Planck, der 1919 den Nobelpreis für Physik erhielt, hat geschrieben: „Wir vermuten einen bewussten und intelligenten Geist hinter dieser Kraft."

Damit berühren wir wohl das Gebiet, mit dem sich traditionell Religionen und Weisheitslehren befassen.

Warnke:
Ja. Die Vermutung von Max Planck, dass ein bewusster und intelligenter Geist hinter der Kraft steht, erhärtet sich am Beispiel der Evolution.

Wir haben vorhin vom Makrobereich geredet, von einem Blatt, einem Baum, von den Strukturen und Gestalten in der Natur, die wiederum bestimmte Funktionen gewährleisten. Aber auch im Mikrobereich gibt es Form, Struktur und Gestalt. Hätten zum Beispiel Enzyme, die Hauptkomponenten des physiologischen Lebens, nicht eine ganz genaue Form, Struktur und Gestalt, dann würden sie nicht funktionieren, dann gäbe es nur Proteinmatsch – die Enzyme bestehen aus Proteinen.

Das heißt also, Funktion und Form – Struktur – Gestalt gehören zusammen, im Makrokosmos wie im Mikrokosmos. Das ganze Leben ist überhaupt erst durch zielbestimmte Informationserkennung und -verarbeitung möglich, also durch das, was wir vorhin als Intelligenz definiert haben.

Die Evolution folgt demnach nicht dem Prinzip des Zufalls, sondern vollzieht sich zielorientiert, denn sonst könnte das Zusammenspiel von Form und Funktion gar nicht funktionieren.

Warnke:
Ja, das ist entscheidend. Und das ist auch neu. Der Darwinismus sagt, eines hat sich aus dem anderen entwickelt, ohne dass damit ein Ziel verfolgt wird.

Man ging bisher ausschließlich von einer „Schubwirkung" aus der Vergangenheit aus – aus dem, was bisher passiert ist, folgt der nächste Entwicklungsschritt. Zielorientierung würde demgegenüber bedeuten, dass es auch eine „Zugwirkung" aus der Zukunft gibt, die den Verlauf der Evolution bestimmt.

Warnke:
Zuerst war die Idee da, das Ziel, das erreicht werden soll. Dann hat sich offensichtlich die Evolution darum gekümmert, wie es erreicht werden kann. Die Vorstellung, dass es ein höheres „Prinzip des Ziels" gibt, existierte übrigens schon zu Lebzeiten Darwins. Der Evolutionsforscher Alfred Russel Wallace, dessen Forschungsergebnisse von Darwin weitgehend übernommen wurden, postulierte in der „Darwin-Wallace-Theorie" vom 1. Juli 1858 für die menschliche Evolution das Wirken einer höheren Macht, die zielgerichtet die Natur und das Universum organisiert und die als „Direktor des Lebens" fungiert. Das wurde 1910 in „The World of Life" publiziert.

Jedenfalls sind die intelligenten und schöpferisch tätigen Felder durch die Vakuumpräsenz überall und in allem verbreitet. Als eine im geistigen Feld ausgebreitete Erscheinung ist die Information schon da, bevor das Teilchen entsteht. Und nach dem geistigen Prinzip der Informationserkennung und -verarbeitung entwickelte sich alles, auch der Körper von uns Menschen – das, was man traditionell das „Gefäß der Seele" nennt. Daher werden seit den bahnbrechenden Erkenntnissen der Quantenphilosophie alte spirituelle Lehren ungeahnt aktuell.

An welche Lehre denken Sie zum Beispiel?

Warnke:
Die chinesische Dao-Lehre formulierte Jahrhunderte vor unserer abendländischen Kultur genau das, was wir uns heute mühsam wieder aneignen müssen. Der Weise Laozi (Lao-Tse) unterschied um 600 vor Christus in seinem Werk „Daodeijing" (Tao Te King) drei Ebenen.

Die erste ist das Diesseits, „You" genannt. Die letzte Ebene wird als „Wu" bezeichnet, das Nichts oder die Leere. Verbunden werden You und Wu durch das energetische Prinzip „Wuyou". You ist demnach das Faktische, Wu entspricht dem, was sein könnte; ich nenne es gern das *„Meer aller Möglichkeiten"* aus virtueller Energie und potentieller Information.

Aus diesem Meer von Wahrscheinlichkeiten kann Realität geschaltet werden, können materielle Raum-Zeit-Konstruktionen entstehen, also beispielsweise Organismen wie auch der Mensch. Das „immer und ewig gebärende Wuyou", wie Laozi diese Mischwelt nennt, die zwischen Diesseits und Leere vermittelt, bezeichne ich als „Interwelt". Hier stehen das Bewusstsein und auch das Unterbewusstsein im Mittelpunkt.

Die Dao-Lehre kennt spezielle Bewusstseinsübungen, damit der Mensch von You zu Wu gelangt – auf einem sich selbst bahnenden Pfad, auf dem ihm Großartiges und Schönes zugänglich wird: zunehmende Erkenntnis, Heilung, Tugend, Einsichten in den eigenen Ursprung.

Sowohl die Dao-Lehre, als auch der Buddhismus oder die Philosophie Platons basieren, genau wie die moderne Quantenphilosophie, auf der Gewissheit: Wir sind mehr als bloße Materie. Wir befinden uns in einem größeren energetischen Zusammenhang, der wesentlich durch Informationsflüsse bestimmt ist.

Platon lehrte übrigens auch, dass es möglich ist, die „Interwelt" durch Praxis und Übung zu jedem gewünschten Zeitpunkt aufzusuchen und sie mittels Wille und Gedanken so zu beeinflussen, dass sie das Leben in einen nahezu paradiesischen Zustand überführen kann.

Solche alten Überlieferungen und Traditionen sind für meine Recherchen neben der modernen Physik eine wichtige Quelle. Und außerdem sind Erfahrungen wichtig – Placebo und Nocebo beispielsweise ... bei diesen Effekten geht es um Erfahrungen, die wir alle nachvollziehen können. Wenn bei einer Aussage diese drei Stützen zusammenpassen – Überlieferung, Physik und persönliche Erfahrung –, dann würde ich sie als plausibel bezeichnen.

Das ist sicher ein guter Ansatz. Denn Leben bedeutet Erleben, Erfahrung, Bewusstsein. Wenn genau dieser Aspekt des Bewusstseins und des persönlichen Erlebens in einer Welterklärung ausgeklammert werden soll, dann fehlt etwas Entscheidendes.

Warnke:
Exakt. Zu den Erfahrungen gehören auch rätselhafte psychische Phänomene, etwa wissenschaftlich dokumentierte Nahtoderfahrungen, Hypnose-Effekte, Telepathie, Präkognition, Savants. Wie ist es möglich, dass ein Mensch einem anderen unter Hypnose Aufgaben gibt, die tatsächlich ausgeführt werden? Auf welchen geheimen Wegen kommunizieren Menschen telepathisch über Meere und Kontinente hinweg? Wie kann es sein, dass Ereignisse unabhängig von Entfernungen gesehen werden? Und warum berichten klinisch tote Patienten nach der Reanimation, sie seien über dem eigenen Körper geschwebt und hätten alles wahrgenommen, was sich im Krankenzimmer abgespielt hat?

Solche Erfahrungen haben durch wissenschaftliche Untersuchungen so viel Bestätigung und Unterstützung bekommen, dass sie nicht mehr einfach weggefegt werden können. Es ist unsere Pflicht als Wissenschaftler, sie zu erklären. Sie zwingen uns geradezu, das bisherige Weltbild infrage zu stellen. Sie widersetzen sich auf wundersame Weise der Logik von Kausalität, Raum und Zeit, geben aber Einblicke in die Wirkmechanismen der Interwelt.

Kommen wir nochmals auf den zentralen Begriff „Bewusstsein" zurück. Was ist Bewusstsein aus Ihrer Sicht? Und welche Bedeutung hat es, zusammenfassend gesagt, in und für die Welt, in der wir leben?

Warnke:
Ich sage einfach: Ohne Bewusstsein existiert nichts für uns Menschen. Wir könnten nicht einmal nachweisen, dass die Welt existiert, weil wir dafür ja auch ein Bewusstsein brauchen. Alles, was wir erkennen, erfahren und wissen, ist immer und ausschließlich über menschliches Bewusstseins entstanden.

Der bewusste Geist steuert in jedem Augenblick unseres täglichen Lebens die Materie. Mit nichts anderem als unserem Willen – ein pures geistiges Prinzip – sprechen wir, laufen wir, suchen wir unsere Nahrung. Unentwegt werden mit Hilfe des Bewusstseins Informationen zielgerichtet verarbeitet. Voraussetzung dabei ist natürlich, dass die Information als solche überhaupt erkannt wird. „Information" – diesen Ausdruck kann ich ja nur benutzen, wenn er erkannt worden ist – und dazu brauche ich ein Bewusstsein. Nach meiner Definition ist Bewusstsein der Modus eines „Wesens", das Information erkennt und zielgerichtet der Verarbeitung durch den Verstand zuführt.

Verstand und Bewusstsein sind zweierlei ...

Warnke:
Ich komme gleich darauf. Wenn ich Bewusstsein so wie eben definiere, muss ich auch auf den Begriff „Unterbewusstsein" eingehen, denn wir wissen heute, dass das Unterbewusstsein

95 Prozent unserer Lebensinhalte dirigiert, also einen viel größeren Raum einnimmt als das Bewusstsein. Das Unterbewusstsein ist ebenfalls ein Modus, in dem ein „Wesen" Information erkennt und zielgerichtet der Verarbeitung zuführt – allerdings nicht dem Verstand, sondern den Emotionen, als Folge der investierten Empfindungen und Gefühle.

Im Zusammenspiel von Bewusstsein und Unterbewusstsein wird einem Ereignis Sinn und Bedeutung gegeben. Allgemein gesagt, ist Bewusstsein der Modus, der die Eigenschaften von Dingen und Vorgängen gezielt zur Wahrnehmung bringt und ordnet.

Damit das geschieht, ist Aufmerksamkeit nötig. Diese entsteht bewusst durch den Willen und unbewusst durch die Motivation. Der Wille ist also der bewusste Startimpuls, die Motivation der unbewusste Startimpuls, um Informationen zu schalten und Realität zu gestalten.

Deshalb sind die Empfindungen und Gefühle, die mit dem Unterbewusstsein zusammenhängen und traditionell der „Seele" zugesprochen wurden, so wichtig; sie sind jedem Menschen angeboren. Jedes neugeborene kleine Wesen hat bereits Gefühle und Empfindungen. Nun findet man aber in der DNA keine Gene für Gefühle und Empfindungen, und man muss sich fragen: Was heißt denn hier „angeboren"? Nach meinem Modell sind Gefühle und Empfindungen und das, was wir Seele nennen abgespeichert in diesem universellen, alles durchdringenden Feld, das ich als „Interwelt" bezeichne ...

...und nicht im Gehirn.

Warnke:
Und nicht im Gehirn!
Mit dieser Ansicht stehe ich in guter Verbindung mit dem Neuropsychologen und Nobelpreisträger Sir John Eccles, der bereits 1975 darauf hingewiesen hat, dass ein Bewusstsein selbst dann weiterhin existieren kann, wenn bei einem Menschen große Teile der Großhirnrinde entfernt worden sind.

Er folgerte daraus, dass Bewusstsein unabhängig vom Gehirn existiert und unabhängig von Raum und Zeit ist.

Zusammen mit seinem ebenso berühmten Kollegen Karl Popper veröffentlichte Eccles 1982 die Aussage: „Der sich seiner selbst bewusste Geist muss als etwas vom Gehirn Getrenntes aufgefasst werden." Wobei diese Formulierung aus heutiger Sicht nicht ganz richtig ist, weil es ja um ein alles durchdringendes Feld geht, das daher außerhalb und innerhalb des Gehirns besteht.

Ein ganz ähnliches Feld-Konzept vertritt auch Rupert Sheldrake. Es geht nicht um außerhalb und innerhalb – sondern um etwas Allumfassendes.

Warnke:
Es gibt auch direkte Hinweise, dass es so ist. Schon 1980 wurde im Wissenschaftsmagazin „Science" ein Beitrag veröffentlicht mit der Überschrift: „Ist unser Gehirn wirklich notwendig?"

Diese provokante Frage ergab sich aus den Forschungsarbeiten von John Lorber an der University of Sheffield in London. Lorber ist weltweit anerkannter Spezialist für Hydrozephalus-Erkrankte. Bei diesen Patienten staut sich Flüssigkeit des Rückenmark-Gehirn-Systems, so dass enormer Druck auf die Gehirnmasse entsteht, die dann abstirbt und resorbiert wird. Lorber hat bei seinen Untersuchungen festgestellt, dass selbst Patienten, die nur noch etwa fünf Prozent Gehirnmasse hatten, einen Intelligenzquotienten von 100 besaßen. Zwei kamen sogar auf einen IQ von 126.

Nachdem Lorber diese Ergebnisse veröffentlichte, gab es einige Kollegen, die dem sofort beipflichteten und sagten: „Ja, das kennen wir auch!"

Patrick Wall, ein Anatomieprofessor vom University College in London fasst zusammen: „Die medizinische Literatur ist voll von ähnlichen Berichten, und diese reichen weit in die Vergangenheit zurück."

Es wurde also schon vielfach festgestellt, dass Bewusstsein existiert, obwohl das Gehirn völlig degeneriert ist.

Weitere Hinweise darauf, dass das Bewusstsein nicht an das Gehirn gebunden ist, bietet die sogenannte terminale Geistesklarheit, ein kaum bekanntes Phänomen: Patienten mit Erkrankungen wie Alzheimer, deren Gehirn im Endstadium de facto zerstört und deshalb eigentlich funktionsunfähig ist, werden kurz bevor sie sterben absolut klar. Sie können von ihrem Leben berichten, wissen viele Einzelheiten davon, denken in logischen Zusammenhängen, wissen, in welchem Zustand sie sich befinden, und zeigen keinerlei Symptome einer geistigen Beeinträchtigung.

Solche Phänomene zwingen uns zu einer Erklärung, sonst sind wir nicht wissenschaftlich. Die Bevölkerung hat ein Anrecht darauf, von der Wissenschaft Wahrheit zu erfahren. Wenn wir aber bestimmte Phänomene einfach immer wegschieben, dann ist das unwissenschaftlich.

In dem Zusammenhang fallen mir die vielen vergeblichen Experimente ein, die das Speichern von Lernerfahrungen in bestimmten Gehirnregionen nachweisen sollten. Das ist nie gelungen. Obwohl in diesbezüglichen Versuchen bei Tieren immer größere Teile des Gehirns entfernt wurden, blieb deren Erinnerung erhalten.

Warnke:
Absolut richtig. Man hat noch und noch Versuche gemacht, um herauszufinden, wo die Erinnerung gespeichert ist. Man hat diese Tierversuche gemacht und man hat Proteine isoliert und festgestellt, dass jemand im Schock seine Erinnerung verlieren kann. Aber es geht dabei nur das Werkzeug verloren, das nötig ist, um Erinnerungen einzupflanzen, was sich über quantenphysikalische Methoden vollzieht, bei denen Proteine eine Rolle spielen. Die Erinnerung selber ist nicht im Gehirn massemäßig abgelagert, sondern sie ist im alles durchdringenden Vakuumfeld vorhanden. Aber wir brauchen ein Werkzeug, um Anschluss an dieses Feld zu finden. Dazu dient das Gehirn – aber nicht, um Bewusstsein zu erschaffen.

Bewusstsein besteht unabhängig vom Gehirn, es ist ein universeller Schalter, um Realität zu erschaffen. Ich möchte an dieser Stelle nochmals an den 2008 verstorbenen John Archibald Wheeler erinnern, den größten Quantenphilosophen, den ich kennengelernt habe. Er hat selbst zwar keinen Nobelpreis bekommen, wohl aber sein Schüler Richard Feynman.

Wheeler formulierte 1973 in seinem Buch „Gravitation", dass „das Bewusstsein das Agens ist, das ein subatomares Teilchen, etwa ein Elektron, existent werden lässt."

Bewusstsein erschafft ein Elektron – eine bemerkenswerte Aussage!

Und Nobelpreisträger Eugene Paul Wigner sagte: „Es ist das Bewusstsein, das aus der Quantenunschärfe die klare Realität macht. Nur wenn das Ergebnis einer Beobachtung das Bewusstsein des Beobachters beeindruckt, entsteht eine einzige Realität." Außerdem meinte er: *„Die Quantentheorie beweist die Existenz eines universellen Bewusstseins im Universum."*

Ich stehe also nicht alleine mit meinem Modell, dass Gedanken – generiert aus Vernunft und Gefühlen, entsprechend der Aktivität von Bewusstsein und Unterbewusstsein – unmittelbar mit physikalischen Energien korreliert sind, um Einfluss auf Materie-Massen zu nehmen. Das „Ich" des Menschen nimmt die Energie der äußeren Welt in seine Innenwelt – das ist das Geistfeld mit Bewusstsein und Unterbewusstsein – auf, prägt in einem Akt der Verwandlung innere Bilder und gibt diese Vorstellungen als Schöpfung in die äußere Welt effektiv zurück – die Manifestation.

Energie wird also in unser bewusstes Gewahrsein gebracht, und wir erzeugen schöpferisch Form, Struktur und Gestalt, indem wir Sinn und Bedeutung geben. Damit erschaffen wir getrennte Einheiten in Raum und Zeit.

Wobei das Gewahrsein, die bewusste Wahrnehmung, bei jedem Menschen subjektiv anders ist und sehr selektiv funktioniert. Jeder Mensch lebt bekanntlich – offenbar im wahrsten Sinn des Wortes – in „seiner Welt"!

Warnke:
Die Wahrnehmung ist ein Akt des bewussten Beobachtens und beinhaltet die Kunst des kreativen Weglassens unzähliger Möglichkeiten, die Filterung sinnvoller Eigenschaften aus dem allgemeinen Rauschen.

Wenn Bewusstsein nicht aus dem Gehirn entsteht und das Wesen des Menschen nicht nur – oder vielleicht sogar am allerwenigsten – materieller Natur ist, wie stehen Sie dann zum traditionellen Begriff einer nicht-körperlichen „Seele"?

Warnke:
Meine Antwort ergibt sich wieder aus dem Gesamtbild traditioneller und quantenphilosophischer Überlegungen sowie eigener Erfahrungen: Wir leben in dieser Alltagswelt, um Erfahrungen zu sammeln, und das machen wir mit Hilfe von Resonanzkörpern.

Ein einzelnes Elektron beispielsweise könnte nicht viel Erfahrung sammeln. Sobald aber eine räumliche Struktur, ein Körper aufgebaut wird, ist gewährleistet, dass Resonanz entstehen und Energie aufgenommen werden kann. Auch aus der Kommunikationstechnik wissen wir, dass jede Antenne eine räumliche Dimension braucht, damit sie als Resonanzkörper funktioniert und Energie aufnehmen kann. Der Körper dient uns also dafür, durch Resonanz Erfahrungen zu sammeln.

Übrigens kann man Krankheit auch als Verlust der Resonanzstruktur definieren; Heilung dagegen ist die Wiederherstellung der adäquaten Form-Struktur-Gestalt zum Zweck der optimalen Informations- und Energieaufnahme. Unser Lebensinhalt ist also, mit der Materie in der Alltagswelt Erfahrungen zu sammeln. Aber alles, was wir erleben, wird in einer materiefreien Welt abgespeichert, in einem masseleeren Raum. Dieses Vakuum ist wie eine Speicherplatte für Erfahrung.

Man kann, als Gleichnis, an das Internet denken: Auch hier wird alles Mögliche abgespeichert, das dann dreidimensional wiedergegeben werden kann, ohne dass Massen vorhanden sind.

Ebenso entsteht im Traum aus purer Information ein Erlebnis. Ich kann dabei nicht unterscheiden, ob ich in der Alltagswelt oder in der Traumwelt bin. Ich sehe, fühle, rieche, höre Massen – aber es gibt keinen Lautsprecher und keinen Geruchssender dort, der, wie ein Jasminstrauch beispielsweise, Moleküle abgibt. Das heißt, ob jetzt tatsächlich Massen vorhanden sind oder ob ich nur die Information für Massenkonstruktionen virtuell wahrnehme, wie durch das Internet oder im Traum, macht für das Erleben keinen Unterschied. Es ärgert mich übrigens, dass der Traum als Phänomen bis heute so wenig Beachtung findet ...

Unser Erleben in der Alltagswelt – wie auch in der Traumwelt – dient also dazu, durch Resonanz Erfahrung zu sammeln. Aber wer ist „wir"? Was ist „bewusst" – die nicht-körperliche Seele?

Warnke:
Das Wesen des Menschen ist die Seele, die mit Hilfe von Empfindung und Gefühlen Sinn und Bedeutung gibt. Und alles, was sie an Erfahrung sammelt, wird abgespeichert, das heißt, der Informationsgehalt einer Seele wird immer höher, immer höher ... und Information kann nicht verloren gehen, sie bleibt gespeichert. Sie ist zwar nicht immer bewusst abrufbar, aber sie prägt das weitere Leben.

Wir können hier von einer Art Karma sprechen und auch auf die Reinkarnation kommen. Das sind alles Begriffe, die in alten Weisheitslehren aus Erfahrung geprägt wurden. Wichtig ist aber, dass die Seele vorhanden ist, oder anders ausgedrückt, dass es Selbst-Instanzen außerhalb der Raum-Zeit gibt. Das Gehirn ist deren Werkzeug. Aber es ist so konstruiert, dass es funktionell eine bewusste Direktverbindung zwischen dem Ich innerhalb der Alltagswelt und den Selbstinstanzen in der Interwelt unterdrückt.

So, wie es innerhalb des Gehirns die Blut-Hirn-Schranke gibt, die unnütze Informationen, sprich toxische Substanzen von den empfindlichen Informationsnetzwerken des zentralen Nervensystems fern halten soll, so sind Teile des Gehirns im Neokortex eine funktionelle Barriere für den Informationsfluss von der Interwelt zur Alltagswelt.

Und weshalb gibt es diese Trennung? Warum können wir nicht bewusst und willentlich jederzeit in die Interwelt eintauchen?

Warnke:
Diese Bewusstseins-Trennung zwischen Alltagswelt und Interwelt ist nötig, damit das Ich geordnet Erfahrungen und Neuinformationen sammeln kann.

Ich möchte an dieser Stelle noch einmal auf die Frage nach dem Wesen des Menschen zurückkommen. Es gibt Ihrem Modell zufolge die Alltagswelt und die Interwelt. Woher stammt das Ich? Wie sieht Ihr Gesamtbild vom Universum oder von der Schöpfung aus?

Warnke:
Also: Ich gehe davon aus, dass wir von einer schöpferischen Intelligenz erschaffen worden sind. Diese schöpferische Intelligenz benutzte dafür etwas, das ich als Urinformation bezeichne ...

... aus der sich in der Folge alles entwickelt hat und weiter entwickeln kann.

Warnke:
Ja, und diese Urinformation muss irgendwo abgespeichert sein. Ich postuliere: Sie ist in der Interwelt abgespeichert, also dort, wo auch die Seele angesiedelt ist. Und in diesem alles durchdringenden Feld gibt es jetzt zwei Ebenen, für die wir verschiedene Vokabeln verwenden können.

Zur höchsten Ebene, der Einheitswelt, zu diesem geistig höchst intelligenten Ursprung, gehört das „Wahre Selbst".

Und dann gibt es noch eine darunter liegende Interwelt-Ebene, die manchmal auch als „Anderwelt" bezeichnet wird – es gibt mehrere Ausdrücke dafür. Hierher gehört zum einen das „Höhere Selbst", in dem alle Erfahrungen des Individuums abgespeichert sind, alle Erfahrungen aus vielen Erdenleben. Und zum anderen gehört hierher das „Einfache Selbst", das ich als „Spiegel des Ichs" bezeichne.

Sie unterscheiden also drei „Selbst-Instanzen" – Wahres Selbst, Höheres Selbst, und Einfaches Selbst –, die alle zusammen das menschliche „Ich" reflektieren?

Warnke:
Ja, das alles sind Informationsmuster auf verschiedenen Ebenen. Denn das ist es, was wir andauernd tun: Wir bauen Informationsmuster auf, wir haben formbildende Ideen, denken Sie nur an die Mode oder an architektonische Informationsmuster.

Aber es geht noch viel weiter: Wir können durch unsere Gedanken und Empfindungen auch Wesenheiten erschaffen, die, wenn sie entsprechend stark durch Informationen genährt werden, eine Art Eigenständigkeit entwickeln und Macht über uns gewinnen können ...

... was sich zum Beispiel als Angst vor dem Teufel zeigt.

Warnke:
Ja. Informationsmuster können sich durch entsprechende Informations- und Energiezufuhr fortpflanzen und den Menschen unter ihre Kontrolle bringen. Bei der Mode ist das deutlich zu sehen, alle unterwerfen sich den Modeströmungen. Und genau so ist es bei Wesenheiten, ob Engel oder Teufel. Wir generieren durch unsere Gedanken Meme. Wenn ich das Prinzip der „Ernährung von Informationsmustern" aber durchschaue, kann ich verhindern, dass die ganze Sache entartet und bösartig wird, also mich belastet.

Der Aufbau von Informationsmustern oder, einfacher gesagt, die Gestaltungs- und Formungsfähigkeit ist also ein wesentliches geistiges Grundprinzip, mit dem wir als Menschen ununterbrochen am Werk sind ...

Warnke:
Exakt. Und das kann zum Guten oder zum Bösen führen. Auch unser „Ich" ist eine von den Selbstinstanzen zum Zweck des Sammelns von Erfahrungen innerhalb der Alltagswelt aufgebaute Wesenheit, die entarten kann, wenn sie sich zum „Ego" wandelt. Egomanie ist nichts anderes als eine entartete Ich-Wesenheit.

Also, zusammenfassend: Mein Modell geht von einer Organisation des Universums aus, die uns Menschen – mit der gesamten Natur – hervorgebracht hat und in drei unterscheidbaren Ebenen wirkt, die alle für uns Bedeutung haben:

A) die Einheitswelt mit dem „Wahren Selbst", gleichbedeutend mit dem, was ich oft als „Meer aller Möglichkeiten" bezeichne;

B) die Interwelt mit dem „Höheren Selbst" und dem „Einfachen Selbst" und

C) die Alltagswelt, projiziert durch die Ich-Instanz.

Ein Modell, das an Konzepte zum Schöpfungsaufbau erinnert, die – freilich mit anderen Bezeichnungen – aus spirituellen Lehren der ferneren und näheren Vergangenheit bekannt sind. Auch darin kommt ja zum Ausdruck, dass es unterschiedliche Ebenen und entsprechende Körper oder Hüllen für die Seele gibt.

Unterm Strich geht es in seriösen Lehren immer um den Aufruf, die geistige Gestaltungsfähigkeit gut und verantwortungsvoll zu nützen. Zum gleichen Schluss führt wohl der Gedanke, dass man Informationsmuster zur Entartung führen kann, wenn man sie „überernährt". Also ginge es in der praktischen Konsequenz darum, solche Gesetzmäßigkeiten zu kennen, um ein glückliches Leben zu führen.

Warnke:
Genau! Ja, das ist auch so! Alle drei Ebenen oder drei Kategorien, „Ich" und „Selbst-Instanzen", verwenden dieselben Instrumente: Bewusstsein, Wille und Motivation, Empfindungen und Gefühle. Und unsere Gedanken erschaffen Meme. Es geht für uns alle darum, diese Instrumente verantwortungsvoll einzusetzen.

Das freilich setzt einen Willen voraus – der Wille ist also so etwas wie das Steuerruder unseres Lebensschiffs.

Warnke:
Das Steuer des Bewusstseins! Mit dem Bewusstsein schalte ich Information. Aber um etwas zielgerecht auszusuchen, brauche ich den Willen. Oder die Motivation, wenn es unbewusst läuft. Diesen Riesenapparat des Unbewussten dürfen wir nicht vergessen, denn er ist für 95 Prozent der Informationsschaltung zuständig. Auch wenn die Rolle der Motivation nicht wahrgenommen wird, sie steuert mich die ganze Zeit. Ich würde morgens nicht einmal aus dem Bett kommen, hätte ich nicht die Motivation aufzustehen.

Welche praktischen Konsequenzen hat dieses Weltbild? Sehen Sie einen konkreten Nutzen für den Alltag? Naiv gefragt: Einen Weg, auf dem die Menschheit glücklicher wird?

Warnke:
Die Interwelt ist, wie gesagt, überall in uns und um uns herum und enthält die Urinformation für Gesundheit und Heilung. Wenn ich dieses Prinzip durchschaut habe, werde ich unter allen Umständen zu lernen versuchen, mit der Interwelt zu kommunizieren, um das abzurufen, was Freude und Heilung bringt. Die Urinformation zum Heilsein ist ja da. In jeder Sekunde meines Lebens kann Heilung stattfinden, die Unversehrtheit wiedererlangt werden, die uns ursprünglich zum Sammeln von Erfahrungen verfügbar war. Nur kann ich diese Heilung blockieren, wenn ich nicht weiß, wie die Kommunikation mit der Interwelt funktioniert.

In der Religion wurde ursprünglich immer versucht, den Weg dahin zu öffnen, durch Gebete beispielsweise, aber diese Konzepte sind entartet, denn die großen Weltreligionen hatten andere Interessen. Jesus hatte gar nicht das Ziel, eine Religion zu stiften, er wollte wohl eher das Geheimnis vermitteln, dass die Psyche heilen kann. Eine Tradition, die in der Alchemie und in der indischen Kultur schon sehr früh etabliert war und im Buddhismus und Hinduismus weitergeführt wurde.

Später haben wir dann gesagt, das alles gilt nicht, weil die Wissenschaft erwiesen hätte, dass es nicht sein kann. Ich weiß noch, dass ich mich schon als Student für den Placebo- und Nocebo-Effekt interessiert habe, und natürlich auch später in meinem Lehrauftrag für Psychologie. Aber von der Wissenschaft wurde damals die Annahme, dass die Psyche heilen oder den Körper auch schädigen kann, absolut negiert.

Ich hatte immer den Eindruck, dass der Begriff „Placebo-Effekt" vor allem als Schlagwort verwendet wird, das eigentlich nichts Konkretes zum Ausdruck bringt und nichts wirklich erklärt. Sie aber sagen, wenn ich es richtig verstehe, dass da ein Effekt dahinter steht, mit dem ich konkret arbeiten kann.

Warnke:
Ganz genau. Wie läuft ein Placebo-Effekt ab? Wie läuft ein Nocebo-Effekt ab? Wie wird ein Traum eingeleitet? Wie kommen Träume nachts zustande? Das sind Fragen, die ich mir genau anschaue, denn sie zeigen Wege zur Interwelt. Wir könnten hier auch über Nahtoderfahrungen sprechen, die inzwischen ja sehr gut wissenschaftlich erforscht sind.

Wenn wir betrachten, was bei diesen Phänomenen im Körper passiert, in der Funktion, in der Physiologie, in der Pathologie, dann finden wir Wege, die wir nutzen können, um heil zu werden und glücklich zu sein. Aber Voraussetzung ist das Wissen, dass die Ideenmuster sämtlicher Materiekonstruktionen, sozusagen die urgeistigen Originale, in der Interwelt als Urinformation enthalten sind. Alles, was uns aus der Alltagswelt geläufig ist, die hier relevanten materiellen Kraft-Konstruktionen, haben in der Interwelt ein energetisch-informatives Duplikat, auch unser Körper, sein Aufbau mit allen seinen Einzelfunktionen. Zwischen Realität und Virtualität gibt es ein dauerndes Geben und Nehmen. Die in der materiellen Welt immer wieder geänderten Blaupausen der geistigen Originale werden ebenfalls in der Interwelt abgespeichert.

Diese Darstellung erinnert wieder an spirituelle Lehren – etwa vom „Astralkörper", der als Vorbild oder Muster für den physischen Körper gilt und mit diesem in Beziehung steht.

Warnke:
Auch alle Erfahrungen des Ichs werden an die Selbst-Instanzen zurückgemeldet und dort, in der Interwelt, als Informationskonstrukte abgespeichert. Wir haben hier eine Parallele zum Internet, wo wir auch eine Information ablegen und sie wieder hervorholen können, indem wir ein Stichwort eingeben. Ähnlich läuft es mit unseren Erlebnissen und den Erinnerungen daran.

Erinnerungen sind demnach nicht im Gehirn gespeichert, sondern in der Interwelt. Das Gehirn gibt nur die „Stichworte". Spielt hier nicht auch das Resonanzprinzip eine zentrale Rolle? Wir kennen das ja alle: Zunächst ist das Bruchstück eines Erlebnisses vorhanden, ein Bild, ein paar Töne Musik, ein Geruch vielleicht nur – und dann folgt, sofern das Gehirn die richtigen „Stichworte" findet, der Zugang zur gesamten Erinnerung.

Warnke:
Resonanz kennen wir eigentlich immer nur bei Energieübertragungen. Aber nach meiner Definition ist Information codierte Energie. Ich meine, dass Energie in ganz bestimmter Form strukturiert sein kann – und das nennen wir dann Information. Deshalb funktioniert Resonanz auch bei Information. Und was Gerüche anlangt, die Erinnerungen auslösen – das hängt auch damit zu-

sammen, dass die Geruchsnerven direkt ins limbische System münden. Und dieser spezielle Gehirnbereich kann den Zugang zur Interwelt öffnen.

Was ist denn aus Ihrer Sicht die wichtigste biologische Grundlage für eine Verbindung zur „Interwelt"?

Warnke:
Es gibt im Gehirn eine ganz besondere Drüse, die – eine einmalige Besonderheit – nicht paarig angelegt ist: die Zirbeldrüse. Diese kleine Drüse hat mit dem zu tun, was die alten Kulturen als „drittes Auge" bezeichnet haben. Sie ist das Gewebe, das im Körper mit Abstand am meisten Serotonin produziert, etwa 50-mal mehr als in jeder anderen Gehirnregion. Voraussetzung dafür ist die Aufnahme von Tryptophan aus der Nahrung.

Serotonin ist bekannt als das Hormon im Gehirn, das Freude erzeugt, und es ist als Ausgangsstoff für das Hormon Melatonin unentbehrlich. Und aus Melatonin entsteht eine echte körpereigene Droge, die man als Jenseitsmodul bezeichnen kann: DMT, Dimethyltryptamin. Tryptamine sind eine Umwandlung aus Serotonin, produziert von der Zirbeldrüse. Sie spielen auch nachts die entscheidende Rolle, wenn wir träumen, wenn also Mechanismen stimuliert werden, die uns in die Interwelt führen.

DMT öffnet also aus dieser Sicht die Tore zu einer Welt jenseits von Raum und Zeit – daher „Jenseitsmodul"?

Warnke:
James Callaway von der Universität in Kuopio in Finnland entdeckte erstmals, dass DMT immer dann nachweisbar ist, wenn der Betroffene gerade eine außerkörperliche Erfahrung gemacht hat, wenn ein luzider Traum erfolgt war oder auch, wenn ein Mensch gerade gestorben war.

Wir kennen heute die Folgen von DMT bei höherer Dosis – der Körper wird bewegungsarm, und es tun sich im Erleben Welten auf, die unsere Alltagsvorstellungen weit überschreiten: übergroße ekstatische Gefühle können entstehen, Phänomene wie Telepathie oder Zukunftsvoraussagen, Kontakte zu Toten und körperlosen Wesenheiten, die Wahrnehmung einer mächtigen, liebevollen Präsenz, die der ganzen Wirklichkeit zugrunde liegt, oder himmlischer Klänge, das Gefühl der Zeitlosigkeit und so weiter. Über solche Erfahrungen wurde in wissenschaftlichen Versuchen mit DMT berichtet.

Aber diese Effekte sind an Bedingungen gebunden: Zusammen mit DMT müssen zusätzlich Beta-Carboline, wie Pinolin und/oder Tryptolin, von der Zirbeldrüse ausgeschüttet werden, sonst wird DMT in Sekundenschnelle durch Monoaminooxidase – MAO – zerstört. Die Beta-Carnboline aber wirken als MAO-Hemmer, wodurch die körpereigene Droge DMT am Arbeiten bleibt und sich sozusagen das „dritte Auge" öffnen kann. Die Zirbeldrüse ist deshalb, kurz gesagt, das Vermittlerzentrum zwischen Alltagswelt und Interwelt, also, wie ich es nenne, das „Jenseits-Modul".

Was bedeutet „DMT bleibt am Arbeiten"? Was passiert dabei?

Warnke:
Entscheidend ist, dass der Neokortex – und damit die Vernunft – lahm gelegt wird. Dadurch ist die Barriere abgeschaltet, die sonst den Zugang zur Interwelt verhindert. Auch nachts wird diese Barriere beiseite geräumt, wodurch wir im Traum die Interwelt erleben können. Wenn aber dieser Kontakt bewusst hergestellt wird, wird es beispielsweise möglich, gezielt Heilfaktoren abzurufen, Urinformationen, um selber gesund zu sein.

Unter welchen Bedingungen kann denn die Neokortex-Aktivität vermindert werden?

Warnke:
Es muss zu einer Absenkung des Sauerstoffpartialdrucks kommen. Im Schlaf geschieht das automatisch, weil die Körpertemperatur sinkt und die Sauerstoffdiffusion dadurch verringert wird.

Physiologisch hat das dann zur Folge, dass der Traum eingeleitet wird, wodurch sich die Körpertemperatur wieder erhöht und die Sauerstoffdiffusion verstärkt wird.

Weitere Umstände, die wissenschaftlich nachgewiesen zur Ausschüttung von DMT und zur Reduzierung der Neokortex-Aktivität führen, sind große Erschöpfung – zum Beispiel nach einem Marathonlauf –, Hyperventilation, die zur Verengung der Blutgefäße führt und in alten Kulturen gezielt für Jenseits-Kontakte eingesetzt wurde, und Nahtod-Situationen, etwa beim Ertrinken.

Aber – und das ist jetzt wichtig: Das Abschalten des Neokortex funktioniert auch durch Meditation.

Die Neurotheologie, eine wissenschaftliche Disziplin, hat nachgewiesen, dass bestimmte Rituale, zum Beispiel beim Yoga oder in der Meditation, zur Aktivierung des Hippocampus, einer Schaltstation im limbischen System, und daraufhin zur Dämpfung neuronaler Erregungen im Neokortex führen.

Durch Meditation kann im Gehirn ein EEG-Feld mit rund 8 Hz entstehen. Dieser Theta-Rhythmus stimuliert den Hippocampus so, dass der Neokortex tatsächlich abgeschaltet und die Zirbeldrüse für die Ausschüttung von DMT vorbereitet wird. Das funktioniert aber übrigens nur, wenn es mir selbst gut geht – ich habe das ausprobiert. Mit starken Zahnschmerzen bin ich beispielsweise kaum in der Lage, Heilinformation tatsächlich in die Realität zu schalten. Aber je mehr ich es im gesunden Zustand übe und lerne und durch Verschaltung der Neurone diesen Weg für mich forciere, desto besser kann ich es auch, wenn ich krank bin.

Nun hat „Meditation" etwas von einem Allerweltswort. Jeder versteht etwas anderes darunter: Stille suchen, über eine Sache meditieren, Autosuggestionen üben und ähnliches. Von welcher Meditation sprechen Sie?

Warnke:
Das stimmt schon. Es gibt eine Bedingung, die eingehalten werden muss: absolute Stille – der Umgebung und der Gedanken. Das

heißt, ich darf nicht eigenen Gedanken nachhängen, denn dann ist sofort der Neokortex wieder aktiv, um vernünftig zu ordnen. Wenn ich es schaffe, mich auf etwas zu konzentrieren, was gut umrissen ist – eine Kerze, der Atem, ein Mandala, eine einfache weiße Wand –, was also nicht viele Verzweigungen zulässt, dann wird tatsächlich der Neokortex nicht mehr aktiviert und schaltet auf den 8-Hz-Rhythmus. Das Wort „Meditation" ist nur ein Wortvehikel, das diese Konzentration in der Stille beschreibt, die man lernen kann.

Und lernen bedeutet einfach üben?

Warnke:
Ja, Lernen ist immer mit Übung verbunden – oder mit Konditionierung. Bei der Konditionierung kopple ich zwei Reize, wodurch ich mich nicht mehr auf das zu konzentrieren brauche, was ich eigentlich wollte. Wenn der Konditionierungsreiz erlebt wird, zum Beispiel meine bequeme Liege oder mein Sessel, dann führt mich das automatisch in den gewünschten Zustand.

Es gibt natürlich auch die Nocebo-Konditionierung: Wer abends immer schlimme Nachrichten im Fernsehen sieht, braucht sich nachher nur noch auf den Sessel zu setzen, um Angstzustände zu erleben. Das ist Konditionierung im Schlechten. Aber dieses Prinzip funktioniert auch im Guten, und deswegen sind Rituale so wichtig. Bei den Naturvölkern lief der Kontakt zur Interwelt immer über Rituale ab, zum Beispiel über Trommeln, die einen Trance-Zustand fördern.

Diese Überlegungen zeigen beispielhaft, welche Rolle das Weltbild für die Bewertung von Forschungsergebnissen spielt. Materialisten sehen ja in den Zusammenhänge zwischen DMT und Nahtoderlebnissen einen Hinweis dafür, dass sich diese nur im Gehirn abspielen.

Wenn man dagegen, wie in Ihren quantenphilosophischen Betrachtungen, die Seele als Bewusstseinsträger anerkennt, erweist sich DMT beziehungsweise die Zirbeldrüse als Schlüssel für Jenseitskontakte.

Ähnlich ist es wohl mit dem Begriff „Leben". Während man traditionell der Seele die eigentliche „Lebendigkeit" zuschrieb, kann materialistisch betrachtet nur der Körper leben. Entsprechend wird heute alles unternommen, um das körperliche Leben zu erhalten – Stichworte Apparatemedizin, Organtransplantation oder, was jetzt populär wird, Kryonik: Man lässt seinen toten Körper um teures Geld für „bessere Zeiten" einfrieren, in der Hoffnung, in ferner Zukunft werde durch Fortschritte in der Medizin irgendwie eine glückliche Reanimation gelingen ...

Warnke:
Unsere heutige Gesellschaft ist mit Nichtwissen geschlagen. All das, was wir hier besprechen, ist nicht genügend bekannt. Und deshalb denkt man, dass nur mit dem Aufrechterhalten der Massen auch das Leben aufrechterhalten wird. Der Raum zwischen den Massen, den ich als „Geistfeld" definiere, bleibt praktisch unbeachtet. Die Massen bauen uns auf, klar, die sind auch wissenschaftlich erwiesen – aber es ist ein Riesenirrtum zu glauben, dass wir diese Massen brauchen, um leben zu können. Massen sind nur Sternenstaub, vielleicht haben wir sie sogar erst aus dem Wahrscheinlichkeitsfeld heraus geschöpft.

Sie haben mit dem Leben als Seele-Geist-Struktur nichts zu tun, sie sind nur ein Vehikel, um Erfahrungen zu sammeln. Im Tod verlassen uns diese Massen, wobei uns die Information, die wir Erfahrung nennen, erhalten bleibt. Es ist deshalb Unsinn, den Körper einzufrieren. Dieser wird nach dem Tod wieder zu Staub, aber die Seele lebt weiter.

Nahtoderlebnisse zeigen, dass wir alles mitbekommen, was um uns herum passiert. Obwohl die Physiologie nicht mehr funktioniert und die Massenfunktionen aufgehört haben, ist die Information weiterhin da und ermöglicht mir Erleben. Mein Selbst, das Einfache Selbst, kann sich über den Körper erheben, sieht ihn da liegen, bekommt alles mit, was die Ärzte machen. Denn die Sinne und das Gehirn sind nur als Materiekonstruktion kaputt, aber die Information besteht weiter.

Aus quantenphilosophischer Sicht sind also ein Bewusstsein außerhalb des Körpers und ein Leben nach dem Tod gut möglich. Wie steht es mit der Reinkarnation? Der Gedanke an wiederholte Erdenleben ist ja in vielen religiösen Traditionen und Weisheitslehren erhalten und für viele Menschen auch eine wichtige Grundlage, um an Gerechtigkeit im Leben glauben zu können.

Warnke:
Es spricht vieles für die Reinkarnation. Die Informationsmuster eines Individuums bleiben erhalten, wenn der Körper die Seele verlässt. Ian Stevenson, ein kanadischer Psychiater und Reinkarnationsforscher, hat über 50 statistisch hoch relevante Fälle beschrieben, die ganz klar auf Reinkarnation hinweisen. Mehr als 200 Fälle hat er untersucht. Sein Buch zu diesem Thema muss man gelesen haben, bevor man sich zur Reinkarnation äußert.

Vieles in diesem Bereich ist von guten Wissenschaftlern überprüft worden, und aus meiner Sicht liegt es nahe, dass die Informationsmuster, die uns als Individuum ausmachen, Erfahrungen aus früheren Erdenleben beinhalten. Auch wenn kein bewusster Zugriff darauf möglich ist, wirken diese Erfahrungen unbewusst prägend.

Der Mensch ist demnach Körper, er ist Seele, und er ist Geist. Wie definieren Sie die traditionellen Begriffe „Geist" und „Seele"? Wie grenzen Sie sie voneinander ab?

Warnke:
Geist ist für mich höher gestellt als Seele. Die Seele ist einer Festplatte vergleichbar, die meine Erfahrungen aufnimmt und die auch Erfahrungen unserer Vorfahren beinhaltet. Hier wird alles abgespeichert. Die Seele ist mit Gefühlen und Empfindungen ver-

bunden, dem Geben von Sinn und Bedeutung. Übergeordnet wirkt aber das Prinzip, Information zu verarbeiten – und das nenne ich Geist. In der Interwelt gibt es eine Geist-Seele-Verbindung, die Seele ist ein Teil des Geistes, aber der Geist organisiert und konstruiert die Seele. Er steht also höher als die Seele.

Was sagen Sie zu der traditionellen Vorstellung eines Seelenkörpers? Ist die Seele auch eine Art von Körper?

Warnke:
Ja, die Seele ist eine Art Körper, aber aus Information aufgebaut. Ich spreche dabei immer gern von Informationskörper oder Informationskonstruktion. Auch Wesenheiten, die bei uns als Engel bezeichnet werden, sind solche Informationskonstruktionen. In Ostasien kennt man keine Engel, da gibt es Drachen und anderes – eben das, was sich die Menschen dort so vorstellen. Aber die Wirkung ist die gleiche: der Geist organisiert und konstruiert.

Wenn der Mensch geistiger Natur und damit unabhängig von Materie ist, weil diese nur dazu dient, Erfahrungen zu sammeln – was bedeutet das in letzter Konsequenz? Sind wir unsterblich?

Warnke:
Ja, es ist so, darauf läuft es hinaus. Die Interwelt, von der wir hier immer wieder sprechen, ist die Welt, die in unseren Träumen auftritt, die bei außerkörperlichen Erfahrungen durchschimmert und die zum Beispiel auch die Grundlage für Remote-Viewing-Situationen bildet, also für das, was man gemeinhin Hellsehen nennt.

Und die Interwelt ist auch die Welt, die der Mensch mit dem Sterben betritt. Die Neokortex-Barriere fällt weg, der Tod ist somit eine Befreiung von den Beschränkungen der Alltagswelt. Er führt direkt und bewusst in die Interwelt.

Was uns nach dem Tod erwartet, ist nicht unterschieden von dem, was schon jetzt in uns ist – ein Geist-Seelen-Feld aus Gedanken, Gefühlen und Empfindungen, unsere „Innenwelt". Die eigenen Erfahrungen, die wir im Laufe des Lebens gemacht haben, behalten wir.

Übrigens heißt es immer, „die Seele verlässt den Köper" – eine typische Sichtweise aus der Alltagswelt heraus. Es müsste aber genau umgekehrt heißen: „Der Körper verlässt die Seele", denn der Körper mit seinen Massenelementen löst sich auf und verschwindet. Aber die Seele bleibt da, wo sie schon immer war, in der überall vorhandenen Interwelt.

Von der Terminologie einmal abgesehen, unterscheidet sich diese Sicht nicht wesentlich von religiösen Überlieferungen.

Warnke:
Es gibt einige Bibelstellen, etwa aus dem Korinther-Brief, die man ganz gut auf die Erfahrung des Sterbens beziehungsweise des Weiterlebens nach dem Tod beziehen kann, und die voll im Einklang mit quantenphilosophischen Betrachtungen stehen. Zum Beispiel Vers 44: „Es wird gesät ein natürlicher Leib und wird auferstehen ein geistiger Leib": Die Materiekonstruktion „Körper" ist die vorübergehende Hülle für Geist und Seele, die dem bewussten Ich geliehen ist. Oder die Verse 51 und 52: „Siehe, ich sage euch ein Geheimnis: Wir werden nicht entschlafen, wir werden aber alle verwandelt werden, und das plötzlich, in einem Augenblick." Die Verwandlung im Tod bedeutet das Abfallen der Hülle, des Werkzeugs für Erfahrungen in der materiellen Welt.

Und der berühmte Vers 55 – „Tod, wo ist dein Sieg? Tod, wo ist dein Stachel?" – steht für eine Überzeugung, die mit der Überwindung des Materialismus wieder modern wird: Geist und Seele sterben durch den Tod nicht, denn Information kann nicht verlorengehen. Da müsste schon das Universum zerplatzen oder verschwinden.

Das war jetzt wohl metaphorisch gemeint, aber bleiben wir kurz bei diesem Punkt: In astronomischen Betrachtungen spielen

Bewusstsein oder Interwelt üblicherweise keine Rolle. Man geht davon aus, dass das Universum vor knapp vierzehn Milliarden Jahren mit dem Urknall entstanden ist und sich immer weiter ausdehnen wird, bis irgendwann kein Energiegefälle mehr da ist und alle Bewegung erstirbt ...

Warnke:
... wobei es einer aktuellen Theorie zufolge auch sein kann, dass das Universum in etwa 60 Milliarden Jahren wieder in sich zusammenstürzen wird, weil die immer schneller werdende Expansion sozusagen zu einem Zerplatzen führt. Das entspricht der indischen Mythologie, die sagt, dass sich das Weltall in Zyklen ausdehnt und wieder zusammenzieht.

Wie auch immer – meinen Sie, dass das Schicksal des Universums auch die Interwelt umfasst oder würden Sie das getrennt sehen?

Warnke:
Wir dürfen nie vergessen, dass die Massen, von denen wir in der Astronomie reden und an die wir uns klammern, weil da eben Kräfte wirken, die wir messen können, nur 0,000000001 Prozent des Raumvolumens ausmachen. Es schwimmen ganz, ganz wenige Massen in einem riesengroßen Feld. Eigentlich wäre es also angebracht, nur über das Geistfeld zu reden – und für dieses gilt das immer währende Prinzip der zielgerichteten, das heißt intelligenten Informationsverarbeitung. Daraus resultiert geistige Schöpfung, und diese wird nach meiner Überzeugung niemals aufhören. Selbst wenn das sichtbare Universum Zyklen unterliegt, bedeutet das nicht, dass die schöpferische Tätigkeit einen Anfang und ein Ende hat.

Das Geistfeld bleibt also bestehen, wie auch immer sich das Werden und Vergehen im sichtbaren Universum abspielt ...

Warnke:
Ja, das Geistfeld ist das, was eigentlich alles ausmacht.

Universum oder Schöpfung? Diese beiden Begriffe trennen heute oft materialistisch ausgerichtete Menschen von religiös orientierten. Sie versuchen, Brücken zwischen Naturwissenschaft und Religion zu schlagen. Welchen Wert haben religiöse Gedanken für Sie persönlich? Sind Sie ein gläubiger Mensch?

Warnke:
Da halte ich es ganz mit Albert Einstein. Er hat einmal formuliert: „Falls es in mir etwas gibt, das man religiös nennen könnte, so ist es eine unbegrenzte Bewunderung der Struktur der Welt, so weit sie unsere Wissenschaft enthüllen kann." Genau so sehe ich es auch. Ich akzeptiere, dass es eine unglaubliche Intelligenz in dieser Schöpfung gibt und dass wir von dieser Intelligenz erschaffen worden sind. Und, um nochmals Einstein zu zitieren: „Ich glaube an Spinozas Gott, der sich in der Harmonie des Seienden offenbart, aber nicht an einen Gott, der sich mit Schicksalen und Handlungen der Menschen abgibt."

Alles in der Welt, in der wir leben, ist ausgewogen, aber wir kapieren das nicht und zerstören die Harmonie. Mein persönlicher Glaube läuft darauf hinaus, diese Harmonie wieder zu erkennen und sie zu fördern. Insofern bin ich tief religiös. Ich habe aber mit den Kirchen nichts zu tun.

Wenn man Aufsätze Einsteins zum Thema „Gott" liest, so fällt auf, dass er vor allem die Vorstellung von einem personifizierten Gott, der Naturgesetze aufheben und somit Wunder wirken kann, ablehnte. Aber er formulierte auch den schönen Satz: „Religion ohne Naturwissenschaft ist blind, Naturwissenschaft ohne Religion ist lahm!"

Warnke:
Wir dürfen nicht vergessen, dass die Wissenschaft menschliche Erfahrung ist. Und Religion ist ebenfalls menschliche Erfahrung. Das heißt, der Begriff „Erfahrung" verbindet bereits Wissenschaft und Religion.

Es heißt sehr treffend: „Die Naturwissenschaft braucht der Mensch zum Erkennen, den Glauben zum Handeln."

Ich bin davon überzeugt, dass es keinen Gott gibt, der sich in Streitereien oder Kriege einmischt, obwohl die Bibel gerne so interpretiert wird. Ein solcher Gott existiert nicht, aber es gibt eine für alle Wesen erkennbare Gesetzmäßigkeit. Uns Menschen hat die hohe Intelligenz, die wir Gott nennen, alle mit den gleichen Eigenschaften versehen. Es ist uns überlassen, sie zu erkennen und richtig zu nutzen. Wer sich darum nicht kümmert, ist selbst schuld; so können Elend und schweres Schicksal entstehen.

Aus Ihrer Sicht liegt es also nahe, Brücken zwischen Wissenschaft und Religion zu schlagen. Es gibt heute ja auch den Ansatz militanter Atheisten, die davon ausgehen, dass Religion grundsätzlich eine Irreführung ist, die man überwinden sollte.

Warnke:
Will man die Natur des Menschen wissenschaftlich beschreiben, dann gehört auch Religion dazu. Was aber unglaublich gefährlich ist, sind Dogmen. Und die gibt es auch auf der Seite der Skeptiker. Ich glaube, dass wir unsere persönlichen Erfahrungen nie zugunsten irgendwelcher Ideen oder Phantasien aufgeben dürfen. Sie müssen als Haupt-Kristallisationspunkt im Zentrum bleiben.

Es gibt eine einfache philosophische Aussage: Wahrheit ist Übereinstimmung mit der Wirklichkeit. Insofern sind Dogmen problematisch, sobald es sich um Kunstgebilde handelt, die eben nicht mit der Wirklichkeit übereinstimmen.

Warnke:
Ja. Es gibt eine absolute Wahrheit, und das ist die Wahrheit, wie sie sich in der Natur präsentiert. Und dann gibt es eine relative Wahrheit, das ist unser Lehrgebäude.

Ich habe viele Lehrer gehabt, die mir eindeutig etwas Falsches erzählt haben, es mir aber als Wahrheit verkauft haben. Die relative Wahrheit von der absoluten Wahrheit zu unterscheiden, muss man lernen. Mir dienen dazu drei Stützen, die im Einklang stehen sollten: Erfahrung, Überlieferung und Quantenphilosophie.

Ich glaube, dass wir überlieferte Weisheitslehren sehr ernst nehmen sollten, denn die Altvorderen hatten viel mehr Zeit, sich über die wesentlichen Dinge Gedanken zu machen, als wir. Heute werden wir von Information so zugemüllt, dass wir gar nicht mehr auf die Idee kommen, nachzudenken, warum wir funktionieren, warum wir sprechen können und so weiter. Die Quantenphysik öffnet Tore, um Erklärungen für bisher ungelöste Fragen zu finden. Sie umfasst das Beste, was Menschen wissenschaftlich je geleistet haben, denn die Versuche in diesem Bereich haben praktisch alle zuvor aufgestellten Theorien bestätigt.

Wir können auf die Quantenphysik nicht mehr verzichten. Und aus diesem Grund glaube ich, dass es durch die Quantenphilosophie eine künftig immer intensivere Verbindung zwischen Wissenschaft und Spiritualität geben wird. „Spiritualität" leitet sich von „spirit" ab, dem Geist.

Der Geist wurde bisher in der Wissenschaft einfach nicht beachtet. Jetzt aber öffnen sich die Tore, um den Geist in die Naturwissenschaft einzuführen. Das ist es, was die Quantenphilosophie leistet!

KAPITEL 5:
Leben nach dem Leben

Beginnen wir mit einer Schlussfolgerung: Einerseits haben technokratisch orientierte Unsterblichkeitsträume kaum Aussicht auf Realisierung. Andererseits zeigen kritische Blicke in die Forschung: Schlagkräftigen Beweise gegen die Existenz von Wirklichkeiten jenseits der irdischen Raumzeit liegen nicht vor. Und ebenso wenig konnte die traditionelle Vorstellung widerlegt werden, dass unser Bewusstsein einer immateriellen Seele verbunden ist.

Das heutige materialistische Welt- und Menschenbild, das Seelisch-Geistiges und Transzendentes ausschließt, ist nichts weiter als eine Annahme. Es konnte weder in der Aufklärung noch in den Jahrhunderten danach zweifelsfrei bewiesen werden, weder durch die Physik noch durch die Biologie oder Gehirnforschung, weder durch Mathematik und Logik noch durch irgendwelche Experimente.

Fazit: Es sollte grundsätzlich nichts dagegen sprechen, persönliche Erfahrungen, die Menschen in Todesnähe gemacht haben, vorbehaltlos ernst zu nehmen.

Wir werden uns nun also in dieser Weise der Frage nähern, ob unser Bewusstsein nach dem Tod weiter existiert, womit wir *seelisch* das Potential für Unsterblichkeit in uns tragen würden.

Nicht Naturwissenschaft oder Philosophie, sondern schlicht subjektive Erlebnisse und Einsichten geben dabei zunächst die Richtung vor.

Begegnungen mit dem Tod

Wer den Tod nicht ganz aus seiner thematischen Wohlfühlzone verdrängt hat und schon einmal zulässt, dass die Sprache auf ein Thema kommt, das im Stillen wohl jeden Menschen berührt, wird wahrscheinlich früher oder später mit dem Phänomen der Nahtoderfahrungen (NTE) konfrontiert sein. Also mit Schilderungen von Erlebnissen, die Menschen über die „Todesschwelle" geführt haben.

Nicht selten berichten Personen, die als tot galten, aber doch wieder reanimiert werden konnten, von eindrucksvollen Erfahrungen, die sie während ihrer „Aus-Zeit" gemacht haben. Sie unterscheiden sich deutlich von Träumen oder anderen speziellen Bewusstseinszuständen.

Sie erscheinen so unmittelbar, natürlich und lebensnah, dass sie die Lebensorientierung der Betroffenen und deren Einstellung zum Tod in vielen Fällen nachhaltig veränderten.

Sind Todesnähe-Erfahrungen also ein geeigneter Ansatz, die alte Menschheitsfrage „Leben nach dem Leben – ja oder nein?" aus der Grauzone des reinen Glaubens zu befreien? Sind sie Beweise dafür, dass wir tatsächlich weiterleben?

Lassen wir zunächst eine Betroffene zu Wort kommen. Astrid Dauster ist eine einfache Frau aus Weilheim (Oberbayern), die in ihrem Leben schon Einiges durchmachen musste und bereits mehrmals Kontakt mit „jenseitigen Ebenen" hatte. Im folgenden Interview beschreibt sie ihre Erlebnisse und damit zugleich auch einige typische NTE-Elemente, wie sie von der Sterbeforschung immer wieder dokumentiert werden.

Frau Dauster, Sie hatten vor nicht allzu langer Zeit eine Nahtoderfahrung. Was geschah damals?

Dauster:

Es war an Fronleichnam 2011. Schon am Vortag war es mir nicht gut gegangen, ich hatte Schmerzen im Bereich des Brustbeins, aber die Nacht relativ gut verbracht. Am diesem Morgen dachte ich noch, Magenschmerzen hast du ja öfters, vielleicht ist es auch ein ausgerenkter Wirbel; es wird schon nicht so schlimm sein. Aber es ging mir überhaupt nicht gut. Ich wollte eigentlich nach Meran fahren. Und während die eine Stimme in mir sagte:

„Das kennst du doch!", drängte mich eine andere, tätig zu werden. Also rief ich den Rettungsdienst. Die Sanitäter waren innerhalb kürzester Zeit bei mir, ich empfing sie und schilderte meine Beschwerden. Das EKG zeigte dann, dass bereits ein Herzinfarkt abgelaufen sein musste. Deshalb wurde ein Notarzt angefordert. Ich unterhielt mich mit den Sanitätern und habe irgendwann registriert, dass ein Rettungsstuhl bei mir im Wohnzimmer stand. Da habe ich noch gesagt: „So ein Schmarren, ich geh' zu Fuß zum Krankenwagen, ihr müsst mich nicht mit diesem Stuhl transportieren!" Dass man mich in den Stuhl gesetzt hat, daran kann ich mich nicht bewusst erinnern. Einer der Sanitäter hat mir Wochen später, als ich mich nach der Reha bei den Sanitätern in der Leitstelle bedankte, gesagt, dass ich einfach kollabiert bin. Man wollte mich aus der Wohnung tragen, musste mich dann aber im Flur ablegen, um mich zu reanimieren ...

Das heißt, Sie wären in diesem Moment gestorben ...

Dauster:
Ja, ich hatte Herzkammerflimmern und keinen Kreislauf mehr. Deshalb begannen die Sanitäter mit der Reanimation.

Wie erlebten Sie diesen Zeitraum? Woran können sie sich erinnern?

Dauster:
Die Erinnerung daran kam mir erst, nachdem der körperliche Erholungsprozess so weit abgeschlossen war, dass ich die nötige Energie und Kraft dafür hatte. Denn der Beginn des Nahtoderlebnisses war sehr, sehr schlimm für mich. Ich habe mich von oben gesehen. Ich habe auf meinen Körper geschaut und die drei Rettungssanitäter beobachtet, die sich darum bemüht haben, mich wieder zurückzuholen. Ich habe gesehen, wie der Körper bei der Reanimation mit dem Defibrillator achtmal geschockt wurde, ich habe den Notarzt gesehen und meine Tochter, die auch anwesend war.

Gleichzeitig konnte ich aber auch alle Emotionen der anwesenden Menschen spüren. Das gedankliche Chaos, in dem meine Tochter hin und her geworfen wurde, auch das Ohnmachtsgefühl der Sanitäter während der Reanimationsversuche, deren Fassungslosigkeit darüber, dass das jetzt passiert ist. Niemand hatte damit gerechnet, dass ich kollabiere.

Das alles habe ich gesehen und gespürt. Es war fast nicht zu ertragen. Ich wollte, dass man meinen Körper, der ständig geschockt wurde, endlich in Ruhe lässt. Ich habe versucht, mich bemerkbar zu machen, habe einen Sanitäter ein bisschen gezupft, aber er war natürlich nur mit der Reanimation beschäftigt.

Später im Krankenhaus hat dieser Sanitäter meiner Tochter erzählt, dass ich während der Wiederbelebung versucht habe, ihn von mir wegzudrücken. Das sei ihm in seinen 20 Dienstjahren noch nie passiert.

Das hat er wahrgenommen ...

Dauster:
Ja, er hat die Kraft der Seele wahrgenommen. Ich konnte das alles bald nicht mehr ertragen und bin gegangen. Ich habe den Raum einfach verlassen, sehr langsam und sehr traurig.

Und dann fand ich mich an einem wunderbaren, kristallklaren Wasser wieder, in das ich hinein geweint habe – bis ich aufstand und irgendwie auf einen Berg gelangte, immer höher, bis es nicht mehr weiter ging. Dann habe ich mich nach oben gewandt und um Hilfe gebeten: „Bitte hilf mir, ich weiß nicht, was ich tun soll!" Daraufhin hat sich über mir das Universum ... oder der Himmel ... geöffnet, und ich wurde in ein wunderbares Licht eingehüllt. Es durchdrang mich, floss den ganzen Berg hinab bis ins Tal. Soweit ich sehen konnte, war nur dieses wunderbare Licht, die sichtbare und fühlbare Liebe Gottes. Und ich habe mich einfach nur wohlgefühlt, unendlich wohl.

Ich konnte völlig ruhig sein. In diesem Moment war alles Erdenleid, die traurige Situation, aus der ich gekommen war, einfach vergangen. Ich empfand nur Liebe, die göttliche Liebe. Und dann hörte ich eine vertraute Stimme, die ich schon seit meiner Kindheit kenne. Sie sagte zu mir: „Du weißt, was du tun musst. Du musst zurück gehen!"

Mir wurde klar, dass mein Körper zwischen den Welten liegt, dass er die Seele braucht – um zu leben oder zu sterben. Aber ich wollte nicht zurück. Ich hatte Angst, wieder dieses Leid ertragen zu müssen. Ich war in diesem Licht und bin dann irgendwie noch einen Schritt weiter darin gegangen, obwohl es höher eigentlich gar nicht mehr ging. Ich nahm einfach nur Liebe auf, die alles durchdringende, fühlbare und sichtbare Liebe Gottes, die sich auch in wunderbaren Farben offenbarte ... Regenbogenfarben in hauchzarten Abstufungen, die sich lebendig bewegten und durch die ich ein Gesicht schimmern sah, das aber schon wieder weg war, ehe ich irgend etwas ausmachen konnte. Aber das war egal, das Erleben war einfach nur Schönheit. Farben dieser Art gibt es auf der Erde nicht. Stellen Sie sich die leuchtendsten Töne vor – es würde im Vergleich doch der Glanz fehlen, die Liebe.

Ja, ich habe gezögert, wieder zurückzugehen, 27 Minuten lang, aber zuletzt bin ich doch gegangen – oder wurde zurückgeschickt. Und ich musste zum Glück das Leid meines Körpers nicht noch einmal miterleben.

Sie hatten schon als Kind Jenseitserlebnisse?

Dauster:

Ja, ich habe eine sehr schwere Kindheit hinter mir und schlimmste Verletzungen nur überlebt, weil ich sozusagen ausgestiegen bin. Damals ging das blitzschnell, ich gelangte durch einen Tunnel in ein Licht, fand mich auf einer wunderschönen Blumenwiese wieder und begegnete einem Schäfer, der eine Herde schneeweißer Schafe hütete und der mir meine kindlichen Fragen beantwortete. Ich konnte nicht begreifen, weshalb Menschen imstande sind, einander so viel Leid anzutun. Das Licht, das ich als Kind erlebt hatte, war damals schon das gleiche.

Wie geht es Ihnen, wenn Sie anderen Menschen von ihren Erlebnissen berichten? Gelingt es Ihnen, das Tabu, mit dem unsere Gesellschaft das Thema Tod belegt hat, zu durchbrechen und auf Verständnis zu stoßen?

Dauster:
Absolut. Sobald man darüber spricht, ist es nach meiner Erfahrung kein Tabu mehr. Die Menschen hier in Weilheim haben an dem, was mir passiert ist, viel Anteil genommen – und mich auch mit großen Augen angeschaut, als es mir nach zwei Monaten schon wieder so gut ging. Auch die Ärzte auf der Intensivstation und die Sanitäter waren erstaunt darüber, dass ich wieder so fit wurde und nach dieser langen Reanimation kein Schaden geblieben ist.

Wenn Sie Ihre Erlebnisse zusammenfassend betrachten: Sehen Sie das, was Sie erfahren haben, eher als ein Spiel des Zufalls oder glauben Sie, dass damit eine Aufgabe verbunden ist, die Sie in ihrem Leben zu erfüllen haben?

Dauster:
Ich habe ein sehr hartes Leben gehabt, aber ich habe immer wieder Hilfe von oben bekommen, um meinen Weg gehen zu können. Diese Hilfe ist vielfältig. Man hat zum Beispiel plötzlich Menschen an seiner Seite, mit denen man gemeinsam gehen kann, und niemand hat mich jemals auf die Schiene gestellt: „Da ist eine, die tickt nicht mehr ganz richtig."

Ich hatte viele Gelegenheiten, bei denen ich vermitteln konnte, wie es weitergeht, wenn wir diese Erde verlassen dürfen. Persönlich bin ich der Meinung, dass alles einen Sinn hat. Nichts geschieht ohne Sinn. Jedes Wort, jeder Gedanke, jede Begegnung mit Menschen ist einerseits für mich persönlich wichtig, aber es ist auch Teil eines großen Ganzen.

Wohin etwas sich entwickelt, das erkennt man manchmal erst Jahre später. Vielleicht ist es auch gar nicht möglich, das fertige Bild schon zu sehen. Und es ist grundsätzlich sehr schwer für mich, die Empfindungen in den Licht-Erfahrungen zu beschreiben. Es gibt in unserer Sprache kein Wort dafür. Unvorstellbare Geborgenheit, unendlicher Friede, unendliche Liebe ... solche Begriffe kennen wir – aber es ist noch viel mehr damit verbunden.

Größere Tiefe ...

Dauster:
Ja, es sind Empfindungen, wie ich sie hier auf der Erde in den glücklichsten Momenten nicht erlebt habe.

Die meisten Menschen haben große Angst vor dem Tod. Was ist die zentrale Botschaft, die sie auf Grund Ihrer Nahtoderfahrungen weitergeben möchten?

Dauster:
Das Wichtigste ist: Wir brauchen keine Angst vor dem Tod zu haben! Es geht danach weiter!

Aber das Leben nach dem Tod hat überhaupt nichts mehr mit der Erdenschwere zu tun. Es existiert Bewusstsein, aber ohne die Schwere der Gedanken, die man auf Erden hat.

Ich persönlich habe keine Angst vor dem Sterben mehr. Ich habe nur den Wunsch, nicht als Pflegefall leben zu sollen. Meine Bitte ist, dass ich einmal, wenn es endgültig so weit ist, ohne große Dramatik gehen darf und ich mich von meinen Lieben verabschieden kann.

Die Rätsel der Todesnähe

Bis vor nicht allzu langer Zeit hatten es Menschen mit solchen Erfahrungen eher schwer. Sie fanden kaum Gelegenheit, darüber zu sprechen, wenn sie nicht Gefahr laufen wollten, als Spinner oder Phantasten dargestellt zu werden.

Mittlerweile aber wurden weltweit so viele ähnliche Erfahrungen bekannt und dokumentiert, dass das Phänomen Nahtoderfahrung weithin Akzeptanz gefunden hat. Auch die Wissenschaft, die Thanatologie, beschäftigt sich damit.

Schätzungen zufolge blicken allein in Deutschland etwa drei Millionen Menschen auf ein NTE zurück.

Natürlich handelt es sich bei all diesen Schilderungen um höchst subjektive Erfahrungen. Entsprechend unterschiedlich sind die Aussagen. Das persönliche Weltbild und das Ausdrucksvermögen des Betroffenen spielen ebenso eine Rolle wie der allgemeine Erlebnishintergrund des Menschen und die Umstände seines (Beinah-)Todes.

Umso erstaunlicher erscheint es, dass trotz aller sozialen, religiösen und intellektuellen Unterschiede übereinstimmend immer wieder von bestimmten Stationen im Sterbevorgang berichtet wird.

Vor allem handelt es sich um die folgenden acht:

• *Ausleibigkeitserfahrung:* Viele Betroffene berichten, ähnlich wie Astrid Dauster, sich selbst über dem eigenen Körper schwebend erlebt zu haben. Sie beobachten detailliert die äußeren Ereignisse, beispielsweise die Bemühungen um Reanimation, die Reaktion von Verwandten oder den Fortgang einer Operation. Der eigene Körper wird dabei nicht zweidimensional erlebt, wie wir ihn üblicherweise von einem Foto, einem Film oder dem eigenen Spiegelbild kennen, sondern in seiner dreidimensionalen Wirklichkeit.

• *Bewusstseinserweiterung:* Die äußere Umwelt wird nicht nur gesehen und gehört, sondern es können auch die Gedanken und Absichten der Menschen wahrgenommen werden. Allerdings bietet der Zustand der Ausleibigkeit keine Möglichkeit, sich gegenüber anderen bemerkbar zu machen. Auch über eine erhöhte Klarheit und/oder Geschwindigkeit im Denken wird häufig berichtet.

• *Tunnelerlebnis:* Der Betroffene hat das Gefühl, sich durch einen Tunnel zu bewegen, an dessen Ende ein neues Licht erscheint. Diese oft geschilderte Erfahrung scheint übrigens Hieronymus Bosch in seinem bekannten Bild „Der Flug zum Himmel" visualisiert zu haben.

• *Liebendes Licht:* Sehr häufig wird ein besonderes Licht beschrieben, das den Menschen einhüllt. Dieses Licht wird mit bedingungsloser Liebe, Geborgenheit und Gottesnähe assoziiert. Es wirkt hell strahlend, alles erfüllend und belebend; manchmal wird es auch personifiziert wahrgenommen.

• *Überirdische Wirklichkeit:* Der Betroffene erlebt und bewegt sich in einer „jenseitigen Ebene", fern der „Erdenschwere". Oft tut sich ihm eine Welt herrlicher Farben auf, erfüllt von wunderbarer Musik.

• *Lebensrückschau:* Alle wichtige Momente des Erdenlebens ziehen panoramaartig und praktisch gleichzeitig am Bewusstsein vorbei, sogar Kindheitserlebnisse. Jedoch nicht in Form eines Films, der nur von außen betrachtet wird. Vielmehr empfinden die Betroffenen die Ereignisse ihres Lebens tief, durchleben sie nochmals, und erfahren auch eine Bewertung. Dabei können Versäumnisse bewusst werden und auch Schuldgefühle in den Vordergrund treten.

• *Begegnung mit Verstorbenen:* Viele Betroffene berichten, in der überirdischen Welt bereits zuvor verstorbenen Verwandten oder Freunden begegnet zu sein, die sie abholen kamen und ihre „Geburt ins Jenseits" begleiteten.

• *Grenzwahrnehmung:* Irgendwann wird eine Art Grenze wahrgenommen, die nicht überschritten werden kann.
Die Betroffenen erleben einen Zwang, wieder zurück zu müssen oder entscheiden sich freiwillig für eine „Rückkehr in den

Körper". Nach dem Überschreiten der Grenze wäre diese Umkehr unmöglich.

Nicht jeder Mensch, der sich an eine Todesnähe-Erfahrung erinnert, erlebt alle diese Stationen. Manche berichten beispielsweise nur von einer Ausleibigkeit oder einer Lebensrückschau, andere – wie etwa Astrid Dauster – über sehr komplexe Erfahrungen.

Wissenschaftlich steht das Phänomen NTE heute außer Frage. Es ist weit verbreitet und gehört offenbar (bei vielen Menschen) zum natürlichen Sterbeprozess. Aber es gibt immer noch keine allgemein akzeptierte Erklärung dafür.

Halluzination? Traum? Sauerstoffmangel?

Dem materialistischen Menschenbild folgend, das die Seele im Gehirn verortet, werden natürlich mit Vorliebe jene Ansätze bemüht, die Todesnähe-Erlebnisse als Thriller des „Filmproduzenten Gehirn" einstufen. Doch sie alle lassen im Abspann einige Fragezeichen stehen:

• *Halluzinationen:* Aus der Psychopathologie sind Halluzinationen bekannt, bei denen jemand ein Bild von sich selbst außerhalb des eigenen Körpers wie unbeteiligt beobachtet. Sind NTE also nur Halluzinationen? Kaum. Denn ein solches „Leinwanderleben" passt nicht zu den Ausleibigkeits-Erfahrungen, die als besonders lebensnah und emotional berührend geschildert werden.

• *Träume*: Auch wenn noch gar nicht geklärt ist, wie genau es zu den inneren Bildern kommt, die wir als Traum erleben (und nur fallweise erinnern), werden NTE manchmal als vom Gehirn produzierte Träume eingestuft. Demgegenüber berichten Betroffene, dass ihre Erfahrungen definitiv eine andere Qualität als Träume haben. NTE bewirken durchweg ein nachhaltig verändertes Lebens-Bewusstsein – etwas, das Träume (auch Klarträume) nicht ansatzweise leisten können.

- *Phantasien:* Bisweilen werden NTE als „Schutzphantasien des Gehirns" bezeichnet. Wobei diese Erklärung eigentlich nichts erklärt, sondern lediglich einen bekannten Begriff ins Spiel bringt. Auch wenn die Vermutung, es handle sich bei NTE nur um Phantasien, etwas anderes unterstellt: Der qualitative Unterschied zwischen Phantasiebildern und wirklichem Erleben ist den Betroffenen natürlich gut bekannt.

- *Sauerstoffmangel:* Als mögliche Ursachen werden außerdem Sauerstoffmangel im Gehirn oder ein Überschuss an Kohlendioxid im Blut genannt. Eine damit verbundene Trübung des Sehsinns könnte, so wurde vermutet, das oft beschriebene „Tunnelerleben" bewirken. Außerdem wird von Experimenten berichtet, denen zufolge Personen, die gezielt Kohlendioxid einatmen, fallweise ihren Körper zu verlassen glauben.

Die Sauerstoffmangel-Theorie steht mittlerweile allerdings auf sehr schwachen Beinen. In Studien konnte nämlich gezeigt werden, dass Patienten mit Nahtoderfahrungen sogar *höhere* Sauerstoffkonzentrationen im Blut aufweisen als vergleichbare Patienten, die sich an kein NTE erinnern können.

- *Körpereigene Drogen:* Bekannt ist, dass Halluzinogene wie LSD oder Haschisch in seltenen Fällen Erlebniselemente hervorrufen, die auch in Todesnähe-Erfahrungen geschildert werden. Körpereigene Drogen könnten, so wird vermutet, eine ähnliche Rolle spielen.

Von Dimethyltryptamin (DMT) ist bekannt, dass es bei starkem Stress – etwa bei einem Unfall – in großen Mengen freigesetzt wird, und es konnte auch schon nachgewiesen werden, dass diese „psychoaktive Substanz", wenn sie intravenös injiziert wird, zu Ausleibigkeits- und Jenseitserfahrungen führen kann. Allerdings bedeutet das nicht zwangsläufig, dass Nahtoderfahrungen auf diese Weise im Gehirn *produziert* werden. Denkbar ist – erinnern wir uns an die diesbezüglichen Aussagen Ulrich Warnkes (Kapitel 4) –, dass DMT als „Toröffner" für echte Jenseitserfahrungen fungiert.

Endorphin ist eine körpereigene Droge, die Schmerzen stillt und Wohlgefühle auslöst. Wenn es Stress gibt, setzt der Körper große Endorphin-Mengen frei. Mit dem Hinweis auf diesen Effekt wurde versucht, die als angenehm empfundene Bewusstseinsveränderung zu erklären, die Menschen mit Todesnähe-Erlebnissen schildern. Aber wie ist dann zu verstehen, dass in NTE durchaus nicht nur Wohlgefühle beschrieben werden, sondern ein buntes Erlebnisspektrum, das auch große Bangigkeit und Ängste umfasst?

• *Elektrosturm:* Die Epilepsie-Forschung hat gezeigt, dass es im Gehirn zu einem „elektrischen Sturm" kommen kann. Wenn ein epileptischer Anfall ausgelöst wird, verändert dies die Wahrnehmung. Durch gezielte Reizung der rechten Schläfenregion in der Hirnrinde lassen sich Erlebnisse hervorrufen, die an außerkörperliche Erfahrungen erinnern.

Auch dieser Erklärungsansatz geht – wie alle anderen – davon aus, dass lediglich im Gehirn etwas geschieht, das dem Betroffenen den Eindruck eines Erlebens vermittelt. Einen wirklichen „jenseitigen" Hintergrund gibt es demnach nicht.

Dagegen spricht, dass im Gehirn in vielen Fällen *nachweislich* genau so viel geschieht: *nichts!*

„Bewusstsein existiert auch außerhalb des Körpers!"

In der wissenschaftlichen Beurteilung hatten Nahtoderfahrungen lange mit dem Problem zu kämpfen, dass trotz Zehntausender weltweit dokumentierter Fälle niemand genau beurteilen konnte, wie relevant sie waren. Denn im Hintergrund der Schilderungen lagen unterschiedlichste Erlebnisse und Krankheitsgeschichten. Alle NTE-Studien waren retrospektiv, fassten rückblickend Ereignisse oder auch nur vage Erinnerungen zusammen, standen auf entsprechend wackeligen Beinen und ließen jedenfalls kaum Schlussfolgerungen zu.

Das änderte sich, nachdem der niederländische Kardiologe Dr. Pim van Lommel (ein Interview mit ihm finden Sie in meinem Buch „Über den Kopf hinaus") die erste prospektive Studie unter kontrollierten Bedingungen durchgeführt hatte. Er veröffentlichte seine weltweit Aufsehen erregende Arbeit 2001.

Nach mehreren Jahren Forschungs- und Dokumentationsarbeit konnte van Lommel darin die Nahtoderlebnisse Dutzender Personen vorstellen, die vor ihrer Reanimation nachweislich klinisch tot gewesen waren. Ihr Herz war durchschnittlich etwa zwei Minuten lang still gestanden. In diesem Zeitraum (eigentlich schon nach wenigen Sekunden) kommt es zum Ausfall aller elektrischen Aktivitäten in der Hirnrinde, das EEG zeigt eine Null-Linie.

Das Gehirn hätte bei diesen Patienten also auf keinem Weg bewusste Erlebnisse erzeugen können. Und doch hatten sie Nahtoderfahrungen, die dem bekannten Muster genau entsprachen.

Weitere prospektive Studien unter kontrollierten Bedingungen, die in der Folge durchgeführt wurden und auch die weitere persönliche Entwicklung der Betroffenen dokumentierten, kamen zum gleichen Schluss: *Es gibt bewusste Erfahrungen ohne Hirnfunktion.* Und die Erlebnisse gehen durchweg so tief, dass sie das Leben der betroffenen Menschen nachhaltig verändern.

Für Pim van Lommel und andere Sterbeforscher war damit klar: Bewusstsein kann auch außerhalb des Körpers existieren!

Van Lommel:

„Als Medizinstudenten haben wir gelernt, dass Bewusstsein ein Produkt von Gehirnfunktionen ist. Das ist eine Hypothese, die nie bewiesen wurde. Wir müssen das wieder diskutieren. In meinen Augen hat das Gehirn eine vermittelnde, aber keine erzeugende Funktion, was das Erleben von Bewusstsein anlangt."

Das ist eine weit reichende Aussage. Und gewiss ein ernst zu nehmendes Argument für die alte Überzeugung, dass unser Bewusstsein, dieses unfassbare Etwas, seinen Sitz doch in der unfassbaren Seele hat, aber nicht im körperlichen Gehirn.

Die Sterbeforscher organisieren sich

Inzwischen suchen Thanatologen weltweit nach einer Antwort auf die ebenso alte wie brennende Frage, ob das Bewusstsein des Menschen den körperlichen Tod tatsächlich überlebt. Zu diesem Zweck gibt es die „Internationale Gesellschaft für Nahtodstudien" (International Association for Near-Death Studies, IANDS).
Der Schweizer Arzt Reto Eberhard Rast gründete die eidgenössische Sektion dieser Gesellschaft. Auch er ist, wie das folgende Interview verdeutlicht, davon überzeugt, dass das Gehirn Todesnähe-Erfahrungen nicht erzeugen kann und dass unser Bewusstsein tatsächlich auch unabhängig vom Körper weiter existiert.

Als Arzt und Sterbeforscher haben Sie häufig mit Sterbenden zu tun. Wie gehen Sie mit dem Thema um? Was sagen Sie Ihren Patientinnen und Patienten?

Eberhard Rast:
Ich stehe diesbezüglich wohl noch ganz am Anfang von dem, was man dazu lernen kann. Ich habe schon tiefe Wunden geschlagen, indem ich Patienten auf die Unabwendbarkeit des baldigen Todes aufmerksam machte. In anderen Situationen habe ich tiefer gehende Gespräche versäumt, manchmal aus Angst, jemandem zu nahe zu treten. Andere Male konnte ich einem Menschen kurz vor seinem Tode dank der Kenntnisse, die wir heute aus Nahtoderfahrungen haben, beistehen. Jedenfalls gibt es keine allgemein gültige Regel im Umgang mit tödlich erkrankten oder sterbenden Menschen.

Was weiß man denn aus Berichten über Todesnähe-Erlebnisse, zusammenfassend betrachtet, über die erste Zeitperiode nach dem Tod? Wie beginnt diese?

Eberhard Rast:
Am Anfang steht häufig die außerkörperliche Erfahrung: Bei der ersten Nahtoderfahrung, die ich als Kind in den 1970er Jah-

ren mitbekommen habe, konnte der Verletzte von oben erkennen, welcher Polizist als erster die Unfallstelle erreichte. Er kannte aufgrund der Dorfstruktur noch weitere Personen und konnte nach dem Aufwachen darüber berichten. Der Pfarrer, dem er dies anvertraute, war glücklicherweise gegenüber dieser typischen außerkörperlichen Erfahrung sehr aufgeschlossen, da er selbst als junger Soldat im Zweiten Weltkrieg Zeuge solcher Vorgänge geworden war.

Was kennzeichnet solche außerkörperlichen Erfahrungen denn noch?

Eberhard Rast:
Wenn ich mal bei der außerkörperlichen Erfahrung eines Soldaten aus dem Ersten Weltkrieg bleibe, einer Zeit, wo aufgrund der immensen Anzahl tödlicher Verletzungen bei jungen und zuvor gesunden Menschen solche Phänomene gehäuft beobachtet wurden, dann wird beispielsweise im Sturm auf einen Schützengraben ein Infanterist von einer Kugel getroffen und fällt zu Boden. Sein Bewusstsein jedoch löst sich in diesem Moment vom zerschundenen Körper.

Der tosende Lärm verstummt, der Soldat sieht sich selbst am Boden liegen, sieht seine Kameraden fallen oder vorwärts stürmen, erlebt ein Gefühl der Leichtigkeit und geistigen Klarheit, wie er es noch nie zuvor erfahren hat. Er hat damit wichtige Elemente einer Nahtoderfahrung erlebt: den außerkörperlichen, leichten und schwebenden Zustand, die erhöhte Klarheit des Denkens und ein positives Grundgefühl.

Solche Erfahrungen erinnern doch irgendwie auch an ein Traumerlebnis ...

Eberhard Rast:
Das ist durchaus richtig. Die Elemente erinnern an einen Traum, wo man als Glücklicher auch einmal schweben kann, wo man kei-

ne Schmerzen erfahren muss, wo man ebenfalls wortlos kommunizieren kann – und ... in dem man auch unsterblich ist.

Und was könnte nach Ihrer Meinung tatsächlich beweisen, dass Nahtoderlebnisse nicht bloß Träume sind?

Eberhard Rast:
Rationalisten versuchen, sie tatsächlich als reine Nebenprodukte unseres Gehirns zu erklären. Dafür muss man aber zentrale Punkte ausblenden, die in einem Traum nicht vorkommen. Denn beispielsweise können betroffene Personen das reale Leben immer noch wahrnehmen. Das ist sicher einer der wichtigsten Unterschiede. Dieser allein würde eigentlich schon ausreichen, um zu erkennen, dass es sich bei Nahtoderfahrungen nicht um Träume handelt.

Hinzu kommt, dass sich die verschiedenen Schlafphasen im Gehirn anhand eines Elektroenzephalogramms (EEG) nachweisen lassen. Man kann dabei sogar traumintensive von traumarmen Phasen unterscheiden. Bei Nahtoderfahrungen jedoch, die unter Reanimations-Bedingungen gemacht werden, ist das Gehirn nicht mehr fähig, die Traumfunktion wahrzunehmen.

Wenn das Herz stillsteht, dauert es drei bis sieben Sekunden, bis die Hirnrinde ihre Funktion komplett einstellt, sich auf Stand-by bringt, um maximal Energie zu sparen und dafür zu sorgen, dass das Gehirn nicht sofort erstickt. In dieser Zeit ist die elektrisch abgeleitete Hirnkurve flach. Eine Traumaktivität ist somit nicht mehr möglich. Trotzdem oder eben gerade deswegen werden in dieser Zeit die eindrücklichsten Nahtoderfahrungen gemacht.

Dann gibt es noch einen weiteren Aspekt, der weder auf einer gesunden noch einer eingeschränkten Hirnfunktion basieren kann. Ich meine das sogenannte Lebenspanorama, bei welchem das ganze Leben gleichzeitig vor einem ausgebreitet liegt, bei Erwachsenen oft erweitert durch das intensive Empfindungswissen, ob man damit Gutes oder Schlechtes ausgelöst hat.

Dieses Phänomen tritt öfters unter Lebensgefahr auf, beispielsweise in den Bruchteilen von Sekunden eines Verkehrsunfalls, also bei vollem Bewusstsein, es kann aber auch im Koma erlebt werden. Zu einer solchen Auflösung der uns bekannten Zeitverhältnisse ist unser Gehirn, das an Raum und Zeit gebunden ist, einfach nicht fähig.

Letztlich aber ist für die Betroffenen selbst der entscheidende Punkt, dass sie mühelos zwischen einem Nahtoderlebnis und einem Traum unterscheiden können. Eine Nahtoderfahrung ist viel realer. Sie erscheint ihnen – für uns unvorstellbar – sogar realer als das Leben selbst! Deshalb ist der Eindruck, den eine Nahtoderfahrung hinterlässt, auch sehr tief gehend und nachhaltig.

Wie schätzen Sie die transzendenten Erfahrungen ein, über die ja auch berichtet wird – Jenseitserlebnisse, die Begegnung mit Verstorbenen beispielsweise ...

Eberhard Rast:

Gewisse Phänomene lassen sich recht einfach erklären, wenn man davon ausgeht, dass Leben auch außerhalb des jetzigen Körpers möglich ist. Andere Phänomene wiederum sind schwierig zu erklären und erscheinen uns unlogisch, manchmal phantastisch und bisweilen sogar lächerlich.

Einfach erklären lässt sich die oft berichtete Begegnung mit Verstorbenen. Von Skeptikern wird darauf hingewiesen, dass Nahtoderlebnisse höchstens ein Bewusstsein außerhalb des Körpers beweisen können, nicht aber das Überleben des Todes, denn vom endgültigen Tod kann niemand berichten.

Das ist natürlich korrekt. Begegnungen mit Verstorbenen aber, von welchen Menschen mit Nahtoderlebnissen oft berichten, sprechen eindeutig für ein Leben nach dem Tod.

Dass es sich bei diesen Begegnungen bloß um religiöse Wunschvorstellungen handeln soll, ist wenig plausibel. Zum einen machen diese Erfahrung auch Menschen, die vor ihrem eigenen Nahtoderlebnis ein Weiterleben nach dem Tode verneinen. Andererseits wird von Begegnungen mit Verstorbenen berichtet, bei denen der Betroffene vor seinem Nahtoderlebnis überzeugt war, sie lebten noch. Niemand im Umkreis wusste davon, dass diese Person tatsächlich Stunden oder nur Minuten zuvor verstorben war.

Es kommt auch vor, dass Menschen während ihres Nahtoderlebnisses leiblichen Geschwistern begegnen, von deren einstiger Existenz sie bisher keine Ahnung hatten, weil sie beispielsweise als Adoptivkind aufgewachsen waren und ihre biologische Familie gar nicht gekannt hatten. Ein fünfjähriges Mädchen brachte nach einer Nahtoderfahrung seine Eltern in Panik, da es plötzlich von dem sorgsam gehüteten Geheimnis wusste, dass es „im Himmel" eine Schwester habe, die bald nach der Geburt verstorben sei.

Woher kommen denn diese Verstorbenen Ihrer Meinung nach?

Eberhard Rast:

Das ist eine gute Frage. Anhand der vielen Nahtoderlebnisse können wir nur Vermutungen darüber anstellen. Den Verstorbenen scheint ein Aufenthalt in unserer nächsten Umgebung möglich zu sein. Das heißt aber nicht, dass das die Welt ist, die sie bewohnen.

Ich möchte an dieser Stelle zwei Begriffe benützen, die einem besseren Verständnis dienen können: die Grob- und die Feinstofflichkeit. Verlassen wir unseren Körper, treten wir aus der jetzt bekannten grobstofflichen Welt in eine feinerstoffliche.

Deshalb kann ein ins reale Leben zurückgekehrter Mensch sowohl von Geschehnissen berichten, die sich auf der Erde abgespielt haben, die also rein materiell und grobstofflich sind, als auch von Ereignissen, die wir normalerweise nicht wahrnehmen können.

Wir sind in diesem Zustand eben auch fähig, Feinstoffliches wahrzunehmen. Dies ist der Fall, wenn beispielsweise Gedanken von Mitmenschen wahrgenommen werden können oder wenn man plötzlich ein äußerst helles, aber nicht blendendes Licht sehen kann, wenn man durch einen Tunnel geht oder andere Wesen oder gar andere Landschaften sieht. Und da unser materieller Körper dabei zurückbleibt, ist unser neuer Leib, soweit er überhaupt wahrgenommen werden kann, offensichtlich feinstofflicher Natur.

Deshalb sind nicht wenige Menschen mit einer außerkörperlichen Erfahrung darüber erstaunt, dass sie spielend durch eine irdische Wand gehen können.

Oder sie berichten über ihre verzweifelten, aber sinnlosen Versuche, sich bemerkbar zu machen, vielleicht auch die Rettungskräfte an der Reanimation zu hindern, da sie meinen, dass dies gar nicht nötig sei, weil sie ja lebten.

Es gibt auch viele Nahtoderlebnisse, bei denen man nur mit dieser feinstofflichen Welt in Kontakt tritt und die uns bekannte Umgebung gar nicht mehr wahrnehmen kann.

Um aber auf Ihre Frage, wo sich die Verstorbenen aufhalten, zurückzukommen: Meist wohl nicht in der nächsten feinstofflichen Umgebung. Aus Nahtoderfahrungen weiß man, dass die feinstoffliche Welt weit größer sein muss als die grobstoffliche, denn viele Menschen besuchen Welten, die es auf der Erde nicht geben kann. Manche davon müssen unglaublich schön sein!

Sie hatten vorhin auch von phantastischen, fast lächerlich wirkenden Phänomenen gesprochen, die dokumentiert wurden.

Eberhard Rast:

Es mag zum Beispiel seltsam erscheinen, dass nordamerikanische Indianer im Jenseits Tipis als Behausungen vorfinden, Menschen aus anderen Kulturkreisen wiederum Städte mit goldenen Dächern, wieder andere furchtbare Abgründe, ähnlich der antiken Unterwelt. Oder wenn Polynesier berichten, sie seien im Jenseits auf gute Jobs und Fabriken gestoßen.

Eine Erklärung für dieses Phänomen könnte sein, dass sich der Mensch im feinstofflichen Jenseits durch sein Wollen ganze Welten schafft.

So entstehen Landschaften und Gegebenheiten, die seinen Seelenzustand zum Ausdruck bringen. Abwertende, hemmende Gedanken wie beispielsweise Neid und Missgunst fügen sich zu schweren, dunklen Sphären, während schöne Gedanken wie Fürsorge und Freude hoch nach oben führen.

So betrachtet, würden wir uns Himmel und Hölle selbst schaffen. Meinen Sie, dass unsere innere Haltung auch darüber entscheidet, wie es beim Sterben und nach dem Tod weitergeht?

Eberhard Rast:
Ja, das kommt beispielsweise auch in den Darstellungen des altägyptischen Totengerichts zum Ausdruck. Anubis wiegt das Herz des Verstorbenen auf einer Waage. Ist es leicht genug, darf er ins Totenreich eingehen. Das ist ein schönes Symbol für das einfache Prinzip, dass das Wollen und die Empfindungen, also das „Gewicht der Seele", beim Eintreten in die jenseitige Welt sehr bedeutsam sind.

Exemplarisch zeigen uns das auch Menschen, die mehrere Nahtoderlebnisse hatten. Beispielsweise berichtet Pim van Lommel von einer jungen Mutter, die nach einem Kaiserschnitt eine lebensbedrohliche Darmperforation erlitt, in deren Folge sie zunächst eine von tiefer Liebe durchdrungene und horizonterweiternde Nahtoderfahrung gemacht hatte.

Zurück in ihrem künstlich am Leben erhaltenen Körper, fand sie sich aber auf der Intensivstation nicht mehr zurecht, obwohl sie sich während ihres Nahtoderlebnisses bewusst zur Rückkehr in die diesseitige Welt entschieden hatte. Sie begann deshalb den Beatmungsschlauch durchzubeißen und unternahm damit einen Suizidversuch.

Aber nun erlebte sie den vorhin noch sanften Strudel, der sie getragen hatte, als einen stahlharten, kalten Trichter. In panischer Angst wurde ihr bewusst, dass sie diesmal in einer anderen „Schicht" war und dass sie selbst eine Mauer errichtet hatte.

Die Patientin beschrieb die unheimliche Angst während dieses zweiten Nahtoderlebnisses, von Gott verlassen worden zu sein – und zwar nicht als Folge des zurückliegenden Lebens, sondern als Folge der eigenen Auflehnung gegenüber dem jetzigen Leiden, als Folge der lieblosen Gemütsstimmung, welche sie in den Suizidversuch getrieben hatte. Das ist ein wesentlicher Punkt: Nicht allein das zurückliegende Leben, sondern auch der aktuelle Gemütszustand entscheidet offenbar maßgeblich darüber, in welche Ebene wir kommen.

Hier wirkt meines Erachtens einfach ein Gesetz der Schwere, denn seelische Leichtigkeit oder Schwere kann jeder täglich an sich selbst erleben: Wenn ich zum Beispiel meine Schicht auf der Notfallstation antrete, dann fühle ich mich auf dem Hinweg manchmal belastet. Ich mache mir Sorgen, ob ich auch alles richtig erkennen und behandeln werde. Schaffe ich es dann und habe ich etwas zur Linderung der Schmerzen und Sorgen meiner Patienten beigetragen, dann fühle ich mich auf dem Heimweg leicht, dann höre ich wieder die Vögel oder sehe die Sterne am Himmel. Und dieses Gefühl der Leichtigkeit ist ja nicht bloßer Schein, es ist eine seelische Tatsache.

Schon beim ägyptischen Totengericht, das ich vorhin angesprochen habe, bestimmte nicht die Schuld das Urteil, sondern die Fähigkeit des Menschen, sich von seinen Sünden loszulösen. Unser Seelenzustand wirkt, je nach seiner Ausrichtung, verdichtend und beschwerend oder erhellend und erleichternd.

Wir können mit unserem Wollen und Empfinden „das Gewicht der Seele" unmittelbar beeinflussen. Aber freilich ist die Fähigkeit eines Menschen, sich von Schuld zu lösen, letztlich das Ergebnis eines Entwicklungsprozesses.

Wenn Sie also von der Existenz jenseitiger Welten überzeugt sind – was sagen Sie dann Ihren Kolleginnen und Kollegen, wenn sie darauf bestehen, dass Nahtoderlebnisse physiologisch oder psychologisch zu erklären seien, etwa durch Sauerstoffmangel im Gehirn oder durch Medikamente?

Eberhard Rast:
Die bisher bedeutendste Studie zu Nahtoderlebnissen, diejenige des Kardiologen Pim van Lommel mit insgesamt über 500 untersuchten Reanimationen, konnte zeigen, dass weder der postulierte Sauerstoffmangel noch spezielle Medikamente noch die persönlichen Kenntnisse und Ansichten vor einer Nahtoderfahrung mit

deren Form und Auftreten in Zusammenhang gebracht werden können. Es besteht keine Korrelation.

Auch die bekannten Studien an der Eidgenössisch Technischen Hochschule in Lausanne, wo man durch elektrische Stimulation des Schläfenlappens eine Art außerkörperliche Erfahrung erzeugt und dies als Erklärung des Phänomens der Nahtoderfahrung interpretiert hat, greifen zu kurz.

Zwar hat man bei manchen Versuchspersonen durch die genannte Hirnstimulation eine Sinnestäuschung erzeugen können, aber es handelt sich dabei nur um eine Illusion, die vom betreffenden Probanden auch als solche wahrgenommen wird. Die Versuchsperson hat nur das Gefühl, oberhalb ihres Körpers zu schweben, sie tut es aber nicht wirklich. Sie kann nicht beobachten, was unten vor sich geht, also beispielsweise Personen und ihre Handlungen wahrnehmen und danach korrekt beschreiben. Sie hat damit auch keine wirklich außerkörperliche Erfahrung gemacht, wie dies bei Nahtoderlebnissen tatsächlich vorkommt.

Meines Erachtens müssten wir für die Erklärung aller Todesnähe-Erfahrungen nur dem schlichten Prinzip folgen, dass wir Menschen einen immateriellen Geist, eine immaterielle Seele haben. In vielen Kulturen war dieses Wissen einst eine Selbstverständlichkeit: Eine eigenständige Seele und ihr Geist sind fähig, den Körper zu verlassen.

Wenn uns dieser Begriff zu belastet oder altmodisch erscheint, können wir auch einfach von einem immateriellen Bewusstsein sprechen. Dieses ist von einer körperlichen Störung nicht betroffen. Deshalb kommt es vor, dass Sterbende kurz vor dem Tod in der dann manchmal eintretenden luziden Phase ihre Demenz ablegen oder Farbenblinde plötzlich das richtige Farbspektrum sehen können und darüber erstaunt sind.

Löst sich der Geist vom Körper, verliert er eben auch dessen Beschränkungen und Behinderungen.

Es gibt sogar eine Studie, die zeigt, dass Blinde während ihrer Nahtoderlebnisse sehen konnten.

Was ändert sich denn für Menschen, die eine Nahtoderfahrung machen? Und welche Bedeutung hat es für Sie persönlich, solche Berichte zu hören und zu dokumentieren?

Eberhard Rast:
Zum einen helfen die Berichte, die Angst vor dem Tod abzubauen, sie sogar zu verlieren. Wir können ein Urvertrauen zurückgewinnen, wenn wir diese Berichte hören. Sie können uns zu Tränen rühren.

Die Geborgenheit, die betroffene Menschen oft erfahren, und die dadurch gewonnene Sicherheit, den eigenen Tod zu überleben, ist wirklich hilfreich, beispielsweise, um andere Menschen besser in ihrem Sterben begleiten zu können. Sterbende, welche loslassen können, strahlen einen Frieden aus, der einen Begleiter tief berühren, beglücken kann. Ein solcher Tod hat etwas Geweihtes, selbst wenn der Tod unter dramatischen Umständen eintritt.

Ich habe einmal einen noch relativ jungen Mann betreut, dessen Sterben sich bei unstillbarer Magenblutung über ein paar Tage hinzog. Er war aber durch seine Krankheit so weit gereift, dass er sein kommendes Ableben akzeptieren konnte. Trotz des Blutes, das er immer wieder erbrechen musste, war sein Blick ruhig. Man konnte ihn freundlich anlächeln und ihn ohne viele Worte begleiten. Auf die bange Frage seiner Angehörigen, ob er denn nun und wann er sterben würde, antwortete er bloß mit großem Gottvertrauen: „Niemand weiß, nur Allah weiß."

An der Grenze sprachlicher Ausdruckskraft

Viele Sterbeforscher gehen davon aus, dass Nahtoderlebnisse tatsächlich einen Spalt weit die Tür zu jenseitigen Wirklichkeiten öffnen. Da ist etwas, das uns nach dem Tod erwartet. Und doch kann es sich bei allen Schilderungen bestenfalls um „Schwellenerfahrungen" handeln. Denn wer immer von solchen Erlebnissen berichten kann – er tut es mit Hilfe seines Gehirns. Er lebt, spricht, berichtet hier auf der Erde, in der physischen Welt, der irdischen Wirklichkeit.

Wenn es überirdische Sphären gibt, dann zeigen NTE-Erfahrungen nur erste Augenblicke davon. Was immer kommen würde, sobald jemand unwiderruflich tot ist, entzieht sich wissenschaftlichen Methoden und Betrachtungen.

Einige Sterbeforscher lassen sich freilich dennoch nicht davon abhalten, in den berichteten Nahtoderlebnissen nach Anhaltspunkten über die Beschaffenheit jenseitiger Wirklichkeiten zu suchen.

Wie könnte es weitergehen? Was in den Dokumentationen erscheint so plausibel und naheliegend, dass man wagen könnte, es über die subjektive Erfahrung hinaus zu verallgemeinern?

Natürlich bleiben alle Versuche, das Leben im Jenseits zu beschreiben, spekulativ. Zudem stellt sich das Problem, dass der aktive, allgemein benutzte Sprachschatz für Gegebenheiten jenseits der Alltagserfahrungen keine klar definierten Worte bietet. Wenn Reto Eberhard Rast beispielsweise von „Feinstofflichkeit" (im Unterschied zur physischen „Grobstofflichkeit") spricht, so ist längst nicht gewährleistet, dass sich alle das Gleiche darunter vorstellen.

Dazu kommt, dass jede Sprachkultur, entsprechend der religiösen oder weltanschaulichen Tradition, ihre eigenen Begriffe für Transzendentes hat. In der tibetischen Tradition wird beispielsweise die Erfahrung des „Klaren Lichts" beschrieben, die durch meditative Techniken erreicht werden kann. Der Dalai Lama definiert es als „eine äußerst subtile Ebene des Bewusstseins, die sich in allen Menschen zum Zeitpunkt des Todes kurzfristig zeigt". Er assoziiert dieses Licht mit dem „Geistgrund", der „kontinuierlich in jedem Individuum [...] existiert".

Aber hat dieses „klare Licht" auch etwas mit dem „strahlenden Licht" zu tun, das Sterbende als Liebe erleben? Kann man beides gleichsetzen?

Keine Beschreibung jenseitiger Wirklichkeiten, keine subjektive Erfahrung arbeitet mit wissenschaftlich definierten Begriffen. Deshalb kann die Sprache in den folgenden Versuchen, Aspekte der Todesnähe und des jenseitigen Lebens stichwortartig zu be-

schreiben, eine gewisse Hürde bilden und womöglich unbeabsichtigte Vorstellungen und Assoziationen auslösen.
Sei's drum.

Was ändert sich durch eine Todesnähe-Erfahrung?

Tendenziell sind Menschen, die von ihren Nahtoderfahrungen berichten, auf eine sehr persönliche Weise religiös, auch wenn sie das vorher nicht gewesen sind. Ihr Urvertrauen in das Leben ist gewachsen, ihr Gottesglaube tiefer geworden, aber gleichzeitig spielen konfessionelle Traditionen nur noch eine eher untergeordnete Rolle. Nicht was die Kirche über das Jenseits lehrt, ist relevant, sondern schlicht die eigene Erfahrung ...

• *Das Leben geht unmittelbar weiter*
Die wichtigste Gewissheit lautet: Der physische Tod bedeutet nicht auch das Ende für das geistige Bewusstsein. Dieses löst sich vom Körper und existiert in Form der Seele weiter. Der alte und von einigen konfessionellen Gemeinschaften immer noch gepflegte Glaube, dass der Mensch tot sei und im Grab verfaule, bis durch Gottes Eingriff „das Fleisch am jüngsten Tag auferweckt" würde, ist durch die persönliche NTE überwunden: Der Tod erscheint nur als ein Übergang, das Leben endet nicht, es geht unmittelbar weiter.

• *Todesnähe ist Lebensnähe*
In der Nähe des Todes ändern sich die Wertigkeiten. Der Mensch legt sein Rollenkostüm, das er im Leben getragen hat, ab und zeigt sich als „nackte" Persönlichkeit. Nicht mehr die gesellschaftliche Bedeutung steht im Vordergrund, sondern die Qualität der persönlichen Beziehungen. Die subjektiven Jenseitserfahrungen korrespondieren mit der Art des Menschen, seiner wirklichen, „ungeschminkten" Innenwelt.

• *Der Mensch ist für sein Leben selbst verantwortlich*
Nahtoderlebnisse stärken das Bewusstsein der Eigenverantwortung für das Leben im Rahmen einer übergeordneten Sinnhaftigkeit: Nichts geschieht zufällig, nichts bleibt ohne Folgen. Jede Schuld muss gesühnt, jede offene Wunde geschlossen werden. Das Erkennen dieser Notwendigkeit kann in der Todesnähe zum dringenden Bedürfnis führen, „seinen Frieden mit der Welt" zu machen.

• *Das Leben hat einen tieferen Sinn*
Im Leben liegt eine Art Entwicklungszwang. Der Mensch soll als Persönlichkeit reifen und damit den Sinn des Lebens erfüllen. In der „Lebenspanoramaschau" werden die eigenen Entschlüsse bewertet. Die Erkenntnis, Zeit vergeudet oder Gelegenheiten versäumt zu haben, kann dabei sehr belastend wirken.

Übrigens steht diese auch von den meisten spirituellen Lehren vermittelte Auffassung, dass der Sinn des Lebens in der Entwicklung und Entfaltung der Persönlichkeit liegt, nicht im Gegensatz zu dem buddhistischen Begriff des „Nirwanas", der oft als vollständige Auflösung des Ichs missverstanden wird. Vielmehr sollen egoistische Faktoren wie die Ich-Sucht, Besitzgier oder innere Bindungen überwunden werden. „Das in der Individuation gereifte Bewusstsein verschwindet nicht einfach", sagt der Dalai Lama. Es geht demnach nicht „in einem ununterscheidbaren Einen" auf, sondern soll „in polarer Einheit mit dem universalen Bewusstseinsgrund erhalten bleiben".

• *Leben heißt lieben*
Viele Menschen bringen nach einer Nahtoderfahrung zum Ausdruck, den Begriff „Liebe" in vertieftem Sinn erfasst zu haben. Leben bedeutet Lieben. Jede wirkliche Persönlichkeitsentwicklung zeigt sich demnach in erhöhter Liebesfähigkeit, in natürlicher Nächstenliebe. Liebe verbindet sich mit dem Leben und fördert das Urvertrauen. Wer Vertrauen hat, kann im Sterben leichter loslassen, sich dem Leben hingeben.

Was kommt nach dem Tod?

Auch wenn in der Beschreibung von Nahtoderlebnissen einige „Stationen" dokumentiert werden können, die viele Menschen in ähnlicher Art „durchlaufen", so ist letztlich doch jede Todesnähe-Erfahrung hochgradig subjektiv.

Das Jenseits – im Sinne einer Welt, die für alle in gleicher Art wahrnehmbar ist oder allen die gleichen Möglichkeiten bietet – scheint es gar nicht zu geben. Vielmehr handelt es sich offenbar um unterschiedliche Gesamtheiten oder Ebenen individueller „Gestaltungsmuster".

Natürlich wird auch die irdische Welt im Grunde von jedem Menschen anders erlebt. Die Art, wie ich die Farbe Rot wahrnehme oder einen Waldspaziergang oder die Arbeit am Computer, hat immer mit meinen persönlichen Erfahrungen, Absichten und Haltungen zu tun. Jeder beliebige Andere würde die gleichen Gegebenheiten in seiner Art erleben. Rot, schön, anstrengend ... wir haben uns nur auf gemeinsame Begriffe geeinigt. Das Erleben selbst bleibt eine höchst individuelle Angelegenheit.

Dieses Prinzip, sich die eigene Wirklichkeit zu formen, dürfte in der nachtodlichen, „feinstofflichen" Existenz noch ausgeprägter zum Tragen kommen.

Ein wichtiger Schlüssel könnte dabei die seelische Innenwelt sein, also die Summe der Gedanken und Empfindungen, der Vorlieben und Neigungen, Stärken und Schwächen eines Menschen.

Wenn die Innenwelt zur Außenwelt wird

Unsere Innenwelt ist in ihrem Wesen materiell nicht fassbar. Sie liegt „jenseits der fünf Sinne", ist in diesem Sinn also „jenseitig". Fassbar und sinnlich wahrnehmbar ist dagegen das, was die Innenwelt zum Ausdruck bringt: Die Sprache und die Körpersprache eines Menschen, sein Umgang, sein Umfeld ... was immer durch sein Inneres geprägt ist.

Das gleiche Prinzip, demzufolge das Äußere das Innere widerspiegelt, dürfte – noch unmittelbarer – die „feinstoffliche" Jenseitswelt gestalten. Was jemand im Jenseits erlebt und wie er es erlebt, hinge demnach wesentlich von seiner eigenen seelischen Verfassung ab.

Anders gesagt: Die Innenwelt wird nach dem Tod zur Außenwelt.

Die jenseitige „Feinstofflichkeit" könnte sich, dieser „Gesetzmäßigkeit" folgend, einfach nach Begriffsinhalten formen: Es gibt bekanntlich „eisige Charaktere", „harte Klötze" oder „geradlinige Denker". Gut vorstellbar, dass entsprechend eisige, harte oder geradlinige Jenseitswelten bestehen.

Wenn wir uns diese Art „Himmel" oder „Hölle" selbst gestalten, hätten „warmherzige" Menschen jedenfalls die besten Aussichten auf ein angenehmes Jenseits-Umfeld.

Dieser Blickwinkel würde auch die Aussage bestätigen, dass die Liebe ein „Schlüssel zum Himmel" ist. Und dass wir, allgemein betrachtet, tatsächlich eine große Verantwortung tragen, weil ja jeder Gedanke, jeder Entschluss „innenweltgestaltend" und also jenseitsrelevant wirkt.

Spekulation?

Wissenschaftlich werden solche Theorien vermutlich nie verifizierbar sein. Aber sie entsprechen, jedenfalls nach meiner Wahrnehmung, ganz gut der Empfindung. Damit meine ich die innerste der inneren Stimmen, deren Flüstern am besten bei Anwendung des Innenraum-Pflegemittels „Ehrlichkeit" vernehmbar ist.

Ein Sprachrohr für das Jenseits

Andererseits besteht natürlich die Möglichkeit, zum Leben im Jenseits Personen zu befragen, die sich berufsmäßig damit befassen: Medial begabte Menschen, die durch ihre außergewöhnlichen Wahrnehmungen „zwischen den Welten" vermitteln können.

Können sie wirklich?

Jetzt wird das Eis so richtig dünn.

Mir ist bewusst, wie viel Gutgläubigkeit, Selbsttäuschung, Berechnung und Schwachsinn in diesem Bereich sein Unwesen treibt. Deshalb war mir wichtig, ein solches Gespräch mit einem möglichst bodenständigen Zeitgenossen zu führen, der vor esoterischer Abgehobenheit durch sich selbst ausreichend geschützt erscheint.

Genauer gesagt handelt es sich um eine Zeitgenossin. Meine Gesprächspartnerin für das folgende Interview ist Ingrid Ofner aus einer ländlichen Gegend meines österreichischen Heimat-Bundeslandes Steiermark.

Sie bieten „hellsichtige Beratung" und „Jenseitskontakte" an. Was machen Sie genau? Was können Sie vermitteln?

Ofner:

Durch meine Jenseitskontakte möchte ich den Menschen zeigen, dass mit dem Tod nicht das Ende kommt, dass es nach dem Tod weitergeht, dass alle Menschen den Tod überstehen und in einer anderen Dimension weiterleben, weiterlernen, weiterreifen. Bei einer hellsichtigen Beratung ist auch ein Kontakt zum geistigen Führer oder Helfer des Klienten möglich.

Wie haben diese Kontakte begonnen? Hellsichtig wird man ja nicht so, wie man den Bäckerberuf erlernt ...

Ofner:

Ich war ursprünglich in der Computerbranche tätig, bin dort aber auf Grund der Geburt meiner ersten beiden Kinder ausgestiegen. Später wollte ich nicht wieder dahin zurück, sondern einen Beruf in der Nähe von Menschen ausüben.

Ich habe dann eine Ausbildung zur Altenhelferin gemacht und über viele Jahre alte und sterbende Menschen gepflegt. Dabei habe ich wahrgenommen, dass die Sterbenden von Menschen aus dem Jenseits abgeholt werden.

Davon berichten ja viele Hospizhelfer – dass es eine Phase gibt, in der die Sterbenden schon mehr nach drüben schauen ...

Ofner:
Ja, und sie sind dankbar dafür, wenn man sagen kann: Ich sehe das auch, ich weiß, dass es keine Phantasie ist. Am Anfang habe ich mich nicht getraut, über meine Wahrnehmungen offen zu sprechen. Aber Leuten, die ich besser gekannt habe, weil ich sie jahrelang gepflegt und betreut hatte, habe ich dann schon gesagt, dass ich auch sehe, was sie sehen. Und ich habe auch versucht, die Angehörigen anzuregen, den Sterbenden nicht zurückzuhalten, denn das verursacht einen längeren Leidensweg. Sie sollten ihm gönnen, jetzt hinüberzugehen, die Schmerzen hinter sich zu lassen. Das ist sehr wichtig!

Wie sind Sie denn zur Überzeugung gekommen, dass das, was Sie wahrnehmen, Wirklichkeit ist und nicht nur Phantasie?

Ofner:
Ich habe schon als drei- oder vierjähriges Mädchen Menschen gesehen, die in der Dunkelheit anwesend waren, nicht genau, doch ich war mir sicher, da sind Menschen. Aber meine Mutter hat immer abgeblockt: „Rede keinen Blödsinn, da ist niemand, hör auf damit!" Also habe ich es irgendwann sein lassen, darüber zu sprechen, und viele Jahre lang habe ich dann auch keine Geistwesen mehr gesehen.

Erst sehr viel später, als ich schon erwachsen war, habe ich während eines Seminars im Zustand der Entspannung hinter einigen Seminarteilnehmern andere Menschen in durchsichtigen Körpern wahrgenommen und gleichzeitig Einzelheiten aus deren Lebensläufen. Auch aus dem Leben der Seminarleiterin. Von einer Kollegin wusste ich zum Beispiel, dass sie knapp vor dem Seminar Streit mit einer Schwiegertochter gehabt hatte.

Diese Erlebnisse waren so außergewöhnlich, dass ich zunächst niemandem davon erzählt habe. Nach ein paar Tagen habe ich es dann aber doch gewagt, und die Reaktion der Leute hat mir gezeigt, dass meine Wahrnehmungen tatsächlich der Wirklichkeit entsprachen.

Sie nahmen dabei also konkret Menschen aus dem Jenseits wahr?

Ofner:
Ja, ich wusste zum Beispiel, dass jemand seine Großmutter verloren hatte und konnte sie genau beschreiben – als Frau mit langen, dunklen Haaren, die so und so ausgesehen hat ... Ich konnte bei vielen Teilnehmern Personen aus der verstorbenen Verwandtschaft wahrnehmen.

Der Leiter des Seminars hat mich dann vom Fleck weg engagiert, und ich habe für einige Zeit in Wien „Readings" gemacht und Fragen beantwortet, mit denen Menschen zu mir gekommen sind.

Natürlich waren da immer Zweifel, ob das, was ich bei den Klienten sehe, auch wirklich stimmt.

Diesbezüglich habe ich viel von englischen Medien der „Spiritual Healing Church" im englischen „Arthur Findley College" gelernt, denn eine echte Botschaft aus dem Jenseits ist mit einer ganz bestimmten Empfindung verbunden.

Das ist für mich bis heute der springende Punkt, auch wenn ich ein Geistwesen genau beschreiben kann: Wie empfinde ich die Botschaft?

Wenn diese bestimmte Empfindung fehlt, dann handelt es sich um keine echte Botschaft, dann kommt sie anderswo her, vielleicht aus mir selbst, weil ich meinem sympathischen Gegenüber etwas Tolles erzählen möchte ... solche Dinge dürfen natürlich nicht sein.

Wie kann man sich Hellsichtigkeit am besten vorstellen? Sehen Sie Menschen aus dem Jenseits so, wie Sie mich jetzt vor sich sehen, oder ist das eher ein inneres Schauen?

Ofner:
Es gibt verschiedene Formen von Hellsichtigkeit, ich kann nur von meiner sprechen. Wenn Sie Ihre Augen schließen und an einen Film denken, der Sie sehr berührt hat, wenn Sie in Ihrer Erinnerung Bilder von den Schauspielern sehen oder von wichtigen Handlungsmomenten ... so in etwa bekomme ich die Mitteilungen aus der geistigen Welt.

Ich sehe konkret die Darsteller, also die Menschen von drüben, kann beschreiben, wie sie ausschauen und ihre Schilderungen miterleben. Meist geht es um stark emotionale Momente, um den Verkehrsunfall zum Beispiel, der zum Tod geführt hat, um den Herzinfarkt, den Suizid – oder was auch immer. Der anwesende Klient kann diese Ereignisse auch bestätigen.

Darüber hinaus werden dann aber Botschaften vermittelt, erklärende Einzelheiten, von denen der Klient nichts weiß, Dinge zum Beispiel, die die Polizei nicht recherchieren konnte, die aber genau in den Ablauf der Ereignisse passen.

Aus welchem Anlass kommen Menschen zu Ihnen, um einen Kontakt zur Jenseitswelt zu finden? Wahrscheinlich zumeist nach Todesfällen ...

Ofner:
Ja, und besonders tragisch ist es immer mit Menschen, die ihre Kinder verloren haben. Sie fragen sich unentwegt: Warum musste mein Kind uns verlassen? Wir haben uns das Kind so sehr gewünscht – und dann erleidet es einen plötzlichen Kindestod. Ich arbeite hier hin und wieder mit dem Verein „Verwaiste Eltern" zusammen. Auf diesem Weg kommen oft Eltern zu mir und fragen: Warum ist das passiert? Welcher Sinn steht dahinter? Gibt es einen gütigen Gott? Oder will Gott uns bestrafen mit dem Tod unseres Kindes?

Und können Sie in solchen Fällen manchmal auch Antworten bieten?

Ofner:
Ich hatte einmal eine liebe Frau bei mir, eine Mutter, deren Kind erst ein paar Monate alt war und dann plötzlich starb. Sie kam mit der einzigen Frage zu mir: „Warum nur, warum ist mein Kind gestorben?" Ich hatte dann auch die Seele des Kindes sehr schnell bei mir und hörte ganz deutlich einen einzigen Satz: „Mein Leben hat sich erfüllt." Später kamen noch weitere Erläuterungen über Zusammenhänge, die mir die Mutter des Kindes bestätigt hat: Die Eltern wollten sich nämlich vor dem Tod des Kindes trennen.

Aber weil das Kind starb und die Trauer bei beiden so groß war, fanden sie in dieser schweren Zeit doch wieder zueinander. Für die Eltern war das sehr wichtig, da sie beide karmisch eng verbunden waren und etwas aufzulösen hatten. Das Kind kam zu dem Zweck, die beiden Menschen zusammenzuhalten.

Immer wieder kann ich in solchen und ähnlichen Fällen feststellen, dass es Seelen gibt, die sehr selbstlos sind und unter dem wichtigen Aspekt des Helfens und Dienens agieren. Genau das ist es, was uns auch selbst am meisten zur eigenen Entwicklung dient.

Das Leben aus einer größeren Perspektive zu sehen, ist für die meisten Menschen alles andere als selbstverständlich. Wie gehen Sie mit Skepsis gegenüber Ihrer Arbeit und Ihren Ansichten um? Ist es Ihnen egal, wenn manche Leute Sie etwas schräg anschauen?

Ofner:
Hier am Land, wo ich lebe, gelte ich inzwischen wahrscheinlich schon als Hexe.

Aber ich habe im Lauf der Jahre soviel Selbstbewusstsein bekommen, dass ich sagen kann: „Ist der Ruf einmal ruiniert, dann lebt sich's völlig ungeniert!" (lacht) Wenn jemand mit dem, was ich mache, nicht umgehen kann und es von vornherein ablehnt, dann ist das seine Sache.

Bei Menschen, die skeptisch sind, aber zu meinen Vorträgen kommen, schaffe ich es fast immer, sie zu überzeugen – und da arbeitet sicher die geistige Welt mit mir mit.

Ich hatte zum Beispiel bei einem Vortrag in Graz einen skeptischen jungen Mann bei mir, der sich einfach einmal das Spektakel anschauen wollte. Ich habe ihn dann aber mit dem Inhalt meines Vortrags, glaube ich, ganz gut zum Nachdenken gebracht, er kam wieder, und beim nächsten Vortrag bekam er ganz dezidiert eine Nachricht aus der geistigen Welt von seiner verstorbenen Großmutter.

Die Beschreibung dieser Frau war so zutreffend, dass er sich bis heute nicht erklären kann, wie ich dazu gekommen bin. Ich konnte beispielsweise ihre Passion, Heilkräuter zu sammeln, schildern und auch ihre Angewohnheit, mit den Kräutern die Familienmitglieder – auch ungefragt – zu beglücken. Ein „Kräuterweiberl" eben, wie man bei uns sagt, von dem aber auch noch andere Botschaften kamen.

Skepsis hat ja grundsätzlich auch etwas Gesundes an sich. Innere Wahrnehmungen, wie Sie sie schildern, könnten sich theoretisch – ganz oder teilweise – auch aus Gedanken formen, die Sie aufnehmen oder vielleicht auf Grund bewusster oder unbewusster Eindrücke selbst produzieren.

Wie können Sie sicher sein, mit Ihrer Hellsichtigkeit nicht nur eine subjektive Wirklichkeit zu erleben, sondern tatsächlich eine objektive, auch für andere Menschen relevante? Reicht Ihnen dafür die typische Empfindung, die Sie geschildert haben und machen Sie sich über diese Frage gar keine Gedanken mehr?

Ofner:
Oh doch! Vielleicht ein Beispiel zur Frage, ob ich nicht die Leute anzapfe, also in das Gedankengut der Menschen hineingehe: Konkret erlebe ich immer wieder Situationen, von denen keine der anwesenden Personen weiß.

Ich erinnere mich zum Beispiel an eine Botschaft aus der geistigen Welt, die ein unerwartet jung an einem Herzinfarkt verstorbener Vater, der sein Erbe nicht geordnet hatte, seiner Tochter mitteilte, die sich unter den Zuhörern befand. Er hätte in einem bestimmten Schrank im Keller in einer Schublade in einer dunklen Tasche einen höheren Geldbetrag für sie aufgehoben.

Ich war selbst gespannt, ob sich das bewahrheiten würde, und erhielt später von der Freundin der Frau die Rückmeldung, dass der Betrag tatsächlich gefunden werden konnte. Warum die Dame selbst nicht mehr kam, weiß ich nicht. Vielleicht hatte sie Angst, dass ich einen Finderlohn beanspruchen könnte ... (lacht) Auf jeden Fall werden so viele Sachen durchgegeben, von denen niemand wissen kann, dass aus meiner Sicht das Anzapfen von Gedanken eher nicht stattfindet.

Wenn Sie versuchen, aus Ihren Jenseitskontakten ein Gesamtbild zu zeichnen: Was steht im Zentrum? Gibt es bestimmte Ratschläge, die Verstorbene ihren Hinterbliebenen erteilen, weil sie jetzt eine andere Sicht auf das Leben haben? Empfehlungen, die man verallgemeinern könnte?

Ofner:

Was ich als Resümee bemerken kann, ist, dass jenseitige Menschen dazu aufrufen, die Lebenszeit zur Verfeinerung des Charakters zu nützen: Mut, Bescheidenheit, Ehrlichkeit, Friedfertigkeit, Respekt, Weisheit, Vergebung, um diese Werte geht es, ja ... und immer um die Liebe!

Die Liebe steht wirklich über allem.

Die Menschen von drüben kommen, um uns daran zu erinnern, dass wir hier sind, um zu lernen, um Wissen zu erwerben – nicht intellektuelles, sondern spirituelles Wissen ... das Wissen, dass es nach dem Tod weitergeht, die Liebe zu den Mitmenschen, zu Verwandten und Freunden. Es geht darum, alle Beziehungen zu pflegen, um möglichst als guter Mensch hinübergehen zu können, ohne Angst vor dem Rückblick auf das vergangene Leben.

Auch wenn der Pfarrer von der Kanzel predigt, man solle die Toten ruhen lassen: Der Tag der Auferstehung kommt in Wirklichkeit sofort, das Leben geht weiter, und die sogenannten Toten möchten zeigen, dass sie höchst lebendig geblieben sind ...

Wie schätzen Sie die Möglichkeiten ein, die Menschen im Jenseits durch ihren anderen Blick auf das Leben haben? Können sie Wegweiser sein?

Ofner:
Manchmal schon. Einmal war eine Frau bei mir, die ihr gesichertes Berufsfeld verlassen wollte. Sie hatte von dieser Absicht noch niemandem erzählt. Ihre verstorbene Mutter riet ihr aber durch mich, es nicht zu tun, sich noch Zeit damit zu lassen. Die Tochter nahm diesen Ratschlag als hilfreich an.

Daraus kann man erkennen, dass manche Menschen, die wir geliebt haben, auch nach ihrem Tod an unserem Alltag Anteil nehmen und uns Hilfestellungen geben möchten. Ich sage allerdings immer: Niemand ist allein dadurch, dass er ins Jenseits hinübergeht, erleuchtet oder wesentlich weiser geworden. Trotzdem kann er Dinge anders sehen, weil er zum Beispiel im Rahmen der Lebensrückschau auch Zugang zu Lebensbildern von Hinterbliebenen bekommen hat.

Wenn es um grundlegende Lebensaufgaben und Wegweisungen geht, versuche ich allerdings immer, den geistigen Führer des Menschen zu erreichen – was schwieriger ist, weil ich mich dafür noch tiefer hineinfallen lassen muss. Durch solche Kontakte können Hinweise auf Lebenspläne kommen, die dem Klienten zwar oft bewusst sind, die er aber noch nicht umgesetzt hat, obwohl er es vielleicht schon als Jugendlicher wollte.

Das Leben hier auf dem Schulplaneten Erde soll uns so weit bringen, dass wir, so vermute ich es, dereinst nicht mehr inkarnieren müssen. Wobei wir Menschen meistens durch Leid lernen. Besser wäre es allerdings, zur Einsicht zu kommen und das Richtige zu machen, wenn es einem gut geht.

Welche Funktion hat denn aus Ihrer Sicht der geistige Führer?

Ofner:
Er ist es, der bei einem Problem im Leben seines Schützlings ratend helfen kann, er weiß um seine Begabungen, seine Lebens-

aufgabe oder um seine Berufung. Manchmal werden mir von dem geistigen Führer auch die Zusammenhänge von Problemen im heutigen Leben des Klienten mit Ereignissen in einem vergangenen Leben gezeigt. Das ist besonders hilfreich bei Ängsten wie Phobien, wenn der Mensch erkennt, woher diese Nöte kommen und mit der Zeit verinnerlichen kann, dass sie keine Berechtigung mehr haben. Dadurch kann Heilung geschehen.

Auch ist es möglich, ähnliche Fragen für sehr nahe Angehörige zu stellen, deren Konflikte oder Belastungen ja mit dem Klienten selbst verbunden sind. Dabei ist der geistige Führer ebenfalls behilflich.

Sie halten öffentliche Vorträge zum Thema Tod und Jenseits und verbinden diese dann auch mit Jenseits-Schauungen. Wie funktioniert das für Sie im Allgemeinen? Schalten Sie bewusst um, wenn Sie sich für Einflüsse aus dem Jenseits öffnen oder passiert das immer von selbst?

Ofner:
Unter der Dusche passiert es von selbst, beim Bodenaufwischen zu Hause auch ... *(lacht)*

Es scheint öfter Wasser im Spiel zu sein...

Ofner:
Das ist wirklich so! Ein englisches Medium hat mir einmal gesagt, Wasser sei eine gute Leitung ins Jenseits. Ich habe dann darauf geachtet – es ist so! Aber natürlich wäre es schlimm, wenn die Jenseitigen immer beliebig von mir Gebrauch machen könnten. So etwas passiert nur in Ausnahmefällen. Normalerweise ist es ein bewusstes Zugehen auf die feinstoffliche Welt.

Zuerst spreche ich immer ein Gebet, ich bitte um Hilfe, wende mich auch an die geistigen Führer der Menschen, mit denen ich zu tun habe, begrüße die Jenseitigen und bitte meinen eigenen Führer um Schutz. Erst dann schaue ich hinaus. Ich mache das immer mit geschlossenen Augen. Ich kann sie zwar auch offen lassen, aber sobald ich diese Dimension optisch wahrnehme, verschwimmt mir die andere ein bisschen und umgekehrt.

Ich mache also die Augen zu, schaue aber nicht in mich hinein, sondern ich schaue und horche hinaus, wodurch eine gewisse Leere spürbar wird. Ich konzentriere mich hinaus, auf das, was von außen kommt. Bei machen Klienten sind die Jenseitigen sehr schnell da, das spüre ich schon während des Vorgesprächs.

Und dann müssen Sie immer „hin und her schalten", um auch mit den Menschen, die zu Ihnen kommen, zu kommunizieren.

Ofner:
Ja, das geht aber problemlos, ich kann das über viele Stunden machen. Es macht mich nicht müde.

Wie ist das bei größeren Personengruppen, mit denen Sie ja bei Ihren Vorträgen zu tun haben? Da sind doch sicher viele Gedanken auf Sie gerichtet, große Erwartungen, vielleicht auch Vorbehalte, Skepsis. Stört so etwas nicht bei der inneren Öffnung? Wie schützen Sie sich davor?

Ofner:
Ja, die Erwartungshaltung ist enorm. Und ich bemerke auch oft, dass die Leute Angst haben oder skeptisch sind. Aber ich muss mich nicht davor schützen. Dadurch, dass ich Freude vermitteln kann, Freude über das, was ich mit Sicherheit weiß, kann ich die Menschen packen, mitreißen.

Natürlich fließen zwischendurch immer wieder Tränen, wenn ich auf ein Thema zu sprechen komme, das einzelne Menschen persönlich berührt, auch bei konkreten Botschaften. Wobei es auch Fälle gibt, in denen ich nur ein Bild beschreiben kann, das mir vermittelt wird, ohne den Zusammenhang genau zu kennen. Dann kann es vorkommen, dass die betroffene Angehörige zwar weiß, worum es sich handelt, es aber nicht sagt.

Weil sie vor den anderen in der Gruppe nicht darüber reden möchte?

Ofner:
Ja, natürlich bleibt der Schwarze Peter dann bei mir. Es ist nicht angenehm, wenn man eine Botschaft nicht konkret übermitteln kann, weil ja auch Skeptiker im Publikum sitzen. Aber meist gelingt es, weil vielleicht nicht mir, aber dem Klienten die Bedeutung klar ist.

Einmal zum Beispiel präsentierte mir eine jenseitige Mutter ein Stück Seife, und ich wusste damit nichts anzufangen. Die anwesende Klientin, auch schon eine alte Dame über 80, wollte eigentlich nur Kontakt zu ihrem verstorbenen Mann finden, aber es kommen ja auch Geistwesen, nach denen man nicht fragt, denen es aber ein Bedürfnis ist, eine Botschaft durchzugeben.

Für diese Dame kam eben die Mutter und hielt mir ein Stück Seife unter die Nase.

Das war mir zuerst ein bisschen peinlich. Ich dachte schon, ich wäre einem Trugbild aufgesessen und habe nicht gleich beschrieben, was geschieht. Aber die Seife kam immer näher, bis zu meiner Nase, und ich habe dann auch dran gerochen. Es war ein Stück „Fa"-Seife, eine grüne.

Schließlich drängte mich mein Gewissen ganz stark dazu, das auszusprechen: „Ich sehe eine grüne Seife!" Und kaum hatte ich das Wort „Seife" in den Mund genommen, sind bei dieser lieben alten Dame die Tränen geflossen. Sie sagte mir: „Stellen Sie sich vor, meine Mutter ist schon vor 50 Jahren gestorben, als junge Frau. Und ich habe von ihr noch ein Stück Seife in meinem Kasten liegen, eine grüne ‚Fa' -Seife von damals, und jedes Mal, wenn ich die Kastentür aufmache, denke ich an meine Mutter und rieche an dieser Seife."

Die Mutter wollte ihrer Tochter zeigen: Schau, mich gibt's noch immer, und ich werde dich abholen! Es gibt ein Wiedersehen, wie lange ich auch immer schon da drüben bin, wir haben uns nicht verloren.

Solche und ähnliche Szenarien könnte ich viele aufzählen, die sich im Laufe der 25 oder 30 Jahre, in denen ich das mache, ereignet haben.

Vorhin haben Sie einen Lernprozess erwähnt, den der Mensch beim Hinübergehen durch den Lebensrückblick erfährt. Was geschieht dabei aus Ihrer Sicht?

Ofner:
Ich erlebe bei den Kontakten mit Menschen im Jenseits vor allem immer wieder, wie groß ihre Reue sein kann. Durch ihren Lebensrückblick tauchen sie in Situationen hinein, in denen sie anderen absichtlich oder unabsichtlich Leid zugefügt haben. Und sie können nun erfühlen und bewusst miterleben, was sie getan haben. Der Betroffene empfindet den Schmerz, den er anderen zugefügt hat, ohne dass er sich dabei selbst etwas vormachen kann.

Zum Beispiel meldete sich einmal ein Vater, der seine vier Töchter missbraucht hatte. Sie alle, nun schon als Erwachsene, und auch die Mutter, waren anwesend. Der Vater war völlig verzweifelt, voller Reue. Ich habe versucht, seine Bitte um Vergebung rüberzubringen.

Immer wieder bemerke ich, wie gern Menschen, die ihren eigenen Lebensrückblick erfahren haben, vieles wieder ungeschehen machen möchten, aber das geht eben nicht mehr. Wenn jedoch die Reue eines Verstorbenen hier ankommt und die Angehörigen ihm aus ganzem Herzen vergeben, dann kann dieser Mensch drüben anders weiterleben. Dadurch heilt sehr viel.

Der Lebensrückblick ermöglicht also eine Bewertung des Verhaltens, das Wissen um richtige und falsche Entscheidungen, und daraus entstehen Reue und der Wunsch nach Vergebung ...

Ofner:
Ja, aber ich erfahre von drüben auch, dass es mit der Reue allein leider nicht getan ist. Karma löst sich erst dann auf – das war

eine Botschaft, die ich von einem höheren Wesen erhielt –, wenn der Mensch selbst die konkrete Situation in einem neuen Leben durchlebt. Das muss nicht unbedingt mit den gleichen Menschen geschehen, aber erst mit dem Erleben in der materiellen Welt können sich solche Karmafäden auflösen.

Für das Lernen und das Weitergehen drüben in feinstofflichen Dimensionen ist es aber sehr hilfreich, wenn man Vergebung findet.

Wenn es im Leben um einen Lern- und Entwicklungsprozess geht – was bedeutet dem gegenüber ein Suizid? Geht es Menschen, die Selbstmord begangen haben, im Leben nach dem Leben generell anders als solchen, die eines natürlichen Todes gestorben sind?

Ofner:

Ja. Menschen, die durch eigene Hand sterben wollen, sind in sehr verzweifelten Situationen. Sie wollen einer Lage entfliehen, wollen einfach kein Bewusstsein mehr haben, und nach dem Hinübergehen wird ihnen sofort klar, dass es ein solches Auslöschen nicht gibt.

Sie erleben immer noch den gleichen Schmerz, aber zu diesem kommt noch ein viel schrecklicherer, nämlich das Erkennen, wie sehr die Angehörigen unter der Tat leiden, das Bewusstsein, zu fehlen, manchmal zum Beispiel als Versorger der Familie, machmal als Sohn, demgegenüber sich die Mutter bitterste Vorwürfe macht, schuld an seinem Tod zu sein. Diese Menschen wollen ihren Selbstmord unbedingt wieder gut machen, wollen oft auch nicht weiter ins Licht gehen, sondern suchen nach einer Gelegenheit, um Entschuldigung zu bitten und bleiben im Umfeld ihrer Angehörigen.

Menschen, die durch Freitod gestorben sind, suchen oft meine Gegenwart auf, bevor noch jemand von den Angehörigen zu mir gekommen ist. Einmal bat mich zum Beispiel ein junger Mann ganz dringend um eine Durchgabe für jemanden, der in meiner Nähe wohnen sollte. Ich schrieb mir alles auf und wusste zuletzt, dass ich die Botschaft seiner Mutter überbringen soll, die hier im Dorf lebt.

Ich habe dann mit Hilfe seiner Tante erfahren, welcher junge Mann es war, der sich kürzlich das Leben genommen hatte. Aber leider war es mir trotzdem nicht möglich, mit seiner Mutter Kontakt aufzunehmen, um ihr die Nachricht des Sohnes zu übermitteln, denn sie hörte davon, ging zum Pfarrer, und der hat nur die Hände gehoben und gesagt: „Lassen Sie das!" Der junge Mann war dann noch einmal bei mir, und ich konnte nur versuchen, ihn zu trösten.

Selbstmord ist ein sehr schwieriges Kapitel. Ein Suizid ist für keine Seele geplant, ein solcher Tod ist immer zu früh. Ich spreche da auch aus eigener Erfahrung, denn in den letzten zehn Jahren sind mir, ohne dass ich das angestrebt hätte, Puzzleteile aus früheren Erdenleben bewusst geworden. Auch ich habe mich einmal umgebracht.

Sie gehen davon aus, dass es die Reinkarnation gibt. Wurden Ihnen konkrete Zusammenhänge zwischen früheren Erdenleben und dem jetzigen bewusst?

Ofner:
Ja. Die vier Kinder, die ich jetzt habe, hatte ich auch in einem vergangenen Leben, wahrscheinlich im Mittelalter. Wir haben in einem Häuschen gelebt, ich habe als Näherin mein Geld verdient. Nähen, das ist eine Passion, die ich heute noch habe. Ich habe meine ersten beiden Kinder von Kopf bis Fuß angezogen ...

Fähigkeiten oder Vorlieben können also mit früheren Erdenleben zu tun haben ...

Ofner:
Die bringt man mit, natürlich, ja. Ich erinnere mich auch an die Sterbestunde von damals. Ich lag mit einer Magenkrankheit im Bett, meine vier Kinder standen herum, es war ein sehr trauri-

ger Moment des Abschiednehmens, und ich glaube, wir haben es uns dabei in Gedanken versprochen – oder es auch ausgesprochen, das weiß ich nicht genau –, in einem zukünftigen Leben wieder zusammenzukommen.

Interessant ist: Meine jüngste Tochter wollte mich schon im Kindergartenalter nie im Bett liegen lassen. Bei jeder kleinen Verkühlung oder Grippe rief sie: „Mama, du darfst nicht sterben!" Das sagt so ein Knirps im Alter von zwei oder drei Jahren ...

Ich war weit davon entfernt zu sterben, aber jüngere Kinder haben eben oft eine sehr gute Rückerinnerung. Auch heute noch hat meine jüngste Tochter Angst, mir könnte etwas geschehen.

Mein letztes vergangenes Erdenleben war nicht so schön, es endete mit dem Suizid. Ich habe mich damals als Angehörige des niederen Adels in einen Mann verliebt, den meine Eltern hinauswarfen, weil sie ihn nicht für angemessen hielten. Ich wurde depressiv, habe immer nur darauf gewartet, dass er wieder zurückkommt, aber er kam nicht mehr. Zuletzt habe ich mich von einem Turm gestürzt.

Dieser Mann ist der jetzige Vater meiner Kinder. Es gab in dieser Beziehung wieder Probleme mit meinen Eltern. Ich bin jetzt wieder allein und muss damit fertigwerden. Aber ich habe meine Kinder, die mich aufrichten und werde sicher nicht mehr so reagieren wie damals!

So ein bewusster Blick auf die größeren Zusammenhänge des Lebens ist natürlich selten. Viele Menschen leben und sterben ja einfach mit der Überzeugung oder Erwartung, dass „danach nichts mehr kommt". Erleben solche Menschen auch das Jenseits anders als jemand, der spirituell aufgeschlossen ist?

Ofner:
Ja. Wenn wir ein spirituelles Denken haben, wenn wir davon ausgehen, dass die materielle Welt nicht alles ist, wenn wir von einem Leben nach dem Tod wissen, gibt es auch ein ganz anderes Sterben. Das Ablösen vom grobstofflichen Körper geschieht sehr

viel leichter, sehr viel schneller, selbst dann, wenn ein Krankheitsverlauf normalerweise zu einem schmerzhaften Ende führt. Das Abheben des feinstofflichen Körpers vom grobstofflichen kann trotzdem fast spontan erfolgen.

Eine meiner Bekannten, die selbst viel vom Leben nach dem Tod wusste, erlebte ein sanftes Sterben, obwohl ihr Körper total von Krebs zerfressen war. Sie hat sich danach auch gemeldet und mir noch erzählt, dass sie auf dem Sterbebett nicht die Hand gehoben hat, um sich von ihrem Mann zu verabschieden, wie dieser es aufgefasst hat, sondern um ein Wesen zu begrüßen, das sie abholen kam. Menschen, die sehr spirituell gedacht und gelebt haben, kommen auch in einer helleren Ebene an, wo sie freudevoll empfangen werden.

Aber es gibt auch andere jenseitige Stätten, zum Beispiel für Menschen, die bei schrecklichen Ereignissen, bei Verkehrsunfällen oder unter Schmerzen gestorben sind. Sie werden drüben von Geistwesen für kürzere oder längere Zeit in einem komaartigen Zustand gehalten, um sie für das Aufwachen im Jenseits besser vorzubereiten.

Mir wurden Heilstätten gezeigt, in denen Menschen offensichtlich Heilenergien bekommen.

In dunklere Ebenen hatte ich nur punktuell Einblick. Menschen, die materiell orientiert gelebt haben, sind oft sehr in sich verschlossen und können anfangs wohl auch gar nicht annehmen, dass sie gestorben sind. Aus dem heraus haben sie eine gewisse Angst, wenn jenseitige Verwandte kommen und sie begrüßen wollen. Vor Toten hat man doch Angst, die sind doch schon gestorben, mit denen will ich nichts zu tun haben – so denken sie.

Und drüben im Jenseits, wie auch hier auf Erden, gibt es ein ungeschriebenes Gesetz ... vielleicht ist es auch irgendwo aufgeschrieben ... es lautet:

Der freie Wille des Menschen ist unantastbar!

Wenn also jemand beschließt, sich vor Toten zu fürchten, dann muss ein Verwandter, der gekommen ist, um zu helfen, wieder gehen. Genau so auch der geistige Führer, der weiterhelfen will.

Diese Menschen bleiben in sich eingekapselt, wie verpuppt. Ich merke auch, dass sie sich in düsteren Ebenen befinden. Es ist wenig Licht zu sehen, und ich kann diese Menschen oft auch nicht erreichen.

Ganz anders ist es bei jemandem, der offen gelebt hat, der sich nicht nur an die Materie geklammert hat, der auch eine Ahnung vom Jenseits gehabt hat, einen Glauben, eine Hoffnung. Ein solcher lebt in einer hellen Umgebung.

Dort erlebe ich sehr viel Natur, und eigenartigerweise haben mir viele Menschen, die sich von drüben aus dieser helleren Ebene melden, gezeigt, dass sie sich ihr Zuhause nachgebaut haben – mit der Kraft ihrer Gedanken ... das antworten sie, wenn ich danach frage, wie sie das machen. So, wie sie hier gelebt haben, leben sie also auch drüben, das Haus, die Umgebung, der nahe Fischteich ... mitsamt allen Besonderheiten.

Ein Bauer hatte sich zum Beispiel ein wunderschönes Holzhaus errichtet, mit einer Rutsche, die vom ersten Stock hinab führte. Er setzte sich auf diese Holzrutsche und rutschte hinunter ... alles sah so aus, wie früher tatsächlich auch hier auf der Erde. Wer hat schon ein Haus mit einer Rutsche vom ersten Stock hinunter in den Hof?

Und doch entsprach dies der Wirklichkeit hier im Leben, wie mir die Tochter ganz erstaunt bestätigte.

Es gibt ja ebenso bemerkenswerte Jenseits-Schilderungen von Arbeitern, die nach dem Tod offensichtlich Ihren Traum von einem Arbeitsplatz in einer modernen Fabrik verwirklicht finden ...

Ofner:
Ja, die Menschen brauchen wohl das, was sie gewohnt sind, für eine Zeit lang. Aber es gibt dazu auch die andere Seite: Alkoholsüchtige Menschen benötigen auch das drüben ...

Unsere Intentionen und Wünsche, nach denen wir unser Leben gestalten, unsere Innenwelt prägt also das Leben nach dem Tod.

Ofner:
Ja. Aber irgendwann löst sich das wieder auf, weil es nicht mehr gebraucht wird. Ich denke, dass die Seele dann in andere Ebenen weitergeht.

Jenseits, Tod, Geister ... dieser Themenkreis erzeugt bei vielen Menschen Angst, weil sie dabei eher an Horrorfilme denken. Hatten Sie nie Angst, wenn Sie Jenseitige sehen? War da nie etwas Unheimliches? Vielleicht auch nur die Angst, dass Sie damit überfordert sein könnten oder dass etwas von Ihnen Besitz ergreift, was Sie nicht wollen?

Ofner:
Solche Ängste hatte ich wirklich nie. Als kleines Kind war mir nicht bewusst, dass das Geister sind. Und als es mir dann bewusst wurde, waren sie mir herzlich willkommen. Weil es letztlich ja immer nur Menschen sind – einmal mit einem grobstofflichen Körper, und einmal eben ohne.

Aber es gibt ja auch unangenehme Menschen!

Ofner:
Ja, das ist richtig, aber vor unangenehmen Geistern kann ich mich leichter schützen als vor meiner unangenehmen Nachbarin, der ich weniger gut ausweichen kann. Letztlich ist alles ganz natürlich, die Menschen drüben gehen auch Tätigkeiten nach, sie haben ihre Arbeit und sie beachten mich zum Teil gar nicht, wenn ich ihnen zusehe.

Mit aufdringlichen Poltergeistern oder sogenannten Dämonen hatten Sie nie zu tun?

Ofner:
Wirklich nie. Es gibt bei meinen Vorträgen machmal Situationen, wo sich Jenseitige von hinten nach vorne hechten und mich

bedrängen. Da hängt jemand dann vielleicht verkehrt vor meinem Gesicht, und ich muss ihm sagen: Bitte geh' ein bisschen zur Seite, denn ich bin gerade bei einer Durchgabe. Aber damit komme ich zurecht. Im Alltag passiert so etwas nicht.

Nur einmal, ich war gerade beim Einschlafen, wollten zwei Menschen von drüben unbedingt auf sich aufmerksam machen. Einer davon hielt seinen Kopf ganz knapp vor mich – so, als ob Ihnen jemand in der Fußgängerzone plötzlich vor die Nase hüpft und Sie mit einem blöden Gesicht anschaut. Da werden Sie auch denken oder sagen: „Ja hast du Sie noch alle?" Und so habe ich auch dem Jenseitigen gesagt: „Weißt du was, das gehört sich nicht!" Das hat gereicht, die hören offenbar auf mich. So etwas ist mir dann auch nicht mehr passiert. Dämonen oder Ähnliches kenne ich nicht.

In der üblichen christlichen Beisetzungsrede sagt man über den Verstorbenen, er sei jetzt bei Gott. Wenn man demgegenüber Jenseits-Schilderungen hört, ist darin zwar sehr oft von Licht und Liebe die Rede, aber die Religiosität von Menschen, die selbst etwas vom Jenseits erleben, vertieft sich in anderer Weise. Sie hat meist nichts mehr mit kirchlichen Traditionen zu tun. Wie ist das bei Ihnen?

Ofner:
Das kann ich unterstreichen. Als Kind habe ich einmal ein Buch über Kinder gefunden, die heilig gesprochen worden sind. Damals habe ich mir gewünscht, auch eine Heilige zu werden. Und ich bin dann auch wirklich jeden Sonntag in die Kirche gegangen, zum Teil geprägt von meiner Großmutter, weil man das halt so macht.

Meine tiefe Überzeugung als Kind war, dass es Gott gibt. Später ist meine Religiosität irgendwie weggebrochen, sie entwickelte sich erst wieder mit meiner Hellsichtigkeit. Heute fühle ich mich eingebettet in ein großes Ganzes, als Bestandteil davon, das kann ich ehrlichen Herzens sagen. Wenn ich hinaus gehe in meinen Garten, schaue ich die Bäume oder die Rosen als Bestandteile eines großen Ganzen an, zu dem auch ich gehöre – und über dem Gott ist.

Die Achtung vor dem Leben hat sich also vertieft!

Ofner:
Ja, sie hat sich vertieft, verändert, der Glaube ist einfach zu einer Gewissheit geworden. Ich weiß, dass wir alle auf dem Weg sind und letztlich ein Ziel erreichen werden, vielleicht gottähnlich werden können. Aber bis dahin gibt es viele Hürden zu überwinden!

Gesamtschau der Widersprüche ...

Vielleicht sind diese Hürden auch intellektueller Art. Denn die gemüts- und erlebnisorientierte spirituelle Schau, wie Ingrid Ofner sie vermittelt, steht in fundamentalem Widerspruch zu den naturwissenschaftlichen Theorien, mit denen heute nüchtern-sachlich das Universum und das Wesen des Menschen beschrieben werden.

Hier eine großartige Schöpfung, in der sich alles zweckorientiert zu immer größerer Vollkommenheit entfaltet. Dort ein Universum, das ohne tieferen Sinn entstand und ohne höheres Ziel seinem Wärmetod entgegen strebt.

Hier ein seelisch-geistiges Wesen, dessen Herkunft und Bewusstsein nicht im Physischen wurzelt. Dort der Mensch als vorläufiges Ergebnis einer ausschließlich körperlich-irdischen Evolution; ein höheres Tier, dessen Bewusstsein lediglich ein Produkt des Gehirns ist.

Hier der freie Geist, der durch eigenes Wollen sein Schicksal gestaltet. Dort das durch Zwänge und Triebe bestimmte menschliche Dasein, die biologische Maschine, der das Gehirn die Illusion eines Ich-Bewusstseins nur deshalb vermittelt, weil es Vorteile für das Überleben bringt.

... und viele offene Fragen

Es mag anspruchsvoll sein, diese beiden widersprüchlichen Welt- und Menschenbilder als Arbeitshypothesen nebeneinander stehen zu lassen. Üblicherweise hat man ja seine Gründe dafür, die eine oder andere Sichtweise zu bevorzugen.

Wer wissenschaftlich orientiert ist, wird alles, was in Richtung Esoterik weist, mit gehörigen Vorurteilen betrachten. Prinzipiell ist das auch gut nachvollziehbar, denn es besteht schon ein fundamentaler Unterschied darin, ob Wissen durch tiefes Nachdenken und engagiertes Forschen von Generation zu Generation weiter entwickelt wird, oder ob sich jemand einfach etwas zusammenreimt, dafür seine eigene Terminologie (meist mit wissenschaftlichen Anklängen) entwickelt und das dann als Wissen verkauft.

In sich schlüssig kann bei oberflächlicher Betrachtung schnell etwas erscheinen – aber ist es deshalb auch wahr? Stimmt es mit der Wirklichkeit überein?

Wer gesunde Skepsis pflegt, wird solche Fragen nicht einfach verdrängen. Er kann aber trotzdem offen für Wege sein, die möglicherweise neue Ausblicke eröffnen, Zusammenhänge erkennen lassen.

Deshalb finde ich es spannend und lohnend, eine spirituelle Weltbetrachtung, wie sie auf Grund von Nahtoderfahrungen oder medialen Jenseitskontakten skizziert werden kann, zu vertiefen.

Verfügt diese Sichtweise über das Potential, jene großen Schicksalsfragen zu beantworten, für die materialistische Weltmodelle, aber auch traditionelle religiöse Lehren keine befriedigenden Lösungen parat haben?

Weshalb lässt Gott all das Leid zu?

Gibt es die ersehnte „höhere Gerechtigkeit" im Leben – trotz aller Unterschiede zwischen den Individuen, die das menschliche Leben von Geburt an kennzeichnen?

Und nicht zuletzt: Haben wir als seelisch-geistige Wesen Aussicht auf Unsterblichkeit?

Die in diesem Kapitel zur Diskussion gestellten Annahmen, dass unser Bewusstsein nicht mit dem Körper vergeht und individuell gestaltete Jenseitswelten tatsächlich existieren, haben diese Fragen noch nicht beantwortet.

Die Ansicht, dass im Weltgeschehen doch nicht der Zufall regiert, sondern eine geistige Führung, erklärt nicht wirklich die Entstehung des menschlichen Schicksals.

Über den Schöpfer selbst und sein Wirken lässt sich aus Nahtoderfahrungen praktisch nichts ableiten.

Und das Weiterleben nach dem Tod ist nicht unbedingt auch gleichbedeutend mit Unsterblichkeit.

Die nächsten Kapitel sollen daher dem Versuch dienen, ein mögliches Gesamtbild zur seelisch-geistigen Evolution des Menschen zu entwerfen.

Angenommen, unser Wesen ist tatsächlich immaterieller Natur – woher kommen wir dann? Warum erleben wir das, was wir erleben? Und was ist unser Ziel?

Dabei wird ein zentraler Aspekt, der im Interview mit Ingrid Ofner bereits angesprochen wurde, die Reinkarnation sein. Oder, anders ausgedrückt, die Frage: Wenn es ein Leben nach dem Leben gibt – gibt es dann auch ein Leben vor dem Leben?

KAPITEL 6:
Leben vor dem Leben

Was, wenn nicht der pure Zufall, bestimmt über das Umfeld der Geburt und den möglichen weiteren Lebensweg eines Menschen?

Der eine lebt sorglos in gesicherten Verhältnissen dahin, der andere ist gezwungen, unter widrigen Umständen um sein Dasein zu kämpfen.

Der eine wird in der „Ersten Welt" geboren, der andere in der Favela einer brasilianischen Großstadt.

Dem einen sind herausragende Fähigkeiten und Talente geschenkt, er ist ein „wacher Geist", der schnell und kreativ denkt, während der andere ein „einfach gestricktes" Leben verbringt.

Der eine genießt Reichtum, der andere steckt in bitterer Armut. Der eine ist mit robuster Gesundheit ausgestattet, der andere schon früh von Krankheit und Leid gezeichnet ...

Warum?

Immaterielle Resonanzräume

Das materialistische Weltbild führt in der nahe liegenden Frage, ob es irgendwo Gerechtigkeit im Leben gibt, zu einer ernüchternden Antwort: Nirgendwo. Nein.

Die Ursachen für Krankheit und Schmerz können in den Genen liegen, in Viren und Bakterien. Armut und Not lassen sich durch schlechte soziale Verhältnisse begründen, durch Täuschung, Irreführung, mangelnde Intelligenz oder was auch immer. Indes werden weiter gehende Ursachen und Begründungen für das menschliche Schicksal nicht in Erwägung gezogen.

Dieser materialistischen Weltauffassung zum Trotz akzeptieren jedoch viele – nach meinem Eindruck die Mehrzahl der Menschen

– einen seelisch-geistigen „Lebenshintergrund", den ich als „immateriellen Resonanzraum" bezeichnen möchte. Sie empfinden in sich und um sich eine Wirklichkeit, mit der ihre Innenwelt in Beziehung steht und interagiert.

Manche erleben beispielsweise bewusst, dass ihre Gedanken irgendwie befruchtet werden, dass ihnen intuitiv Ideen zufließen, dass also Wechselwirkungen mit etwas stattfinden, das außerhalb ihrer eigenen Persönlichkeit liegt. Andere sind überzeugt davon, dass sie ihr Leben gestalten können, indem sie „Wünsche an das Universum" richten. Wieder andere beten zu Gott oder zu ihren Lieblingsheiligen, damit ihre Ängste besänftigt werden und ihre Hoffnungen Erhörung finden mögen.

Die immateriellen Resonanzräume unserer Innenwelt sind also durchweg persönlicher Natur und höchst unterschiedlicher Art. Das tut aber nichts zur Sache. Entscheidend ist: Sie werden als Gegebenheit erlebt – und es gibt nach dieser Überzeugung verborgene Zusammenhänge, die das persönliche Schicksal gestalten oder beeinflussen.

Aber um welche „Kräfte" oder „Prinzipien" könnte es sich dabei handeln?

Gläubige Menschen gehen von einem höheren, lebensspendenden Wesen aus, von einem Schöpfergott: Aber warum lässt er die Ungerechtigkeiten zu? Weshalb das Leid? Wieso greift er nicht unentwegt ein, um zu belohnen oder zu strafen und damit Ausgleich zu schaffen?

Von konfessioneller Seite wird zu solchen Fragen bisweilen beruhigend angemerkt, dass dem Menschen alles Elend, das ihm auf Erden widerfahre, zur späteren Seligkeit im Gottesreich verhelfen könne.

Also, eine ausgleichende Gerechtigkeit im Jenseits.

Aber dieses Argument beruhigt nicht wirklich. Denn warum sollen wir erst dann Freude und Glück genießen dürfen? Warum nicht schon hier und jetzt? Weshalb findet ein allmächtiger und barmherziger Gott keine bessere Lösung?

„Tja, die Wege des Herrn sind eben unergründlich …"

Spirituelle Alternativ-Konzepte

„Unergründliche Wege" heißt nichts anderes als „Können wir nicht wissen". Das liegt theologisch nahe. Diese Formulierung mag von Demut zeugen, ist aber nicht unbedingt hilfreich und zufriedenstellend.

Deshalb statten glaubensbereite Menschen ihren immateriellen Resonanzraum oft mit sorgfältig ausgesuchtem, sehr persönlichen Wertgegenständen aus. Sie wollen sich nicht brav und kirchentreu von konfessionell-dogmatischen Expertisen bevormunden lassen und basteln sich statt dessen ihre Privatreligion. So entstanden bemerkenswerte Alternativen zum simplen Glauben an das Unergründliche.

Einige Gedanken aus solchen spirituellen Konzepten, die mir besonders interessant erscheinen, möchte ich hier kurz zusammenfassen. Sie gehen ebenfalls vom Sein und Wirken einer Gottheit aus, doch diese erscheint lediglich als Erschaffer und Kraftspender, nicht aber als Naturwunder wirkender „Über-Geist".

Gott hat dem Menschen demnach ohne Wenn und Aber die Selbstverantwortung geschenkt. Jeder von uns gestaltet mit seinem freien Willen sowohl sein eigenes Leben als auch das seiner Mitmenschen – mit der uneingeschränkten Möglichkeit, Freude oder Leid zu verursachen.

Gott greift in das Weltgeschehen nicht willkürlich lenkend ein. Er orientiert sich nicht an menschlichen Wünschen oder inbrünstigen Bitt-Gebeten. Seine Allmacht und Vollkommenheit zeigen sich überzeugend in den „alles machenden" und unabänderlichen Gesetzen, die jegliches Naturgeschehen (und damit auch das menschliche Leben) bestimmen.

Allerdings werden diese Gesetze nicht als deterministisch betrachtet, da sie dem freien Willen Spielraum bieten. Der Mensch bleibt frei in seinem Entschluss, allerdings auch abhängig von den Wechselwirkungen seines Tuns und Lassens. Was immer wir also wollen und entscheiden – es hat Auswirkungen auf andere und wieder auch Rückwirkungen auf uns selbst.

So produzieren wir „Karma".

Die Unterschiede in den Menschenschicksalen sind aus dieser Sicht vor allem die Folge zahlloser lebensgestaltender Willensentschlüsse. Die seelische Tätigkeit im immateriellen Raum wirkt hinein in den materiellen Raum.

Solche spirituellen Konzepte bieten auch auf die Frage nach dem Sinn des Lebens Antworten: Er liegt in der Entwicklung von Bewusstsein. Dieser Entwicklung dienen sowohl freud- also auch leidvolle Erfahrungen. Ebenso die Notwendigkeit des „Lebenskampfes" sowie das Werden und Vergehen in der physischen Welt. Denn dieses zwingt immer wieder zum Loslassen von Altgewohntem und regt zur Neuorientierung – und damit zu innerer Lebendigkeit – an.

Ein Schlüssel zum „Raum des Schicksals"?

Solche Thesen über verborgene Zusammenhänge, die unser Dasein bestimmen, sind attraktiv, weil sie Alltagserfahrungen entsprechen. Die meisten Menschen – da mögen Psychologen oder Gehirnforscher gegen die Willensfreiheit einwenden, was sie wollen – fühlen sich doch weitgehend selbstverantwortlich für ihr Leben. Und außerdem zeigt der Blick ins tägliche Leben, dass üblicherweise kein Gott Wunder wirkend das persönliche Schicksal mit gestaltet.

Auch dass es Wechselwirkungen im zwischenmenschlichen Bereich gibt, ist eine verbreitete Erfahrungsweisheit: Wer angeschnauzt wird, reagiert schnell selbst entsprechend ruppig; wem Freundlichkeit widerfährt, wird auch dem Anderen lieber ein Lächeln schenken. „Wie man in den Wald hinein ruft, so schallt es zurück" sagt der Volksmund. Und die Bibel pflichtet bei: „Was der Mensch sät, das wird er ernten!"

Demnach wäre das Schicksal letztlich nur von zwei Faktoren abhängig:
• *dem freien Willen des Menschen*
• *dem Prinzip der Wechselwirkung*

Der Schönheitsfehler in dieser „Schicksalsformel" ist lediglich, dass sie weder das erklärt, was als „unverdientes Schicksal" bezeichnet wird – etwa, wenn einem ausgesprochen guten Menschen schreckliches Unrecht widerfährt –, noch die unterschiedlichen Ausgangslagen der Menschen zum Zeitpunkt ihrer Geburt.

Welche aus seinem eigenen freien Willen begründete Wechselwirkung sollte beispielsweise ein Kleinkind treffen, das mit einer unheilbaren Krankheit zur Welt kommt? Das Baby konnte ja noch gar keine Entscheidungen treffen, die zu einem solchen Schicksal hätten führen können. – Oder?

An diesem Punkt setzt die Lehre von der Reinkarnation ein – und zwar mit einem recht einfachen Gedanken: Wäre nämlich der zeitliche Bezugsrahmen für Wechselwirkungen über ein einziges Erdenleben hinaus erweitert, dann könnte der Mensch sehr wohl auch für die Lebenssituation, die ihn zum Zeitpunkt seiner Geburt erwartet, selbst verantwortlich sein.

Wenn es also ein Leben vor dem Leben gibt und – wie auch immer geartete –„Schicksalsfäden" wirken, die durch das ganze Sein des Menschen laufen, dann könnte es als gerecht erscheinen, wenn beispielsweise der eine arm und der andere reich, der eine hoch- und der andere minderbegabt wäre. Denn jeder Mensch hätte seelisch-geistig bereits vor seiner Geburt existiert und durch seine Willensentschlüsse das eigene „Karma" vorbereitet.

Bietet diese Vorstellung, die – mit unterschiedlichen Schwerpunkten – in östlichen Religionen gelehrt wird, den Schlüssel zum „Raum des Schicksals"? Zu einem immateriellen Resonanzraum, in dem die Bedingungen für jedes Erdenleben vorgezeichnet werden?

Jedenfalls hat diese Auffassung eine lange Tradition.

Origenes Lehre von der Präexistenz der Seele

Die Lehre von der Präexistenz der Seele war vor vielen Jahrhunderten auch in der christlichen Welt weit verbreitet. Dafür hatte vor allem Origenes (185–254) gesorgt, einer der bedeutendsten frühen Kirchenväter. Als Kenner der Philosophie Platons ging er von der Körper-Seele-Geist-Einheit des Menschen aus und begründete eine eigene Auslegungsmethode der „Heiligen Schrift". Demnach haben auch die biblischen Inhalte einen „dreifachen Sinn", nämlich einen buchstäblichen, einen moralischen und einen mythisch-allegorischen.

Ebenfalls auf Platon geht der Gedanke an die Präexistenz der Seele und eine „vorgeburtliche Schuld" zurück, den Origenes vertrat. In seinen „Büchern von den Prinzipien" formulierte er: „Jede Seele kommt in diese Welt gestärkt von den Siegen oder geschwächt von den Niederlagen ihres früheren Lebens."

Und zur Frage von Schicksal und Gottgerechtigkeit liest man bei ihm: „Da die Vernunftgeschöpfe mit der Fähigkeit der freien Entscheidung beschenkt sind, regte die Willensfreiheit einen jeden entweder zum Fortschritt durch Nachahmung Gottes an oder zog ihn zum Abfall durch Nachlässigkeit. Dies wurde für die Vernunftwesen zur Ursache der Verschiedenheit; sie hat ihren Ursprung also nicht im Willen des Schöpfers, sondern im eigenen freien Entschluss [...] Auf diese Weise wird der Schöpfer nicht ungerecht erscheinen, wenn er infolge vorausgehender Ursachen jedem nach Verdienst seine Stelle gibt; und man wird auch nicht glauben, Glück oder Unglück der Geburt und das besondere Geschick, das mit ihr gegeben ist, beruhten auf Zufall." (De principiis II)

Die Verbindung biblischer Inhalte mit neuplatonischem Gedankengut führte unter anderem dazu, dass Origenes – und mit ihm die christliche Lehre – auch die geistige Führungsschicht seiner Zeit erreichte. Er zählte zu den bedeutendsten Theologen des frühen Christentums.

Allerdings wurde seine Lehre im Jahr 553, also etwa 200 Jahre nach seinem Tod, auf dem 5. Ökumenischen Konzil zu Konstantinopel (vorwiegend aus politischen Gründen) verworfen und schon ein paar Jahre zuvor scharf verurteilt. 543 legte die Synode von Konstantinopel fest: „Wer sagt oder denkt, die Seelen der Menschen hätten präexistiert [...] und seien zur Strafe in die Körper (hinab)geschickt worden, der sei ein Verfluchter."

Origenes wird heute bisweilen etwas leichtfertig als „frühchristlicher, später kirchlich unterdrückter Reinkarnationslehrer" dargestellt. Ob er das wirklich war, ist umstritten. Denn die „Präexistenz", von der Origenes sprach, bedeutet nicht zwangsläufig Reinkarnation. Der Begriff an sich bringt nur zum Ausdruck, dass die Seele schon vor ihrer Geburt existiert hat – vielleicht ausschließlich in einem „himmlischen Reich".

Origenes wird sogar ein Kommentar zum Matthäus-Evangelium zugeschrieben, in dem er die Reinkarnation („Transmigration") explizit bestreitet. Andererseits lässt seine Aussage, Gott würde jedem „nach Verdienst seine Stelle" geben, doch die Annahme zu, dass damit auch ein früheres Leben auf der Erde gemeint ist. Denn Origenes betrachtete die irdische Existenz als Strafe.

Welche „Verdienste" in einem „gehobenen" geistigen Reich sollten also zu einer Lebensnotwendigkeit auf dem „niederen" Erdenplan führen?

Reinkarnation – ein unchristlicher Gedanke?

Wie auch immer: Seit der Verbannung der Lehre von der Präexistenz der Seele sind in den christlichen Lehren die Tore für den Reinkarnations-Gedanken fest verschlossen. Die Vorstellung, dass es ein „unsichtbares Zugsystem" hinter dem Schicksal gibt, das der Mensch durch sein Tun und Lassen bedient, verblasste. Es blieb allenfalls noch in Erzählungen lebendig, etwa im heidnischen Bild von den Nornen, den drei „Schicksals-Göttinnen", die die Fäden von Vergangenheit, Gegenwart und Zukunft miteinander verknüpfen.

Heute wird der Reinkarnationsgedanke von kirchlicher Seite als unchristlich betrachtet – ungeachtet der Tatsache, dass ihm auch viele Christen etwas abgewinnen können.

Theologen befürchten beispielsweise, dass die Karma-Lehre auf den Gedanken der Selbsterlösung hinausläuft und den Menschen vom Glauben an die Erlösung durch Jesus abbringen könnte.

Andererseits bietet die Vorstellung, dass wir öfter als nur einmal auf Erden leben, eine mögliche Erklärung für die unterschiedlichen Schicksale der Menschen, was das Glaubensbekenntnis an einen gerechten Gott zweifellos erleichtert.

Reinkarnation – eine Glaubensfrage?

Sind wir in der Frage, ob es ein Leben vor dem Leben gibt, letztlich also nur auf philosophische Spekulationen angewiesen?

Nicht ganz. Es gibt auch hier eine Vielzahl von Erfahrungsberichten, die wissenschaftlich dokumentiert und interpretiert werden – außergewöhnliche Erinnerungen, die über den Rahmen des Erdenlebens hinaus reichen. Und wenngleich es letztlich wieder vom subjektiven Weltbild abhängen wird, ob jemand Reinkarnation für möglich hält oder nicht, regen diese Erfahrungen doch zum weiteren Nachdenken an.

Der international vielleicht bekannteste Fall von Reinkarnation, der auch zu einem Spielfilm („Yesterday's Children" mit Jane Seymour in der Hauptrolle) führte, betrifft die Engländerin Jenny Cockell, die sich an ein Leben in Irland erinnerte, das sie in den 1920-er und 1930-er Jahren geführt hatte.

Ungewöhnlich ist dieser Fall deshalb, weil die Frau sich nicht nur an die genauen Gegebenheiten jener Zeit erinnerte. Es gelang ihr auch, ihre Kinder von damals – inzwischen alt geworden – ausfindig zu machen und mit ihnen Erinnerungen auszutauschen.

Hier ist ihre Geschichte, die mich zu eigenen Recherchen inspirierte sowie zu einem Treffen mit Jenny Cockell führte ... und die Vorgeschichte:

Der Fall Jenny Cockell

Am 24. Oktober des Jahres 1933 erliegt Mary Sutton, eine 35 Jahre junge Irin, kurze Zeit nach der Geburt ihres achten Kindes, im Rotunda Hospital in Dublin ihren schweren Erkrankungen. Ihr

Tod erfolgt auf Grund von Schwangerschaftskomplikationen, denen die Ärzte nicht gewachsen sind. Ihre acht Kinder bleiben ungeschützt beim Vater zurück, einem alkoholkranken, gewalttätigen Mann, der sein Geld gern bis auf den letzten Penny verzecht.

Die Sorge um ihre Kinder und der brennende Wunsch, ihnen zu helfen, hat sich tief in Marys Bewusstsein eingegraben.

21 Jahre später kommt in England das Mädchen Jenny zur Welt – als drittes Kind seiner Eltern und in einer Familie, die ähnlich zerrüttet ist wie ehedem die Suttons in Irland. Zufall?

Von Beginn an erscheint Jennys Schicksal jedenfalls eng mit dem der 1933 verstorbenen irischen Mutter verknüpft.

Schon in der frühen Kindheit tauchen in Jenny Bilder aus dem Leben einer jungen Frau auf, von der sie vorerst nur weiß, dass sie Mary heißt. Es sind glückliche, teilweise aber auch höchst bedrohliche Erinnerungen. So wird Jenny zum Beispiel die Todesstunde der Irin bewusst, das Aufbäumen gegen einen unabänderlichen Abschied, die überwältigende Angst um die Kinder, das nagende Schuldgefühl, sie schutzlos zurückzulassen.

Die Fragmente aus Marys Leben werden in Jenny immer deutlicher. Die zunächst nur vagen Erinnerungen verdichten sich zu konkreten Bildern. Schließlich wird die Ahnung, einst selbst diese Frau gewesen zu sein, zur Gewissheit.

Schon als Kind fertigt Jenny Zeichnungen an, die ihr früheres Erdenleben betreffen, Straßenskizzen, Pläne ... Als erwachsene Frau macht sie sich dann auf eine ungewöhnliche Suche. Sie möchte ihre Kinder aus dem vergangenen Leben wiederfinden. Sehen, was aus ihnen geworden ist, sie wieder in die Arme schließen.

Mit Hilfe eines Schul-Atlas findet sie tatsächlich den Ort, nach dem sie so lange gesucht hat. Es ist Malahide in Irland. Nun kann sie ihre eigenen Zeichnungen mit den realen Gegebenheiten vergleichen.

Tatsächlich entdeckt sie das Haus, in dem Mary Sutton gewohnt hat. Davon ausgehend recherchiert sie die Adressen ihrer Kinder. Und das Unglaubliche gelingt: Jenny Cockell macht ihre „Kinder von gestern" wirklich ausfindig.

Sonny, der Erstgeborene, den sie als Dreizehnjährigen zuletzt gesehen hatte, steht ihr nun, 58 Jahre später, als alter Mann gegenüber. Aber in langen Gesprächen erweist sich, dass die beiden tatsächlich gemeinsame Erinnerungen teilen, von denen niemand sonst wissen kann ...

Diese hier kurz zusammengefasste Geschichte schildert Jenny Cockell in ihrem Buch „Yesterday's Children" (deutsch: „Unsterbliche Erinnerung"). Sie war für mich der Anlass, die Engländerin – eine einfache, sympathische, bodenständig wirkende Frau, der man keinerlei unlautere Motive zuschreiben möchte – gemeinsam mit meinem Interviewer-Kollegen Jens Rohrbeck für eine Dokumentarfilmproduktion zu besuchen. Bei dieser Gelegenheit entstand das folgende Gespräch.

In Ihrem Buch „Yesterday's Children" berichten Sie, wie Sie sich auf die Suche von Menschen machen, die im vergangenen Leben Ihre Kinder waren. Wie begannen Ihre Erinnerungen an dieses frühere Leben?

Cockell:
Tatsächlich haben die Erinnerungen nie wirklich angefangen. Sie waren immer da, und ich glaubte, es würde jedem so ergehen. Aber mir wurde bald bewusst, dass andere Leute nicht über ihre vergangenen Leben sprechen. Als ich heran wuchs, dachte ich eine Zeit lang, dass die anderen mir vielleicht nicht die Wahrheit sagten, dass sie sich erinnerten, es aber nicht zugeben wollten. Es war für mich schwer zu akzeptieren, dass die meisten anderen Menschen sich nicht an vergangene Leben erinnern können. Wenn ich darüber sprach, dann sagte man mir, das alles sei nur ein Glaube. Ich konnte auch meine Eltern nicht dazu überreden, nach Irland zu reisen und nachzusehen, ob meine Erinnerungen Wirklichkeit waren.

Wie gelang es Ihnen denn, ausfindig zu machen, wo Sie im vergangenen Leben gelebt hatten, wie kamen Sie auf den Ort Malahide in Irland?

Cockell:
Als ich klein war, zeichnete ich immer Karten von einem Dorf. Ich war mir nicht sicher, wo dieses Dorf lag, aber ich wusste bestimmt, dass es in Irland war.

Ich wusste auch wo ungefähr in Irland. Als ich zwischen 9 und 10 Jahre alt war, suchte ich in einem Schulatlas. Dabei wurde meine Aufmerksamkeit wiederholt auf eine bestimmte Stelle auf der Karte gezogen. Und der einzige Name dort war Malahide.

Ich nehme an, dass Mary eine Karte von Irland gesehen hatte und wusste, wo das Dorf lag.

Das ist für mich die einzige Erklärung dafür, dass ich wusste, wo ich zu suchen hatte. Ich habe nicht einmal in Erwägung gezogen, anderswo zu suchen!

Und als erwachsene Frau machten Sie sich dann auf die Reise nach Irland ...

Cockell:
Ja, ich wollte versuchen, die Familie zu finden, an die ich mich erinnern konnte. Ich wusste, dass ich in Malahide suchen musste, aber ich war mir nicht sicher, ob ich mich ausreichend erinnern konnte, ob ich genügend Details wusste. Denn ich konnte mich an keinen Nachnamen erinnern.

Ich erinnerte mich an Vornamen, kannte einige Namen der Kinder und wusste auch, wo das Holzhaus der Familie stand. Aber ich hatte keine detaillierte Straßenkarte gefunden und besaß nur die Karten, die ich während meiner Kindheit gezeichnet hatte.

Ich habe dann Hypnose benutzt, um herauszufinden, ob ich mich an mehr erinnern kann. Das brachte mir aber in Wirklichkeit nicht nur Vorteile. Der Name, an den ich mich unter Hypnose erinnerte, war falsch, aber es kamen ein oder zwei weitere Dinge hervor, die unglaublich genau waren. Bei Hypnose muss man vorsichtig sein ...

Wann sind Sie dann erstmals nach Malahide gereist?

Cockell:
Das war am 5. Juni 1989. Bevor ich nach Irland reiste, gelang es mir, im Buchladen eine Straßenkarte von Malahide zu bestellen. Als sie dort eintraf, brachte ich meine kleine, selbst gezeichnete Karte mit, legte sie daneben – und es war klar: es war der richtige Ort! Ich hatte die Straßen korrekt platziert, sie liefen in die richtige Richtung. Auch der Bahnhof war richtig angegeben. Also wusste ich, dass es sich lohnen würde, dorthin zu reisen.

Am 5. Juni 1989 spazierte ich dann durch Malahide. Und das war sehr merkwürdig – wie wenn man von seiner Heimatstadt weggezogen ist und nach längerer Zeit wieder zurückkehrt. Man wird dann zuerst die Veränderungen bemerken. So ging es mir. Mir fielen die Dinge auf, die anders waren. Am Ende einer Straße hatte ich zum Beispiel eine Baustelle erwartet, statt dessen waren jetzt Geschäfte dort. Der Anlegesteg war nicht mehr aus Holz, sondern aus Beton. Und als ich die Gasse hinunterging, um das Holzhaus zu finden, war es für mich noch verwirrender, weil man die Flussau ausgetrocknet und Häuser darauf gebaut hatte.

In meiner Vorstellung stand das Haus immer noch genauso dort wie zuvor. Aber natürlich war Zeit vergangen. Es war eine Ruine, völlig mit Dornbüschen bedeckt, und es war nur ein kleiner Teil der Mauer übrig, ungefähr hüfthoch. Als ich dann in der Mitte des Gebäudes stand, sah ich es für einen Augenblick so, wie es einst war – und dann wieder als Ruine.

Merkwürdig erschien mir auch die Mauer, die neben dem Holzhaus vorbeilief. Sie war immer zu hoch gewesen, um sich darauf zu lehnen, und ich dachte, dass sie geschrumpft sein müsse. Aber dann wurde mir klar, nicht die Mauer ist geschrumpft, sondern ich bin jetzt um einen Fuß größer!

Gab es für Sie auch unangenehme Erinnerungen?

Cockell:
Ja, die Erinnerungen sind so, wie das Leben ist – und das Leben ist nicht immer angenehm. Zumeist war es sehr hart. Wir lebten

in Armut, und es war schwer, die Kinder zu ernähren. Es gab einige Erinnerungen, die ich unterdrückte und die dann durch den Kontakt mit Sonny wieder zurückkamen – zum Beispiel die Erinnerung an den Vater, wenn er sich betrank und die Kinder und die Mutter schlug. Daran erinnert man sich nicht besonders gern.

Ich neigte dazu, meine Erinnerung mehr auf die Kinder zu konzentrieren, auf die Zeit, die wir zusammen verbrachten und was wir machten, wenn der Vater nicht da war. Ihn versuchte ich aus meinem Bewusstsein auszublenden. Obwohl ich mich auch an die Zeit erinnere, als er jünger war. Damals war er nicht derselbe. Ich bin mir nicht ganz sicher, was mit ihm passiert ist – aber was immer es war, es ist wahrscheinlich während des Ersten Weltkrieges passiert. Danach begann er zu trinken.

Der Augenblick des Todes war für Sie wohl recht traumatisch ...

Cockell:
Ja, das war eine Erinnerung, die immer wiederkehrte, ob ich es wollte oder nicht. Ich erinnere mich daran, in einem hell erleuchteten Raum gewesen zu sein. Damals gab es in Irland im allgemeinen keine Elektrizität, dieser Raum hatte aber Strom, es gab ein Fenster mit zwei getrennten Scheiben, und ich konnte durch die Tür einen Flur sehen.

Ich war also in einem Krankenhaus, hatte starke Schmerzen. Und ich wusste, dass ich die Kinder zurücklassen würde, dass es nichts gab, was ich tun konnte, und ich fühlte mich absolut und furchtbar schuldig dafür.

Dann erinnere ich mich an das Bett mit dem Körper drin, unter mir; ich sah alles von oben – von weiter oben noch als die Decke des Raumes. Die Decke hätte im Weg sein müssen, sie war es aber nicht, und ich wurde nach rückwärts weggezogen. Zuvor, erinnere ich mich, kam jemand herein und kniete am Bett, wahrscheinlich war es ein Priester. Vor einigen Jahren besuchte ich dieses Krankenhaus und zeichnete einen Grundriss des Raumes, in dem ich gestorben war.

Die Oberschwester erkannte ihn als den Isolierraum im alten Flügel des Gebäudes. Ich war nicht sehr scharf darauf, in den Raum zurückzukehren. Aber als ich dort gewesen war, bemerkte ich, dass mein Schuldgefühl, die Kinder zurückgelassen zu haben, viel schwächer geworden war. Früher hatte ich meinen Zustand nicht akzeptiert – Gasbrand, Blutvergiftung, Lungenentzündung, und es gab keine Antibiotika! Ich hatte einfach gedacht, ich hätte nicht sterben dürfen, die Kinder nicht verlassen dürfen.

Nachdem Sie also Malahide und das Haus gefunden hatten – wie gelang es Ihnen, die Kinder aufzuspüren?

Cockell:
Ich schrieb später an den Inhaber des Hauses, und es stellte sich heraus, dass er sich an die Familie erinnern konnte. Er erinnerte sich an die Kinder, mit denen er zur Schule gegangen war und konnte mir den Nachnamen der Familie nennen, was mir weiterhalf. Dann schaltete ich eine Anzeige in einer Zeitung, um die Familienmitglieder ausfindig zu machen, und jemand schickte mir einen Umschlag mit dem Namen und der Adresse von einem der Söhne.

Nun wurde es aber schwer, denn ich musste mich fragen, ob es richtig war, das zu tun – zurückzukehren als die Mutter, die die Kinder in der Kindheit verloren hatten. Ich wusste auch nicht genau, was ich sagen sollte. Zuletzt entschloss ich mich, einem der Söhne zu schreiben, und ich erhielt darauf einen Anruf von ihm, der sehr merkwürdig verlief. Er war leicht schwerhörig, und seine Tochter nahm immer wieder den Hörer auf und versuchte zusammenzureimen, wovon ich sprach. Ich erklärte ihnen, dass ich die Familie aus Träumen kannte; ich sagte nicht wirklich, worum es sich handelte. Das ging nicht besonders gut. Er – es war der zweite Sohn – verstand es eigentlich nicht.

Aber dann gelang es mir, nachdem er mir einige Daten zugesandt hatte, den ältesten Sohn ausfindig zu machen. Zu dem Zeitpunkt fühlte ich eine leichte Panik, deshalb setzte ich mich mit einer interessierten Forscherin in Verbindung. Ich wollte die Sache etwas offizieller machen, damit sie nicht ganz so beängstigend für die Familie erschien.

Diese Forscherin recherchierte die Geschichte, interviewte mich und den ältesten Sohn und trug die Aussagen von uns beiden zusammen. So kamen durch ihre Arbeit noch vor unserem Treffen neun Seiten mit Aussagen zustande, die in den kleinsten Dingen übereinstimmten. Und damit hatte ich etwas, worüber ich mit Sonny sprechen konnte.

Sonny war der älteste Sohn, er wurde 1919 geboren. Ich erinnere mich an ihn, als er ungefähr 13 Jahre alt war. Wir konnten also die Aufzeichnungen der Forscherin zusammen durchgehen und uns darüber austauschen. Sonny sollte etwas erzählen und ich die Geschichte zu Ende bringen. Dann sollte ich beginnen und er weitererzählen.

So erzählte ich von einem Tag irgendwann im November. Jemand am Ende der Gasse hatte den Jungs beigebracht, wie man eine Falle baut, um damit Wild zu fangen. Und nun kamen die Jungs früh am Morgen hereingestürmt – ich erinnere mich, dass ich meine nassen Hände trocknen musste –, und wir eilten hinaus, um das Kaninchen anzusehen, das sie gefangen hatten. Ich weiß noch, wie ich zwischen allen Köpfen nach unten auf das ausgestreckte Tier starrte. Aber ich konnte mich nicht daran erinnern, was danach geschah. Sonny aber wusste es: Weil es kein Kaninchen, sondern ein Hase war, der schwer zuzubereiten ist, haben sie ihn laufen lassen. Er konnte die Geschichte zu Ende erzählen.

Danach erzählte er, das Brot, das er am meisten mochte, sei das gewesen, welches seine Mutter im Kochtopf zubereitete. Und ich sagte: „Ah, meinst Du das, welches immer über den Rand hinauswuchs und immer größer und größer wurde?"

Einige Male hielt er inne und schaute mich an ... aber wir haben über Reinkarnation erst viel später gesprochen. Ich wollte ihm die Möglichkeit geben, selbst herauszufinden, was er von dem hielt, was da vor sich ging, und was er dachte, dass es sei. Aber es stellte sich heraus, dass er damit sehr gut umgehen konnte.

Ich traf ihn mehrere Male, und nach kurzer Zeit erzählte er nicht mehr: „Ich erinnere mich, dass meine Mutter ..." etwas tat, sondern er sagte: „Erinnerst Du Dich, als Du das gemacht hast?" Das war eine wunderbar feine Art, die Reinkarnation zu akzeptieren, aber das war ihm gar nicht bewusst.

Was haben Sie bei all dem empfunden?

Cockell:
Das einzige, womit ich das vergleichen kann, ist vielleicht eine Adoptivfamilie. Man hat den Eindruck der Zugehörigkeit, gehört aber dennoch nicht ganz dazu, weil man eine andere Person ist.

Ich hatte auch mit der Familie Schwierigkeiten. Obwohl sie mich akzeptierte, konnte ich mich nicht ganz so verhalten, wie ich es gern getan hätte. Als ich das erste Mal Sonny begegnete, konnte ich nicht einfach meine Arme um ihn schlingen und sagen: „Wie wunderbar, Dich zu sehen!" Denn aus seiner Sicht traf er mich ja zum ersten Mal. Deshalb musste ich mich zurückhalten. Das war schwer ... ihnen allen Zeit zu lassen!

Die meisten der Kinder mussten sich gegenseitig austauschen, denn sie waren ja getrennt, in verschiedene Heime geschickt worden. Einige von ihnen hatten sich über lange Zeit nicht gesehen, wohl sogar die meiste Zeit ihres Lebens nicht. Um ihnen also die Möglichkeit zu geben, einander zu finden, miteinander zu sprechen und Zeit miteinander zu verbringen, musste ich in den Hintergrund treten und den Dingen ihren Lauf lassen.

Ich hatte immer noch mütterliche Gefühle. Ich wollte sie nicht durch mein plötzliches Eindringen aus der Fassung bringen. Eine sehr, sehr schwierige Situation.

Aber eigentlich hatte ich viel Glück. Sonny hat vieles leichter für mich gemacht, da er mit den anderen Familienmitgliedern alles besprach. Er war so direkt, das war er schon als Kind – ein sehr, sehr direkter, kleiner Junge. Er hat seinen Brüdern und Schwestern öfters die Fragen gestellt, die ich nicht gerne stellen wollte. Als ich die fünf Kinder zum ersten Mal traf, saßen wir alle um einen Tisch, und Sonny sagte: „Nun, was denkt Ihr über Jennys Geschichte?" Und ich dachte: O je! Denn ich selbst wollte keine Betrachtungsweise zur Diskussion stellen, wollte nie sagen: „Schaut! Hier handelt es sich um Reinkarnation", sondern jedem seine Sichtweise lassen ...

Ihre Lebensgeschichte hat auch eine Filmproduktion mit Jane Seymour inspiriert. Was denken Sie über diesen Film?

Cockell:
Das war nicht wirklich meine Geschichte. Manche Teile waren es, einige waren absolut ins Schwarze getroffen, ein oder zwei Stellen. Das tot geborene Baby ... ich muss immer noch weinen, wenn ich das sehe, weil es natürlich sehr traumatisch war. Aber – ich bin gern optimistisch! Meine Absicht war es, an die Öffentlichkeit zu gehen, um den Reinkarnationsgedanken einem weiteren Publikum zugänglich zu machen, und wie auch immer das geschieht, ist es schon recht!

Als ich aufwuchs, fühlte ich mich ja sehr isoliert. Die Menschen um mich herum konnten Reinkarnation nicht als echtes Erlebnis akzeptieren. Und ich denke, je mehr wir über diese Dinge sprechen, desto besser ist es für die Kinder. Es gibt ja viele Kinder, die mit solchen Erinnerungen an frühere Erdenleben aufwachsen, und das kann sehr verwirrend sein.

Kennen Sie solche Kinder?

Cockell:
Ich habe einige getroffen. Aber normalerweise vergessen sie die Erinnerungen im Alter von etwa sechs Jahren. Sie haben dann weniger Kontakt zur Mutter, gehen zur Schule, verändern sich. Ein Grund für mich, an die Öffentlichkeit zu gehen, war auch der Versuch, es für andere leichter zu machen, die die gleichen Erlebnisse haben.

Nachdem Sie an die Öffentlichkeit gingen, hatten Sie sicher auch oft mit Skeptikern zu tun, die Ihnen vielleicht unterstellen, die Geschichte nur erfunden zu haben, um Geld zu verdienen oder im Mittelpunkt zu stehen. Was entgegnen Sie solchen Menschen?

Cockell:

Es ist schon interessant – besonders über Kinder, die sich an etwas von früher erinnern, habe ich Leute sagen hören: „Alle Kinder suchen Aufmerksamkeit. Sie wollen im Rampenlicht stehen!" Aber ich wusste, dass einige in Wirklichkeit sehr schüchtern waren und lieber nicht im Rampenlicht stehen wollten. Man muss schon einen sehr guten Grund haben, sich dem auszusetzen.

Ich erzähle meine Geschichte nicht für Menschen, die damit nichts zu tun haben wollen. Ich erzähle sie, um Menschen zu helfen, die mehr über das Erlebnis wissen und es verstehen wollen. Wenn es jemand ablehnt und skeptisch bleiben will, macht mir das wirklich keine Sorgen.

Sie sagten vorhin, dass Sie auch Ihren früheren Kindern gegenüber keinen Druck ausüben wollten. War zuletzt jeder davon überzeugt, dass es sich um Reinkarnation handelte?

Cockell:

Das war wirklich merkwürdig. Ich habe zuerst Sonny getroffen und anfangs nicht über Reinkarnation gesprochen. Etwa bei dem fünften oder sechsten Treffen hat er das Thema dann selbst angeschnitten. Und ich sagte ihm: „Nach meiner Überzeugung handelt es sich darum, aber Du musst das nicht so sehen!" Und er sagte nur: „Hmm ...!" Aber er schien ganz zufrieden mit dieser Erklärung zu sein.

Phyllis traf ich in Sonnys Haus, nachdem es uns gelungen war, sie ausfindig zu machen – und ihr gegenüber habe ich nicht viel darüber gesagt, welche Rolle ich spielte. Auch bei den anderen, die ich nacheinander traf, habe ich nicht wirklich ausgesprochen, was ich dachte.

Das erste Mal, dass über Reinkarnation als Erklärung für die Ereignisse gesprochen wurde, war, als wir erstmals alle zusammen waren.

Die Mädchen, Phyllis und Betty, dachten beide, dass ihre Mutter durch mich sprach, und es war ihnen unangenehm, das zu sagen, weil sie merkten, dass ich nicht so dachte. Dabei war merkwürdig, dass sie mich zwar nicht als ihre Mutter betrachten wollten, aber dennoch so behandelten.

Frank hatte ein Nahtoderlebnis. Als ich ursprünglich mit ihm Verbindung aufnahm, wusste er nicht wirklich, wie er reagieren sollte. Dann hatte er einen schweren Herzinfarkt und ein Nahtoderlebnis und erkannte, dass es mehr geben musste, dass es nach dem Tod weitergeht. Danach zeigte er Interesse und hat es recht gut angenommen.

Christy demonstrierte deutlich mit Worten, dass er die Reinkarnation akzeptierte. Er hat allen anderen erklärt: „Ja, das ist in Ordnung, auch wenn es die Priester nicht so sehen."

Sonny hatte keine Probleme. Ich hatte also Glück, dass alle ganz zufrieden waren. Aber ich würde nie jemandem sagen, was er denken soll.

Hat sich Ihr Religionsverständnis durch Ihre Erfahrungen verändert?

Cockell:

Ich habe ein Problem mit starren Konfessionsformen. Ich kann begreifen, warum verschiedene Menschen die Dinge unterschiedlich betrachten. Und ich habe kein Recht, anderen Menschen ihre Sicht wegzunehmen, genauso wenig, wie diese das Recht haben, mir mein Erlebnis zu nehmen – bei dem es sich in Wirklichkeit um keinen Glauben handelt. Als ich sie näher betrachtete, fiel mir bei vielen Religionen auf, dass es darin Teile gibt, die sehr gut zu anderen Religionen passen. Vieles würde sich gut zusammenfügen, wenn wir nur die Gemeinsamkeiten erkennen wollten!

Kryptomnesie und Reinkarnationsforschung

Jenny Cockells Geschichte ist kein Einzelfall. Einige der von ihr beschriebenen Erlebniselemente entsprechen denen anderer Menschen. Offenbar gar nicht so selten beginnen Kinder sich spontan an Ereignisse zu erinnern, die sie in ihrer Familie nicht erlebt haben können. Traumatische Erlebnisse stehen dabei sehr oft im Vordergrund. Später verblassen diese Erinnerungen wieder.

Solche kindlichen Erzählungen sind für Forscher, die die Reinkarnationstheorie mit wissenschaftlichen Methoden ergründen wollen, von großem Interesse.

Eine Hypothese zur Erklärung solcher Erfahrungen ist „Kryptomnesie". Dieser Begriff bringt zum Ausdruck, dass die Quelle einer Erinnerung, einer Idee oder eines Deja-vu-Erlebnisses einfach vergessen oder aus dem Wachbewusstsein verdrängt worden ist.

Bei kleinen Kindern kommt Kryptomnesie aber nicht in Betracht. Deshalb sind sie begehrte „Objekte" der Reinkarnationsforschung.

In diesem Bereich wurden vor allem die Arbeiten des US-amerikanischen Psychiaters Ian Stevenson (1918–2007) weltweit bekannt. Er begann nicht nur damit, weltweit systematisch Erzählungen von Kindern zu sammeln, die frühere Leben betreffen könnten, sondern er überprüfte auch gründlich deren Wahrheitsgehalt und entwickelte ein Bewertungssystem für die Glaubwürdigkeit der Berichte.

Stevenson selbst dokumentierte Hunderte Fälle. Mittlerweile hat die Universität von Virginia, an der er als Professor für Psychiatrie tätig war, etwa 3.000 in ihrer Datei registriert. Berichtet wird von folgenden typischen Merkmalen, die in den Erzählungen der Kinder häufig auffallen:

• Die Erinnerungen werden im Alter von 2 bis 3 Jahren wach und hören im Alter von 6 bis 7 Jahren wieder auf. Häufig werden sie später ganz vergessen.

• Die Kinder beschreiben durchweg Erlebnisse, die nicht lange zurück in der Vergangenheit liegen, sondern nur wenige Jahre oder Jahrzehnte vor ihrer Geburt. Der durchschnittliche Zeitraum zwi-

schen der Geburt des Kindes und dem Tod der erinnerten Person beträgt 15 Monate.
- Das Leben der erinnerten Person hat fast immer im gleichen Land oder Kulturkreis stattgefunden, in dem das Kind jetzt lebt.
- Etwa 70 Prozent der Kinder berichten von einem unnatürlichen oder gewaltsamen Tod der Person, an deren Leben sie sich erinnern. 35 Prozent zeigen Phobien, die in einem direkten Zusammenhang mit dem Todesereignis stehen.
- Oft spielen Kinder Szenen aus dem Leben der erinnerten Person nach, zum Beispiel berufliche Tätigkeiten oder besondere Umstände des Todes.
- Auffallend oft – bei etwa zehn Prozent aller Fälle, die Ian Stevenson aufgezeichnet hat – können bei den Kindern Muttermale oder Geburtsfehler dokumentiert werden, die in klarem Zusammenhang mit Verletzungen stehen, die erinnert werden. Wenn die erinnerte Person beispielsweise durch einen Sturz auf den Kopf zu Tode kam, zeigt sich das Muttermal an der Stelle des Aufpralls. Wobei sich diese Hautveränderungen von üblichen Malen durch ihre Größe, Farbe und Form deutlich unterscheiden.

In einigen Fällen gelang es Stevenson, den Zusammenhang zwischen den Muttermalen der Kinder und den Verletzungen der erinnerten Person durch Autopsiebefunde, Augenzeugenberichte oder medizinische Dokumentationen zu belegen.
- Ebenso kann in vielen Fällen eine Verbindung zwischen bestimmten Vorlieben oder Fähigkeiten der Kinder und den Eigenheiten der erinnerten Person dokumentiert werden: Kleidung, Essgewohnheiten, Begabungen etc.

Mitunter haben die Kinder auch Sehnsucht nach ihrer „alten Familie".

Was, wenn nicht Reinkarnation?

Wie lassen sich diese Forschungsergebnisse interpretieren?

Sehen wir einmal von naturalistischen Ansätzen ab, die Kryptomnesie unterstellen oder auf ein Wegdiskutieren des Phänomens hinauslaufen und im Wesentlichen vor allem die Unwahrscheinlichkeit der Reinkarnationshypothese betonen. Was, wenn nicht wiederholte Erdenleben könnte die Erinnerungen der Kinder erklären? Zur Diskussion gestellt wird manchmal ein (nicht näher definiertes) „Psi-Phänomen", also die Annahme, der Mensch könnte die Informationen über das Leben der von ihm erinnerten Person irgendwie paranormal erworben haben.

Allerdings zeigen Kinder, die von Erinnerungen an Ereignisse berichten, die vor ihrer Geburt stattfanden, üblicherweise keine paranormalen Fähigkeiten. Zudem beschränken sich ihre Erinnerungen auf eine bestimmte Person (von der sie aus anderen Quellen nichts wissen konnten) – und eben *nur* auf diese.

Naheliegender als die „Psi-Theorie" erscheint deshalb die Annahme, dass Traumata, starke Emotionen und auch persönliche Eigenheiten von einem Leben auf das nächste übertragen werden können. Dass wir also tatsächlich öfter als nur einmal leben. Demnach hätte das Bewusstsein des Menschen eine Vorgeschichte. Es würde bereits vor der Geburt bestehen und mit dem körperlichen Tod auch nicht aufhören zu existieren.

Wenn die Reinkarnationshypothese zutrifft, dann liegt das Wesen des Menschen nicht in seinem Körper, sondern in dem (unvergänglichen) geistigen Bewusstsein. Dieses inkarniert – als „Seele" – in den werdenden Kindeskörper. Und zwar eben nicht nur ein einziges Mal, sondern mehrmals.

Überzeugten Naturalisten mögen solche Annahmen als absurd oder „phantastisch, wenn nicht sogar als reiner Unsinn" (Paul Edwards, 1923–2004) erscheinen; sie mögen darin eine „Kreuzigung des Intellekts" erblicken, weil das Gehirn in diesem Modell nur die Rolle eines Bewusstseins-Vermittlers spielt – allein dieser Gedanke wird „eingefleischten" Materialisten ja suspekt erscheinen.

Dennoch hatte und hat der Reinkarnationsgedanke zahlreiche bedeutende Streiter auf seiner Seite: Von Platon bis Voltaire oder Johann Wolfgang von Goethe.

Der Dichterkomponist Richard Wagner (1813–1883) formulierte: „Reinkarnation und Karma bieten einen wundervollen, ganz unvergleichlichen Weltmythos, gegen den wohl jedes andere Dogma kleinlich und borniert erscheinen muss."

Und der Psychologe Carl Gustav Jung (1875–1961): „Ich könnte mir gut vorstellen, dass ich in früheren Jahrhunderten gelebt habe und dort an Fragen gestoßen bin, die ich noch nicht beantworten konnte: dass ich wiedergeboren werden musste, weil ich die mir gestellte Aufgabe nicht erfüllt hatte. Wenn ich sterbe, werden – so stelle ich es mir vor – meine Taten nachfolgen. Ich werde das mitbringen, was ich getan habe."

„Sogar für David Hume, einen der größten Skeptiker aller Zeiten, ist die Seelenwanderung ein ‚System', ‚dem die Philosophie Beachtung schenken darf'", schreibt Gerda Lier in ihrem Werk „Das Unsterblichkeitsproblem" (Teil 2). „Nach dem ‚wahren Theismus' wird, so Hume, ‚unser Dasein in Ewigkeit erhalten' und wir werden ‚in eine unendliche Mannigfaltigkeit von Schauplätzen' geführt, um unserem ‚Verlangen nach dem Guten' zu genügen und ‚unsere Glückseligkeit vollkommen und dauern zu machen.'"

Mit dieser Formulierung bietet David Hume auch eine Begründung für wiederholte Erdenleben an: Es geht um einen umfassenden Erfahrungs-Prozess.

Zudem eröffnet die Reinkarnationshypothese die Möglichkeit, ohne Verweis auf „unerforschliche Wege Gottes" an Gerechtigkeit im Schicksal zu glauben, weil darin die Eigenverantwortung des Menschen in einen zeitlich erweiterten „Wechselwirkungs-Rahmen" gestellt wird.

Wo bleibt die Erinnerung an früher?

Und doch: Spricht nicht eine einfache Tatsache gegen die Reinkarnation – dass die meisten Menschen sich eben *nicht* an frühere Leben erinnern können?

Wenn der verborgene Sinn unseres Daseins ein Erfahrungs-, Lern- oder Reifeprozess sein soll – müssten wir uns dann nicht notwendigerweise an alle unsere Taten und Untaten erinnern können?

Und wenn das Gehirn nicht Bewusstsein produziert, sondern lediglich vermittelt – weshalb vermittelt es dann nicht auch die Erinnerungen an frühere Leben?

Solche Fragen liegen nahe. Dabei steht das Thema Erinnerung nicht nur für Reinkarnations-Skeptiker im Zentrum, sondern auch für entschiedene Befürworter.

Schon seit einigen Jahrzehnten gibt es Therapeuten, die „Rückführungen" anbieten, durch die Patienten – mit Hilfe von Hypnose oder anderen Techniken – in vergangene Erdenleben geleitet werden sollen, um dort die Ursache für (psychische) Probleme zu finden, unter denen sie jetzt leiden. Auch diese Methoden unterstellen letztlich, dass frühere Erlebnisse erst durch die bewusste Erinnerung daran wertvoll werden.

In der Reinkarnationsforschung hat sich indes gezeigt, dass die durch solche Rückführungen zum Bewusstsein gebrachten Erlebnisse in vielen Fällen als Einbildung oder Träumerei gewertet werden müssen. Denn die von den betroffenen Personen dokumentierten Angaben zu früheren Zeiten konnten meist nicht verifiziert werden. Wer Erinnerungen provoziert, provoziert offenbar auch Phantasien. Deshalb messen die Forscher allen spontan und ohne Nachhilfe auftauchenden Erinnerungen meist mehr Wert bei als „technisch" erreichten.

Aber abgesehen von dieser speziellen Problematik mit Rückführungen: Die Antwort auf die Frage, ob die fehlende Erinnerung nicht wirklich ein Totschlag-Argument gegen die Reinkarnation ist, steht noch aus.

Wären wiederholte Erdenleben ohne Erinnerung daran nicht sinnlos?

Und wenn es die Reinkarnation gibt: *Weshalb* können wir uns nicht erinnern?

Folgen wir zur Beantwortung dieser Fragen zunächst wieder der Annahme, unser Dasein habe einen tieferen Sinn. Genau das unterstellt ja die Lehre von wiederholten Erdenleben: Es gibt karmische Zusammenhänge, die unserer seelisch-geistigen Entwicklung nützlich sind; nichts widerfährt uns aus purem Zufall; wir ernten, was immer wie säen. Also müsste wohl auch die fehlende Erinnerung eine sinnvolle und für die Persönlichkeitsentwicklung hilfreiche Einrichtung des Lebens sein.

Vorstellbar ist das.

Ein banales Beispiel dazu: Ich zerstreite mich mit meinem Nachbarn so gründlich, dass ich diesem ekelhaften Unmenschen alles Mögliche wünsche und vielleicht auch antue. Eskalation der Emotion, Feindschaft, Hass. Konfrontationen der unangenehmsten Art. Aussprache, Versöhnung ... nein danke! – „Liebe Deinen Feind?" ... wie bitte? Endstation für biblische Appelle! Diesen Krieg *will* ich führen – und daran wird sich bis zu meinem Tod nichts ändern!

Emotionale Eruptionen dieser Art sollen ja in den besten Familien vorkommen.

Wenn es nun aber im menschlichen Schicksal so etwas wie eine „Wechselwirkung" oder einen „Ringschluss" gibt, wenn ich meinem „Erzfeind" also irgendwann im nächsten Leben wieder begegnen muss, um die belastenden emotionalen Bindungen zu lösen – wäre es da nicht deutlich einfacher, wenn ich mich an den ursprünglichen Streit gar nicht detailliert erinnern kann? Wenn ich also einfach einem Fremden begegne, der mir vielleicht zwar aus unerfindlichen Gründen unsympathisch ist, dem ich mich aber mit ein wenig Mühe trotzdem freundlich zeigen kann ... um dann womöglich zu erleben, dass es mit ihm ja eigentlich „doch nicht so schwer" ist.

Wer in solchen Kategorien denkt, findet gute Gründe dafür, den „Schleier des Vergessens", der ein Erdenleben vom nächsten trennt, willkommen zu heißen.

Abstand zu einer Angelegenheit gewinnen ... ein Ereignis überschlafen ... eine Sache endlich vergessen können, sobald „die Zeit die Wunde heilt" ... solche Prozesse wurden nicht ohne Grund zu sprichwörtlichen Weisheiten. Sie sind für die Bewältigung und Aufarbeitung von Erlebnissen wichtig und normal.

Gut vorstellbar, dass ein ähnliches Prinzip auch „lebensübergreifend" wirkt.

Jedenfalls bietet dieser Blickwinkel die Möglichkeit, den Reinkarnationsgedanken auch ohne die übliche Jagd nach Erinnerungen wertzuschätzen. Ohne Rückführungs- Guru und ohne den verbreiteten Wahn, früher eine ganz besondere Persönlichkeit gewesen zu sein. Und damit bietet er auch die Möglichkeit, sich einfach der Führung des Lebens (oder mit anderen Worten: den Zufällen des Alltags) anzuvertrauen.

Man muss nicht nach dem „Warum" eines Schicksalsschlages fragen. Eine zuverlässige Antwort ist mit dem Grübeln in der Vergangenheit ohnehin kaum zu finden.

Für das Seelenheil besser geeignet ist die in die Zukunft gerichtete Frage: „Wozu?" Wozu kann ich das Ereignis nützen? Was mache ich daraus? Wie reagiere ich auf diese spezielle Herausforderung des Lebens?

Vielleicht ist es auch deshalb ganz gut, dass der Mensch von der Last seiner Erinnerungen an früheren Leben verschont bleibt, weil er dadurch leichter neue „Saiten seiner Seelenharfe" zum Klingen bringen kann. Denn wer neigt mit zunehmendem Alter nicht zur Verknöcherung in seinen Meinungen, Habits und Haltungen? Da könnte ein frischer, erinnerungsbefreiter Neubeginn durchaus hilfreich sein.

Jedenfalls ist aus dieser Sicht die fehlende Erinnerung an frühere Leben letztlich kein tragfähiges Argument gegen die Reinkarnation.

Es lebt sich besser ohne das Wissen von früher.

Außerdem: Wenn es wiederholte Erdenleben tatsächlich gibt und unsere Persönlichkeit dabei im Laufe der Inkarnationen geistig wächst, dann durchschimmert sowieso jeden Menschen die ganze Fülle seines bisherigen Seins. Die Stärken und Schwächen, Vorlieben und Phobien, Eigenheiten und Merkwürdigkeiten … alle seelisch-geistigen Fähigkeiten und Eigenschaften sind demnach Ergebnisse einer inneren Bildung aus vielfältigen Erfahrungen, die mehrere Leben umspannen.

So betrachtet wäre jede menschliche Persönlichkeit verkörperte Erinnerung. Und die Tatsache, dass schon im zartesten Babyalter ausgeprägte Merkmale geistiger Individualität dokumentiert werden können, muss nicht weiter überraschen.

Bleibt allerdings immer noch die Frage: *Warum* erinnern wir uns nicht?

Die Reinkarnationshypothese geht von der Hypothese der Transmission von Bewusstsein aus, also von der Annahme, dass Erinnerungen nicht im Gehirn gespeichert sind, sondern von diesem nur vermittelt werden. Folglich sollte das Gehirn doch ohne weiteres auch Ereignisse aus früheren Leben vermitteln, oder?

Nicht unbedingt.

Zunächst ist klar, dass die Bildung des Gedächtnisses eine neuronal ziemlich komplexe Angelegenheit ist, weshalb Erkrankungen des Gehirns – etwa im Fall von Demenz – den Zugang zu Erinnerungen erschweren oder unmöglich machen können. So einfach und unabhängig von körperlichen Befindlichkeiten kann der Vorgang des Vermittelns also nicht sein.

Wenn, der Transmissionshypothese folgend, das Bewusstsein nicht im physischen Körper verortet ist, sondern in der immateriellen Seele, dann dienen die materiellen Sinnesorgane und das Gehirn der Verarbeitung von Eindrücken aus der irdischen Welt und deren Weiterleitung in die seelisch-geistige. Jedes Erlebnis prägt sich der Seele auf; wir tragen die „Er-inner-ung" daran in unserem Inneren.

Gleichzeitig müssen die neuronalen Gedächtnis-Netzwerke so etwas wie „Zugangscodes" zu diesen Erinnerungen generieren. Diese ermöglichen es, sich Ereignisse, Erkenntnisse, Gemütsregungen usw. wieder ins „Ge-dächt-nis" zu rufen, in das „Ge-dachte". Erinnerungen werden damit gedanklich fassbar.

Durch Krankheit oder Alter können dem Menschen die im Gehirn gespeicherten „Codes" ganz oder teilweise abhanden kommen. Die Erinnerung an eine Sache ist dann zwar immer noch da, aber eben gedanklich nicht mehr gut erreichbar.

Wenn das Zusammenspiel zwischen seelischer Erinnerung und körperlichem Gedächtnis in dieser Art funktioniert, dürfte klar sein, dass ein Gehirn immer nur Erinnerungen vermitteln kann, für die es selbst die „Zugangscodes" generiert hat.

In das seelisch-geistige „Holz" eines Menschen mögen also schon vor seiner Geburt noch so viele „Kerben" aus früheren Leben und Erlebnissen eingeritzt sein; sobald sich die Seele einem neuen Kindeskörper verbindet, ist sie einem neuronalen Netz unterworfen, das im Hinblick auf Gedächtniscodes „jungfräulich" ist. Deshalb gibt es keine Erinnerungen, die vergegenwärtigt werden könnten – ganz egal, was jemand „auf dem Kerbholz" hat.

Allenfalls emotional besonders herausragende Erinnerungen könnten „durchbrechen", sofern ein Kind mit geeigneten Auslösern konfrontiert wird – mit Personen oder Situationen, vielleicht auch nur mit bestimmten Gegenständen oder Gerüchen. Deshalb sind Menschen wie Jenny Cockell in der Lage, sich an Fragmente früheren Erlebens zu erinnern. Und deshalb könnten prinzipiell auch Rückführungstechniken erfolgreich sein – allerdings mit der Gefahr, dass damit Ereignisse und Erlebnisse zu einem ungeeigneten Zeitpunkt aufgewühlt oder beleuchtet werden, was seelische Krisen provozieren oder vertiefen kann.

Wo kommen die vielen Seelen her?

Eine andere Überlegung, die häufig gegen die Reinkarnation vorgebracht wird, betrifft das rasante Bevölkerungswachstum auf unserem Heimatplaneten.

Wenn die Seele nicht erst mit dem Körper entsteht, sondern schon vorher da war, und wenn die gleichen Seelen immer wieder inkarnieren – dann scheint das der zunehmenden Zahl an Menschen zu widersprechen, die auf der Erde leben …

Natürlich gibt es viele Möglichkeiten, solche Vorbehalte zu entkräften. Beispielsweise könnte man annehmen, dass irgendwo eben auch immer neue Seelen entstehen oder dass sie aus dem Umfeld anderer Planeten auf die Erde strömen. Das Tor ins Reich der Phantasie ist weit geöffnet!

Allerdings finde ich persönlich die Alles-ist-möglich-und-der-Himmel-ist-lustig-Theorien, wie sie in Esoterikkreisen manchmal mit einladendem Lächeln verbreitet werden, wenig attraktiv. Weder halte ich es für möglich, dass der Mensch sich im Jenseits seine Eltern oder sein persönliches Schicksal nach Belieben aussuchen kann wie Wurst und Tofu im Supermarktregal, noch sind für mich seelisch-geistige Völkerwanderungen durch den Kosmos denkbar: Haben wir etwa gerade einen Planeten zerstört? Macht nichts, inkarnieren wir halt ein paar Lichtjahre weiter!

Ich finde, dass alle weltanschaulichen Hypothesen, die sich der wissenschaftlichen Überprüfung entziehen, wenigstens eine gewisse „innere Weisheit" zum Ausdruck bringen sollten.

Die Reinkarnationslehre geht, wie gesagt, grundlegend von einer tieferen Sinnhaftigkeit im menschlichen Leben aus, von Gesetzmäßigkeiten und Notwendigkeiten, die der seelisch-geistigen Entwicklung und Vervollkommnung dienen. Immerhin spielt der Karma-Gedanke mit Begriffen wie „Wechselwirkung" oder „Schuld und Sühne". Um dieser Lehre eine entsprechende Wertschätzung entgegenzubringen, sollten abstruse Beliebigkeiten also besser ausgeklammert bleiben.

Sofern verborgene Zusammenhänge unser(e) Leben leiten und gestalten, würde ich folgende Gegebenheiten zugrunde legen:

• Da die kulturelle Entwicklung der Menschheit ein Ausdruck der seelisch-geistigen Entwicklung ist, gibt es einen Zusammenhang zwischen der Kultur und dem Alter sowie dem „Bewusstseinsgrad" der Seelen.

• Wie eine Pflanze am besten auf dem angestammten Boden gedeiht, so benötigt auch seelisch-geistige Entwicklung bestimmte „Nährstoffe" aus einem vertrauten Umfeld. Inkarnationen verbinden den Menschen daher mit einem örtlichen und kulturellen Umfeld, das zu den „Halt suchenden Wurzeln" seiner Innenwelt passt, also zu den momentan für ihn vorherrschenden Erlebnisnotwendigkeiten oder -bedürfnissen.

- Seelisch-Geistige Entwicklung – der vermutete Zweck jeder Reinkarnation –, vollzieht sich zweifellos im Knüpfen und Lösen emotionaler Bindungen. Jeder Mensch steht mit gleichartig empfindenden oder handelnden anderen Menschen in Verbindung. Die „Bindungskraft der Resonanz" – oder, einfacher ausgedrückt, das Prinzip „Gleich und gleich gesellt sich gern" – entscheidet maßgeblich darüber, welche Mitmenschen sich dem eigenen Leben beigesellen. Dieser Resonanz-Mechanismus kann willentlich kaum beeinflusst werden. Er steht in direktem Zusammenhang mit den Bedürfnissen und Möglichkeiten jedes Einzelnen.

Es liegt nahe, dass das Resonanzprinzip auch über die Inkarnationen entscheidet. Also würde beispielsweise ein Mensch, dessen Wesen von Herrschsucht bestimmt ist, bei Eltern mit gleichartig dominanten Eigenschaften inkarnieren – womit Konflikte, aber auch effektive Lernmöglichkeiten natürlich vorprogrammiert wären.

Das bewusste Aussuchen von Eltern oder „Schicksalsthemen", von dem Reinkarnations-Anhänger manchmal ziemlich undifferenziert ausgehen, würde sich demnach auf ein eher beschränktes „Angebot" beziehen. Denn was immer ein Mensch künftig erlebt und mit wem immer er es erlebt, geschieht nicht unabhängig von seinem bisherigen Entwicklungsweg.

Vor allem aber legen die geschilderten Annahmen nahe, dass die materielle, physische Welt und die immaterielle Seelenwelt in einer engen Wechselbeziehung stehen. Dem entsprechend sind seelisch-geistige Lustreisen durchs Universum als Antwort auf die Frage, woher die vielen Seelen kommen, ziemlich unwahrscheinlich.

Vielmehr wären die Erde und ihr immaterielles Umfeld, das üblicherweise „Jenseits" genannt wird, als eine Einheit zu betrachten, der von Beginn an eine Anzahl von Seelen beigemessen ist. Und bei einem rasanten Bevölkerungswachstum, wie es seit etwa 100 Jahren verstärkt zu beobachten ist, würde im Vergleich zu früher einfach ein größerer Teil dieser Gesamtheit inkarniert sein.

Allerdings erweist sich diese „Teilmengen-Hypothese" wieder als fragwürdig, wenn man den reizvollen Versuch unternimmt, sie mit konkreten Zahlen zu belegen.

Schätzungen zufolge haben bisher auf Erden insgesamt etwa 100 Milliarden Menschen gelebt. Auf den ersten Blick scheint dieses historisch einigermaßen gut gesicherte Faktum im Hinblick auf die 7,3 Milliarden, die heute diesen Planeten bewohnen, einigen Spielraum für die Reinkarnationstheorie zuzulassen.

Doch ist diese Gesamtzahl für sich genommen eigentlich wenig aussagekräftig. Denn wenn der nahe liegende Zusammenhang zwischen kultureller und seelischer Entwicklung wirklich besteht, müsste der Zeitpunkt, an dem Seelen zum ersten Mal inkarnieren konnten, um ihren Entwicklungsweg zu beginnen, wohl schon einige Tausend Jahre zurück liegen.

Seitdem würden nur noch Menschen inkarnieren, die vorher schon auf Erden gelebt haben.

Nehmen wir einmal den Zeitraum um 3.000 vor Christus als „Grenzlinie für Erstinkarnationen" an und gehen wir davon aus, dass jede Menschenseele, die zur Erde gehört, bis dahin durchschnittlich schon zehnmal inkarniert gewesen ist, um wesentliche Entwicklungsschritte bewusst mitzugestalten und mitzuerleben: das Jagen und Sammeln, das Anfertigen von Werkzeugen, den Gebrauch des Feuers, die Herstellung von Bekleidung und Schmuck, Ackerbau und Viehzucht, die Errichtung von Gebäuden, Siedlungen und dazu gehöriger Infrastruktur, Handwerkskünste, den Gebrauch von Metallen, die Entwicklung von Sprache, Schrift und Künsten – bis hin zum Staatswesen einer frühen Hochkultur.

Vom Beginn der Menschheitsgeschichte bis zum Jahr 3.000 vor Christus haben Schätzungen zufolge insgesamt etwa 30 Milliarden Menschen gelebt. Wenn jede Menschenseele bis dahin zehn Mal inkarniert war, dürften dieser Rechnung zufolge nur drei Milliarden Seelen zu dieser Erde gehören.

Andere Schätzungen gehen davon aus, dass bis 3.000 vor Christus insgesamt nur 10 oder 20 Milliarden Menschen gelebt haben. Trifft das zu, würde sich die Zahl der Seelen, die der Erde zuzurechnen sind, sogar auf ein bis zwei Milliarden reduzieren. Andererseits, unter der Annahme, dass es vielleicht doch weniger Inkarnationen pro Seele gab ...

Klar, hier sind viele, sehr viele Annahmen, Schätzungen und Wenn-Formulierungen im Spiel, solche Rechnungen sind hochspekulativ. Aber sie zeigen, dass sich die Frage „Woher kommen die vielen Seelen?" unter bestimmten (durchaus nahe liegenden) Annahmen doch nicht so einfach weg erklären lässt.

Möglicherweise stimmt die „Teilmengen-Hypothese" nur unter der Voraussetzung einer variablen Gesamtmenge.

Beispielsweise könnte man sich – in Anlehnung an die traditionelle Vorstellung von himmlischen und höllischen Jenseits-Welten – das immaterielle Umfeld der Erde als vielfältig abgestufte Gesamtheit vorstellen, die aus unterschiedlichen „Bewegungsebenen" besteht. Welche davon die materielle Welt „berühren" und also Inkarnationen ermöglichen, könnte qualitativ, dem Resonanzprinzip folgend, davon abhängen, wie „einladend" das Verhalten der Menschen für bestimmte jenseitigen Bereiche ist.

Möglicherweise leben auf unserem „Erdenplan" also auch Seelen, die ursprünglich nicht hierher gehört haben …

Damit ist der Exkurs ins Hochspekulative beendet. Er sollte nur exemplarisch zeigen, welche Gedanken ins Spiel kommen können, wenn die Reinkarnationslehre ernst genommen und mit möglichen Zahlen aus der Geschichtsforschung unterfüttert wird.

Aber wie auch immer die Frage, woher die vielen Seelen kommen, letztlich beantwortet wird – Fazit ist, dass die Bevölkerungsexplosion grundsätzlich ebenso wenig gegen wiederholte Erdenleben spricht wie das Argument der fehlenden Erinnerung.

Karma-Psychoterror, nein danke!

Ein weiterer Einwand gegen den Gedanken wiederholter Erdenleben und karmischer Schicksals-Zusammenhänge ist psychologischer Natur. Er richtet sich gegen die emotionale Kälte, die manche Reinkarnations-Apostel in bestem Glauben entwickeln.

„Du hast Grippe, eine kaputte Schulter, Krebs? Dein Kind nervt dich? Du bist überfallen worden? – Selbst Schuld! – Das sind alles

Rückwirkungen eigener Verfehlungen!" Wer Krankheit, Schmerz und Leid erlebt, erfährt nach dieser Sichtweise *Gerechtigkeit* – ohne Wenn und Aber. Das Opfer soll sich ruhig als Täter fühlen und lieber nicht mit Hilfe, Zuneigung oder Gottes Gnade rechnen. Besser alles Unrecht dankbar und artig ertragen!

Bisweilen treiben solche „Karma-Weisheiten" die unglaublichsten Blüten, indem sogar medizinische Hilfeleistungen in Frage gestellt oder missachtet werden. Mit der Begründung, nur im Leid könne der Mensch „ablösen", sich von alter Schuld befreien. Werden solche „Einsichten" gegenüber Betroffenen auch noch rücksichtslos kommuniziert, kann Glaube zum Psycho-Terror werden.

Eine ebenfalls beliebte „Einsicht" ist folglich, den Übeltäter als Erfüllungsgehilfen des Schicksals zu erkennen. So wird zum Beispiel schon lange die Rolle des Judas Ischariot diskutiert. Musste er Jesus nicht verraten? War er nicht nur das Werkzeug, mit dessen Hilfe die angeblich gottgewollte Kreuzigung in die Wege geleitet werden konnte?

Solche gedanklichen Kuriositäten zeigen, dass irgendwo in diesem Kabinett ein ziemlich dicker Wurm steckt. Allerdings meines Erachtens nicht im Karma- und Reinkarnations-Gedanken an sich, sondern in der unüberlegten Interpretation von Schicksals-Gerechtigkeit.

Wer karmische Verantwortung – und damit Eigenverantwortung für das Leben – unterstellt, geht davon aus, dass jeder Mensch einen freien Willen hat und dass er mit diesem – eben, weil er *frei* ist – auch Unrecht bewirken kann. Und Unrecht bedeutet: Ich tue etwas Falsches; etwas, von dem ich annehmen muss, dass es dem anderen *nicht* gerecht wird, das er also *nicht* braucht.

Deshalb ist die Frage, ob jemand – vom Blickwinkel karmischer Wechselwirkungen aus betrachtet – einen ungerechten Schicksalsschlag erleiden kann, klar mit Ja zu beantworten. Unter uns Menschen gibt es leider jede Menge Ungerechtigkeiten.

Der Karma-Gedanke von „Saat und Ernte" bringt lediglich zum Ausdruck, dass es ausgleichende Gerechtigkeit gibt. Demnach kann jeder Mensch damit rechnen, dass das Schicksal im Gesamten, also über die Spanne mehrerer Erdenleben betrachtet, gerecht wirkt. Dass also einerseits der Übeltäter die Wirkung seiner Untaten selbst erleiden muss. Und dass sich andererseits jemandem, der zu Unrecht leiden musste, ausgleichend besondere Entwicklungsmöglichkeiten eröffnen.

Meine Lesart des Karma-Gedankens: Jeder Mensch wandert auf seinem eigenen Schicksalsteppich entlang einer Kette von Ereignissen. Manche davon können als karmische Rückwirkungen gewertet werden, andere ergeben sich ohne einen solchen Bezug. Denn niemand lebt allein auf der Welt. Jeder Mensch ist selbst-verantwortlicher „Schicksals-Täter", und zugleich auch ein „Schicksals-Opfer", weil er im Alltag natürlich mit den fördernden oder hemmenden Einflüssen und Entscheidungen seiner Mitmenschen zu tun hat.

Wobei wohl anzumerken wäre, dass jeder Mensch im großen Rahmen des sozialen Miteinanders durch sein persönliches Verhalten gewisse Affinitäten und Neigungen für bestimmte Erlebnisse entwickelt. Manche „lassen kein Fettnäpfchen" aus, anderen kommt kurz vor dem Ziel „immer etwas in die Quere", wieder andere haben beispielsweise „eine Ader" für brandgefährliche Situationen. Das Resonanzprinzip lässt auch hier freundlich grüßen. Folglich könnte über die Frage, inwieweit der Einzelne sich in der Rolle des unschuldigen Opfers sehen sollte, trefflich gestritten werden.

Fazit fürs eigene Leben wäre jedenfalls: Es lässt sich nicht entscheiden, ob der Schicksalsschlag, den ich erleide, eine karmische Wechselwirkung ist oder nicht. Also einfach das Beste daraus machen, Lern- und Entwicklungsmöglichkeiten suchen, fatalistische Gedanken überwinden, raus aus dem Passiv-Modus des geduldigen Erleidens!

Und Fazit fürs Miteinander: Das Ideal christlicher Nächstenliebe darf auch im Rahmen der Überzeugung, dass wir mehrmals auf Erden leben, uneingeschränkt Gültigkeit genießen. Gutes „säen", dem Mitmenschen bestmöglich helfen – das ist ohne Zweifel immer der richtige Weg. Der Karma-Gedanke verstärkt ihn allenfalls mit dem Zusatz, dass eine gute Saat auch auf dem eigenen Schicksalsacker zu einer guten Ernte beiträgt.

Überschauen können wir die Wechselwirkungen, die unser eigenes Leben bestimmen, bei bestem Willen nicht. Deshalb wird es wohl dabei bleiben, dass der eine die Schicksalsschläge, die ihn treffen, als Spiel des blinden Zufalls betrachtet, und der andere sie im weiten Rahmen einer ausgleichenden Gerechtigkeit sieht, die sich über mehrere Erdenleben erstreckt.

Vielleicht ist es uns Menschen ja irgendwann gegeben, das Sein in seiner Gesamtheit zu überblicken. Und es als dermaßen gewaltig und großartig zu erkennen, dass selbst tiefes Leid, so fürchterlich und ausweglos es sich jetzt auch zeigen mag, dann nur noch als unbedeutende Wegmarke im Wunder des Erlebens erscheint.

Vielleicht ist die zentrale Botschaft, von der Menschen mit Nahtoderfahrungen so oft sprechen, wirklich das Entscheidende: dass das eigentliche Leben nur in der (hoffentlich wachsenden) Fähigkeit zu lieben erfahren werden kann. Und nicht im Versuch, es intellektuell zu erfassen.

Und vielleicht gibt es dort und da tatsächlich große Geister, die einige der verborgenen Zusammenhänge, die unser Leben und Schicksal bestimmen, überschauen können. So, wie in der folgenden Geschichte aus „Tausendundeiner Nacht".

Die Geschichte von der himmlischen Vergeltung

Der Eremit Omar saß auf seinem Berge und meditierte über den Lauf der Welt. Da sah er im Tal einen Reiter, der an einer Quelle Rast machte, einen Beutel, den er am Gürtel trug, neben sich auf die Erde legte und niederkniete, um aus der Quelle zu trinken. Er tränkte auch sein Pferd, schwang sich dann in den Sattel und ritt weiter; den Beutel am Boden vergaß er.

Kurz darauf kam ein anderer Reiter zu der Quelle, trank, sah den Beutel, nahm ihn mit und ritt davon.

Noch etwas später kam ein Holzfäller zur Quelle, legte seine Bürde ab, beugte sich über das Wasser und trank. In diesem Augenblick kam der erste Reiter zurück, um seinen vergessenen Beutel aufzunehmen. Als er ihn nicht fand, stellte er den Holzfäller zur Rede, nannte ihn einen Dieb, zog sein Schwert und tötete ihn.

All das sah Omar, der Eremit, und besann sich: „Wo ist da der Sinn des Geschehens? Der Dieb entkommt und das Schicksal ist mit ihm, während der unschuldige Holzfäller für den Diebstahl eines anderen büßen muss. Und der Reiter wird zum Mörder, weil er seinen Beutel vergaß ... Wo, o Allah bleibt da die Gerechtigkeit?"

Aber der Himmel blieb stumm.

Am folgenden Tage zog ein Weiser über das Gebirge, kehrte in Omars Klause ein und aß und trank mit ihm. Omar erzählte ihm, was am Vortage geschah, und fragte den Weisen, ob er einen Sinn in diesem Geschehen sehe. Der Weise lächelte und sprach: „Nichts, o Ungeduldiger, ist ohne Sinn. Alles, was geschieht, wird durch die steuernden Kräfte des Schicksals bestimmt und folgt den Gesetzen der Ordnung und Weisheit."

„Davon habe ich nichts gesehen", murrte der Eremit. „Du sahst nicht tief und weit genug", antwortete der Weise. „Du sahst nur das Ende einer langen Kette von Ereignissen, erblicktest letzte Auswirkungen dir unbekannter Ursachenketten. Du erkanntest den Zusammenhang nicht. So wirkte auf dich sinnlos, was sich in Wahrheit nach inneren Ordnungsgesetzen vollzog. Was deine Augen sahen, ist nur Schein." „Wenn du mehr siehst als ich", entgegnete Omar, dann sage mir doch, was du siehst, damit ich es begreife! Du gibst mir damit den Frieden meiner Seele zurück."

„Du musst selbst zur Erkenntnis finden", wies ihn der Weise zurück. „Aber da du ehrlich um den Sinn ringst, will ich dir die Augen öffnen."

Und er schloss die Augen und verfiel in jenen Zustand tiefer Versenkung, in dem die Erwachten das Verborgene sehen, als wäre das Buch des Schicksals vor ihnen aufgetan.

Nach einer Weile öffnete er die Augen, blickte Omar an und sprach: „Höre und verstehe: Der Reiter, der den Beutel vergaß, war ein Räuber. Er hatte den Beutel gestohlen. Doch er sollte sich seiner Beute nicht freuen. Der Mann, der den Beutel fand und davon ritt, war des Bestohlenen Sohn, den der Räuber um sein Erbe gebracht hatte. Lange schon verfolgte er des Räubers Spur, ohne ihn einholen zu können. Da schenkte ihm Allahs Gnade das Geld zurück, das seinem Vater gehört."

„Aber warum musste der unschuldige Holzfäller sterben?" fragte Omar. „Er hat doch mit dieser Sache nichts zu tun!"

„Nur mit dem Beutel nicht", antwortete der Weise, „aber sonst gehört er mit in den gleichen Schicksalszusammenhang: Vor Jahren erschlug er einen Reisenden im Walde. Nie hat ein irdischer Richter davon erfahren. Aber die himmlische Vergeltung traf ihn, als seine Stunde gekommen war. Der Reiter freilich wusste davon nicht, jetzt hetzt ihn die Stimme seines Gewissens, und das Schicksal lässt ihn nicht entkommen. Er reitet durch die Berge wie vom Bösen verfolgt.

Der Mann aber, der den Beutel aufnahm und den du für einen Dieb hieltest, hat seinem Vater das Geld gebracht, der seinerseits durch den Schrecken ob des Verlustes für seinen Geiz bestraft wurde. Jetzt freut der Alte sich mit seinem Sohn und nimmt den Wink des Schicksals zum Anlass, sich zu bessern. Er hat nicht mehr lange zu leben. Doch zur Umkehr ist es niemals zu spät."

KAPITEL 7:
Religiöse und andere Wirklichkeiten

Nahtoderfahrungen, Berichte aus dem Jenseits, Reinkarnationserlebnisse: Die letzten beiden Kapitel stellten persönliche Erlebnisse und spirituelle Betrachtungsweisen vor, die ein seelisches Weiterleben nach dem Tod und auch ein Leben vor der Geburt glaubwürdig erscheinen lassen.

Demnach gibt es nicht nur eine Evolution des körperlichen, „stofflichen" Lebens auf Erden, sondern auch eine Entwicklung im seelisch-geistigen Bereich: Das Ziel des Seins liegt in der Entfaltung von *Bewusstsein,* und ein Schlüssel dazu ist die zunehmende Liebesfähigkeit.

Todesnähe ist Lebensnähe. Die Bedürfnisse, die der Mensch im beginnenden Sterbeprozess entwickelt, die Werte, die ihm dabei bewusst werden, verbinden ihn unmittelbar mit dem Sinn des Daseins – gleichgültig, welche gesellschaftliche Rolle er bisher in seinem Leben gespielt und auf welche Weltanschauung er gepocht hat. Was nun zählt, sind die Qualität der persönlichen Beziehungen, gegebenenfalls auch das Schließen seelischer Wunden, die Wiedergutmachung.

Es geht um die seelische Innenwelt, um das *Wesen* des Menschseins.

Woher kommt die Seele?

Damit steht aber immer noch die Frage im Raum, woher die menschliche Seele kommt, wenn sie nichts Körperliches ist und nach dem Tode ihrer „physischen Hülle" weiter besteht.

Im christlichen Glauben ist das Bild des „Hinzu-Schaffens" verbreitet. Demnach fügt der Schöpfer jedem Individuum zum

Zeitpunkt der Zeugung eine Seele bei – womit das menschliche Leben beginnt.

Wenn es allerdings eine Präexistenz der Seele gibt – gleichviel, ob sie in überirdischen Sphären oder zuvor schon auf Erden existiert hat –, dann sollte sich ihre „Geburt" doch bereits lange vor der Zeugung ereignet haben.

Aber wann und wie?

Auf diese Frage bieten die meisten spirituellen Konzepte keine oder nur wenig überzeugende Antworten. Am ansprechendsten finde ich die diesbezüglichen Schilderungen von Abd-ru-shin (Oskar-Ernst Bernhardt, 1875–1941) in seinem Werk „Im Lichte der Wahrheit".

Er beschreibt den ursprünglichen Menschen am Beginn seiner inneren Entwicklung als „Geistkeim". Diese Keime gingen nach dem Schöpfungsakt im Zuge eines „Abkühlungsprozesses" aus „Gottesfunken" hervor. Ähnlich vielleicht dem Prozess, der in der physischen Welt nach dem Urknall zur Bildung von Materie führte.

Die „Geistkeime" sind allerdings nicht materieller, sondern eben geistiger Art.

„Geistig" steht für ein Sich-selbst-Bewusstsein, das mit Willen und kreativer Gestaltungskraft begabt ist, und „geistig" steht auch für einen Ursprung jenseits von Raum und Zeit.

„Keim" bedeutet, dass zunächst nur eine Anlage zu geistigem Bewusstsein vorhanden ist, die erst entwickelt werden muss.

Deshalb sinkt der Keim – eine weitere Analogie zur Evolution des Lebens in der physischen Wirklichkeit – in einen (feinstofflichen) Boden, und wie bei einem Blumensamen, der in die Erde gepflanzt wird, kommt nun ein Formungsprozess in Gang. Der Geistkeim „umhüllt" sich also mit „feiner Stofflichkeit", die Kindesgestalt einer Seele entwickelt sich.

Abd-ru-shin schildert die überirdischen Ebenen, in denen die Geistkeime zum Bewusstsein erwachen, als „Kinder-Garten" im wahrsten Wortsinn. Er stellt auch einen Bezug zu überlieferten

Märchenbildern her, die „Feen an der Wiege der Kinder" beschreiben. Diese Erzählungen seien von den Vorgängen in der feinstofflichen Wirklichkeit inspiriert; die noch unbewussten Geistkeime würden tatsächlich von Wesenheiten betreut, die „von zartester Schönheit" sind. Denn Schönheit gehört zum Geistigen (und sollte sich deshalb als Ausdruck des geistigen Wirkens auch im irdischen Leben zeigen).

Die erwachenden Seelen vollziehen also in den „feinstofflichen Ebenen", noch bevor sie zum ersten Mal inkarnieren, einen eigenständigen Entwicklungsprozess. Erst wenn die Evolution – sie erscheint in diesem Weltbild als zielgerichteter, aber dennoch sich selbst organisierender Prozess – auf einem Planeten so weit vorangeschritten ist, dass physische Tierkörper den Erkenntnis- und Betätigungsbedürfnissen geistiger Wesenheiten entsprechen, inkarnieren Geistkeime. Bis dahin sind alle Tierkörper durch „Wesenskeime", also Tierseelen belebt, die ihrerseits ebenfalls einen Evolutionsprozess durchleben.

Auf der Erde boten die affenartigen Vorfahren des Menschen die frühesten Möglichkeiten für Inkarnationen aus dem Geistigen. Der Geist „veredelt" sodann die Tierkörper im Laufe der weiteren Entwicklung, und hebt die soziale und kulturelle Entfaltung des Lebens auf eine neue Ebene. Wobei Fehlentwicklungen infolge des freien Willens möglich sind.

Allerdings findet die Freiheit des Menschen in den Regulierungsmechanismen des Lebens, zu denen das Prinzip von „Saat und Ernte" gehört, ihre Grenzen. Der Mensch muss demnach die Wechselwirkungen seines Tuns und Lassens durch sein eigenes Schicksal erfahren – was aber ebenfalls dem Bewusstseins-Wachstum dient.

Wenn dieses beendet ist, wenn der Mensch also auch seelisch-geistig erwachsen wurde, sind keine weiteren Inkarnationen mehr nötig. Er kann sich damit voll bewusst mit dem „geistigen Reich" seiner Herkunft verbinden.

In diesem Welt- und Menschenbild trägt jede Seele das Potential der Unsterblichkeit in sich. Sofern die Bewusstseinsentwicklung gelingt, kann für den Menschen das eigentliche – geistige – Leben beginnen.

Allerdings wird im Werk „Im Lichte der Wahrheit" – sehr nachdrücklich übrigens – auch die Möglichkeit eines „geistigen Todes" in den Raum gestellt. Sofern der Einzelne sich nicht ausreichend um seine seelisch-geistige Entwicklung bemühe und der irdischen Welt verhaftet bleibe, könne es geschehen, dass er wieder *unbewusst* in seinen Ursprung zurückkehren, also im Geistigen aufgehen muss.

Demnach ist eine seelisch-geistige Entwicklung durch Inkarnation in der stofflichen Welt nur während einer bestimmten Zeitspanne möglich – so, wie sich das Wachstum einer Pflanze im Jahreslauf nur während der Vegetationsperiode vollziehen kann, weil davor und danach keine fördernden Bedingungen gegeben sind.

Diesem Gleichnis kann auch Ingrid Ofner (siehe Interview im Kapitel 5) etwas abgewinnen, wenngleich sie hinzufügt, diesbezüglich über keine sicheren Hinweise aus der Jenseitswelt zu verfügen:

„Ein Anhaltspunkt dafür, dass die Entwicklungsmöglichkeiten wahrscheinlich nicht unendlich lange gegeben sind, ist für mich die Tatsache, dass jetzt sehr viel mehr Menschen inkarnieren als früher. Vielleicht, weil es hier auf der Erde so wichtige Entwicklungsmöglichkeiten gibt, aber vielleicht auch, weil diese Möglichkeiten zeitlich begrenzt sind. Persönlich habe ich den Eindruck, dass die spirituelle Entwicklung voranschreitet."

Fazit aus dieser Sicht: Ob ein Mensch das ewige Leben einst bewusst erfahren kann, hängt vom Erfolg seines inneren Entwicklungsprozesses ab. Es kommt entscheidend darauf an, *wie* jemand lebt.

Diese Schlussfolgerung läuft freilich ziemlich genau auf das Gegenteil dessen hinaus, was heute üblich ist: Passives Dahinleben im „Energiespar-Modus" – vor dem Fernseher, im Wirtshaus oder beim sinnfreien, triebbestimmten Spielen und Surfen im Internet.

„Eintauchen in die Weite des Seins"

Weniger anspruchsvoll im Hinblick auf die persönlichen Verpflichtungen des Einzelnen präsentieren sich die Unsterblichkeits-Lehren der größten christlichen Kirche.

Zwar gibt es auch nach katholischer Expertise für den Menschen eine „bedingte Unsterblichkeit" – im Gegensatz zur „absoluten Unsterblichkeit" Gottes. Aber diese ist vor allem durch ein Leben im Glauben erreichbar.

Unsterblichkeit erlange der Mensch nicht einfach in Form eines Weiterlebens nach dem Tod „in gleicher Art wie vorher". Vielmehr sei sie „als überzeitliche Vollendung der geistigen Person zu denken", wie die beiden Theologen Karl Rahner und Herbert Vorgrimler (1929–2014) in ihrem „Kleinen Theologischen Wörterbuch" (Herder, 1985) schreiben.

Der katholischen Theologie zufolge muss die menschliche Seele nach dem Tod zunächst „reif für eine Gemeinschaft mit Gott" sein. Das ewige Leben wird ihr erst nach einem „Zwischenzustand der Reinigungen und Heilungen" zuteil.

Papst Benedikt XVI. beschrieb das ewige Leben als den „erfüllten Augenblick, in dem uns das ganze Sein umfängt und wir das Ganze umfangen", als „Augenblick des Eintauchens in den Ozean der unendlichen Liebe, in dem es keine Zeit, kein Vor- und Nachher mehr gibt. Wir können nur versuchen zu denken, dass dieser Augenblick das Leben im vollen Sinn ist, immer neues Eintauchen in die Weite des Seins, indem wir einfach von der Freude überwältigt werden." (Enzyklika „Spe Salvi" vom 30. November 2007)

Ist es ein erstes Erahnen dieses glückseligen Zustandes, von dem Menschen mit Nahtoderfahrungen sprechen?

Aber welche Erfahrungen könnten zwischen den Erlebnissen an der Todesschwelle und dem „ewigen Sein im Reich Gottes" liegen? So etwas wie ein „Fegefeuer", in dem noch „unreifen" Menschen Versäumnisse und Notwendigkeiten schmerzhaft bewusst werden?

Vom „Hängen zwischen den Welten"

Fest steht, dass zahlreiche Jenseits-Schilderungen von Verstorbenen berichten, die nach dem Tod nicht weiter kommen, die „erdgebunden" bleiben und womöglich als „Spuk-Geister" ihr Unwesen treiben.

Das zu verhindern ist beispielsweise das Ziel des bekanntesten „Jenseits-Führers", des Tibetischen Totenbuchs.

Nach Überzeugung der tibetischen Buddhisten durchlebt der Mensch nach seinem Tod bestimmte Phasen, beispielsweise Lichtbegegnungen oder die Erfahrung, seine Verwandten während der Beisetzung wahrnehmen zu können, selbst aber nicht gesehen zu werden.

Weil nicht davon ausgegangen werden kann, dass jeder mit solchen Erlebnissen gut zurecht kommt, wird Verstorbenen aus dem „Bardot Thötröl" vorgelesen. Die Wegweisungen aus dem Totenbuch sollen ihm die Loslösung von dieser Welt und aus seinem materiellen Körper erleichtern.

Immer häufiger werden die Sutren aus dieser spirituellen Überlieferung übrigens auch in der Hospizarbeit verwendet.

Dem Tibetischen Totenbuch folgend, sollte es dem Menschen idealerweise gelingen, sofort nach dem Tod eine „höhere", lichtvolle jenseitige Welt zu erreichen. Wenn er das nicht kann, weil er vielleicht zu materiell orientiert ist oder auch nicht an ein Weiterleben nach dem Tod glauben wollte, kann sich sein weiterer Weg schwierig gestalten. Er kann dann beispielsweise zum Opfer jenseitiger Verführungen werden und eben „zwischen den Welten" hängen bleiben.

Unsterblichkeit und Schamanismus

Auch im Schamanismus ist die Hilfe für „feststeckende" Seelen ein wichtiges Thema, wie das folgenden Gespräch mit Margot Ruis zeigt. Die österreichische Autorin und Leiterin der indischen

Sozialhilfe-Initiative „Dana Mudra" hat eine Jahrzehnte lange Erfahrung mit schamanischen Traditionen.

Was passiert aus schamanischer Sicht beim Sterben? Wie geht es nach dem Tod weiter?

Ruis:
Man muss zunächst sagen, dass es *den* Schamanismus nicht gibt. Es gibt Hunderte Schamanismus-Formen auf der Welt, die aber einige grundlegende Gemeinsamkeiten haben: Sie sehen den Menschen als ein in erster Linie feinstofflich-geistiges Wesen, das selbstverständlich den Tod des Körpers überlebt. Das ist völlig klar. Wie man sich diesen Vorgang genau vorstellt, darüber gibt es große Unterschiede. Aber immer geht das Wesentliche vom Körper weg und lebt weiter.

Die Seele ...

Ruis:
Ja, wobei „Seele" ein übersetzter Begriff ist. Die Sprachbildung der indigenen Kulturen ist schwer mit unserer vergleichbar. Es herrscht bei ihnen viel mehr Bewusstsein über die Bedeutung des Bewusstseins. Wenn jemand krank wird oder vom Unglück verfolgt ist, dann wird das zum Beispiel mit „Seelenverlust" in Verbindung gebracht. Ein Teil der Seele ist weggegangen, vielleicht gestohlen oder von einem bösen Geist verschleppt worden. Dann wird der Schamane oder die Schamanin gerufen. Er geht dann während seiner Arbeit hinüber in die Anderswelt, um verlorengegangene Seelenteile zurückzubringen, und der Patient wird wieder gesund.

Schamanisch gesehen, wechselt man während der Arbeit die Fronten, was man lernen muss und üben kann.

Beim Tod ist es so, dass die gesamte Seele hinübergeht in die für normale Menschen unsichtbare Welt. Der Betroffene geht aber nicht unbedingt immer mit großer Begeisterung dorthin, weil er vielleicht an dem hängt, was er hier hat, an seiner Familie, seiner Hütte oder an seinem Maisfeld. Es gibt dann interessante Rituale, um die Seele dorthin zu bringen, wo sie hin soll, damit sie nicht wochenlang um die Hütte herumschleicht und irgendwelchen Unfug treibt.

Man hat ja immer Angst, dass „Verstorbene" jemandem etwas antun könnten – also muss dafür gesorgt werden, dass es ihnen gut geht. Das ist natürlich Schamanenarbeit.

Man versucht also, den „Verstorbenen" hinüber zu begleiten oder schaut nach, wie es ihm geht, wenn jemand das Gefühl hat, dass etwas mit ihm nicht in Ordnung ist. Also schaut man: Ist er oder sie auf einem schlechten Platz und kann man ihn auf einen besseren bringen?

Gibt es auch schamanische Traditionen, Texte vorzutragen, um die Seele zu geleiten – wie beim Tibetischen Totenbuch?

Ruis:
Diese tibetische Tradition mit den 49 Tagen des Vorlesens ist sehr ausgefeilt.

Ich finde es besonders faszinierend, dass mit dem Tibetischen Totenbuch so klar wird, dass unmittelbar nach dem Verlassen des Körpers die beste Chance besteht, aus dem physischen Bereich wegzukommen.

Wenn man sich auf das Ziel konzentriert, das man erreichen möchte, dann hat man die Gelegenheit, vom Rad der Wiedergeburt runterzukommen. Später geht es dann immer weiter bergab. Wenn man es nicht sofort schafft, hat man noch eine Chance, dann erlebt man aber nicht mehr „das klare Urlicht", sondern „das klare Licht". Aber noch besteht die Chance. Du hast noch eine Möglichkeit, wenn du das und das und das machst ... Ab dann wird's immer schwerer, der Geist wird verwirrt, es kommen unangenehme Bilder ...

Auch Verführungen ...

Ruis:
Ja, die Seele wird immer tiefer zur Erde gezogen. Dann tauchen wieder Wünsche und Ideen auf, was man hier tun könnte – und zum Schluss kann man nur noch auf einen halbwegs guten Platz für die nächste Geburt hoffen ...

Etwas vergleichbar Ritualisiertes wie das Tibetische Totenbuch kenne ich aus dem Schamanismus nicht. Aber auch Schamanen vollziehen Rituale. Sie können drei Nächte dauern, um jemanden gut hinüberzubringen. Oder es findet nach einigen Monaten oder nach einem Jahr wieder ein großes Ritual statt ...

Wie kann so ein Ritual aussehen? Was passiert da?

Ruis:
Ich war bei so etwas nie dabei, aber im Allgemeinen wird ein Opfer gebracht. Der Schamane hilft, es gibt einen Geisthelfer, und die ganze Familie ist beteiligt. Alle wirken zusammen und konzentrieren sich darauf, dass es dem „Verstorbenen" gut geht. Man erwartet auch, dass er wieder kommt. Der Großvater wird zum Beispiel in der selben Familie geboren.

Der Reinkarnations-Gedanke ist also gegenwärtig ...

Ruis:
Ja, obwohl Schamanen nicht viel darüber reden. Man findet auch in den ethnologischen Werken kaum etwas darüber. Aber der Gedanke ist da. Gerade die Vorstellung, in der selben Familie geboren zu werden.

Man geht also jedenfalls davon aus, dass es im Menschen das Potential für Unsterblichkeit gibt.

Ruis:
Ja, es gibt keinen schamanischen Materialismus. Es gibt keine Tradition, die sagen würde: Der Mensch ist jetzt tot, fertig, aus.

Man muss diesbezüglich auch gar nicht allzu weit weg in fremde Kulturen schauen. Auch die Kelten und Germanen waren schamanische Kulturen. Sie lebten intensiv mit der Natur, hatten eine große Feinfühligkeit, und es gab immer einige unter ihnen, die Wesenheiten sehen konnten, Baumwesen, Wasserwesen zum Beispiel – und auch die nicht so netten Gestalten.

Auch Verstorbene?

Ruis:
Natürlich, ja – und sie sehen es eben auch, wenn einer dageblieben ist und nicht weggehen will, wenn er einen Schubs braucht. Das gibt's ja auch. Die Folge davon ist, dass bei Stammesgesellschaften nie so viele „bewusstlos" herumhängen, wie das bei uns der Fall ist. Ich erinnere mich an einen Schamanen aus Afrika, der von seinem ersten Besuch in Europa erzählt hat. Er war völlig entsetzt darüber, wie viele Menschen da in den Städten herumgehen, die keine Menschen mehr sind. Die Gassen und Straßen sind voll von ihnen, und besonders die Bahnhöfe. Offenbar versuchen sie, wegzukommen. Das gibt es in Afrika nicht.

Die haben vielleicht nicht so große Bahnhöfe ...

Ruis:
(lacht) Ja, aber es gibt sie eben auch nicht auf den Straßen oder in den Städten.

Heißt Weiterleben nach dem Tod aus schamanischer Sicht automatisch Unsterblichkeit?

Ruis:
Nein, es heißt zunächst einmal einfach, dass der Körper nicht das Wesentliche am Menschen ist. Dieses geht hinüber – in eine Anderswelt oder wie immer man es nennt. Dort kann es einige Zeit leben, wobei die Vorstellungen darüber, wie es in dieser Welt

aussieht, sehr unterschiedlich sind. Manches schaut so aus wie bei uns, der eine kann dort jagen, der andere Mais anbauen, da gibt es alle möglichen Aufgaben. Und irgendwann kommen die Menschen für ein weiteres Leben hierher auf die Erde, danach gehen sie wieder hinüber und so weiter.

Aber was ist dann, wenn das alles vorbei ist? Über die endgültigen Vorstellungen hüllen sich schamanische Kulturen eher in Schweigen. Es gibt nur Erzählungen über die Heroen, die ganz Großen, dass sie mit der Sonne verschmelzen – oder etwas in dieser Art.

Also eine Symbolik. Und was denken Sie selbst? Gibt es etwas Unsterbliches in uns Menschen?

Ruis:

Meine eigene Überzeugung ist auf Grund eigener Erfahrungen und dessen, was mir gezeigt wurde, dass man eins mit dem Ur-Licht werden kann.

Denn was kann unsterblich sein?

Etwas, das einen Anfang gehabt hat, sicher nicht. Die Person, die ich im Leben bin, mit allem, was dazugehört, hat einen Anfang.

Unsterblich kann nur die Ur-Essenz sein, etwas von dem, das selbst keinen Anfang hat. Das, was immer in uns ist, was uns die Sehnsucht gibt, zum Urgrund zurückzukehren, in ihn wieder einzugehen, mit dem zu verschmelzen, was man eigentlich ohnehin ist – wie der Tropfen, der ins Meer fällt und zum Meer wird. Man verliert nichts ... man gewinnt unendlich viel dadurch. Da wird man zu etwas viel Größerem als dieses kleine Menschlein mit all seinen Problemen.

Hinter dem Alltags-Ich gibt es also ein größeres Bewusstsein, das nicht nur Individuum ist, sondern mit dem Leben verbunden, etwas grundlegend Anderes als das „Ego", das mit dem Wachzustand des Gehirns assoziiert wird.

Ruis:
Ich würde es als Licht-Ozean bezeichnen. Und dahinter liegt noch etwas, das nicht einmal mehr Licht-Ozean genannt werden kann. Es ist eine Leere, die aber doch gewaltige Fülle ist. Dieses Erleben ist schwer in Worte zu fassen. Wohin Worte nicht reichen und die Gedanken versagen ... Das kleine Ich-Empfinden ist jedenfalls nicht mehr da. Wenn man das erlebt, entsteht Demut. Unsterblichkeit kann nur etwas Überpersönliches in uns betreffen.

Fortschritt oder Rückschritt?

Wie vorhin die Beschreibung des „Eintauchens in die Weite des Seins" erinnert auch diese an Erlebnisse, wie sie von Menschen mit Nahtoderfahrungen geschildert werden. „Licht" spielt für uns offensichtlich nicht nur körperlich, sondern auch seelisch-geistig eine entscheidende Rolle.

Mehr Licht geht mit höherem Bewusstsein einher.

Ob allerdings Licht-Erlebnisse, wie sie durch Meditationen oder spezielle Bewusstseinsübungen erreicht werden können, wirklich immer aus dem unsterblichen Urgrund reiner Geistigkeit in unseren wachbewussten Erfahrungshorizont strahlen?

Ich erinnere mich an eine diesbezügliche Stellungnahme des Wiener Autors Dr. Richard Steinpach (1917–1992), der in den 1980-er Jahren mit seinen Vorträgen und Lesungen im deutschsprachigen Raum als einer der Ersten Sterbe-Erfahrungen und das Leben nach dem Tod thematisierte.

Steinpach stand Erlebnis-Schilderungen von einem „erweiterten Bewusstsein", das das „kleine menschliche Ego" überwindet und in einer Gesamtheit „aufgeht", kritisch gegenüber. Es könne sich, meinte er sinngemäß, bei solchen Erlebnissen auch um einen Rückschritt vom Selbstbewusstsein in das Daseinsbewusstsein handeln, das dem Menschen zwar aus ferner Erinnerung vertraut sei, das er im Zuge der seelisch-geistigen Entwicklung aber bereits überwunden habe. Ein solcher Zustand könne daher nicht erstrebenswert sein.

Für Steinpach stand außerdem fest, dass wirkliche spirituelle Entwicklung keine Sache spezieller Techniken oder „geistiger Ausnahmezustände" sein könne, sondern die Folge eines Lebens in Gottes- und Nächstenliebe.

Diese Anmerkungen sollen Licht-Erlebnisse nicht grundsätzlich in Frage stellen, aber sie sollen zur Vorsicht mahnen. Denn wenn zwei Menschen über ihre Innenwelt-Erfahrungen berichten, sprechen sie vielleicht trotz des gleichen Vokabulars qualitativ völlig unterschiedliche Erlebnisse an.

Wenn der Sinn unseres Lebens letztlich in der Entwicklung vom Sein zum Bewusstsein liegt, wenn *Bewusstsein* also die Essenz all unserer Erlebnisse und Erkenntnisse ist, dann sollte dieses Bewusstsein „am Ende aller Zeiten" jedenfalls nicht verloren gehen.

Gleichzeitig ist natürlich klar, dass Unsterblichkeit nicht die Person betreffen kann, die der Mensch im irdischen Leben verkörpert. Nicht den Straßenkehrer, die Polizistin, den Bundeskanzler oder die Boxweltmeisterin. Die wandelbaren Rollen, die wir im Werden und Vergehen spielen, tragen den „Keim der Ewigkeit" gewiss nicht in sich.

Die vage Hoffnung auf eine Neuschöpfung

Der evangelischen Theologie zufolge tragen wir übrigens überhaupt keinen solchen Keim in uns. Wenn der Mensch stirbt, dann ist er vollkommen und restlos tot. „Ganztod-Hypothese" nennt man das. Über Geister ohne physischen Körper, Kontakte zu Verstorbenen oder gar Unsterblichkeit wird daher in protestantischen Kreisen kaum diskutiert. Die Vorstellung, Bewusstsein könne nach dem Tod weiter existieren, gilt hier im Allgemeinen als Aberglaube. Platons Konzept einer Seele hat ausgedient; die Religion erweist sich als unkritischer Förderer des materialistischen Mainstreams in der Naturwissenschaft.

Der bekannte deutsche evangelische Theologe Wolfhart Pannenberg (1928–2014) formuliert beispielsweise in seiner Schrift

„Was ist der Mensch?", dass „kein Zug unseres gegenwärtigen Menschseins" den Tod überdauern könne. „Das Innenleben unseres Bewusstseins" sei so an die leiblichen Funktionen gebunden, dass es „unmöglich für sich allein fortdauern" könne.

Linientreuen evangelischen Christen bleibt daher nur der Glaube an eine neue Schöpfung Gottes am Ende der Zeit, die vage Hoffnung auf den „Anbruch einer neuen Welt", in der jeder (gläubige) Mensch einst auferstehen wird.

„Eschatologie" heißt diese prophetische Lehre von den „letzten Dingen", die allerdings keine plausible Antwort auf die Frage nach dem Sinn des Lebens bietet und auch nicht erklären kann, wie nach einem vollständigen Tod, der das gesamte seelische Innenleben umfasst, die Individualität des Menschen bewahrt und wiedererweckt werden soll.

Aber klar: Theologische Konzepte können bei Bedarf auf das sie begleitende Dogma verweisen, bei Gott sei alles möglich. Das ist, ähnlich wie der Verweis auf biblische Überlieferungen, ein bewährtes Totschlagargument gegen Bedenken im Glauben.

Europäische „Schuljungen-Philosophie"

Auch konfessionelle Lehrmeinungen sind, so sehr sie um den Rang ewig-unveränderlicher Wahrheit kämpfen mögen, immer Ausdruck des „Zeitgeistes" in einer Gesellschaft. Sie bewegen sich im Rahmen des dort Denkmöglichen und suchen die Sicherheit großer allgemeiner Akzeptanz. Umso mehr, wenn die Lehre nicht direkt aus transzendenten Erlebnissen schöpft, sondern nur noch aus der Tradition, wie dies in den meisten Konfessionen der Fall sein dürfte.

Aber es gibt eben auch grundlegend andere Erkenntnismöglichkeiten, die auf persönlichen Erfahrungen aufbauen.

Wenn beispielsweise Margot Ruis in unserem Gespräch über den Schamanismus darauf hingewiesen hat, dass die Sprachbildung in diesen Kulturen „schwer mit unserer vergleichbar" ist, dann sollte das nicht als unbedeutende Nebensache eingeschätzt werden.

Hinter dieser Aussage stehen Welten. So unterstreicht der US-amerikanische Mediziner und Autor Larry Dossey in seinem lesenswerten Buch „One Mind – Alles ist mit allem verbunden" die „im Osten entwickelte differenzierte Sicht des Bewusstseins".

Während im Westen, dem intellektuell-naturalistischen „Blick von außen" folgend, Bewusstsein zum Nebenprodukt des Gehirns degradiert und allenfalls als „Innenaspekt" beschrieben wird, kennt die indische Philosophie Dutzende Geistes- und Bewusstseinszustände, die erlebt werden können. Dossey: „Wenn wir erfahren, dass im Buddhismus Kamaloka oder die empirisch-weltliche Bewusstseinsebene vierundfünfzig und Lokuttara oder die transzendente Ebene vierzig Stufen hat, gehen uns im Westen die Augen über."

Nach Ansicht von Koneru Ramakrishna Rao, einem bedeutenden zeitgenössischen indischen Philosophen, ist Bewusstsein „ein Grundprinzip, das allem Wissen und Sein zugrunde liegt". Über das Zusammenspiel von Gehirn und Bewusstsein sagt er sehr klar: „Die kognitive Struktur erzeugt Bewusstsein nicht; sie spiegelt es lediglich; dabei begrenzt sie es zugleich und schmückt es aus."

Nach Rao ist Bewusstsein mehr als bloß Gewahrsein. „Bewusstsein ist auch das, was Gewahrsein erst möglich macht. […] Bewusstsein ist das Ohr des Ohres, der Gedanke des Gedankens, die Rede der Rede, der Atem des Atems und das Auge des Auges. […] Bewusstsein ist das Licht, das die Dinge erhellt, auf die es strahlt."

Dieser Definition fügt Larry Dossey hinzu: „Jeder Versuch, das Bewusstsein mit dem Verstand zu begreifen, ist ein fruchtloses Unterfangen. Es ist gerade so, als wolle man sein Auge mit dem Auge sehen – schlichtweg das falsche Werkzeug." Und er weist auf den englischen Literatur-Nobelpreisträger T. S. Eliot (1888–1965) hin, der über indische Philosophen einmal sagte: „Gegen ihre Feinheiten nehmen sich die meisten großen europäischen Philosophen wie Schuljungen aus."

Hinter der Sprachbildung anderer Kulturen steht tatsächlich also eine grundlegend andere Weltsicht. Weniger der sezierende, um Objektivität bemühte Blick *auf* die Welt, wie ihn westliche Wissenschaften pflegen, sondern vielmehr das Erleben, *in* und *mit* der Welt zu sein.

Die darauf basierenden Erfahrungen unterstützen eine andere Form der Selbstwahrnehmung. Nicht die isolierte Individualität steht im Vordergrund, sondern das Bewusstsein der Verbundenheit mit allem anderen.

Vielleicht ist vielen Menschen genau dieses Bewusstsein abhanden gekommen. Vielleicht liegt darin der Urgrund für das kriegerische Gegeneinander, für die Eroberungs- und Ausbeutungsfeldzüge, für das Macht- und Vorteilsstreben, das die Kulturgeschichte des „Homo sapiens" begleitet.

Auf die Notwendigkeit, im Sinne des Überlebens und des gedeihlichen Miteinanders ein anderes, erweitertes Bewusstsein zu entwickeln, wies interessanterweise auch Albert Einstein hin:

„Ein Mensch ist Teil des Ganzen, das wir ‚Universum' nennen, ein zeitlich und räumlich begrenzter Teil. Seine Gedanken und Gefühle erlebt er als etwas vom Übrigen Getrenntes – eine Art optische Täuschung seines Bewusstseins. Diese Täuschung ist für uns gewissermaßen ein Gefängnis, das uns auf unsere persönlichen Entscheidungen und die Zuneigung zu wenigen uns nahen Menschen beschränkt. Unsere Aufgabe muss es sein, uns aus diesem Gefängnis zu befreien, indem wir unseren Kreis des Mitgefühls auf alle Lebewesen und die gesamte Natur in ihrer Schönheit erweitern."

Die verbindende Dimension des Geistes

Larry Dossey ist davon überzeugt, dass *Geist* als Träger des menschlichen Bewusstseins weit über die individuelle Ich-Wahrnehmung hinaus reicht. Der Begriff „Geist" steht demnach für eine Dimension jenseits von Raum und Zeit, in der alles mit allem verbunden ist. Er nennt das „One Mind", den „Einen Geist".

Nur weil unser Inneres diesem umfassenden Ganzen verbunden ist, können wir mit anderen Menschen empfinden, an ihrem Leben Anteil nehmen, ihre Absichten oder Gedanken wahrnehmen und sogar die Bereitschaft entwickeln, für sie unser Leben zu riskieren.

Auch andere Bewusstseins-Phänomene können aus unserer natürlichen Verbundenheit mit dem Nichtörtlichen und Nichtzeitlichen erklärt werden: Kreativität, Telepathie, auch Vorahnungen und Wahrträume, also Traumerlebnisse, die sich dann irdisch verwirklichen.

Diese Dimension des Geistes definiert nicht nur unsere Wesensart. Der berühmte österreichische Physik-Nobelpreisträger Erwin Schrödinger (1887–1961) sah in ihren Qualitäten definitiv auch den Beleg für die Unsterblichkeit des Menschen.

In seinem Werk „Geist und Materie" schrieb er: „Ich wage, den Geist unzerstörbar zu nennen, denn er hat sein eigenes und besonders Zeitmaß; nämlich er ist jederzeit *jetzt*. Für ihn gibt es in Wahrheit weder früher noch später, sondern nur ein Jetzt, in das Erinnerungen und die Erwartungen eingeschlossen sind." Geist könne nicht durch die Zeit vernichtet werden.

Schrödinger ging davon aus, dass „die Lokalisierung der Persönlichkeit im Leibe [...] nur für den praktischen Gebrauch bestimmt" ist. In Wahrheit sei sie einem größeren Ganzen, dem Einen Geist verbunden. One Mind.

Die Dimension des Geistes will uns demnach über das isolierte Selbstgefühl hinaus führen. Das Bewusstsein soll sich von der Fixierung auf das „kleine Ich" lösen – und zwar schon jetzt im ganz normalen Alltagsleben. Darin liegt Bewusstseins-Entwicklung. Und der Schlüssel dafür ist die Liebe. Denn Liebe *ist* das Verbindende.

Womit sich ein Bogen zu Nahtoderlebnissen spannt. Menschen mit solchen Erfahrungen weisen ja oft sehr eindringlich auf die zentrale Bedeutung der Liebe hin; wie wichtig es ist, Liebesfähigkeit zu entwickeln. Auch schildern sie eine lichtvolle Verbundenheit mit dem Leben, in der man die „One-Mind-Dimension" bestätigt finden kann.

Gibt es eine „Zug-Kausalität?"

Wir haben persönliche Todes- und Jenseitserfahrungen und, in diesem Buchkapitel, verschiedene spirituelle Konzepte betrachtet. Dabei wurde wiederholt die Überzeugung geäußert, das menschliche Leben habe einen tieferen Sinn und folge einem Ziel, nämlich der Entwicklung vom Sein zum Bewusstsein.

Mit Blick auf die heute auf breiter Basis akzeptierten naturwissenschaftlichen Theorien scheint das eine recht kühne Annahme zu sein. Denn üblicherweise gehen die Wissenschaftler – wie bei anderer Gelegenheit bereits beschrieben – von einer „Schub-Kausalität" aus. Jeder Schritt in der Evolution hat Ursachen, die in der Vergangenheit liegen. Sie „schieben" die Entwicklung, vom bereits Erreichten ausgehend, Stück für Stück weiter.

Der Zufall kann dabei eine Rolle spielen. Aber es gibt aus naturwissenschaftlicher Sicht keine „Zug-Kausalität", kein Ziel, auf das sich die Evolution hinbewegt. Da ist kein künftiger Soll-Zustand, der zugkräftig auf den gegenwärtigen „Ist-Zustand" wirkt und diesen in eine Richtung lenkt.

Im 2. Kapitel wurde diese Annahme als (dritter) „materialistischer Klotz" bezeichnet, der gemeinsam mit zwei weiteren Thesen – es existiert nur die vierdimensionale Welt und Bewusstsein ist ein Produkt des Gehirns – dem Unsterblichkeits-Gedanken grundlegend zu widersprechen scheint. Denn wenn Sinn und Ziel fehlen, erscheint die Entwicklung des menschlichen Bewusstsein fast zwangsläufig als evolutionäres Zufallsprodukt, das eben auch wieder verschwinden wird.

Da gibt es keine „Essenz des Erlebens", die bewahrt werden müsse.

Diesem vom Materialismus geprägten Gedanken widersprechen – und damit schließt sich dieser große Themenkreis – alle religiös-spirituellen Erfahrungen und Konzepte, von Platons Seelenthese bis zur One-Mind-Dimension.

Aber der Gedanke steht auch wissenschaftlich auf unsicherem Grund. Und zwar schon deshalb, weil viele bedeutende Forscher – mit unterschiedlichen Schwerpunkten und unterschiedlichem Vokabular – auf die Existenz einer „Hintergrundrealität" hinweisen. Die vierdimensionale Raumzeit umfasst nach ihrer Ansicht nicht die gesamte Wirklichkeit.

Wie sich diese darstellt und welche Rolle den sinnlich fassbaren Gegebenheiten im Gesamtgeschehen wirklich zukommt, bleibt noch relativ unklar. Momentan dürften wir – ähnlich wie Omar in der „Geschichte von der himmlischen Vergeltung" – „nicht tief und weit genug blicken", um wesentliche Zusammenhänge, die unser Dasein gestalten, zu überschauen. Also verbietet sich jede definitive Aussage, die dem Leben Sinn und Ziel absprechen will, eigentlich von selbst.

Die Suche nach der „Hintergrund-Realität"

Der berühmte deutsche Physiker und Philosoph Carl Friedrich von Weizsäcker (1912–2007) sprach in der Frage, was jenseits der Physik liegen mag, „vom Gedanken einer umfassenden geistigen Wirklichkeit". Was uns empirisch zugänglich ist, sei „nur die Oberfläche einer tieferen, ‚unendlichen' Wirklichkeit".

Der US-amerikanische Quantenphysiker David Bohm (1917–1992), von Albert Einstein einmal als sein intellektueller Nachfolger betrachtet, postulierte eine tiefere, multidimensionale Ebene, die er als „implizite Ordnung" bezeichnete. In dieser seien kreative Prozesse fundamental, und erst aus ihr heraus „fließe" die uns bekannte Ordnung von Raum und Zeit, die nur scheinbar eigenständig, in Wirklichkeit aber von der impliziten Ordnung abhängig sei.

Alles, was wir sinnlich wahrnehmen, ist demnach sekundär. Es ist nur eine vorübergehende Manifestation oder „Entfaltung" aus der „primären Realität", die „ein Kontinuum ordnender Prinzipien" beinhaltet.

Bohm bezeichnete diese primäre Realität der impliziten Ordnung auch als „Informationsfeld", das untergeordnete Ebenen organisiert und in einzelne Strukturen aufgliedert. Energie wird durch dieses Feld „in-formiert", also in eine bestimmte Form gebracht.

In dieser Betrachtungsweise ist auch jeder Mensch, wie Bohm schreibt, die Manifestation „einer tieferen Energie, einer tieferen Ordnung, einer tieferen Wirklichkeit, die nicht manifest ist". Und diese Aussage stimme, so Bohm, „besser mit der Physik überein als jede andere Betrachtungsweise", die er kenne.

Bohms „Informationsfeld" erinnert an das Weltbild Burkhard Heims, der von „Transbereichen" sprach (siehe Kapitel 3) oder an Ulrich Warnkes „Interwelt" (siehe Kapitel 4).

Der englische Biologe Rupert Sheldrake postulierte in seinen hervorragenden wissenschaftlichen Büchern „morphische Felder", die das Verhalten, Denken und die Entwicklung aller Lebewesen prägen.

Diese Felder wirken unabhängig von Raum und Zeit und bieten sich auch als Erklärung für den sogenannten siebten Sinn bei Mensch und Tier an.

Der indisch-amerikanische Physiker Amit Goswami spricht von einem „bewussten Universum" ganzheitlicher Natur, das die dualistische Welt entstehen lässt, um Erkenntnisprozesse zu ermöglichen – und dazu sei eine Zweiteilung nötig: „Ein Zustand der sieht und ein anderer, der gesehen wird."

Aber selbst Wissenschaftler, die eher vorsichtig mit neuen Begriffen und Theorien sind, stehen heute vor der Tatsache, dass bestimmte Phänomene im Quanten-Bereich – etwa das Verhalten verschränkter Teilchen (siehe Kapitel 3) – mit den traditionellen Vorstellungen von Raum und Zeit nicht erklärbar sind.

Der bekannte Wiener Quantenphysiker Anton Zeilinger spricht im Hinblick darauf von einer „seltsamen Welt". Er meint, dass das, was wir als Raum bezeichnen, nur eine „Konstruktion" sei, „um die Welt beschreiben zu können".

Der US-amerikanische Quantenphysiker Henry Stapp meinte zum Phänomen der Nichtlokalität, dass „der fundamentale Prozess der Natur außerhalb der Raumzeit angesiedelt ist, jedoch Ereignisse hervorbringt, die innerhalb der Raumzeit lokalisierbar sind".

Larry Dossey und andere Bewusstseinsforscher sehen gerade in den quantenphysikalischen Phänomenen Gleichnisse für die Dimension des Geistigen. So, wie verschränkte Teilchen „nichtlokal" verbunden sind, was zu den berühmten (von Albert Einstein so bezeichneten) „spukhaften Fernwirkungen" führt, seien auch alle Menschengeister nichtlokal verbunden. Und wie im Quantenbereich durch den Messprozess eine konkrete Wirklichkeit entsteht, gebe es auch im Geistigen einen Prozess, der das Potentielle, Allumfassende, ins konkrete Wirkliche führt. Dossey: „Im Einen Geist ruft nicht die Messung eine Transformation des Potentiellen ins Wirkliche hervor, sondern die Notwendigkeit."

Alle diese Thesen legen die Existenz einer „Hintergrund-Realität" nahe. Es muss etwas geben, aus dem heraus sich die vergängliche, raumzeitliche Welt, wie wir sie beobachten und beschreiben, entfaltet. Denn die materielle Welt ist nicht aus sich heraus erklärbar.

Woher kommt die Ordnung?

Besonders interessant im Hinblick auf die „Gretchenfrage", ob sich die Welt, in der wir leben, sinnvoll und zielgerichtet entwickelt, ist der nun schon öfter ins Spiel gebrachte Begriff „Ordnung".

Der gute alte Omar erfuhr von „inneren Ordnungsgesetzen", die das menschliche Schicksal bestimmen.

David Bohm postulierte eine „implizite, tiefere Ordnung", aus der heraus Raum und Zeit fließen.

Albert Einstein bewunderte die „Erhabenheit und wunderbare Ordnung", die „in der Natur sowie in der Welt des Gedankens" zu finden sei.

Der ungarische Wissenschaftsphilosoph und Systemtheoretiker Erwin Lazlo schreibt in seinem Buch „Kosmische Kreativität" im Hinblick auf die Evolution: „Ein Zufallsprozess hätte nicht den Grad der Ordnung erzeugen können, dem wir in der Natur begegnen; nicht einmal das Chaos, das uns gelegentlich umgibt, hätte allein vom Zufall geschaffen werden können."

Und in der Biologie war, wie Gerda Lier im ersten Band ihres Werkes „Das Unsterblichkeitsproblem" (Band 1) begründet, bis zum Zweiten Weltkrieg „die überwältigende Mehrheit" der Biologen davon überzeugt, „dass ungerichtete, blinde Kräfte keine Ordnung erzeugen können."

Aber überall ist Ordnung. Unzweifelhaft.

Woher kommt sie? Lier hebt hervor: *„Allgemein wurde in der Biologie angenommen, dass in der Evolution teleologisch-finalistische Prinzipien wirksam sein müssten."*

„Teleologisch-finalistisch" bedeutet „auf ein Ziel ausrichtet", zweckorientiert.

Ein Biologe des 21. Jahrhunderts nimmt solche Vermutungen weniger gern in den Mund. Denn damit könnte er eine Tür öffnen, die der um seinen guten Ruf bedachte moderne Wissenschaftler lieber sorgsam verschlossen hält. „Teleologie" kann nämlich als Beleg für überirdische Einflüsse verstanden werden, als Hinweis auf Gott. Also reden wir davon lieber nicht ...

Die Frage nach dem Ursprung der Ordnung ist indes nach wie vor interessant. Erwin Lazlo meint, dass sowohl die These, die in der Natur vorzufindende Ordnung sei „aus dem Nichts" geschaffen worden, als auch die Annahme rein teleologischer Prozesse – dass „Blaupausen oder Archetypen die Naturprozesse aktiv in Richtung ihrer Realisierung formen" – „völlig außerhalb des wissenschaftlichen Denkens" liegen.

In seinem Buch „Kosmische Kreativität" postuliert er daher ein Universum, das „sich selbst ‚in-formiert' und sich so sowohl kreativ als auch konsistent ohne äußere Einflüsse entwickelt".

Andererseits hatte auch ein David Bohm kein grundlegendes Problem mit Teleologie. Er meinte sogar, dass die mechanischen Gesetze der klassischen Physik ganz gut als „Sonderfälle umfassender teleologischer Gesetze" interpretiert werden könnten.

Und über allem Gott?

Wahrscheinlich berührt aber auch das Thema „Teleologie" nicht wirklich die „Gretchenfrage", ob es Gott gibt. Selbst wenn sich bestimmte Prozesse als eindeutig zielgerichtet erweisen sollten, muss das nicht mit Glaubensfragen assoziiert werden. Es würde lediglich ein Wissenschaftsdogma in Frage stellen, das sich etabliert hat, um unberechenbare, überirdische Einflüsse generell auszuklammern. Daraus entwickelte sich in vorauseilendem Gehorsam die heute weit verbreitete Gott-darf-nicht-Sein-Gesinnung.

Früher hatten namhafte Denker und Forscher kein Problem damit, Gott in ihrem Weltbild einen Ehrenplatz zu geben.

Voltaire und Newton waren beispielsweise auf Grund der überall sichtbaren Ordnung von der Existenz eines Schöpfers überzeugt.

Einstein, Schrödinger und Planck bekannten sich zum Wert der Religion und auch zu einer Gottheit, wandten sich aber deutlich gegen traditionell-konfessionelle Vorstellungen von einem Schöpfer, der Naturwunder wirkt und ins Weltgeschehen eingreift.

Heute findet man einigermaßen differenzierte Diskussionen zur Existenz Gottes nur selten. Naturwissenschaftler sprechen vom „Universum" oder von der „Welt", aber nicht mehr von „Schöpfung". Und militante Atheisten plakatieren überzeugt: „Gott existiert nicht." Dabei bringen sie unzulässigerweise meist auch naturwissenschaftliche Argumente ins Spiel. So, als wäre längst bewiesen, dass der Glaube an das Transzendente nur die große Illusion in der Kulturgeschichte der Menschheit war.

Von einem Beweis gegen Gott kann aber keine Rede sein.

Natürlich gab und gibt es fragwürdige theologische Stellungnahmen, höchst problematische Dogmen und seelisch belastende konfessionelle Konzepte, die leichtgläubige Menschen in ein gedankliches Gefängnis führen, den Fanatismus fördern und sogar Leben zerstören können. (Übrigens fand ich diese Problematik bisher noch nie eindringlicher dargestellt als in Dietrich Brüggemanns Spielfilm „Kreuzweg" aus dem Jahr 2014.)

Religion in diesem Sinn müsste endlich der Vergangenheit angehören. Und jede konfessionelle, spirituelle oder esoterische Richtung, die den Menschen – gezielt oder deshalb, weil die Lehre das indirekt nach sich zieht – unfrei und abhängig macht, sollte abgelehnt oder wenigstens gründlich hinterfragt werden. Diesbezüglich gibt es keine Zweifel.

Auch darüber nicht, dass allein die Organisation von Religion gewisse Gefahren birgt, weil Erlebnistiefe – oft unmerklich – durch übergewichtige Äußerlichkeiten ersetzt wird. Ein alter Witz bringt das gut zum Ausdruck: Der Schöpfer und der Teufel gingen miteinander spazieren. Unterwegs hob der Schöpfer ein Stück Papier auf. „Was steht denn darauf?", wollte der Teufel wissen. „Wahrheit", sagte der Schöpfer feierlich. Darauf der Teufel: „Gib mir das Blatt, ich organisier' das für dich!"

Fakt ist: Die Wissenschaft hat nie zwingenden Gründe dafür geliefert, Gott aus dem persönlichen Denken und Sinnen zu verbannen.

„Physik ist Gott-frei, aber nicht gottlos", formulierte der deutsche Astrophysiker Harald Lesch einmal. Es gebe keine mathematische Formel, in der Gott vorkomme – nach dem Motto: „An dieser Stelle in der Gleichung geschieht ein Wunder." Insofern spiele Gott in den Naturwissenschaften keine Rolle. Aber den persönlichen Gottesglauben nehme die Physik niemandem.

Die Überzeugung, dass Gott „über allem" ist und die Welt in einem gewaltigen Schöpfungsakt entstand, darf also guten Mutes weiter gepflegt werden. Auch das traditionelle Bild von „himmlischen Wirklichkeiten", also von unvergänglichen Welten oder „Schöpfungsebenen" jenseits der vierdimensionalen Raumzeit.

Und ebenso die Vorstellung, dass ein höherer Wille die Schöpfung ursprünglich mit Gesetzmäßigkeiten ausstattete, die *das Sein durch Freiräume und Zeiträume zum bewussten Sein führen.*

Geist und Jenseits – unterm Strich

Zahlreiche Beispiele in diesem Buch haben gezeigt, dass die Existenz höherer Dimensionen und überirdischer Wirklichkeiten möglich ist – wie immer man sie bezeichnen mag.

Sie könnten auch einfach „Jenseits" genannt werden, da sie jenseits von Raum und Zeit und jenseits des sinnlich Erfahrbaren liegen.

Die Frage, in welcher Beziehung ein solches Jenseits mit uns Menschen steht, kann mit dem Hinweis auf die seelische Innenwelt beantwortet werden. Die immateriellen Resonanzräume, die uns wollen, überlegen, empfinden, hoffen und bewusst sein lassen, *sind* jenseitige Aspekte des Menschseins.

„Zum Wesen des Menschen gehört ein *Wesensfeld*" – so hat es Herbert Lenz, mein Herausgeber, in der Korrespondenz, die den Entstehungsprozess dieses Buches begleitet hat, einmal formuliert.

Eine gute Wortschöpfung, denn es geht um das *Wesentliche,* um etwas, das uns über Raum und Zeit hinaus untereinander und mit dem Urgrund des Lebens verbindet. Um etwas, das den körperlichen Tod bewusst überdauert und das Potential für Unsterblichkeit in sich trägt.

Der klassische Begriff einer immateriellen Seele steht nach wie vor im Raum. Denn auch ihrer Existenz widerspricht grundlegend keine naturwissenschaftliche Erkenntnis. Lediglich die materialistische Weltanschauung „verbietet" ihr – und damit dem Bewusstsein – eine immaterielle Natur.

Aber es bleibt ja die Möglichkeit, sich idealistisch zu orientieren; auch eine solche Haltung steht zu keinem Forschungsergebnis im Widerspruch.

Auf dieser Grundlage kann die alte Weisheit vom „Dreiklang" des Menschen aus Geist, Seele und Körper neue Bestätigung finden.

Ergänzt durch die in diesem Kapitel vorgestellten Thesen lässt sich folgendes Gesamtbild entwickeln:

Der immaterielle Geist ist unser bewusster Wesenskern. Als solcher ist er Teil einer umfassenden, nichtlokalen geistigen Welt, eines lichtdurchfluteten, holistischen Empfindungs-Bewusstseins, in dem alles mit allem in Verbindung steht.

In diesem Geistigen gibt es Entwicklungspotentiale – und damit eine *Notwendigkeit,* die diese Potentiale zu personellen Wirklichkeiten formt: zu „Geistkeimen", die ihren Entwicklungsweg zunächst als Seele beginnen und später in die physische Welt des Werdens und Vergehens inkarnieren ... und zwar öfter als nur einmal.

Im Gesamtprozess der seelisch-geistigen Evolution sind Geburt und Tod nur Übergangsereignisse. Bedeutende zwar, weil sie den Menschengeist jeweils mit großen neuen Anforderungen und Möglichkeiten konfrontieren, aber letztlich geht es doch nur um eine Verbindung oder Lösung der immateriellen Seele zum beziehungsweise vom Körper.

Das Bewusstsein an sich bleibt immer erhalten und vollzieht, weitgehend unabhängig von den Veränderungen im Körperlichen, seinen eigenen Entwicklungsprozess.

Das „Höhlen-Bewusstsein" des Menschen

Aber „Bewusstsein" ist ein weiter Begriff. Das Wach- oder Tag-Bewusstsein, das der Menschengeist im inkarnierten Zustand erlebt, ist nur ein vom Gehirn mitgestaltetes *Abbild* seines eigentlichen Bewusstseins. Es ist, entwicklungsbiologisch bedingt, auf den Aspekt des bestmöglichen individuellen Überlebens ausgerichtet. Deshalb ist der diesem Ego-Prinzip folgende Mensch auf der steten Jagd nach Vorteil und Gewinn.

Die Erlebnisqualität, die das Tagbewusstsein bietet, lässt sich vielleicht am besten mit Platons berühmtem Höhlengleichnis beschreiben: Er schildert darin Menschen, die von Kindheit an in eine Höhle verbannt sind, sich nicht frei bewegen können und auf eine Wand starren müssen. Auf dieser werden die Schatten von Gerätschaften sichtbar, die außerhalb der Höhle arbeitende Menschen vorbei tragen.

Für die Höhlenbewohner bilden diese zweidimensionalen Schatten die gesamte Erlebnis-Wirklichkeit. Sie kennen nichts anderes. Und so sehr sie sich mit der Wirklichkeit beschäftigen, welche Theorien auch immer sie entwickeln, es wird doch immer nur die Schatten der Wirklichkeit betreffen.

Nur jemand, dessen Bann gelöst und der an das Licht der Sonne gezwungen würde, könnte die eigentliche Wirklichkeit sehen und ertragen lernen.

Aber was würde geschehen, wenn er später in der Höhle mit den anderen über die dreidimensionale Wirklichkeit sprechen müsste, wie er sie erlebt hat?

Er hätte nicht einmal geeignete Worte dafür. Man würde wohl befinden, er sei durch seinen Aufstieg verrückt geworden – und folglich jeden Versuch, sich vom Bann der Höhle zu lösen, als verwerflich ansehen.

Dieses „Höhlen-Bewusstsein" entspricht dem Wachbewusstsein unseres Alltags. Es zeigt uns nur ein Abbild der Wirklichkeit.

Das eigentliche geistige Bewusstsein entfaltet sich erst im „Licht", außerhalb der „Körperhöhle". Dann erfährt es die Wirklichkeit in einer unbeschreiblichen, lichtvollen Intensität.

Das Wesen dieses geistigen Bewusstseins reicht über das „kleine Ego" weit hinaus, es hat umfassenden, verbindenden Charakter und ist von höchster Lebendigkeit.

Nahtod-Berichte lassen vermuten, dass sich an der Schwelle zum Tod für viele Menschen das Tor zu dieser Licht-Welt öffnet, ein Bewusstseins-Fenster zum heimatlichen Urgrund des Lebens.

Allerdings lässt sich aus medial empfangenen Jenseits-Schilderungen folgern, dass der Mensch nicht sofort im „Reich Gottes" landet, sondern zunächst einmal in dem zu ihm passenden „feinstofflichen" Wesensumfeld. Dieses hat er im Laufe seines Lebens speziell für sich entwickelt, und es entscheidet wohl auch mit über seine Möglichkeiten für die nächste Inkarnation.

Dieses „Rad der Wiederverkörperung" dreht sich für das menschliche Individuum so lange, bis das geistige Bewusstsein weit genug entwickelt ist. Dadurch wird der „Wiedereintritt in die Geist-Sphäre" möglich.

Fördern lässt sich diese Entwicklung durch eine Lebensorientierung, die nicht vom gehirndiktierten Egoismus bestimmt wird, sondern vom geistigen Wesenskern, der immer zum großen Ganzen strebt. Nächstenliebe, Empathie und Empfindungstiefe sind dabei ausgezeichnete Wegbegleiter. Sie regen dazu an, das „Höhlen-Bewusstsein" glücklich zu überwinden.

Besuch beim „kleinen Bruder des Todes"

Der Tod bedeutet die Lösung des Immateriellen vom Materiellen. Den Ausführungen von Ulrich Warnke (siehe Kapitel 4) folgend, wird die Bindung des Bewusstseins an den Körper nicht nur im Sterbeprozess gelöst. Sie lockert sich in jeder Nacht – während des Schlafs.

Die „Barriere", die der Neokortex bildet, indem er tagsüber das Wachbewusstsein generiert, sei dann „abgeschaltet". Dadurch werde es möglich, die jenseitige Innenwelt, die dem persönlichen „Wesensfeld" entspricht – Warnke bezeichnet sie als „Interwelt" – zu erleben: im Traum.

Insofern erweist sich der alte Spruch des Volksmundes, der Schlaf sei „der kleine Bruder des Todes", als überaus treffend.

Auch im Traum erlebt der Mensch – wie später nach dem Tod – jenseitige Wirklichkeiten. Womit jedoch eine andere Erfahrungsweisheit zu hinterfragen ist – nämlich, dass Träume „Schäume" seien, also substanz- und bedeutungslos.

Natürlich erscheinen die wirren Erinnerungsfetzen, die üblicherweise von einem Traum nach dem Aufwachen kurzzeitig im Gedächtnis bleiben, nicht besonders relevant und wenig aufschlussreich.

Aber Erinnerung hängt, wie wir bei anderer Gelegenheit sehen konnten, wesentlich von der Vermittlungstätigkeit des Gehirns ab. Dieses springt erst im Erwachen an. Das, woran wir uns von einem Traum erinnern können und was wir im morgendlichen Gedankenchaos vielleicht krampfhaft zu einem verständlichen Ganzen zu formen versuchen, ist nicht der Traum selbst. Es ist eine interpretierte, vom Großhirn verschlüsselte und mit vertrauten Alltagsbildern, Ängsten und Wünschen vermischte Interpretation davon.

Manche Traumforscher sind davon überzeugt, dass es möglich ist, das in Erinnerung gebliebene Erleben zu entschlüsseln und die wirklich bedeutenden seelisch-geistigen Vorgänge zu erkennen. „Jeder Traum öffnet den Zugang zu uns selbst", sagt die Traumtherapeutin und Autorin Ortrud Grön. Die Mühe, die Verschlüsselung der Träume aufzulösen, lohne sich, da sie ein Spiegelbild für geistige Prozesse sei.

Grön: „Der Traum begleitet den Menschen Schritt auf Schritt bei seinen Erfahrungen, zum Beispiel, wenn man die Richtung im Leben verfehlt hat. Aber er lobt und bestärkt auch, wenn ein Problem überwunden wurde und sich etwas gelöst hat."

In der Entschlüsselung gehe es darum, eine „spirituelle Sprache" zu erkennen, die in einer logischen Aneinanderreihung von Bildern zum Ausdruck komme. Dabei könne die Zahlensymbolik sehr aussagekräftig sein.

Ortrud Grön nennt Beispiele: „Die Zahl 1 im Traum ist die grundlegende Erfahrung: Mir geht es nicht gut. Ich will etwas ändern. In der 2 erkenne ich die Ambivalenz, die mich blockiert, also die gegensätzlichen Gefühle in mir und ich entscheide, was mir gut tut und was nicht. Daraus entwickelt sich ein Wunsch, dem ich nachgehen will, um mein Leben schöner zu gestalten. Der Wunsch blüht auf – die 3. Mit der Zahl 4 mache ich mir dann Gedanken, wie ich diesen Wunsch am Besten gestalten, ihn in die Tat umsetzen kann. Mit der 5 begebe ich mich mit allen fünf Sinnen in meinen Wunsch. Es entsteht eine Lust, den Wunsch sinnlich zu erfahren, ihn zu verwirklichen. Bei der Zahl 6 kann der Druck von außen noch so groß sein, ich stehe zu meiner Wahrheit."

Der Mensch verbringt etwa ein Drittel seines Lebens im Schlaf. Er träumt in jeder Nacht. Intensive Traumphasen sind an den ruckartigen Augenbewegungen hinter den geschlossenen Lidern erkennbar. Diese Phasen werden „REM-Schlaf" (von engl. „rapid eye movements") genannt.

Vielleicht erfüllten Träume ursprünglich wirklich die Aufgabe einer geistigen Wegweisung. „Wahre Weisheit kann nur aus Träumen kommen", lautet eine indianische Weisheit.

Und vielleicht hat der moderne Mensch auf Grund seiner einseitigen intellektuellen Ausrichtung – und in der heutigen Beschleunigungsgesellschaft erst recht – jene gemütvolle Ruhe verloren, die nötig ist, um „aus dem Buch der Träume lesen" zu können, das der „kleine Bruder des Todes" regelmäßig für ihn aufschlägt.

Vom ewig langen Leben zur Unsterblichkeit

Träume und Interwelt, Geistigkeit und Wesensfeld, Bewusstsein und spirituelle Entwicklung ... unter Umständen hat der eine oder andere Leser in einem Buch zum Thema „Unsterblichkeit" andere Schwerpunkte erwartet.

Freilich: Es wäre möglich gewesen, die medizinischen Bemühungen um Lebensverlängerung ausführlicher zu diskutieren. Wie es gelingen könnte, die heute absehbaren biologischen Altersgrenzen zu sprengen. Oder, darüber hinaus, wie es um unsere Chancen steht, einst auf einem anderen Planeten Fuß zu fassen. Wird die Erde, diese kleine blaue Insel im All, immer die Heimat des Menschen bleiben? Oder werden wir, wovon hoffnungsfrohe Technokraten träumen, andere Lebensmöglichkeiten im Universum finden? Demnächst das One-Way-Ticket zum Mars, später dann die Star-Trek-Flotte ...

Könnte es, wie der Astrophysiker Illobrand von Ludwiger (siehe Kapitel 3) meint, Fortbewegungsmöglichkeiten für interstellare Reisen geben, vor denen wir heute noch gar nichts wissen – die aber Intelligenzen anderer Planeten längst verwenden, um uns zu besuchen?

Interessante Überlegungen, zweifellos. Letztlich aber würden sie doch am Thema vorbei führen. Denn ein immer längeres und idealerweise „ewig langes" Leben bedeutet noch nicht Unsterblichkeit. Egal, ob es auf Erden oder irgendwo auf einem anderen Planeten beheimatet ist.

Nach allem, was wir heute über das sichtbare All wissen, wird unsere Sonne in ferner Zukunft verglüht sein, und Äonen später wird alle Bewegung im Universum enden. Es wird vergehen, wird – auf welche Weise auch immer – aufhören zu existieren.

Vor diesem Hintergrund mag die raumzeitliche Welt zwar Möglichkeiten bieten, das Leben zu verlängern oder zu verlagern. Aber es gibt keine Unsterblichkeit in ihr.

Lediglich überirdische Dimensionen jenseits aller Endlichkeit geben berechtigten Anlass zur Hoffnung.

Ob sich uns auf der Grundlage eines neuen Weltbildes, das höhere Dimensionen mit einbezieht, später einmal auch technologische Möglichkeiten öffnen werden, mit denen das Überirdische angesprochen und genutzt werden kann, sei dahingestellt. Idealistisch gesinnte Forscher äußern diese Vermutung manchmal.

Das Zeitalter des Anthropozän, in dem die Entwicklung der Erde maßgeblich vom Menschen (und seinem Machbarkeitswahn?) geprägt ist, lebt von großen Ideen ...

Aber ist eine technisch dominierte Zukunft – bei allen Annehmlichkeiten, die sie bieten mag – wirklich wünschenswert? Bietet dieser „äußere Weg", der auf materialistischen Prinzipien gegründet ist, Perspektiven für eine Kultivierung der menschlichen Geistigkeit?

Sicher ist dem gegenüber, dass es den „Weg nach innen" gibt. Seelisch-geistige Entwicklung spricht ein menschliches Potential an, das über den Tod hinaus führt – zu einem „Leben in Ewigkeit".

Es gibt eine Seelenwelt – und der Mensch sollte sich um sein Seelenheil kümmern.

Das könnte die zusammenfassende Bilanz zum Thema „Unsterblichkeit" sein.

Und jetzt?

Nüchtern-theoretisch soll diese Reise aber nicht enden – und schon gar nicht mit einem frömmelnden Imperativ, der womöglich Vorurteile provoziert, wenn er ohne Inhalt bleibt. Deshalb sollen einige frische Brisen aus dem Lebensalltag abschließend verdeutlichen, was mit „Arbeit am Seelenheil" gemeint sein kann.

Wenn wir nach den vielen weltanschaulich-philosophischen Exkursen letztlich wieder bei uns selbst gelandet sind, so steht nun die zentrale Frage im Raum: Wie gelingt es, das Unsterblichkeits-Potential zu nutzen? Das „Alltags-Ego" zu überwinden? Oder gar dem „geistigen Tod" zu entgehen?

Nein, jetzt folgt keine Gebrauchsanweisung, wie man in den Himmel kommt. Es folgt auch keine Anleitung zum Öffnen „spiritueller Kanäle", kein esoterisches oder psychologisches Geheimrezept. Nur eine überschaubare Liste von Anregungen zur Wiederentdeckung oder Förderung der Geistigkeit, die die eigene Erfahrung und Überzeugung diktiert haben, gewürzt mit ein paar weiterführenden Zitaten.

• *Das letzte Wort heißt „Liebe"*

Geist konzentriert sich nicht nur auf die eigene Person. Deshalb ist die Liebe, das Verbindende, der Königsweg, der vom „Höhlen-

Bewusstsein" der Ego-Pflege zu einem umfassenderen Bewusstsein und „mehr Licht" führt.

Larry Dossey schreibt dazu in seinem Buch „One Mind": „Die Liebe ist das Tor zum Einen Geist, weil Liebe die Kräfte der Isolation, Getrenntheit und Individualität in Schach hält. Individualität ist eine wertvolle Ergänzung zu Verbundenheit und Einheit, doch im Übermaß kann sie zu einem aufgeblähten Ego führen und das Gespür dafür behindern, dass wir alle miteinander und mit allem anderen verbunden sind."

Gottesliebe und Nächstenliebe ... seit Jesus von Nazareth vor 2.000 Jahren seine Botschaft formuliert hat, stehen diese Begriffe auch für den „christlichen Weg". Sie sind entsprechend überstrapaziert, auch historisch belastet ... aber nicht überholt.

Der britische Schriftsteller Aldous Huxley (1894–1963) schrieb dazu sehr treffend:

„Von all den abgegriffenen, schmutzigen, eselsohrigen Wörtern unseres Wortschatzes ist ‚Liebe' sicherlich das schmuddeligste, muffigste und schwammigste. Von einer Million Kanzeln heruntergedröhnt, lasziv aus Hunderten von Millionen Lautsprechern geschmachtet, ist es ein Gräuel für guten Geschmack und Anstandsgefühl geworden, eine Obszönität, die man kaum noch über die Lippen bringt. Und doch muss sie ausgesprochen werden, denn schließlich ist und bleibt Liebe das letzte Wort."

• *Auf den Geist vertrauen*

Dem Zeitgeist folgend, identifizieren wir uns gern mit Körper und Verstand. Wenn in Kryonik-Instituten Köpfe eingefroren werden, die irgendwann wieder „erwachen" und auf Körper montiert werden sollen (siehe Kapitel 1), so ist das eine treffende Karikatur dieser Identifikation.

Geist sollte den Verstand zwar lenken, umfasst aber mehr als nur diesen. Es lohnt sich, auf die Sprache des Geistes zu vertrauen – auf die Stimme des Gewissens, auf Empfindung und Intuition. Denn sie kann mit einem umfassenderen Wissen verbinden.

Besonders schön kommt das in der folgenden (leicht gekürzten) Schilderung zum Ausdruck, mit der Ervin Laszlo sein Buch „Kosmische Kreativität" einleitet:

„Es ergab sich, dass ich eines schönen Abends im Jahre 1986, unter einem Himmel von unendlicher Klarheit und Tiefe, mit einigen engen Freunden und Kollegen an der Mittelmeerküste zusammen saß, als mir die diesem Buch zugrunde liegende Einsicht zuteil wurde.

Wir waren alle in nachdenklicher Stimmung, weil wir eben dabei waren, uns von dem Schock zu erholen, den die Nachricht vom Tod eines gemeinsamen Freundes ausgelöst hatte, der von uns allen wegen seiner Einsichtsfähigkeit und Kreativität, ebenso wegen seines tief empfundenen Humanismus bewundert wurde. Während jeder von uns Episoden aus dem vollen und abenteuerlichen Leben unseres Freundes erzählte, bemerkte jemand, wie tragisch es doch sei, dass die im Laufe seines Lebens angesammelten Erfahrungen und Erkenntnisse mit seinem Tod verschwunden seien, ohne eine Spur zu hinterlassen.

Mit einer Überzeugung, die mich selbst ebenso wie die anderen überraschte, antwortete ich, dass Erfahrungen und Kenntnisse unseres Freundes keineswegs aus dieser Welt verschwunden wären: Die Spuren seien immer noch vorhanden, genauso wie die Spuren aller anderen Dinge, die jemals im Universum existierten.

Wir schwiegen. Die Wahrheit dieser Behauptung, so kühn sie auch war, ergriff uns alle.

Nach einer kurzen Zeit fragte mich einer der Freunde, wieso ich so sicher sein könnte. Meine Antwort kam aus einem mir bisher nicht bewusst gewordenen inneren Reservoir von Ideen und Konzepten. Ich sprach vom Gesetz der Natur, vom Aufstieg und Fall all dessen, was je im Kosmos und hier auf der Erde zur Existenz gelangte. Ich sagte, dass ein menschliches Leben, das ungewöhnlichste Abenteuer der Materie im Universum, keine Ausnahme vom Gesetz der Bewahrung aller Dinge und Ereignisse im Kosmos sein könnte. Der Reichtum der Eindrücke und Erkenntnisse im Leben eines Menschen verschwindet nicht spurlos; vielmehr bleibt er im Herzen der Realität registriert und eingebettet.

Es war, als ob ein Lichtstrahl aus einem der Myriaden Sterne von der Himmelskuppel, die sich über dem ruhigen Strand erhob, auf unsere Augen traf. Ein Licht, das aus allen Teilen des Universums stammte und uns Signale übertrug, die die gesamte Geschichte des Kosmos umfassten.

Nichts in dieser Welt ging spurlos unter, weder ein einziges Photon eines Sterns in Gamma Centauri, noch eine Zelle aus dem Netzwerk der Neuronen im Gehirn unseres verstorbenen Freundes.

Nach einer Weile sagten wir uns gute Nacht und verabredeten uns für den nächsten Morgen zum Schwimmen.

Am Tag darauf fragten meine Freunde, ob ich immer noch von meinem nächtlichen Konzept eines sich selbst bewahrenden Kosmos überzeugt sei. Es war mein erster Impuls, die ganze Idee als Frucht eines poetischen Zwischenspiels ohne weitere Bedeutung zu verwerfen. Ich konnte es aber nicht. Die Idee hielt mich gefangen; sie fühlte sich intuitiv richtig an. Es wurde mir klar, dass es sich hier nicht um etwas handelte, was mir in der letzten Nacht eingefallen war, sondern um etwas, das ich schon immer gewusst hatte. Ich beschloss, auf dieses Konzept zurückzukommen und es in Ruhe zu untersuchen."

Ervin Laszlo erarbeitete daraufhin eine viel beachtete Entwicklungs-Theorie, die davon ausgeht, dass in der Struktur der Raumzeit alles gespeichert wird. Damit ließe sich unter anderem die Ordnung in der Natur erklären, die unter der Annahme, dass in der Evolution bloß der Zufall wirkt, ein großes Rätsel bleibt. Wenn aber tatsächlich alles, was sich je entwickelt hat, erhalten bleibt, könnte die Natur daraus, so Laszlo, „den nötigen minimalen Impuls erhalten, der zunächst zufällig auseinander strebende Entwicklungspfade zu einem deutlich konvergenten Verlauf" bringt. („Kosmische Kreativität")

Das Phänomen ist bekannt: Viele große wissenschaftliche Erkenntnisse entwickelten sich nicht primär aus beharrlicher For-

schung, sondern aus einem intuitiven Impuls – der geistigen Verbindung mit dem „Einen Geist" ... oder wie immer man die Hintergrundrealität unseres Bewusstseins nennen möchte.
Die Forschungsarbeit folgte erst auf Grund dieses Impulses.

• *Zu gesunder Neugier finden*
Tod und Jenseits: In unserer Wohlstands- und Beschleunigungsgesellschaft werden so „alltagsferne" Themen für die meisten Menschen erst relevant, wenn es einen Anlass dafür gibt – eine schwere Krankheit, ein Unfall, der Tod eines Freundes oder Bekannten. Dann erwacht der Geist für die Suche nach Antworten und nach Sinn. Das Leben wird wertvoller, die Zeit kostbarer und Binsenweisheiten fragwürdiger.

Weiß tatsächlich keiner etwas Genaues über den Tod? Ist wirklich „noch niemand zurückgekommen"? Stimmt es, was die Religionen lehren? Hat Jesus uns erlöst? Werden wir in ferner Zeit auf wundersame Weise fleischlich auferstehen?

Wer heute auf Fragen, die sich der naturwissenschaftlichen Forschung weitgehend entziehen, unvorbereitet nach Antworten sucht, kann sich im Gestrüpp unterschiedlichster Ideen und Konzepte leicht verheddern.

„Wer suchet, der findet ...", sagt man. Ja, aber vielleicht findet der „Homo googlensis" viel zu viel.

Im Zeitalter der weltweiten Vernetzung stehen – weitgehend ohne redaktionelle oder wissenschaftliche Qualitätsfilter – wertvolle Erkenntnisse gleichrangig neben hochstilisierten Selbstverständlichkeiten und prächtigen trojanischen Pferden: Attraktive Lebenshilfe-Angebote entpuppen sich als Köder spiritueller Gemeinschaften, die nach neuen, leichtgläubigen Schäfchen Ausschau halten.

Also am Besten um alles, was noch modrigem Glaubensdogma oder süßer Sandelholz-Esoterik duftet, von vornherein einen großen Bogen machen?

Nicht unbedingt. Aber gehörige Skepsis kann nicht schaden.

Sollte durch die Bereitschaft, die Welt und das Leben neu zu hinterfragen, ein weltanschauliches Vakuum entstanden sein, muss es ja nicht zwangsläufig mit einer fest abgezäunten Lehre gefüllt werden.

Wichtig erscheint mir, sich mit gesundem Selbstvertrauen, vorurteilsfreier Offenheit und kindlicher Freude den Geheimnissen der Welt zu nähern. Und dem alten Aberglauben zu widerstehen, dass irgendeine kühne Theorie oder geheimnisvolle Offenbarung unmittelbar zur geistigen „Höhensonne" führen könnte. Also dorthin, wo die Suche nach Erkenntnissen zu Ende ist und ein ganz besonderer Blickwinkel auf die Wunder und Wirren der Welt „endgültig wissend" gemacht hat.

Die Auffassung, das „absolut Richtige" zu vertreten, liegt im Wesen der meisten religiösen oder spirituellen Traditionen. Sie definieren sich durch das, was – abgeleitet aus der Überlieferung – im Sinne Gottes sein oder mit den Kräften des Universums verbinden soll und entwickeln daraus Lebenshilfe-Konzepte, Dogmen und Verhaltensregeln. Und bald tun sich besonders strikte Gesinnungsgenossen hervor, die die (vermeintlichen) Forderungen der „reine Lehre" höher bewerten als die Bedürfnisse ihrer Mitmenschen. Das ist der Humus für Machtstreben und Fanatismus.

Auch besteht die Gefahr, sich selbst mehr und mehr mit einer „absolut gültigen" Weltanschauung zu identifizieren. Jedes Hinterfragen wird dann als Angriff auf die eigene Person gewertet. Also folgt oft Schritt für Schritt der Rückzug in die Wohlfühlzone ausschließlich Gleichgesinnter. Das ist die Bauanleitung für ein sicheres Gefängnis zur Verwahrung des freien Geistes.

Vor einem Scheuklappendenken sind Wissenschaftler natürlich auch nicht gefeit. Beispielsweise kann die zunehmende Spezialisierung in Detailbereichen den Blick aufs große Ganze ebenso trüben wie die im „Hinterkopf" mehr oder minder präsente Überzeugung, sich innerhalb der absolut richtigen und für alle Zukunft gültigen Weltanschauung zu bewegen.

Harald Lesch, Astrophysiker und Philosoph, hat den Weg des Forschers einmal sehr treffend mit „Wir irren uns empor" beschrieben. Das heißt: Er folgt der plausibelsten Theorie – bis diese durch eine neue ersetzt werden kann.

Diese Gelassenheit im Bewusstsein, letztlich immer falsch zu liegen, weil etwas Besseres kommen wird, kann aber wohl nur verinnerlichen, wer aktiv auf der Suche nach Neuem, Überzeugenderem ist, bereit für das jetzt noch Geheimnisvolle, und wer sich der Grenzen des menschlichen Forschen bewusst ist.

Max Planck sagte:

„Die Wissenschaft kann das letzte Geheimnis der Natur nicht enträtseln. Das liegt daran, dass wir letzten Endes selbst Teil der Natur und damit Teil des Geheimnisses sind, das wir zu enträtseln suchen."

Dennoch können das wachsame Staunen über die Geheimnisse des Lebens und das Bedürfnis, immer tiefer in sie einzudringen, wie kaum etwas Anderes die Entfaltung der Persönlichkeit fördern. Die gesunde Wissens-Neugier ist ein hohes geistiges Gut. Fällt sie irgendeinem Dogmatismus zum Opfer, liegt das Geistige in Ketten, Sklave einer weltanschaulichen Idee.

• *Vertrauen in das Leben, Versöhnung mit dem Tod*

In seinem Buch „Exit – Ende gut, alles gut", thematisiert der Münchner Dokumentarfilmer und Autor Klaus Kamphausen das „Lebensende als letzte Herausforderung" (mit dem Schwerpunkt Suizid). Er zitiert darin ein Essay des englischen Philosophen Bernard Williams (1929–2003), der sich anhand eines Theaterstücks mit der Bedeutung und Notwendigkeit des Todes befasst hat.

Im Zentrum dieses Stückes steht das Leben der fiktiven Opernsängerin Emilia Marty. Sie ist eine berühmte Künstlerin, der alle zu Füßen liegen, hat aber ein Geheimnis – ihr hohes Alter. Sie ist nämlich bereits 342 Jahre alt.

Ein wunderbares Elixier, das ihr Vater entwickelt und das sie im Alter von 42 Jahren eingenommen hatte, verlängerte ihr Leben um 300 Jahre.

Nun steht Emilia vor der Frage, „ob sie die nächste Dosis diese reichlich vorhandenen Elixiers nehmen soll, um weitere 300 Jahre zu leben. […]
Aber der berühmten, faszinierenden, glamourösen Außenseite ihres Lebens steht ein ganz anderes Innenleben entgegen. Sie ist zu Tode gelangweilt, sie ist erfroren, ist ein Mensch, wie er beziehungsunfähiger überhaupt nicht sein könnte. Nichts macht ihr mehr Freude im Leben, nichts kann sie wirklich berühren.
Das Stück endet dann auch damit, dass Emilia Marty beschließt, die Medizin nicht zu nehmen. Eine junge Frau, die sie kennt und ihre Geschichte begleitet, zerstört das Lebenselixier – sehr zum Protest der meist älteren Männer …"

Dieses Theaterstück des tschechischen Schriftstellers Karel Capek (1890–1938) dient Klaus Kamphausen in seinem Buch zur Verdeutlichung eines wichtigen, in den heutigen Diskussionen um möglichst effektive Lebensverlängerung vernachlässigten Aspekts: Der Tod gehört zum irdischen Leben. Ohne ihn könnte es zum Albtraum werden.
Diese Erkenntnis soll freilich keine Todessehnsüchte schüren. Vielmehr kann sie das Vertrauen in das Leben stärken und eine Versöhnung mit dem Tod fördern. In dem Bewusstsein, dass das alles so, wie es ist, gut ist. Und dass es keinen Grund dafür gibt, das physische Leben biologisch-medizinisch auf „endlos" optimieren zu müssen.
Gerade weil wir seelisch-geistig über das Potential für Unsterblichkeit verfügen und unser geistiges Bewusstsein über das der Körperlichkeit verbundene Ego hinauswachsen soll, ist der Tod nötig – im Sinne des Wandels und neuer Impulse. Er gehört zum Leben. Wer sich mit ihm versöhnen kann und ihn aus dem Dunkel des Tabus befreit, befreit sich selbst von Ängsten.
Der Dichter und Naturforscher Johann Wolfgang von Goethe brachte sein tiefes Vertrauen in die Natur bei vielen Gelegenheiten zum Ausdruck. Im hohen Alter von 75 Jahren konnte er sagen, dass ihn der Gedanke an den Tod „in völliger Ruhe" lasse, denn

er habe „die feste Überzeugung, dass unser Geist ein Wesen ist ganz unzerstörbarer Natur; es ist ein Fortwirkendes von Ewigkeit zu Ewigkeit. Es ist der Sonne ähnlich, die selbst unsern irdischen Augen unterzugehen scheint, die aber eigentlich nie untergeht, sondern unaufhörlich fortleuchtet."

Das ist auch das Fazit dieses Buches. Allen materialistischen Vorbehalten, den Vorurteilen und vor allem den Ängsten zum Trotz: *Der Mensch verfügt über einen Wesenskern, der nicht an die raumzeitliche Welt gebunden ist. Er ist geistig – und hat damit das Potential zur Unsterblichkeit.*

Sterben lernen, sterben lehren

Das Schlusswort möchte ich einem bemerkenswerten Menschen überlassen, der seit vielen Jahren als Hospiz-Helfer tätig ist und darüber hinaus Zen praktiziert.

Werner Völk aus Schrobenhausen war Arzt und ist inzwischen bereits über 80 Jahre alt. In dem folgenden abschließenden Interview verbinden sich auf ansprechende Art weltanschauliche Erkenntnisse mit großer persönlicher Erfahrung in der Begleitung am Sterbebett.

Ähnlich wie Sieglinde Fuchs (siehe Interview im Kapitel 1) empfindet es auch Werner Völk als „Gnade", sterbende Menschen begleiten zu dürfen. Denn sie führen nahe an das Leben ... und lehren Wertvolles über das Sterben.

Sie sind Arzt, Hospizhelfer und haben eine lange Zen-Erfahrung. Was sagen Sie Menschen, die Angst vor dem Tod haben? Was ist Ihre wichtigste Botschaft?

Völk:
Als Arzt und Hospizhelfer konnte ich immer wieder Menschen auf ihrem letzten Lebensweg und in den Tod begleiten, und ich

empfand es als Gnade, an diesem geheimnisvollen Geschehen, das alles umschließt – Verzweiflung, Trauer, Schmerz und befreiende Erlösung – teilhaben zu dürfen.

Es gibt bestimmt keine allgemeinen und gültigen Empfehlungen für Menschen, die Angst vor dem Tod empfinden.

Wenn es angebracht und noch Spielraum offen ist, lenke ich den Blick auf das Leben, so paradox das klingen mag. Ich wende den Menschen auf das zu, was noch Freude macht, worin er besonders gut und begabt ist und Lebendigkeit in sich fühlt. Die Frage des Todes ist da noch nicht brennend.

Der Leitspruch meines Hospizes lautet: „Leben bis zuletzt."

Diese Haltung gilt sowohl für Pflegende als auch für die oder den Betroffenen. Den Augenblick voll Leben nützen heißt, dem Leben wieder Sicherheit geben. Das kann auch Sicherheit angesichts des Todes bedeuten. Zen und die Übung darin schätzt den Augenblick im Hier und Jetzt und gibt dem Morgen keinen großen Wert.

Helfen kann auch einmal der Blick auf das Geschehen, auf die Rhythmen in der Natur: Der kreisförmige Wechsel der Jahreszeiten, Kommen und Gehen von Tag und Nacht, und so auch Leben und Tod und neue Geburt. Dies alles geschieht, und wir dürfen und müssen es geschehen lassen, wir sollen nichts tun und wir können zutiefst nichts falsch machen. Ein gutes Gefühl!

Was haben Sie Ihre Zen-Erfahrungen gelehrt? Wie hat sich Ihre Sicht auf das Leben verändert?

Völk:

Meine Sicht auf das Leben hat sich durch Zen grundlegend verändert durch meine Erfahrung, dass Dualismus ein Konzept, eine Vorstellung ist, die wir zu hinterfragen haben. Das Erkennen dieser ausschließlich trennenden Weltsicht und die Erfahrung einer All-Einheit bedeutet, dass das ganze Universum seine Existenz einer einzigen Quelle verdankt, die im christlichen Sinn als die göttliche und allgemeiner als namen- und formlose benannt ist. Diese Erfahrung hat mich unsagbar tief mit allem, was ist, verbunden und mir zugleich eine große Liebe geschenkt, die nicht mehr wertet.

Trauer und Freude, Geburt und Tod, all diese scheinbaren Gegensätze haben ihren eigenen Wert und Sinn und sind vollkommene – das heißt, ohne ein Zuviel und ein Zuwenig – Manifestationen dieser einen Wirklichkeit.

Diese Wirklichkeit – und sie hat viele Namen – ist anfang- und endlos, sie ist unparteiisch und absolut. Und, so provokant das auch klingen mag, die Welt, in der wir uns eingerichtet haben, ist in gewissem Sinne eine Illusion, nicht die Wirklichkeit selbst. Sie ist nur sichtbarer Ausdruck dieses Ewigen und im Gegensatz dazu der Vergänglichkeit unterworfen. Wir dürfen die Welt schätzen und auch lieben, aber sie ist nur die eine Seite der Medaille. Ich bin mir bewusst, dass diese Ausführungen dem logischen Denken widersprechen, nicht jedoch der Intuition.

Was sind aus Ihrer Sicht gute Möglichkeiten, sich auf den Tod vorzubereiten?

Völk:
Gute Möglichkeiten sind …

… schon in der Lebensmitte zu erkennen, dass die Erfüllung äußerer Wünsche und das Streben nach schnellem Glück, nach Haben- und Seinwollen, eine tiefere und ganz andere Sehnsucht, die in uns allen blüht, nicht zu stillen vermag;

… wenn möglich – und gleichgültig, wann und wo – immer wieder einen Ort der Stille aufzusuchen, um absichtslos in sich zu lauschen und einfach auszuhalten, was im Augenblick geschieht. Wassili Rosanow, ein russischer Pilger und Weiser, sagte einmal: „Einfach auf einem Stuhl sitzen und mit leerem Geist in die Ferne schauen." Will heißen: Wachheit im Augenblick. Gedanken dürfen kommen, und wenn wir sie nicht festhalten, verschwinden sie auch wieder. Es tut sich dann in uns etwas, ohne dass wir es bemerken;

… die Möglichkeit, einen sterbenden Menschen zu begleiten und ihm nahe zu sein, nicht verstreichen zu lassen. Wir lernen so für unser eigenes unvermeidliches Vergehen;

… die Worte meines Zen-Meisters, Pater Willigis Jäger, in sich zu bewegen: „Im Tod geht eine Türe auf, nicht zu."

… dem Leben Sinn geben, so lange wir leben und

… unser dominantes Ego zu durchschauen, das der wesentliche Grund unserer Ängste ist.

ANHANG

Lebensnähe
Eine Erzählung

Leuchtend weißer Nebel stieg aus der herbstlichen Abenddämmerung empor. Rio Quente, der warme Fluss, quoll aus fernen Höhen herab, zischend stürzte er die Kuppen und Klippen entlang, verlor an der mächtigen Felswand seine Form und gewann sie wieder als smaragdgrüner See. Meterhoch wolkte die Wärme über ihm, durchflutet vom Rot der gewaltigen Sonne, die dunkel flimmernde Regenbögen in das tiefgrüne Land zauberte.

Staunend suchte er den Ursprung des endlosen Wasserfalls, doch jener war kaum zu erahnen. Zaghaft trat er näher. Keinen Gedanken verschwendete er noch an die Frage, wie er hierher gelangt war. Gebannt schaute er nur und sah und wo immer sein Blick sich verfing, erstanden neue Wunder, als ob sein eigenes Auge dies rauschende Leben erzeugte.

Dicht vor seinen Füßen schlug der See in seichten Wellen an das Ufer. Bald drängte es ihn, den Quell an sich zu spüren, in ihn einzutauchen, die ganze lange Reise wegzuwaschen. Und ohne Rücksicht auf seine Erschöpfung, seine Krankheit, sein Alter, ohne die Kleider abzulegen oder an das Danach zu denken, ergab er sich, ganz Kind, der Sehnsucht des Augenblicks.

Umspülte wirklich Wasser seinen Körper? Das Warm hatte kaum Substanz, in seiner Leichtigkeit mutete es an wie geronnener Wind, und doch veränderte es ihn mit ungeahnter, unbändiger Kraft. Es löschte ihm die Erinnerung an jede Mühsal; alle starren Krusten, die ihn geschmerzt und bekümmert hatten, fielen perlend ab, sogar seinen Namen schienen die Wolken sanft mit sich hinfort zu tragen.

Nach dem Bad atmete er das Glück vollkommener Freiheit, wunschloser Zufriedenheit.

Nun erst wurde ihm bewusst, wie viele Menschen das Ufer des Rio Quente säumten, und mit jugendlicher Neugier trat er ihnen näher.

Sie waren von erhabener Schönheit, edlem Wuchs und stillem Stolz. Er erkannte die herbe indianische Natur in ihren Zügen, die er auf seinen Reisen oft bewundert hatte. Eine ferne Ahnung trieb ihn einem der Lederhäutigen näher. – Zwinkerte der Krieger ihm tatsächlich zu oder zuckte nur unwillkürlich seine Wimper? Schon drängte es ihn, diesen seltsam vertrauten, doch Achtung gebietenden Fremden anzusprechen, als etwas in der Ferne seinen Blick bannte.

Ein Eindruck, ein Gedanke, eine lebenslange Sehnsucht.

Aufgewühlt wandte er sich wieder dem Indianer zu, fragend, Zustimmung erhoffend, zugleich aber nahm ihn das Bild in der Ferne gefangen, und nur halb anwesend bemerkte er, wie der Krieger ihn dazu ermunterte, endlich seinem Glück nun zu begegnen.

Er hatte schon gefürchtet, einem allzu wundervollen Trugbild erlegen zu sein, jählings im Moment der größten Freude doch aus einem Wunschtraum gerissen zu werden.

Aber auch als er ihr schnell und schneller zueilte, wich Jana nicht von der Stelle.

Unmittelbar war ihm wieder gegenwärtig, was diese Frau ihn hatte empfinden lassen. Nur einmal hatte er das Ideal einer vollendeten Gestalt wirklich erblickt, eine Stimme vernommen, deren Wohlklang ihn mit jedem Laut durchtönte; nur einmal hatte er ein weibliches Wesen erlebt, das mit jedem Blick, jeder kleinsten Geste neue Sehnsucht entfachte.

Warum hatte er Jana nie umarmt, sie gepackt und sich selbst mit ihr fortgerissen in ein gemeinsames Leben?

Unendlich lang erschien es ihm, seit er sie zuletzt gesehen, aber die Menschen, Moden und Machwerke von Generationen hatten der Innigkeit, die ihn von je mit ihr verband, nichts anhaben können.

Sie streckte ihm nun wortlos, leuchtenden Auges, die Arme entgegen, er empfing ihre Freude und Liebe, und sanft, sanft drückte er sie an sich. Ein flüchtiger Gedanke an eheliche Treue durchbrannte ihn noch einmal, aber nur vage und fern nagte der Schmerz des Verzichts. Was das Leben gefordert hatte, war erfüllt; er war frei, wie Jana, und bereit.

Tränen glänzten in beider Augen, wieder und wieder suchten ihre Blicke einander, um jetzt, da endlich alles gut wurde, feierlich ein bedingungsloses Ja zu geloben, und für einen kurzen Moment, dessen Aufflackern sie heftig mitempfand, wollte er sie leidenschaftlich küssen. Dann aber floss die Liebe in so mächtigem Strom, dass sie beide in heiterer Scham über diesen bedeutungslosen Gedanken lachen mussten. Und als sie einander in die Augen sahen und das Leben erspürten, gerann dieser Moment zur Ewigkeit. –

Da standen sie am Ufer des Rio Quente. Es war Nacht geworden, eine prickelnd klare Kühle hatte das Land erfasst. Den hellen Dampf über dem smaragdgrünen Wasser durchschwebten dichte weiße Flocken. Immer wenn eine auf der Haut aufleuchtend ihre Form verlor, geriet sein Körper in sanftes Vibrieren. Fühlen! Ein Weltgeheimnis lag in dieser Fähigkeit, heilend und beruhigend durchgeistete ihn die zärtlichste Berührung. Nur Schnee! Wie wäre die Nähe eines Menschen je auszuspüren!

Beide tauchten sie lachend in das Nass, und ein Rausch der Lebendigkeit durchflutete sie, vereinte sie und führte ihre Gedanken ineinander.

Auf dem Wasser schwebend, schauten sie die Flocken durch die dünnen Nebelschwaden herab tänzeln, direkt aus dem Nichts kamen sie, und unweit strahlten die Gestirne mit ihren zahllosen Trabanten. Jeden von ihnen hätte er greifen können, um ihn ganz nah an sich zu ziehen, alle Geheimnisse des Lebens waren plötzlich offenbar.

„Das All wächst wie ein mächtiger Baum", sagte er, „er verästelt sich, es entwickelt sich und bringt leuchtende Früchte hervor. Und wir Menschen kosten und kosten ganz besessen vom Baum des Lebens."

„Die Welt ist ein Lebkuchenhaus", stimmte Jana lachend zu. „Wir betreten sie, bis wir uns an ihr satt gegessen haben!"

Er blickte noch tiefer in den Himmel. „Der Stamm ist dunkel", sagte er, „aber die Früchte zeigen sich. Alles, was wir leuchten sehen, sind Früchte des Baumes!"

Später, als ihre Blicke die Sterne wieder entließen, wussten sie beide, dass diese milde Winternacht die Bahnen ihres Schicksals vereint hatte.

Die Vergangenheit zerfloss im Raum der Hingabe, die Zukunft leuchtete aus überirdischer Ferne.

Noch nie zuvor hatte er bewusst in der Ewigkeit gelebt, aber das gleißende Licht, das schon einmal sein Herz durchfahren hatte, streifte ihn erneut und ließ ihn endlich ein Sein ohne Grenzen erfahren, ohne Zeitbeschränkung, ein Werden ohne Vergehen, Leben ohne Tod.

Als die mächtige Sonne wieder heraufdämmerte, um einen neuen Frühlingsmorgen einzuleuchten, war er mit Jana schon unterwegs, um den mächtigsten der Gletscher zu erwandern, deren lichtumspielte Gipfel sich zur Mittagszeit im Rio Quente spiegelten. Sie waren über märchenhafte Felder aus übergroßen, bunten Trollblumen gewandert, hatten die üppigen Farne und Moose am Fuß des Mount Robson durchquert, das vielfarbig grün leuchtende Baumland und die breit mäandernden Moore unter sich gelassen, und nun, in großer Höhe, genoss er den weichkörnigen Firn unter den bloßen Füßen. Seine Zehen wühlten sich in die angenehme Kühle, und Schritt um Schritt flogen sie beide höher, bis sie vom Gipfel aus das weite, jenseitige Tal erschauen konnten, das Jana ihm so dringend hatte zeigen wollen.

Doch der Blick hinab bedrückte das Gemüt. Fern lag es, unwirklich erschien es in seiner dunklen Tiefe, durchwoben von einem zähen, grauen Dunst, der allen Farben ihre Leuchtkraft und den Konturen ihre Schärfe raubte. Träge krochen die Menschen darunter hin, besonders die Ältesten, Hilfebedürftigsten vegetierten kläglich.

Gern hätte er diesen Schleier an einem Ende gepackt, ihn hochgerissen und hinaus ins Nichts geschleudert, um dem Leben dort unten seinen Frohsinn zurückzugeben, aber er wusste wohl, dass er dafür zu schwach war.

Jana belachte seine vorauseilenden Gedanken in glühender Herzlichkeit.

„Vielleicht können wir hingehen und einen Faden herausziehen", schlug sie vor, „einen dünnen nur. Damit sollten wir beginnen!"

„Morgen! Gleich morgen!", nickte er zustimmend.

Abends, am herbstlichen Lagerfeuer, fragte er: „Wo sind wir hier? Im Paradies?"

Sie antwortete: „Erst im Vorgarten, denke ich!"

Wie inhaltsreich und lebenslang dieser eine Tag in der Erinnerung erschien! So viele Eindrücke suchten noch Gestalt; in die Bilder des Heute mischte sich das ferne Gestern, Schicksalsspuren fanden zueinander, und ein alte, ewige Weisheit, von der er nicht wusste, ob sie in ihm oder um ihn war, ermaß mit Einsicht jede Wende auf dem Pfad des Seins.

Gern hätte er sich der neuen Winternacht ganz hingegeben und weiterhin erspürt, wie zarte Lebensprägungen sich zu Sinn und Ziel vereinen. Selig hätte er die Nacht durchwachen mögen, doch unversehens fühlte er eine übermächtige Ohnmacht. Ein schwerer Raum aus Zeit und Endlichkeit umhüllte ihn.

Immer noch perlte aus Janas Lachen das große Leben des Rio Quente, doch ihr Quell erreichte ihn nicht mehr.

Ein eherner Abschiedszwang durchatmete plötzlich seine Welt, entrückte alle Worte und Gefühle; Wunsch und Wille verkümmerten.

Warum? schrie sein Herz, und wie ein Echo jagte ihm eine letzte Empfindung hinterher, Janas heiße Sehnsucht. Ihr liebevoller

Nachruf ereilte ihn noch, bevor er dahin gerissen wurde, und im Hinübergehen wusste er sich mit ihr vereint. –

Nachdem er sich eingefunden hatte, wollte er seine müden Augen öffnen, doch kaltes Licht trieb ihn zurück ins Dunkel.

„Herr Kübler!" Eine geschäftige Frauenstimme rief, er vernahm sie nur von fern. Hatte der Rio Quente ihn doch nicht mit sich fortgetragen und aufgelöst, diesen abgelebten Namen, dem sich die Mühsal und Einsamkeit des Greisenalters verbanden, Jahre des erstarrten Erinnerns und Sich-Hinschleppens?

Er wollte nicht antworten, wollte sich von dieser schweren, alten Welt nicht wieder fangen lassen.

„Herr Kübler! Können Sie mich verstehen?" Kläglich mühte sich die Stimme, sein Bewusstsein zu erreichen. Hier in Janas Nähe erschien es ihm fast lächerlich, wie sehr sie sich mühte.

Nicht in dieser trüben Welt erwachen!

Aber konnte er sich diesem Leben schon in Trotz verschließen?

Als seine Augen dem kalten Licht vorsichtig Einlass gaben, lächelte ihm die Gestalt der Stimme zu, eine Krankenschwester – und er, der Kranke, lag erschöpft im Bett und musterte die Frau in der weißen Anstaltsuniform – brünett, grünäugig, vollschlank.

„Herr Kübler", tröstete sie ihn, „es ist alles in Ordnung, Sie haben es geschafft. Können Sie mich sehen? Können Sie mich hören?"

Er wollte antworten, doch sein Mund war allzu trocken, so nickt er nur stumm.

In scheuer Langsamkeit blickte er sich nun im Zimmer um und schloss bald wieder seine Augen, als jemand energisch die Tür aufschlug und jäh alle Aufmerksamkeit an sich riss.

Die volltönende Stimme eines Nachrichtensprechers trat ein und erfüllte den Raum.

„Ah, Herr Kübler! Es freut mich, Sie wieder unter den Lebenden zu wissen!", rief der Arzt. Seiner routinierten Begrüßung folgte ein Stakkato mit den Neuigkeiten: Herzinfarkt … ein Passant, der zum Glück schnell reagierte … fünf Minuten lang klinischer

Tod ... trotzdem erfolgreiche Wiederbelebung ... wohl einen aufmerksamen Schutzengel gehabt ...

Ohne Anteilnahme ließ er die Schilderungen über sich ergehen.

„Ruhen Sie sich aus, Herr Kübler", mahnte ihn der Arzt sodann. „Sie brauchen noch Erholung, und Sie werden gut betreut. Haben Sie Angehörige, die wir benachrichtigen sollten?"

Hatte er Angehörige? Er war in diesen kurzen 92 Lebensjahren so lang allein gewesen!

Schon vor 15 Jahren war seine Frau verstorben – und auch in diesem kinderlosen Lebensbund hatte er an ihrer Seite Einsamkeit erfahren; ihr Tod hatte ihm keine tiefe Wunde schlagen können.

Angehörige? Aufmerksame Zeugen seines Lebens? Das Suchlicht der Erinnerung streifte die Mutter, den Vater, ein paar Kumpel aus der Jugendzeit, die seinen Lebensweg begleitet hatten. Aber sie alle waren tot, und neue Freunde hatte er keine mehr gefunden, vielleicht auch nicht finden mögen. Lieber hatte er sich fremden Ländern und Kulturen verbunden; sein spärliches Kontaktbedürfnis war durch solche Reisen ohne weiteres befriedigt worden.

Er schüttelte den Kopf. Nein, keine Angehörigen!

Der Arzt und die Schwester nickten beide freundlich, und während er das Zimmer grußlos schon wieder verließ, fragte sie: „Ist die Wohnadresse, die wir in Ihrem Ausweis gefunden haben, ein Betreuungsheim, Herr Kübler?"

Man sah es ihm wohl allzu deutlich an – dieses dumpfe, schlaffe Dasein zwischen Mahlzeit und Mahlzeit, die zermürbenden Kartenspiele mit dementen Damen, die jede Wendung mit den immer gleichen Worten und dem immer gleichen Stöhnen kommentierten, dieses überbehütete Leben, in dem jeder Toilette-Besuch als Abenteuer zählte.

Er nickte widerwillig. Ja, seit langem schon konnte er sich nicht mehr selbst versorgen! Tag für Tag raubte ihm das Greisenalter Stück um Stück von seiner Freiheit. Er, der sich die Welt so gern erforscht hatte – Brasilien, Afrika, immer wieder Kanada! –, war jetzt zu langsamem Hinsiechen verurteilt. Und als er sich endlich aufgerafft hatte, um unter Schmerzen seinem Gefängnis zu entkommen und hinaus, hinaus ins Leben zu eilen, war er nicht weiter gelangt als bis zu diesem tristen Bett.

Oder war er es am Ende doch?

Da lösten sich die hadernden Gedanken, die über die Jahre an ihm festgewachsen waren.

Erneut durchschauerte ihn der belebende Odem des Rio Quente. Er war der Heimat immer noch verbunden.

„Wen sollen wir benachrichtigen?", fragte die Schwester.

Er gab ihr den Namen eines Pflegers und hätte ihr auch einen beliebigen anderen nennen können. Sie alle, die die Abgesonderten und zu leicht Gewichteten routiniert der Kälte der Welt entretten, hatten seine Achtung. Doch er selbst war nun frei von ihnen, unabhängig wie in seinen besten Jahren.

„Ich sehe bald wieder nach Ihnen!", versprach die Schwester freundlich, empfahl ihm Ruhe und überließ ihn eilends seinen Gedanken.

Johanna! Sie hätte Johanna benachrichtigen können, dachte er der Krankenschwester nach, als ihn die Empfindung zurück in seine Jugend trug, in die so unbekümmerten wie schicksalsschweren Jahre, in denen das Leben formbar ist, die Zukunft weit und offen scheint und niemand dieses kurze Glück zu schätzen weiß.

Johanna hatte er geliebt, wie man das anmutigste Mädchen der Welt nur lieben kann, mit der arglosesten Ergebenheit des Unerfahrenen.

Im Gymnasium hatten sie zwei wunderbare Jahre an der selben Schulbank verbracht, im Haus ihrer Eltern hatten sie gemeinsam gelernt und einander dabei – die süßeste Erfahrung seiner jungen Jahre! – heimlich mit Zärtlichkeit beschenkt.

Rundum hatte diese traute Zweisamkeit andeutungsvolles Gemunkel erregt, denn man vermutete Johanna einem anderen, älteren Jungen zugetan – Marco, dem Einzelgänger, dem Jungen mit dem langen, schwarzen Haar, der ledernen Haut und dem nervösen Augenzucken, das seiner drahtigen, indianisch anmutenden Gestalt etwas Unberechenbares, Aggressives gab.

Doch über diese Beziehung schwieg sie. Ihn hätte die Rolle des Konkurrenten auch überfordert. So aber genoss er die gemeinsamen Stunden mit Johanna so unbeschwert und heiter, wie er später nie mehr vom Leben kosten konnte.

Ihre Zuneigung machte ihn träumen, und für immer gegenwärtig blieb ihm jenes nächtliche Gespräch über die Schwerelosigkeit der Liebe ... endlos hatten sie damals philosophiert und die Geheimnisse des Daseins bis hin zum Tod ertastet.

Nie hätte er vergessen können, wie sie sich nach durchwachter Nacht lachend durch das hohe Gras des Almenbodens bergab dem Morgenrot entgegen rollten – vereint in jener tiefen Seelenverwandtschaft, die ihm selbst alles bedeutet hatte, während sie bei Johanna womöglich doch nur einen kleinen Reinraum der Gedanken ausgefüllt hatte.

Denn über diesen kostbaren Momenten, in die er so gern sein Leben verwurzelt hätte, schien sie wie durch einen unlösbaren Zwang Marco in der Pflicht zu stehen. –

Bald nach dem Abitur, an einem kühlen Novemberabend, zerbrach die Jugendfreundschaft schließlich so mysteriös, wie sie sich entwickelt hatte.

Johanna erging sich in ihrer letzten gemeinsamen Stunde in einem seltsamen Monolog.

Sie klang wie eine Frau, die ihre Jugend von fern übersah und zu seiner nicht mehr passte. Allzu erwachsen geißelte sie ihre pubertäre Überschwänglichkeit, sezierte die eigene Unreife, entschuldigte sich gar für die Hoffnungen, die sie geschürt hatte.

Er indes spürte vor allem das Unausgesprochene zwischen ihren Worten, empfand die Sehnsucht hinter dem widerspenstig-entschlossenen Mienenspiel, in welchem er die alte Freundin kaum noch kannte.

Zuletzt verabschiedete sie sich mit dem Hauch eines Kusses und versiegelte ihr Geheimnis mit den Worten: „Vielleicht wird später einmal alles gut!"

An jenem Novemberabend begann die melancholische Welt seiner Reifezeit sich zu verflüchtigen.

Bald erfuhr er, dass seine große Liebe nach Paraná ausgewandert war, um dort mit Marco auf der Fazenda seiner Eltern zu leben.

Wie wenig er doch von Johanna gewusst hatte!

Als die Post aus Brasilien auch nach der zweiten, dritten, vierten Grußkarte ausblieb, war der erste große Abschied vollzogen. Und als seine Gefühle später im Bund der Ehe erblühten, verblassten die Erinnerungen an Johanna ... bis ein halbes Leben später ein magischer Augenblick des Wiedersehens die mächtigsten Empfindungen seiner Jugend unerwartet wieder aufrühren sollte.

Fast wären sie an diesem Morgen wie Fremde aneinander vorbei gehastet, aber ein Eindruck, ein Gedanke, eine Sehnsucht ließ ihn innehalten, sie rief behutsam seinen Namen, und ein unsichtbares Band führte beide wie mechanisch zueinander ... Eine herzliche Umarmung, ein freundschaftlicher, zarter Kuss, und schon trieb der ferne Novemberabend zurück ins Jetzt. –

Lange hatten sie einander wortlos angestarrt und nur die Gedanken spielen lassen. Schließlich aber fragte er, die Jahre der Trennung heiter missachtend: „An welches Später dachtest du denn gestern?" –

Er hatte ihr Lachen erhofft, eine vertraute Geste wenigstens, die ihm das achtzehnjährige Mädchen wieder gebar. Einen Moment unbekümmerter Liebe hatte er genießen wollen, und sei es um den Preis des flüchtigen Verrats an seiner längst missglückten Ehe. Johanna aber erwiderte nichts, nur ihr Blick blieb an ihn geheftet, seltsam hilflos und unbewegt – bis sie die Augen senkte, um eine Träne zu verbergen.

Nein, es war kein leerer, jugendlicher Überschwang gewesen, und sie hatte auch gewiss nicht nur mit seiner Unerfahrenheit gespielt. Ihre Zuneigung war echt und tief gewesen, zu tief, als dass sie jetzt so einfach hätte ungezwungen lachen können. Stattdessen offenbarte sie ihm nun unvermittelt die Geschichte ihres Lebens – und die von Marco, dem indianischen Jungen, dem sie gefolgt war.

Er hatte ihren geheimnisvollen Entschluss, nach Brasilien zu gehen, bisher immer einer märchenhaften Liebe zugeschrieben, die spielend alle Grenzen überwand, der gegenüber seine eigenen Gefühle unbedeutend waren. Doch nun erfuhr er von dem Schicksal, das Johanna diesem Jungen eng verbunden hatte.

Das große, selbstverantwortliche Leben, dem jede Kindheit entgegen drängt und das die Jugend sich unter Zweifel und Schmerz erobert, war für Marco unerreichbar geblieben. Er hatte um die Krankheit gewusst, die ihn erbarmungslos dem Horizont des letzten Abends entgegen drängte. Und als er sich Johanna anvertraut hatte, entschloss sie sich, ihren Freund aus Kindheitstagen zu begleiten – in Gedanken, Gesprächen und kleinen Abenteuern.

Aber nichts ist gering, wenn jeder Augenblick am Leben haftet. Und als Marco ihr dann seine Liebe gestand, entschuldigend, verzweifelt, ihr keine Zukunft bieten zu können, fand sie sich als Halt und Stolz, als der einzige Schatz eines Menschen, den sie immer wie einen Bruder gemocht hatte, aber nun nicht einfach lieben konnte.

Und wie sehr hatte sie unter ihren Gefühlen gelitten! War es nicht doch nur seine Krankheit, die ihre Hingabe untergrub und eine egoistische Sehnsucht nach einem erfüllteren Leben entfachte?

Als Marco zuletzt immer streitbarer sein Schicksal beklagte, wusste Johanna längst nicht mehr, was sie wirklich drängte. Sie verbat sich alle Regungen, die ihre bedingungslose Bereitschaft hinterfragten. Ihre freundschaftlichen Gefühle entstellten sich zu einem trotzigen Pflichtbewusstsein, und sie harrte bis zur Selbstverleugnung aus, bis zum Leben in einer brasilianischen Familie, die ihrem Wesen immer fremd blieb. –

Der Hochzeit mit Marco folgte die Beisetzung ihres jungen Mannes, aber selbst am Grab empfand sie nichts, was ihr bewiesen hätte, dass doch ein Funken Liebe sie in diese Welt getrieben hatte. Ihre Seele war nur fremdbestimmtes Ödland, selbst ihr Mitleid erschien ihr kalt und heuchlerisch, und das Glück, das ihr so nah gewesen war, hatte sie an jenem Novemberabend mit schalen Worten aus ihrem Leben verbannt.

Johannas Blick lag auf seinem Ehering, und sie sagte noch: „Ich bin nicht mehr das unbekümmerte Mädchen, das du kanntest!"
Er wusste ihr nichts zu erwidern. Was hätte er antworten, tun, ändern können? Nur seine Gedanken riefen hinaus, wie sehr er sie immer noch liebte, aber in standhafter Treue versagte der Gatte sich jedes Wort und wagte in diesem Moment der Offenbarung keinen Blick an die Geliebte.
Johanna beendete das viel sagende Schweigen, indem sie zärtlich seine Hände umschloss. Dann flüsterte sie wieder, diesmal fast unhörbar: „Vielleicht wird später einmal wirklich alles gut!" –

Johanna …
Nein, Johanna hätte die Schwester gewiss nicht benachrichtigen können.

Durch das Fenster des Krankenzimmers sah er den Tag in trübem Nebel liegen, aber sein fester Entschluss zauberte ein zufriedenes Lächeln auf das alte Abenteurerantlitz.
Er würde nicht mehr über eintönige Kartenspiele oder unbedeutende Routinen klagen. Morgen schon wollte er einen ersten dünnen Faden aus dem grauen Schleiergewebe ziehen.
Johanna würde dann vom lichtumfluteten Gipfel des Mount Robson hinab ins Tal sehen, und aus ihren Augen würde die stille Freude strahlen, die aus der Lebensnähe schöpft.

(Aus dem Buch „Lebensnähe – 12 Erzählungen von Werner Huemer", Hart-Purgstall 2012)

Literatur- und Link-Verzeichnis

Kapitel 1

Bergmann, Anna: Der entseelte Patient, Stuttgart 2015
Bergmann, Anna/Baureithel, Ulrike: Herzloser Tod, Stuttgart 2000
Gutjahr, Ilse (Hrsg.): Sterben auf Bestellung, Lahnstein 1997
Huemer, Werner: Über den Kopf hinaus, Grünwald 2013
Knapp, Natalie: Anders denken lernen, Berlin 2008
Kübler-Ross, Elisabeth: Über den Tod und das Leben danach, Güllesheim 2012
Moody, Raymond: Leben nach dem Tod, Reinbek 2001
Lermann, Gisela (Hrsg.): Ungeteilt sterben, Mainz 1996
Lesch, Harald/Gaßner, Josef M.: Urknall, Weltall und das Leben, Grünwald 2014
Van Lommel, Pim: Endloses Bewusstsein, Düsseldorf 2009

Alcor, Kryonik: www.alcor.org

Kapitel 2

Dawkins, Richard: Der Gotteswahn, Berlin 2008
Goswami, Amit: Das bewusste Universum, Stuttgart 1997
Huemer, Werner: Über den Kopf hinaus, Grünwald 2013
Lesch, Harald/Vossenkuhl, Wilhelm: Die Großen Denker, Grünwald 2012
Lesch, Harald/Gaßner, Josef M.: Urknall, Weltall und das Leben, Grünwald 2014
Lier, Gerda: Das Unsterblichkeitsproblem (Teil 1, Teil 2), Göttingen 2010
Sheldrake, Rupert: Der Wissenschaftswahn, München 2012
Vollmer, Gerhard: Gretchenfragen an den Naturalisten, Aschaffenburg 2013
Warnke, Ulrich: Quantenphilosophie und Interwelt, München 2013

Rupert Sheldrake: www.sheldrake.org
Urknall, Weltall und das Leben: www.youtube.com/user/UrknallWeltallLeben

Kapitel 3

Dürr, Hans-Peter (Hrsg.): Physik und Transzendenz, Bern/München/Wien 1988
Goswami, Amit: Das bewusste Universum, Stuttgart 1997
Hagl, Richard: Auf der Suche nach einem neuen Weltbild, Stuttgart 2002
Lesch, Harald/Gaßner, Josef M.: Urknall, Weltall und das Leben, Grünwald 2014
Lier, Gerda: Das Unsterblichkeitsproblem (Teil 1, Teil 2), Göttingen 2010
Moser, Franz: Bewusstsein in Raum und Zeit, Graz 1989
Vollmer, Gerhard: Gretchenfragen an den Naturalisten, Aschaffenburg 2013
Von Ludwiger, Illobrand: Unsterblich in der 6-dimensionalen Welt, Grünwald 2013

Magic in the Moonlight: www.sonyclassics.com/magicinthemoonlight/

Kapitel 4

Eichelbeck, Reinhard: Das Darwin-Komplott, München 1999
Geyer, Christian (Hrsg.): Hirnforschung und Willensfreiheit, Berlin 2004
Goswami, Amit: Das bewusste Universum, Stuttgart 1997
Hofstetter, Yvonne: Sie wissen alles, München 2014
Hüther, Gerald: Etwas mehr Hirn, bitte, Göttingen 2015
Lier, Gerda: Das Unsterblichkeitsproblem (Teil 1, Teil 2), Göttingen 2010
Logan, Kevin: Crashkurs: Schöpfung und Evolution, Witten 2004
Moravec, Hans: Mind Children, Hamburg 1990
Moravec, Hans: Computer übernehmen die Macht, Hamburg 1999
Tipler, Frank J.: Die Physik der Unsterblichkeit, München 1995
Warnke, Ulrich: Quantenphilosophie und Interwelt, München 2013

Gerald Hüther: www.gerald-huether.de
Ex Machina: www.exmachina-film.de

Kapitel 5

Huemer, Werner: Über den Kopf hinaus, Grünwald 2013
Van Lommel, Pim: Endloses Bewusstsein, Düsseldorf 2009
Warnke, Ulrich: Quantenphilosophie und Interwelt, München 2013

IANDS Schweiz: www.swiss-iands.ch
Netzwerk Nahtoderfahrung: www.netzwerk-nahtoderfahrung.org
Pim van Lommel, Niederlande: www.pimvanlommel.nl

Kapitel 6

Cockell, Jenny: Unsterbliche Erinnerung, Köln 1994
Lier, Gerda: Das Unsterblichkeitsproblem (Teil 1, Teil 2), Göttingen 2010
Origenes: Vier Bücher von den Prinzipien (Eine Neuübersetzung wurde 2011 herausgegeben von Heinrich Karpp und Herwig Görgemanns)
Stevenson, Ian: Reinkarnationsbeweise, München 2011

Kapitel 7

Abd-ru-shin: Im Lichte der Wahrheit, Stuttgart 2012
Dossey, Larry: One Mind, Amerang 2014
Dürr, Hans-Peter (Hrsg.): Physik und Transzendenz, Bern/München/Wien 1988
Goswami, Amit: Das bewusste Universum, Stuttgart 1997
Grön, Ortrud: Pflück dir den Traum vom Baum der Erkenntnis, Köln 2007
Huemer, Werner: Lebensnähe, Hart-Purgstall 2012
Kamphausen, Klaus: Exit – Ende gut, alles gut, Grünwald 2012
Laszlo, Ervin: Kosmische Kreativität, Frankfurt am Main/Leipzig 1995
Lier, Gerda: Das Unsterblichkeitsproblem (Teil 1, Teil 2), Göttingen 2010
Rahner, Karl/Vorgrimler Herbert: Kleines Theologisches Wörterbuch, Breisgau 1985

Sheldrake, Rupert: Der Wissenschaftswahn, München 2012

Steinpach, Richard: „Sieh: Die Wahrheit liegt so nahe!" (Werkausgabe), Stuttgart 1994

Warnke, Ulrich: Quantenphilosophie und Interwelt, München 2013

Dana Mudra: www.danamudra.org
Kreuzweg: www.kreuzweg-derfilm.de
Rupert Sheldrake: www.sheldrake.org

Anhang

Huemer, Werner: Lebensnähe – 12 Erzählungen, Hart-Purgstall 2012

Werner Huemer: www.werner-huemer.net
WissensWerteWelt auf YouTube: www.youtube.com/user/WissensWerteWelt

Alle Internetadressen wurden vor Drucklegung dieses Buches sorgfältig überprüft. Wir bitten um Verständnis, sollte einer der hier genannten Links unter Umständen nicht mehr gültig sein.

Biographische Notizen zu den Interviewpartnern

Bergmann, Anna
Studium der Politik- und Sozialwissenschaften, Promotion an der Freien Universität Berlin und am Institut für Geschichte der Medizin der Freien Universität Berlin über die Geschichte der Rassenhygiene und Eugenik im Deutschen Kaiserreich, Habilitation an der Kulturwissenschaftlichen Fakultät der Europa-Universität Viadrina Frankfurt (Oder).

Anna Bergmann war Gastprofessorin an mehreren Universitäten. Sie ist Autorin mehrerer Bücher, darunter: „Herzloser Tod" (2000, ausgezeichnet als „Wissenschaftsbuch des Jahres"); „Der entseelte Patient" (2004, Neuauflage 2015).

Cockell, Jenny
Jenny Cockell lebt in England. Sie erinnerte sich schon in früher Kindheit an Details aus dem Leben der jungen Irin Mary Sutton, die 1933 starb.

Jenny Cockell ist auf Grund ihrer detaillierten Erinnerungen davon überzeugt, früher als Mary Sutton gelebt zu haben. Sie konnte sogar die Kinder aus ihrem früheren Leben wiederfinden und persönliche Erinnerungen mit ihnen austauschen.

Ihre ungewöhnliche Geschichte hat sie als Autorin im Buch „Yesterdays Children" (dt.: „Unsterbliche Erinnerung", 1994) verarbeitet.

Dauster, Astrid
Astrid Dauster wohnt in Weilheim (Oberbayern), durchlebte eine schwere Kindheit und mehrere Nahtod-Erfahrungen, zuletzt 2011. Nach diesen Erlebnissen entschloss sie sich, mit diesen Er-

fahrungen an die Öffentlichkeit zu gehen, um anderen Menschen damit zu helfen. Astrid Dauster gab seither mehrere Interviews, zuletzt auch für die Dokumentarfilmproduktion zu diesem Buch.
Videointerview: www.youtube.com/watch?v=lR8_U8RpRn0

Eberhard Rast, Reto

Reto Eberhard Rast studierte Medizin und ist als Arzt in der Schweiz tätig. Er beschäftigt sich seit einigen Jahren intensiv mit Nahtod-Erfahrungen und gründete die Schweizer Sektion der „International Association for Near-Death Studies" (IANDS). Eberhard Rast ist auch als Autor tätig und hält öffentliche Vorträge zum Thema.
Videointerview: www.youtube.com/watch?v=ZT8RHAhHGoo

Fuchs, Sieglinde

Studium der Mathematik und Physik in München. Seit vielen Jahren in der Hospizarbeit (Begleitung Schwerkranker und Sterbender) tätig.

Ihr „großes Interesse an weltanschaulichen Fragen und „am Entwicklungsweg des Menschen zwischen Glaube und Wissen auf der Suche nach Sinn und einem höheren Bewusstsein" verarbeitet Sieglinde Fuchs auch als Autorin, zum Beispiel: „Sterbebegleitung – ein unvergleichliches Erlebnis" in: „Begleitung am Sterbebett", 2002
Videointerview: www.youtube.com/watch?v=7gVXqQAC4PU

Gaßner, Josef M.

Josef M. Gaßner ist Mathematiker, theoretischer Physiker und Grundlagenforscher. Er lehrt Astronomie und Kosmologie an der Hochschule Landshut.

Zudem betreut er inhaltlich und redaktionell den YouTube-Kanal „Urknall, Weltall und das Leben". Als Co-Autor von Harald

Lesch hat Josef M. Gaßner das Buch „Urknall, Weltall und das Leben" (Erweiterte Neuauflage, 2014) verfasst.
Homepage: www.josef-gassner.de
Videointerview: www.youtube.com/watch?v=9CvJYmvdec4

Hüther, Gerald

Hüther studierte Biologie in Leipzig und wurde auch promoviert. In Göttingen forschte er am Max-Planck-Institut für experimentelle Medizin auf dem Gebiet der Hirnentwicklungsstörungen.

Er habilitierte sich im Fachbereich Medizin an der Georg-August-Universität Göttingen und lehrte Neurobiologie.

Gerald Hüther ist wissenschaftlicher Mitarbeiter an der Psychiatrischen Klinik der Universitätsmedizin in Göttingen und Autor zahlreicher Bücher. Zu seinen Publikationen zählen die Titel: „Biologie der Angst" (2013), „Jedes Kind ist hoch begabt" (2014), „Etwas mehr Hirn, bitte" (2015)
Homepage: www.gerald-huether.de
Videointerview: www.youtube.com/watch?v=82jJ_WbcIV8

Karger, Friedbert

Friedbert Karger studierte Physik, Philosophie und Psychologie an der TU München und der Ludwig-Maximilians-Universität München. Er promovierte in Physik.

Er war am Max-Planck-Institut für Physik und Astrophysik in Freimann und am Max-Planck-Institut für Plasmaphysik in Garching bei München tätig.

Neben seiner Forschung in der thermonuklearen Fusion führte Karger paraphysikalische Untersuchungen im internationalen Rahmen durch.

Er hielt auch zahlreiche öffentliche Vorträge zu weltanschaulichen Themen (zum Beispiel: Leben nach dem Tod, Warnung vor okkulten Praktiken).

Moser, Franz

Studium der Technischen Chemie an der Technischen Hochschule Graz und der Princeton University, USA. Franz Moser war als Professor für Grundlagen der Verfahrenstechnik an der TU Graz tätig.

Seine „permanente berufliche Beschäftigung mit den Grenzen der Naturwissenschaft" verarbeitete Franz Moser auch als Autor, u.a. in: „Bewusstsein in Raum und Zeit" (1989), „Bewusstsein in Beziehungen" (1991)

Ofner, Ingrid

Ingrid Ofner ist in der Weststeiermark (Österreich) tätig. Sie bietet „hellsichtige Beratung und Jenseitskontakte" an und hält zum Thema „Tod und Jenseits" regelmäßig öffentliche Vorträge und Seminare.
Homepage: www.ingridofner.at

Ruis, Margot

Margot Ruis stammt aus Wien, lebt im Waldviertel (Österreich) und hält sich regelmäßig in Indien auf.

Sie leitet die Sozialhilfe-Initiative „Dana Mudra" und pflegt „seit langer Zeit Kontakte mit Naturwesen in aller Welt". Zu diesem Thema hat sie zwei Bücher verfasst: „Naturwesen" (1994), „Naturwesen und Erdheilung" (2011)
Homepage: www.danamudra.org

Vollmer, Gerhard

Gerhard Vollmer studierte Mathematik, Physik und Chemie in München, Berlin, Hamburg und Freiburg. Nach dem Diplom in Physik (1968) studierte er in Freiburg zusätzlich Philosophie und Sprachwissenschaften. In Freiburg promovierte er 1971 in theoretischer Physik. Er lehrte an mehreren Universitäten (Hannover, Gießen, Braunschweig). 2004 erhielt er den Kulturpreis der Eduard Rhein-Stiftung.

Gerhard Vollmer ist Autor zahlreicher Bücher, darunter: „Evolutionäre Erkenntnistheorie" (2002); „Auf der Suche nach Ordnung" (2013); „Gretchenfragen an den Naturalisten" (2013)
Videointerview:www.youtube.com/watch?v=ye7TifCXiCU

Van Lommel, Pim

Pim van Lommel studierte Medizin an der Rijksuniversiteit Utrecht. Er arbeitete als Kardiologe am Rijnstate-Krankenhaus in Arnheim. Seit einigen Jahren widmet sich van Lommel intensiv der Sterbeforschung und der wissenschaftlichen Bewusstseins-Forschung.

Seine Studie über Nahtod-Erfahrungen erregte weltweit Aufsehen. Van Lommel hält Vorträge und ist auch als Autor tätig, u.a.: „Endloses Bewusstsein" (2007)
Homepage: www.pimvanlommel.nl
Videointerview: www.youtube.com/watch?v=IRfCXMX1E7A

Völk, Werner

Werner Völk studierte Medizin und war als Arzt tätig. Er praktiziert Zen, sein Lehrer ist der Benediktinermönch und Zen-Meister Pater Williges Jäger.

Werner Völk ist seit vielen Jahren als Hospizhelfer tätig. Am Ende des Lebens geht es, sagt er, „um eine Haltung der inneren Offenheit und des Geschehenlassens aus der Erfahrung einer Selbsterkenntnis, für die es eines praktischen Übungswegs bedarf".

Von Ludwiger, Illobrand

Illobrand von Ludwiger ist Astrophysiker. Er war 30 Jahre lang in der Raumfahrt-Industrie tätig und ein Zeitgenosse und Wegbegleiter des deutschen Physikers Burkhard Heim (1925–2001).

Dessen „Quantenfeldtheorie" widmete sich Illobrand von Ludwiger wiederholt auch als Autor, u.a. in: „Unsterblich in der 6-dimensionalen Welt" (2013). Illobrand von Ludwiger ist auch seit 40 Jahren in der UFO-Forschung tätig. Darüber hat er zahlreiche Bücher verfasst, u.a. „Ergebnisse aus 40 Jahren UFO-Forschung" (2015)
Videointerview: www.youtube.com/watch?v=VxNL_nCN-R8

Warnke, Ulrich

Ulrich Warnke studierte Biologie, Physik, Geografie und Pädagogik. Als Dozent an der Universität des Saarlandes hatte er Lehraufträge für Biomedizin, Biophysik, Umweltmedizin, Physiologische Psychologie und Psychosomatik, Präventiv-Biologie und Bionik. Er ist Gründungsmitglied der „Gesellschaft für Technische Biologie und Bionik e.V.", Vortragsreferent und Autor zahlreicher Bücher, darunter: „Quantenphilosphie und Spiritualität" (2011), „Quantenphilosophie und Interwelt" (2013)
Videointerview: www.youtube.com/watch?v=D5K1JehBcoU

Die Macht der Gedanken

Was ist das Wesen unserer Gedanken? Unserer Erinnerung? Unseres Bewusstseins?

Werner Huemer sprach mit Gehirnforschern, Philosophen, Technikern und Sterbeforschern, begleitete Experimente und fand eindrucksvolle Belege dafür, dass der Geist **über den Kopf hinaus** wirken kann.

334 Seiten
ISBN: 978-3-8312-0398-7
€ 19,95

Die Filmdokumentation zum Buch:
Die Macht der Gedanken
ISBN 978-3-8312-8111-4
Länge: 102 Minuten
€ 19,95

Buch und Film im Paket: Best.-Nr. PAK021
€ 29,95

der-wissens-verlag.de

Das neue Weltbild von Burkhard Heim

Illobrand von Ludwiger, Astrophysiker und Zeitgenosse Burkhard Heims, führt in das revolutionäre Weltbild des Physikers ein: Der Mensch ist unsterblich und lebt in einer sechsdimensionalen Welt, die sich mathematisch beschreiben lässt ...

- Fand wirklich ein Urknall statt?

- Lassen sich Albert Einsteins Ansätze zu einer einheitlichen Feldtheorie zu Ende führen?

- Welche Bedeutung hat die menschliche Innenwelt?

- Gibt es Sinn und Ziel im Weltgeschehen?

208 Seiten
ISBN: 978-3-8312-0394-9
€ 24,95

der-wissens-verlag.de

Die Geheimnisse des Großen und des Kleinen, des Makro- und des Mikrokosmos finden sich in über 1.500 Büchern, Hörbüchern und DVD-Film-Dokumentationen des Münchner Verlags Komplett-Media.

Kostenlose Kataloge liegen für Sie bereit!
T: 089-69989435-0
E: info@komplett-media.de

Einen schnellen Überblick gibt auch das Internet:
der-wissens-verlag.de